中国文化产业学术前沿论丛

丛书主编 顾 江 黄韫慧

顾 江 著

# 文化资本与城市发展

Cultural Capital
and Urban Development

南京大学出版社

**图书在版编目(CIP)数据**

文化资本与城市发展 / 顾江著. — 南京：南京大学出版社，2023.12
（中国文化产业学术前沿论丛 / 顾江，黄韫慧主编）
ISBN 978 - 7 - 305 - 27729 - 0

Ⅰ. ①文… Ⅱ. ①顾… Ⅲ. ①文化产业－研究－中国
Ⅳ. ①G124

中国国家版本馆 CIP 数据核字(2024)第 034265 号

出版发行　南京大学出版社
社　　址　南京市汉口路 22 号　　　　邮　编　210093
丛 书 名　中国文化产业学术前沿论丛
丛书主编　顾　江　黄韫慧
**书　　名　文化资本与城市发展**
　　　　　WENHUA ZIBEN YU CHENGSHI FAZHAN
著　　者　顾　江
责任编辑　张　静

照　　排　南京南琳图文制作有限公司
印　　刷　南京爱德印刷有限公司
开　　本　787 mm×1092 mm　1/16 开　印张 26.75　字数 410 千
版　　次　2023 年 12 月第 1 版　　印次　2023 年 12 月第 1 次印刷
ISBN 978 - 7 - 305 - 27729 - 0
定　　价　158.00 元

网址：http://www.njupco.com
官方微博：http://weibo.com/njupco
官方微信号：njupress
销售咨询热线：(025) 83594756

**顾江** 南京大学商学院教授，博士生导师，文化和旅游部—南京大学文化和旅游研究基地主任，南京大学长三角文化产业发展研究院院长，江苏省文化产业学会会长，江苏省文化产业发展联合会副会长，《文化产业研究》主编，2006年度国家社科基金重大项目"经济转轨中的文化体制改革与文化产业发展研究"最年轻的首席专家，美国伊利诺伊大学访问学者（1999年7月－2001年8月）。主要从事文化产业经济学和文化企业战略经济学研究。主持国家社科基金重大项目、国家社科基金艺术学重大项目、国家社科基金重点项目、国家自然科学基金面上项目等国家级课题8项，主持部级课题11项，主持省市级及横向课题70余项。出版《文化产业经济学》《文化遗产经济学》《长三角文化产业发展蓝皮书》等著作26部（含合作），在《经济研究》《管理世界》《世界经济》等权威刊物上发表学术论文共计130余篇。

# 序　言

　　文化发展是推动城市品牌形象塑造、城市空间优化重构、城市产业结构升级、城市创新活力激发的重要动力,文化资本的积累与效用是解决当前城市结构转型和可持续高质量发展的关键切入点。本书即在此时代语境下诞生。笔者作为国家社科基金重大项目首席专家,长期以来从文化产业要素资源、文化资本贡献等方面,对我国城市高质量发展进行了系统性理论思考与分析。本项成果也是笔者多年参与全国各地文化企业案例调研、文化资本市场研究,以及文化产业规划案例实践的学术总结和理论提炼。

　　文化资本和城市高质量发展之间究竟存在着怎样的关联？针对这一问题,首先需要厘清的是“文化资本”的深刻内涵。文化资本不仅是文化遗产、艺术和创意资本的集合体,还体现在城市的博物馆、剧院、音乐厅等文化空间,更是城市的文化风貌,存在于文化活动、社群关系的文化认同和创意表达中,为城市发展提供不竭的精神动力。其次,需要探究文化资本如何作为城市的一种重要资源,塑造城市的独特性和吸引力,为城市注入创新型人才、创意资本、品牌效应和新质生产力,助推创造性城市的形成与可持续发展。此外,还需要回应的是文化资本如何通过文化活动、文化符号、文化遗存、文化空间,形成城市的社会认同和凝聚力,增强居民的归属感和幸福感。这些为解决城市高质量发展和城市现代化进程中可持续发展的动力机制、发展目标、发展生态、结构优化、人力资本、人文经济等所面临的问题与挑战,促进社会和谐提供了独特视角和系统性的理论阐释。

　　本书共分为八个章节,总体的框架结构和篇章逻辑关系如下:第一章至第三章是本书的“总论”篇,分别探讨了文化资本研究和城市发展的历史沿革,并对文化资本和城市高质量发展的内涵进行界定,提炼其特征,进行测度分析,在此基础上提出文化资本推动城市高质量发展的理论机制与实证检验。这一部分为后续章节奠定了重要的理论基础。第四章至第七章是本书的"重点"篇,通过理论模型构建、实证检验分析和典型案例分析,分别探讨了文化资本与城市发展不同维度的关系,具体包括文化资本与城市规模、文化资本与城市品牌、文化资本与城市创意阶层、文化资本与城市产业结构,深入分析了文化资本和不同维度城市高质量发展的内在机制。最后,第八章是本书的"政策"篇,从文化市场、文化品牌、文化金融、文化贸易、文化科技、文化旅游、文化消费、文化人才八个维度,聚焦文化资本助推城市高质量发展的政策参考。

本书的主要学术贡献和研究发现包括(但不限于):一是关于界定适用于中国城市发展的"文化资本"内涵。文化资本是一种涵盖广泛的概念,涉及个体、群体或社会在文化领域中所积累的资源、信仰、符号、知识和实践,这些资源在一定的社会和历史背景下被赋予了文化意义和价值。文化资本不仅是一种财富的积累,更是一种在文化生态系统中运作的力量,既包括非物质性的符号系统,如语言、象征、习惯,也包括物质性的实物,如艺术品、文物、文化设施。这种文化资本的财富形态既表现为其内在的文化价值,又表现为其潜在的经济价值。由此,提出一套适用于中国城市发展的文化资本估计指标体系,从物质化、市场化、制度化、智力化、形象化五个维度进行衡量,旨在捕捉城市文化资本的多维特征。

二是关于城市高质量发展的评价指标测度。依据中心地理论、人本主义城市理论、城市生态学理论、可持续城市发展理论和全球城市理论等,总结中国城市发展历程,将其区分为计划发展阶段、市场经济发展阶段、快速发展阶段和高质量发展阶段。阐述了城市高质量发展是一种综合性的发展理念,强调在城市化进程中追求经济、社会、环境等多方面的协调发展,以提升城市的综合素质和居民的生活品质为核心目标。指出城市高质量发展围绕着新发展格局、经济高质量发展和人的全面发展等核心要素,旨在实现城市的可持续、均衡和协调发展,秉持创新驱动、全面发展、区域协调、绿色发展、人文关怀、社会公平和对外开放七个方面的原则。

　　三是关于文化资本视角下实现最佳城市规模水平的动态优化路径。文化资本的积累能够提升城市吸引力和软实力。文化、教育等要素正在逐渐成为影响人口流动、吸引人口集聚的重要因素。同时，集聚带来的人才和创新活力又为城市发展提供着不竭动力，推动着城市经济增长。以市场化方式运作的文化资本最主要的形式就是城市中文化产业的发展，而随着文化产业体制改革的不断深入，文化产业所涵盖的领域将持续扩大，准入门槛将不断降低，市场竞争性的增强将吸引大量的国内外资金涉入。

　　四是关于文化资本在城市品牌塑造中的叠加效应。城市品牌是城市与品牌高度结合的产物，不仅是城市和品牌概念的简单叠加，更是城市内在历史文化底蕴、经济、政治以及城市外在建筑等特征的综合，城市品牌的构成主要有城市理念、城市行为以及城市视觉三个方面。在城市品牌的起初构建和描绘中，文化资本发挥重要作用，在城市规划硬实力和市民素质软实力等方面深刻影响着城市对外的形象。在城市品牌初体验形成以后，基于现有的城市文化资源，深度挖掘和开发城市的新功能，通过赋予城市原有文化资本以新内涵，探索城市品牌提升的路径，达到二次重塑城市品牌的效果。

　　五是关于文化资本对城市创意阶层迁移的吸引力研究。我国文化资本分布整体呈现东中西部递减趋势，创意阶层的分布与文化资本的分布形成了对应关系，随着中国经济和社会结构的调整，创意阶层呈现出与经济重心同向迁移的特征，但是由于近年来我国社会阶层固化趋势增强，创意阶层的人际迁移呈现出代际传递的趋势。文化资本对城市创意阶层的影响是多方面的：一是文化资本的集聚为创意阶层提供了更多的创作和展示机会；二是文化资本的积累吸引了大量的创意人才和投资，城市中丰富的文化场景和活动吸引了具有创意才华的人才前来发展和创作；三是文化资本对城市形象的塑造具有重要影响，这种城市形象的提升进一步促进了创意产业的发展和城市的经济繁荣。

　　六是关于文化资本对城市产业结构优化升级的影响研究。随着文化资本的提升，城市产业结构不断向文化创意、知识经济等高附加值产业方向转变。

文化资本和第一产业融合发展的模式主要包括文旅消费模式、文化创意模式、科技农业模式。文化资本与城市第二产业的互动则体现在四个方面——在工业发展初期，文化资本刺激制度变迁；在工业发展中期，文化资本优化要素配置；在工业发展后期，文化资本承接产业转移；在工业发展末期，工业遗产反哺文化资本。文化资本与第三产业的融合发展具体表现在政策引导、企业创新、社会参与和人才培养四个方面。

本书坚守理论研究的科学性和扎根中国现实问题的针对性，紧扣中国式现代化的国家需要，直面城市高质量发展中面临的重大现实问题，基于笔者二十多年的文化产业研究的理论积淀、文化产业的实践经验，以及与国内外杰出的学者、城市规划设计者和文化活动家的深入交谈和丰富的一手调研资料，综合运用数理模型构建、理论演绎、实证检验、典型案例分析等研究方法，深入剖析了文化资本与城市高质量发展之间的复杂动态关系，旨在努力开拓我国城市发展研究的新视野，回应文化资本推动我国城市高质量发展的新命题。

诚挚地希望本书能够为各位读者提供有益的思考，激发更多的讨论和研究，也希望学界和业界各位同仁对本书的探索性研究提供宝贵意见，希望能与各位同仁一道为加快推进我国城市高质量可持续繁荣发展略尽绵薄之力。

顾　江

2023 年 12 月

南大和园

# 目　录

# 第一章　文化资本的内涵与测度

　　文化资本的出现既是社会文化演化的结果，又是经济发展的必然。仅从词性上看，文化资本由"文化"和"资本"组合而成，是与社会资本、人力资本、货币资本等概念对等的存在。在历史进程中保留下来的，以文化惯例、物质与非物质文化遗产、创意人才、艺术工艺等为主要表现形式的资本，都应当属于文化资本的范畴。随着时间的推移和人类社会的进步，文化的积累变得愈发丰富多彩。以文化为媒介的资本积累开始在经济和社会发展中显现出关键的作用，因此，围绕文化资本的相关概念和研究也随之兴起。本章从历史发展的视角探讨了文化资本的基本概念、分类及相关研究，其中，第一节梳理文化资本理论研究的历史脉络；第二节界定文化资本的基本内涵，对文化资本进行分类，对相关概念进行辨析；第三节建立指标评价体系测度，并分析城市文化资本发展现状。本章为之后深入研究文化资本奠定了坚实基础。

## 第一节　文化资本研究的历史沿革

### 一、布迪厄的文化资本理论[①]

　　法国社会学家布迪厄在《资本的形式》一书中首先提出了文化资本的概念，布迪厄将文化资本解读为身体化的、客观化的和制度化的形态，这三种形态是个体社会化到统治阶级文化中的直观反映。作为文化资本的第一种形态，身体化的文化资本是"一种被称之为文化、教育、修养的形式的具体状态，

---

① 皮埃尔·布迪厄.文化资本与社会炼金术[M].包亚明,译.上海:上海人民出版社,1997.

即包含劳动力变化和同化需要花费较多时间的实体化的具象过程,这个过程必须由投资者亲自完成,因此将获取收益所花费的时间作为衡量尺度,是对文化资本进行精确测量的途径"。布迪厄对于身体化形态的文化资本的解读中融合了马克思的劳动价值论,即身体化形态的文化资本是劳动的积累,能够用劳动时间作为衡量依据,它被人们在排他性的基础上占有,并深入到场域之中,作为一种客观的力量,对社会结构以及资本所有者的社会地位发挥决定性的作用。将获取收益所花费的时间作为衡量尺度,仅适用于对身体化形态的文化资本进行测量,对于其他两种形态的文化资本则不具备适用性,根本原因在于劳动时间的积累与高质量的文化产品之间的不对等关系。

文化资本的第二种形态是"客观化的文化资本",在文化商品的物质性和象征性表现形式中,分别表现为经济资本和文化资本。布迪厄对二者进行了具体区分:"生产手段的占有者只需经济资本以使用机器,但必须亲力亲为或以他人作为代理接触到具体化的文化资本,才能实现对于文化产品的使用"。即经济资本通过物质产生文化价值,而文化资本以人为媒介产生文化价值。

"制度化的形态"是文化资本的第三种形态,具体体现在文化制度和教育水平等层面。通过社会制度认可而形成制度化形态的文化资本的形式,赋予了文化资本法律层面的标准性认可,如学历证书、职称评定以及各类资格证书等,为文化资本的计量分析提供了可行性。

综上所述,文化资本概念由社会学家布迪厄率先提出,并对文化资本理论进行了实践性和学术性的具体阐释,但其未对文化资本的内涵给出精确定义和边界的划分。在布迪厄的理论中,文化资本这一概念应当跟随学科发展而不断深化其内涵,不应对其概念进行限制或曲解,而在之后对布迪厄理论进行深入探究的研究者们看来,文化资本就是"行动者社会身份的一种标志,被视为正统的文化品位、文化能力、消费方式和教育水平等价值形式"。文化资本理论对文化资本的经济和文化价值的双重属性进行了重点强调。自文化资本的概念提出后,不仅在社会学领域得到了广泛且深入的研究,而且不同学科的学者围绕学科范畴和主题对文化资本的概念也进行了各个方向的拓展,其中,经济学家在经济学范畴内对文化资本的概念内涵进一步剖析，并对文化资本与经济发展水平之间的关联性进行了深入探讨。

## 二、思罗斯比的文化资本理论①

思罗斯比的文化资本概念是重要的经济理论之一："经济上的文化资本，可以提供一种代表文化的手段，使得文化的有形和无形表现都能被表达为长期的价值储备和个人及群体利益的提供者"。思罗斯比将文化资本与其他形式的经济资本进行了概念性的区分，并对文化资本的文化价值和经济价值进行了重点解读，"现有音乐和文学的存量……或文化习俗和信仰的力量的价值取决于其在文化中的地位"。文化价值和经济价值的创造共同体现了思罗斯比理论中文化资本作为经济资本的重要生产功能。

他认为文化资本是一种经济现象，借用了布迪厄关于文化资本的社会学概念，将文化资本置于经济学的价值体系并对其进行重新定义。思罗斯比认为经济价值和文化价值相互结合和关联，共同组成文化资本概念建立的基础。他认为文化资本包含着一定的经济价值，可以看作一种能够创造财富和积累财富的资源，将文化价值转化为财富资产并得以呈现，这种财富的积累能够影响社会系统中货物和服务的流动，体现为经济文化双重价值的产品和服务的诞生。与布迪厄不同，思罗斯比认为资本有四类：第一类资本是物质资本，主要指原材料、工厂、机器、建筑之类有具体形式的资本，这些物质资本的大多部分，都可以被视为直接投入生产的生产要素，但使用物质资本的过程中无法脱离人力资本的作用；第二类资本是人力资本，指人们具有的非物质性质的技术和经验的具体体现，个人经过学习、培训、经验累积等获得了知识和技能，从而形成寄存在个人肉体精神层面上的人力资本，个人具有的人力资本越多，在生产的过程中则表现得更具创新力、领导力和管理协调力，从而在整个生产活动中会相应地提高工作效率和人均产出，人力资本对于经济产出的重要性已经

---

①　THROSBY D. Cultural capital[J]. Journal of cultural economics, 1999, 23: 3-12.

如同物质资本一般,具有不可替代的作用;第三类资本是自然资本,指自然环境中所有有助于人类展开生产活动的资源,如土地、水、矿产等;第四类资本是文化资本,与其他资本不同之处在于,它能够为社会创造和贡献文化价值,文化资本是一种涵盖了文化价值的财富资产,其蕴含的文化价值是一种存量资源,而且在特定的条件下,这种文化价值存量可以转化为文化价值与经济价值兼备的流量。在过去的研究中,最初经济学将物质资本作为解释经济增长的资本变量,但随着经济学研究的发展,人力资本和自然资本被纳入经济增长的分析框架之中,同时文化资本的出现对经济增长解释进行了有力补充,能够从更深层次的视角去研究社会经济发展。

思罗斯比同样以存在形式为标准对文化资本进行了划分,直接将其划分为有形和无形。有形文化资本,顾名思义,如蕴含文化意义的古迹、雕像等实体物品,以及油画、图书、艺术品等人工品,这些有形文化资本参与社会系统的交换和消费,带来一系列新的商品和服务的出现,即新的文化资本,其价值得到显现。无形文化资本相比有形文化资本抽象,它体现在人的精神层面,主要指与人们价值观相符的观点、看法、信念等,如音乐、文学、电影等,这些无形文化资本进入社会体系的交换环节中,参与商品和服务的流通与消费,催化新的文化商品和服务的产生并发生价值交易。

思罗斯比对文化资本做出了新的经济学解读,认为文化资本对于解释经济增长具有不可替代的重要作用,对文化资本存量进行估算是十分必要的,所以他为估算文化资本构建了积累模型:将某区域在时间 $t$ 内的文化资本积累设定为 $K_t^c$,考虑到随着时间的推移,文化资本会存在一定程度的损耗,因此将文化资本的损耗因子,即折旧率设置为 $d_t$。为了保证该区域的文化资本存量保持不变,需要保护和维修原有的文化资本,所以需要增加一笔投资,即维持投资 $I_{mt}^c$。同时由于发展的需要,还会对文化资本增加额外投资 $I_{nt}^c$ 进一步扩大文化资本存量,由此得到文化资本积累模型如下:

$$K_{t+1}^c = K_t^c + (I_{mt}^c - d_t K_t^c) + I_{nt}^c \qquad (1-1)$$

　　思罗斯比的文化资本理论指出了之后文化资本的重点研究方向：首先，在理论层面将文化资本与科学性的经济分析模型相结合，重点对文化价值领域进行研究拓展；其次，是对文化资本的量化分析，需要对文化指标的范畴进一步拓展界定，建立和完善衡量文化资本的指标体系；最后，文化资本研究中的相关现实问题要与文化政策相结合，如艺术活动扶持、公共文化活动补贴等政策要与文化资本的内涵紧密相连。思罗斯比的文化资本理论中，文化资本与普通资本的区别在于它的经济价值属性，文化价值和经济价值的创造是文化资本在思罗斯比的文化资本理论中作为经济资本的功能体现。

## 三、文化资本理论的拓展研究

### （一）文化资本内涵的补充研究

　　在布迪厄和思罗斯比的研究基础上，文化资本的内涵在多个学科领域被不断拓展。Barrett 对于文化资本内涵的解读中，文化资本与组织在精神层面有共同的价值观、信仰以及行为相关的价值，能够有效协调组织内部员工和外部消费者以及社会关系[1]。Klamer 对文化资本的内涵进行了进一步扩展，即文化资本作为国家、城市以及企业的内在要素发挥重要的影响作用。Howkins 提出的"创意资本"的概念则是文化资本的另一种表现形式，创意是投资行为下的资产产出，能够促进创意性文化产品的开发生产以及创造力的不断再生，同时也是节约成本、实现价值最大化、推动经济发展的重要因素；而宗教、偏见、腐败、节约、真诚和团结等同样是能够对经济增长产生影响的重要文化因素[2]。Prieur 和 Savage 的观点中，文化资本的具体内涵因"场域"而存在不同。在实证研究中，文化资本概念以文化品位、出席率或消费、文化知识

---

　　① BARRETT R. Liberating the corporate soul[M]. Oxford：Butterworth-Heinemann，1998.

　　② HOWKINS J. The creative economy：how people make money from ideas[M]. New York：Penguin，2002.

以及对各种文化流派的熟悉程度等作为衡量指标进行计量分析①。罗克·华康德对布迪厄的文化资本思想进行了系统梳理，随后与布迪厄合作完成了合著作品《实践与反思》。此外，爱德华·李普马在他的论文《实践理论中的文化与文化概念》中，从文化的本质、认识论与方法论、文化与社会结构甚至文化的自由性等多个角度深入探讨。他将布迪厄社会学的文化概念，差异化的可能性与文化相关的阶级观念融合，对布迪厄的文化资本概念进行了深刻剖析。思罗斯比则以他的论文《文化资本》引发关注，在这篇文章中，他深入探讨了文化价值与经济价值之间错综复杂的联系，以及文化资本可能对经济分析产生的广泛影响。他在文章中审视了文化资本对经济增长、经济可持续发展以及投资分析等领域的潜在贡献。

　　自20世纪90年代起，"文化资本"的概念传入中国，渐渐在中国学者中引发关注。国内学界将文化资本的理论引入文化产业、文化体制、大众传播以及全球化等多个领域，将其视为一种与现代资本形式有关的理论。这种引入不仅在中国掀起了对"资本"全新探讨的热潮，更在各领域推动着中国学界对此进行广泛研究。2005年，薛晓源和曹荣湘联合主编了《全球化与文化资本》。这本集成著作从多个角度探讨了布迪厄与文化资本、文化资本与全球化、文化资本与阶层分析、文化资本与经济发展、文化资本与个体发展等领域，为国内关于国外文化资本研究的重要成果。2007年，朱伟钰出版了《布迪厄"文化资本论"研究》。这本书系统地探讨了布迪厄的文化资本理论，涵盖了基本立场、基础概念和方法规则等方面。此外，还有一些重要论著在这一领域涌现。例如，王晓路的《文化批评关键词研究》等，从关键词的角度对文化资本进行了详细分析和总结。对于文化资本的含义和转变，朱伟钰认为，"文化资本不仅仅是一种描绘被社会塑造的结构作用的静态概念，还是能够理解行动者如何塑

---

① PRIEUR A, SAVAGE M. Updating cultural capital theory: a discussion based on studies in Denmark and in Britain[J]. Poetics, 2011, 39(6): 566-580.

造结构作用以及如何反映变化的动态概念"①。另有学者从形态构造出发,探讨了文化资本的不同方面,强调了布迪厄文化资本概念与马克思经济资本概念之间的内在联系。此外,社会学领域也涌现相关著作,如杨善华主编的《当代西方社会学理论》等,对布迪厄的文化资本理论进行了梳理和解读。在文化资本的积累方面,姚俭建和岑文忠详细讨论了文化资本积累的特点以及机制和路径②。卜长莉在其文章中提出,文化资本投资是明智的知识经济选择,可以通过教育证书等形式转化为经济资本③。

　　部分学者从不同角度全新界定了文化资本的概念内涵。张鸿雁教授提出的"城市文化资本"的命题中,文化资本的内涵因场域的不同而向各个方向延伸,"城市文化资本"是城市场域内的资本概念不断泛化的结果④。李振刚和南方将城市文化资本的内涵拓展到包括城市生活知识以及生存技能等相关概念之中⑤。高波和张志鹏认为"文化资本是一个特定的价值体系,并且能够带来持续性的收益",企业家精神作为价值观系统创新与拓展的体现,实质上也是文化资本积累的一种⑥。在袁晓婷和陈春花对于文化资本与经济增长关系的研究中,文化资本概念有了新的解读:"文化资本作为一系列能够带来价值增长的价值观念的集合,一方面是大众行为选择的基本依据和行为特征的总体反映,另一方面对文化制度、技术进步水平及文化资源利用效率产生潜在影

---

　　① 朱伟珏.超越社会决定论——布迪厄"文化资本"概念再考[J].南京社会科学,2006 (3):87 - 96.

　　② 姚俭建,岑文忠.文化资本的积累机制探微[J].上海师范大学学报(哲学社会科学版),2004 (2):35 - 40.

　　③ 卜长莉.布尔迪厄对社会资本理论的先驱性研究[J].学习与探索,2004 (6):35 - 38.

　　④ 张鸿雁.城市形象与"城市文化资本"论——从经营城市、行销城市到"城市文化资本"运作[J].南京社会科学,2002 (12):24 - 31.

　　⑤ 李振刚,南方.城市文化资本与新生代农民工心理融合[J].浙江社会科学,2013 (10):83 - 91+158.

　　⑥ 高波,张志鹏.文化资本:经济增长源泉的一种解释[J].南京大学学报(哲学.人文科学.社会科学版),2004 (5):102 - 112.

响和抑制作用"①。目前对于文化资本的研究更加倾向于对文化能力以及各类文化资源的资本内涵,不同研究方法得出的研究结果之间的差异具有替代性意义。无论是定性研究还是定量研究,在研究过程中都需要将文化资本简化为可测量的、可分类的、具有操作性的变量,这个研究过程涉及了文化资本的内涵简化或复杂的学术讨论。虽然用于研究文化资本的理论框架不同,但这些不同框架在研究过程中有助于揭示与文化资本相关的品位、学历、阶层等对于经济增长的影响机制和参与形式。

### (二) 布迪厄文化资本理论的应用研究

近年来,国内社会学领域学者对于布迪厄文化资本理论应用涉及教育、阶层、家庭等多个层面。布迪厄的文化资本理论为社会阶层的多维分析提供了基本原则,在社会阶层的相关研究中,对文化资本的衡量需要理解社会阶层的基本问题,不同阶层的差异性文化资本对阶层的再生产发挥决定性作用。文化资本理论视角下,我国新阶层是通过向外界传递个性、品位等识别信息并期望借此获得他人认同;文化资本的优势地位赋予了我国新中间阶层显著的阶层特征,而对于文化资本积累的追求使得文化资本的三种形态在影子教育过程中发挥建设性作用;作为影响教育获得的重要能动因素,文化资本作为一种渠道可以实现社会阶层向上流动,弥补家庭文化资本在教育层面的缺憾,以获得竞争优势;"杂食性"的文化资本培养策略成为优势阶层兼顾文化资本优势与学业优势的新趋势,课外教育在兼顾阶层品味培养的同时成为文化资本再生产的重要机制。经济资本和文化资本的互相渗透,使得占据家庭文化资本优势地位的阶层更容易获得各类流动资源,家庭文化资本凭借优势地位以直接或间接的方式占据教育机会,最终实现优势阶层的代际传递;家庭文化资本中的部分因素对学生的学业成绩产生显著影响,有可能带来新的教育不平等问题;基于微观调查数据发现,在高质量教育方面,家庭文化资本发挥了显著

---

① 袁晓婷,陈春花.文化资本在经济增长中的表现形式和影响研究[J].科学学研究,2006 (S1): 98－102.

的促进作用,教育机会的增加在一定程度上缓解了教育不平等问题;家庭文化资本对城乡居民消费发挥显著地正向影响作用,有利于进一步提高旅游业高质量发展。包括家庭文化资本、教育资本等在内的文化资本的价值并非一成不变。文化资本首先是一种社会关系,在拥有文化资本和未能拥有文化资本的人之间形成了支配与被支配关系,用文化资本的概念对社会阶层等相关问题进行思考,并对文化资本的所有状态进行综合考察,对于理解文化资本在权力关系中所对应的价值至关重要。

### (三) 文化资本与经济、教育的关系研究

值得关注的是,部分学者开始从经济学视角对文化资本进行研究。从文化经济学的角度深入研究文化资本与区域经济增长以及经济发展之间的纽带。阿伦·斯科特在文章《文化产业:地理分布与创意领域》中从文化生产的角度出发,关注文化生产相关的群体、生产体系以及文化产品的地域特征等,探讨了文化资本与经济之间的互动关系。陈立旭的文章《论新时期文化资本的分配与再分配》关注中国的实际情况,运用文化资本理论探讨了自 1978 年以来中国经历的经济体制转型、社会变迁等过程中,特别是社会资源从集中向分散转变的阶段,对文化领域的分配与再分配问题,他剖析了当代中国知识分子在社会地位和社会利益方面的差异和变迁。学者们尝试将文化资本应用于文化现象经济层面,并将约瑟夫·熊彼特的创新理论引入文化资本与经济增长的相关性研究,结果表明文化资本在经济水平的提升方面发挥促进作用,同时在文化资源、技术效率等方面产生抑制作用。文化资本在高等教育普及以及经济协调发展中发挥中介作用,省域高等教育普及化效率的提升有利于文化资本水平的有效积累,进而对区域经济高速发展发挥促进作用;田坤明基于经济转型背景对文化资本的差异性导致的社会阶层"差序格局"的特征进行了深入探讨,理论分析和实证研究结果表明文化资本逐渐成为经济转型发展的主要动力来源[1];文化资本的空间差异来自区域文化资本的动态影响,进一步

---

① 田坤明.转型期文化资本对经济发展的作用[D].成都:西南财经大学,2014.

导致文化资本对于经济增长的效应呈现层次性特征；王云等在对我国省域文化资本水平进行测量的基础上，实证检验了文化资本对于国内生产总值的显著正向影响，并将文化资本作为经济增长模型的重要变量，基于 MRW 模型分析框架对文化资本的具体推动作用进行实证检验[①]。文化资本对于经济增长的作用除正向影响外，还存在抑制作用，李娟伟等通过省级面板数据的实证分析发现文化资本在促进我国经济增长效率的同时存在异质性效应，对市场交易效率产生负面影响，限制了经济增长水平[②]。一些学者从微观视角探究了文化资本与企业关系。如高波将企业家精神纳入文化资本积累的核心要素；企业家精神作为经济增长的自变量，在文化资本推动经济发展的过程中产生内生作用。文化资本的无形性特征使得其在家族企业的代际传承中发生隐性变动，它的再生产对家族企业的代际传承发挥决定性作用[③]。文化资本与企业经营之间的关系研究中，陆正华等实证检验了有形和无形文化资本对于企业研发效率的显著正向影响，通过基于上市公司的面板数据实证检验了技术创新对于客户集中度的分散作用，进一步降低了企业的经营风险[④]。

另一方面，关注文化资本与教育关系的研究也有其代表性作品。大卫·斯沃茨的文章《教育、文化与社会不平等》、简·卢普和罗布·兰格的联合著作《社会秩序、文化资本和公民权利：关于教育等级、教育权力与初等教育综合性的论文》等，着重探讨了文化资本理论在教育和个体发展领域的应用。王鹏程和龚欣基于文化资本的综合测度，采用多元 Logit 回归方法检验家庭文化资本与学前教育机会的关系，研究发现家庭文化资本越丰富，儿童获得学前教育

---

①　王云，龙志和，陈青青.文化资本对我国经济增长的影响——基于扩展 MRW 模型[J].软科学,2013,27(4):12-16.

②　李娟伟,任保平,刚翠翠.异质型文化资本与中国经济增长方式转变[J].中国经济问题,2014(2):16-25.

③　高波,张志鹏.文化资本:经济增长源泉的一种解释[J].南京大学学报(哲学·人文科学·社会科学版),2004(5):102-112.

④　陆正华,钟伟,史欣向.文化资本对企业研发效率的影响——基于广东省21个地级市面板数据的实证研究[J].技术经济,2012,31(7):14-19+46.

机会的可能性会显著增加[①]；相比其他资本，家庭文化资本对学前教育机会的影响更大；梅红和朱钰将家庭文化资本划分为体制化文化资本、客观化文化资本和具体化文化资本三类，并以家庭文化资本视角分析西部农村贫困地区农民子女的就读意愿。他们发现，体制化文化资本对超龄学生和学龄学生的就读意愿有不同的影响；客观化文化资本越好，学生的就读意愿越高；具体化文化资本中，父母教育期望对学生就读意愿有正向影响，正常学龄学生父母文化参与越多，对其就读意愿影响越显著[②]。

# 第二节　文化资本的内涵界定

## 一、文化资本的概念

### （一）文化的内涵

1. 概念的演变

在外国历史上，词语"文化"源自拉丁语中的"Culture"，最初意为"耕作"，指的是土地的开垦和植物的培育。随着时间推移，这一词汇逐渐扩展应用，尤其在十六至十七世纪经历了丰富与演进。最初的"文化"从农耕土地的概念转变为对植物如树木和禾苗的培育，然后进一步引申为对人类身体和精神的培养。随后，十八世纪伏尔泰等学者开始将"文化"视为心智训练和修炼（思想、兴趣、情感等）的结果与状态，并将其用于描述受过教育者的实际成就，以及良好的风度、修养、艺术和科学等。英国文化人类学家爱德华·泰勒在学术领域中率先提出了对文化的定义，他于1871年指出："文化是一种复杂体系，包括知识、信仰、艺术、道德、法律、风俗，以及从社会获得的各种能力和习惯。"

随着人类学、社会学、文化学等学科的兴起，十九世纪下半叶后，许多西方

---

① 王鹏程，龚欣．家庭文化资本对学前教育机会的影响——基于 CFPS 数据的实证研究[J]．学前教育研究，2020（12）：43－54.

② 梅红，朱钰．家庭文化资本对西部贫困地区农民子女就读意愿的影响[J]．西北农林科技大学学报（社会科学版），2020，20（6）：56－62.

学者从各自学科的角度对泰勒的"文化"定义进行了进一步的补充和修正。然而，由于不同的视角和观点，关于"文化"的定义出现了差异和多样性。几百年来，外国学者对"文化"的内涵理解变得丰富多彩，众说纷纭，学术界甚至提出了数百种不同的定义。

西方学者 Kroeber 和 Kluckhohn 在著作《文化：概念和定义的批判性回顾》(*Culture：A Critical Review of Concepts and Definitions*)中进行了深入研究，列举了 161 种关于"文化"的定义，并将其划分为五个类别：描述性定义，如泰勒的整体文化定义；历史性定义，如 Linton 的"文化是社会遗产"的定义，强调文化的历史传承；规范性定义，如 Sorokin 等人的"文化是生活方式的总和"；心理性定义，关注人类文化心理的生成和作用机制；结构性定义，着重于文化形态的内部结构关系，认为文化是一种超越个体行为的符号结构，制约人类行为方式。

《不列颠百科全书》将"文化"分为两类：第一类是"一般性"定义，将文化等同于"整体人类社会遗产"；第二类是"多元的相对的"文化概念，将其定义为历史渊源的生活结构体系，常由特定群体成员共有，包括该群体的"语言、传统、习惯和制度，以及在物质工具和制造物中的体现"。

在中国，"文化"一词最早见于汉代，指的是美好品德、文辞和法令等。随着时间的推移。在十九世纪末引进"文化"概念后，汉语中的"文化"逐渐转化为名词。《现代汉语词典》中对"文化"的定义是"人类在社会历史发展过程中所创造的物质财富和精神财富的总和"。改革开放以来，关于"文化"定义的探索变得活跃起来。如刘永佶先生在其《中国文化现代化》一书中这样表述文化概念："一是社会总体矛盾在意识形态的集中反映；二是文明的重要组成部分；三是社会总体对个体的制约；四是个体对社会总体的意识；五是社会制度的理论依据与总体发展的导向；六是个体自由的表现与行为的规范。"

### 2. 文化的类别

文化作为一个广泛而深刻的概念，可以从广义和狭义两个角度来理解。这两种不同的文化内涵在人类社会中发挥着各自独特的作用，从物质到精神，从传统到创新,都在丰富着人类的生活。广义的文化,如同一片广袤的海洋,包含了人类实践活动中创造的物质和精神财富。这种文化观念是一个综合性的概括,将人类社会的方方面面都纳入了考虑。从农耕文化到工业文化,从传统习俗到现代科技,从艺术创作到制度建设,广义的文化囊括了人类社会的所有创造和创新。这种文化内涵强调了文化的多样性和复杂性,反映了人类社会的不断演变和发展。狭义的文化,则将焦点放在了人类精神活动及其产物上。这种文化观念更加关注思想、艺术、价值观等方面的内容。狭义的文化是人类精神的镜像,体现了人类对于世界、美好生活的思考和追求。哲学、宗教、文学、艺术等都是狭义文化的重要组成部分,它们不仅代表着人类思想的高度,也是社会共识的构建者和传承者。通过狭义的文化,人类能够在精神层面与历史对话,感悟智慧,传承价值观,形成共鸣。广义的文化和狭义的文化相辅相成,共同构筑了人类社会的多彩世界。广义的文化为狭义的文化提供了丰富的土壤和滋养,创造了各种可能性。而狭义的文化则在广义的文化框架下不断绽放,为人类提供了精神寄托和引领。这两种文化相互影响,相互渗透,形成了人类社会文化的独特风景。

从文化的形态种类看,可以将文化分为固态的文化、产品的文化和流动状态的文化三种类型。这些不同类型的文化在不同层面上反映了人类社会的价值观、传统、创意和交流方式。首先,固态的文化是指扎根于特定社会和地域的传统文化元素,它们经过历史的沉淀,成了社会共识的一部分。这些文化元素在社会中得以传承和保护,如民间传统艺术、宗教仪式、节庆习俗等。以中国的春节为例,这是一个具有悠久历史的固态文化,代表着家庭团圆、传统美食等价值观和习惯的传承。春节体现了社会的凝聚力和文化的传承,通过代代相传的方式,使得固态文化在时间的洪流中得以保留。其次,产品的文化是指文化与创意的结合,将价值观念融入商品、艺术品等具体物品之中。例如,艺术作品、流行音乐等都可以成为产品的文化代表。这种类型的文化不仅在实际应用中扮演着实用和娱乐的角色,同时也体现了创意的追求和社会审美的变迁。最后,流动状态的文化是指随着社会互动和信息传播而不断变化的文化形态。这种文化在全球化和数字化的时代变得更加突出。社交媒体、网络平台和国际交流都促进了不同文化之间的交流和融合。这种类型的文化不断适应变化的社会环境，与人们的需求和趋势保持同步，固态的文化、产品的文化和流动状态的文化是不同形态的文化类型，它们分别在历史传承、商品创意以及社会互动方面扮演着重要角色。这些文化类型相互交织、互相影响，共同构建了丰富多样的文化景观。随着社会的不断发展和变迁，这些文化类型也在不断地演变和创新，为人们带来了多层次的文化体验和认知。

### 3. 文化的影响

第一，文化是实现经济增长的重要因素，文化生产是社会生产的重要支柱。文化作为实现经济增长的重要因素，在现代社会中扮演着不可忽视的角色。文化不仅影响着人们的思维方式、行为习惯和价值观，还直接影响着经济的发展和繁荣。文化生产作为社会生产的重要支柱，不仅创造了具有经济价值的文化产品，也为创新、创意和创业提供了源源不断的动力。首先，文化作为一种内在的动力，能够激发人们的创新精神和创造力，从而促进经济的增长。文化的多元性和创造性在很大程度上影响着企业的创新和发展。在一个鼓励创意的文化氛围中，企业更有可能推出新产品、新服务，并采用新的商业模式，从而为经济注入新的活力。其次，文化生产作为社会生产的支柱，不仅为就业创造了机会，还形成了一个庞大的产业链。文化产业包括影视、音乐、出版、设计等领域，涵盖了从创作、制作到分销的多个环节，提供了大量就业机会。

第二，文化可以为经济发展提供智力支持。不仅影响着人们的思维方式和行为模式，还培养了创新能力、解决问题的能力以及适应变化的能力，这些都对经济的增长和可持续发展产生了深远影响。首先，文化激发了创新和创造力。不同文化背景的人们拥有不同的经验、视角和思维方式，这种多样性促进了跨学科的合作和创新。文化多元性为创新提供了丰富的素材，刺激了新想法和观点的交汇，从而推动了科技、产业和服务的创新发展。例如，跨文化的合作能够促进技术在不同领域的交叉应用，产生更具前瞻性的解决方案。其次，文化培养了解决问题的能力。不同文化背景的人们面对问题，往往会采用不同的思考方式和方法。这种多元性使得解决问题的途径更加多样化,有助于从多个角度考虑问题,找到更加全面的解决方案。文化的丰富性还能够帮助人们更好地适应复杂多变的经济环境,因为他们在跨文化的互动中培养了灵活性和创新性的思维。最后,文化提供了适应变化的能力。不同文化背景的人们在面对变革和挑战时,拥有不同的适应策略和资源。通过了解不同文化的智慧,可以借鉴和应用不同地区、不同历史时期的经验,从而更好地适应社会和经济的变化。文化的传承和创新性的思考也有助于培养人们的韧性和应变能力,使其能够在经济发展中保持稳定和前进。

第三,文化可以增加经济的文化附加值,增强经济的辐射力。文化在当今社会不仅是一种表面的艺术和娱乐形式,更是一种能够为经济增长注入活力的重要资源,从而在知识经济时代发挥重要作用。首先,文化附加值的增加为经济创造了新的增长点。随着文化产业的兴起,文化在经济中的地位逐渐提升。从文化创意产业到旅游业,从数字媒体到艺术市场,文化正成为经济发展的重要引擎。将文化与创意相结合,能够创造出更具有独特性和附加值的产品和服务,从而吸引更多的消费者和投资者,推动经济增长。其次,文化的辐射力能够带动周边产业的发展。文化产业是一个多元交叉的领域,涵盖了艺术、媒体、娱乐、设计等多个领域。这些领域之间的互动和融合能够形成产业链条,带动相关产业的发展。例如,在一个文化艺术区域的建设中,不仅能够吸引艺术家和文化创意从业者,还会促进餐饮、旅游、零售等产业的兴旺,形成产业生态系统,提升整个区域的经济效益。最后,文化的传播能够拓展经济的国际影响力。文化是国家软实力的重要组成部分,通过文化的传播,国家能够增强在国际上的影响力和竞争力。世界各地的人们通过欣赏、学习和体验不同文化,不仅促进了跨文化交流,也推动了文化产品和服务的跨国输出,为经济带来了新的增长机遇。

**(二) 资本的内涵**

1. 概念的演变

相较于文化,资本的概念由来已久。社会分工、商品交换和货币的出现为资本的诞生奠定了基础,使资本发展成为现实存在。由于研究的方法和角度不同,学界对资本的认识存在着不同理解和看法,因而也就产生了不同的流派。对资本的认识和理解比较有代表性的主要有两大类。一方面,西方经济学体系包含古典经济学、新古典经济学等多个学派,强调将资本视作一种生产要素。另一方面,马克思主义经济学将资本定义为一种社会关系,认为其有能力创造剩余价值。资本以追求价值和自我增值为目标,持续地在循环运动中发展,推动生产力不断提升。西方经济学和马克思主义经济学对资本的理解侧重不同。前者更关注资本的自然属性,强调其作为生产要素的角色,后者则将资本视为社会关系,突出其在社会生产中的作用。这两种观点共同构成了对资本的多维度认知,深化了我们对经济体系中这一重要因素的理解。

2. 资本的作用

资本作为经济生产不可或缺的要素,发挥着推动经济增长和社会进步的关键作用。当前,不论在发达国家还是发展中国家,资本的作用范围以及领域不断扩展,不仅限于物质实践,还延伸至非物质实践领域,融入人类社会生活的各个方面。

首先,资本能对生产力产生显著影响,提高生产力水平。资本投入可以促进技术创新、设备升级和流程改进,从而使生产方式更加高效、精细化。例如,企业通过投资先进设备和技术来提高生产效率,降低生产成本。这种投资不仅能够增加产出,还可以改善产品质量和品种,满足不断变化的市场需求。资本还能够推动科研和开发,培育创新型企业,进一步促进技术进步,推动整体生产力的提升。

其次,资本的作用也表现在对生产资料的影响上。资本的投入可以用于购买、更新和维护生产设备、工具以及其他生产资料。这有助于确保生产过程的顺利进行,保障生产的稳定性和连续性。例如,现代化的生产设备可以提高生产效率,减少生产中断和故障,降低生产风险。资本还可以用于改进生产工艺,提升生产质量,降低废品率,从而提高资源的有效利用率,推动生产资料的高效使用。

最后,资本的调节作用体现在调整生产关系,提高生产效率上。资本的投入可以改善企业管理、组织结构和流程,优化人力资源配置。通过培训和技能提升,资本可以提升员工的生产技能和工作动力,从而促进生产效率的提高。此外,资本还可以引导供应链的优化和协调,实现生产过程的高度协同。例如,通过资本的引入,企业可以优化库存管理,减少库存积压和浪费,降低生产成本。资本还可以改善与供应商和分销渠道的合作关系,加强市场反应速度,提高生产效率和交付效率。

综上所述,资本在经济中的作用多方面且深远。从提高生产力、优化生产资料利用到调节生产关系,资本在推动经济增长和社会进步方面发挥着不可替代的作用。同时资本的应用也要关注平衡和合理配置,以实现最优效益,确保经济发展与社会福祉的良性互动。只有在资本的有效运用下,经济才能持续繁荣,社会才能实现可持续发展。

### (三) 文化资本的内涵

随着知识经济时代的到来,文化和经济逐步融合,相互渗透,拓宽了社会的财富矩阵。这种相互依存、共同发展的模式成为现代社会生产力发展的新轨迹,孕育了崭新的文化经济格局。成为继农业经济、工业经济之后的全新文化经济构筑。本书将文化资本界定为:一种涵盖广泛的概念,它涉及个体、群体或社会在文化领域中所积累的资源、信仰、符号、知识和实践的集合,这些资源在一定的社会和历史背景下被赋予了文化意义和价值。文化资本不仅是一种财富的积累,更是一种在文化生态系统中运作的力量,既包括非物质性的符号系统,如语言、象征、习惯,也包括物质性的实物,如艺术品、文物、文化设施。这种文化资本的财富形态既表现在其内在的文化价值,又表现在其潜在的经济价值。在社会中,文化资本的积累可能通过教育、社交网络、文化活动等途径进行,进而为个体或群体在社会中获取地位、认可和机会提供了资源基础。通过积累和传承,文化资本能够促进文化产品和文化服务的交流、传播和消费,这进一步加强了文化资本与经济资本、社会资本之间的相互关联。

文化资本的财富形式不仅体现在自身的文化内涵上,还体现在与之相关的经济交往中。通过积累和运用文化资本，人们能够创造出丰富多样的文化产品和服务，这些产品和服务在市场中得到交换和消费，从而实现经济价值的转化。例如，具备音乐才华的个体可以创作出音乐作品，在市场上销售并获得经济回报，同时也传播了自己的音乐文化。

文化资本在现代社会中扮演着重要角色。首先，它促进了创新和创造力的发展。文化资本的积累和运用鼓励人们在各个领域内的创作和创新，推动了科技、艺术、文学等领域的发展。其次，文化资本有助于塑造个体的社会地位和认同感。具备丰富文化资本的人们往往能够在社会中获得更多机会，更好地适应多元文化环境。此外，文化资本也是文化传承和多样性的重要支撑，有助于保护和传承传统文化，促进文化多元融合。然而，文化资本的积累也存在挑战。社会中文化资本的分布可能不均，导致社会阶层的不平等。另外，虽然文化资本具有经济交换价值，但在一些情况下，过于商业化的运用也可能导致文化价值的丧失和虚假。文化资本是文化与经济交织的产物，既体现了文化的独特性，又具备经济交换和积累的价值。它在知识经济时代具有重要的意义，促进了创新、多元融合和社会发展，同时也需要平衡经济和文化价值的关系，以实现文化与经济的可持续发展。

## 二、文化资本的类别

文化资本的分类是辨别不同类型文化资本的关键。在形式上，文化资本可分为存量和流量两类。存量文化资本指某一特定时间点存在的文化资源数量，而随着时间推移，这一资源存量形成一种服务流动，要么被消费，要么被用于其他商品和服务的生产，称为资本的流量。此外，从文化资本的形态划分，可以将其分为有形文化资本和无形文化资本。存量与流量两者之间的关系随着时间演变，构成了文化资本的动态特征。有形与无形文化资本的界定则突显了文化资本多元的表现形态。最终，文化资本的构成要素之间的互动协作，使得文化资本具有了可持续的再生产和增值能力。本书提出，文化资本包括了文化能力、文化产品以及文化制度这三大要素。这些要素在文化资本内部相互交织，协同作用，共同推动文化资本的再生产与增值。

## （一）文化能力

文化能力源自个体的文化积累和教育培训，体现了文化知识、技能以及智力的具体化和实体化。这包括了文化知识和智力要素，如文化修养、文化品位等。文化能力彰显了人的主观能动性，并呈现出将文化知识转化为生产力的特质。

文化能力作为文化资本的一部分，是经济发展和社会进步的重要驱动力之一。在知识经济时代，技术和创新不断变革着产业和经济格局，而文化能力正是推动这种创新的核心。通过文化教育和培训，个体能够获得丰富的文化知识和技能，这使得他们能够更好地适应和引领不断变化的经济环境。从这个角度看，文化能力不仅是个体的内在素质，也是社会经济发展的有力支持。其次，文化能力的实体化和具体化过程涉及个体的情感、认知和行为等。通过文化教育的传授和培养，个体逐渐将文化知识和技能融入自己的思维和行为方式中，从而形成一种独特的文化能力。这种能力不仅体现在个体的学术成就，也体现在他们对生活的态度、对问题的解决方法以及对文化价值的理解上。文化能力不仅是知识的积累，更是一种思维的塑造，它能够影响个体的判断力、创造力以及社会互动方式。另一方面，文化能力也与社会地位、声望和认同紧密相关。在现代社会中，文化资本不仅体现为经济收益，也包括了个体在文化领域的影响力和认可度。具备较高文化能力的个体通常在文化创作、思想领域有更大的话语权，能够更好地表达自己的观点并影响他人。这也使得文化能力成为获得社会尊重、威望和认可的重要因素之一。

## （二）文化产品

文化产品作为文化资本的一种表现方式，在现代社会中扮演着重要角色。它是文化资本的客观化体现，既包含物质形态，也承载着丰富的文化意义和价值。从文化资本的实物状态出发，我们可以深入探讨文化产品的多重维度及其在社会经济发展中的作用。

首先，文化产品是文化资本的有形体现。它们可以是有物理载体的，如艺术品、文学作品、音乐专辑等；也可以是依赖虚拟网络传播的，如数字内容等。

这些产品通过创意、技术和劳动等要素的结合,将文化价值转化为实际的物质形态。文化产品既是创作者的创意和劳动的结晶,也是社会文化的展示和传承方式。通过文化产品,人们能够更加直观地感受文化的丰富多彩。其次,文化产品承载了无形的文化财富。每一个文化产品背后都蕴含着独特的文化背景、历史意义和社会价值。它们代表着一段历史时期、一种思想观念,甚至代表着一种文化传统。例如,电影不仅是一种娱乐形式,还可以传递特定的价值观和情感。文化产品通过图像、声音、文字等媒介,将其精髓传递给受众,实现了文化的传播和延续。此外,文化产品的生产也涉及分工、科学技术和资金等要素。随着科技的进步和全球化的发展,文化产品的生产已经不再局限于本地,而是跨足国际舞台。创作者、制作人、技术人员等形成了一个多领域的生产网络,通过协作实现文化产品的制作。同时,数字化技术的应用也使得文化产品的传播更加便捷,加速了文化交流与合作。文化产品的生产需要资金和相关生产资料的支持。创作和制作文化产品需要一定的投入,包括人力、物力和财力。现代社会,文化产业已经成为一个重要的经济领域,为社会创造了丰富的经济价值。从电影、音乐到数字内容,文化产品的市场需求不断增长,为就业、创业和经济增长提供了动力。最后,文化产品作为文化资本的一种形式,也需要文化背景和社会支持。文化政策、教育体系等也会影响文化产品的生产和传播。文化产品在满足人们精神需求的同时,也为社会文化的繁荣和多元性作出贡献。

综上所述,文化产品作为文化资本的一种表现方式,承载了丰富的文化意义和价值。它们在社会经济发展中不仅满足了人们对文化的需求,也促进了创意产业的兴盛,加强了文化传承与交流。文化产品的多样性、创新性和社会影响力,都使其在当今社会的文化生态中发挥着不可替代的作用。

### (三) 文化体制

文化体制是文化资本的制度化形式。有学者认为,"文化制度是被普遍认同的、被公共权力体制化的文化的社会关系或社会的文化关系"。首先,文化体制是文化资本的框架和支持。文化作为社会的重要组成部分,需要一种制度化的支持和保障,以确保其在社会中的传承、创新和发展。文化体制提供了文化活动的规则、机制和机构,促使文化资本得以规范和有序地存在。这种框架能够促进文化的生产、传播和消费,为文化资本的持续流动创造有利条件。其次,文化体制反映了社会对文化的重视程度。一个完善的文化体制表明社会对文化资本的重视和认可,也表明文化在社会中扮演着重要角色。通过建立文化政策、文化机构和法律法规等,社会能够确保文化资本的多样性和创新性,从而促进文化的繁荣和发展。一个健全的文化体制还可以提供更多的机会和资源,激励个体和团体参与文化创作和创新,为社会创造更多文化价值。此外,文化体制影响着文化资本的流通和交流。一个开放和有序的文化体制有利于促进文化资本的跨界融合和跨国交流。通过建立国际文化合作机制、推动文化产业全球化等,文化体制可以加强不同文化之间的互鉴和交流,丰富社会文化内涵,提升国家文化软实力。

然而,构建一个适应时代发展需求的文化体制也面临一些挑战。随着信息技术的飞速发展和全球化的加速推进,文化资本的传播和交流途径变得更加多样和复杂。因此,文化体制需要不断创新和完善,以适应新形势下的文化发展需要。同时,一些地区和群体可能存在文化体制的不平等问题,需要通过改革和政策调整来促进文化资本的公平流动。

## 三、文化资本相关概念辨析

### (一) 文化资源

目前学术界对文化资源的定义尚未统一。有学者从物质和精神两个层面去理解,林存文和吕庆华提出,文化资源是人类劳动创造的具有文化属性的物质成果和精神财富,通过对其经济价值进行不同程度的挖掘,可以使文化资源转化为文化产品,最终形成现实的文化产业[①]。同时,还有学者将文化资源分

---

① 林存文,吕庆华.文化资源禀赋对文化产业发展的影响——基于资源异质的研究视角[J].山西财经大学学报,2020,42(8):86-101.

为物质文化遗产、非物质文化遗产、文化智能和文化设施资源四类。米子川认为广义的文化资源概念是难以界定的,而一般所指的文化资源是狭义的,即凝聚了人类无差别劳动成果精华和丰富思维活动的产品或活动,具有精神和物质双重属性①。基于对两种属性的理解,关注其度量问题,他将文化资源分为了可度量和不可度量两类。汤晖和黎永泰则认为虽然广义的文化资源指的是人类活动及其所产生的一切结果②,但站在文化经济化的角度来看,文化资源存在着不同程度的挖掘和开发,不同文化资源存在着经济化转化程度的差异,因此可以将其划分为充分开发的、一般开发的和开发不够三类,通过分析每一类文化资源的特性,针对性地采取开发方法,从而提高资源梯度开发成功的可能性。部分学者侧重于文化资源的精神层面。吴圣刚认为文化资源是人类生存发展所需求的一种精神要素,其指向的是一切文化产品和精神现象③。王志标认为文化资源不能局限于物质方面,那些由人类在过去和现在创造出来或继承下来的,能够反映出某一群体的价值观、信仰、态度、习俗、惯例和行为方式的,同时可以转化为某一产业或影响其他产业效率与效益的资源就是文化资源,它分为有形和无形,兼具文化价值和经济价值④。周正刚强调文化资源的主体,指出文化资源是可供主体利用和开发,并且形成文化实力的各种文化对象,包括过去的人创造和积累的文化遗产,现在的人创造的文化信息和文化形式,以及文化活动、文化设施和文化手段的各类文化载体⑤。部分学者强调文化资源的经济性,严荔界定的文化资源是一种经济资源,指的是那些具有文化内涵的资源,对这部分资源进行资本投资,可以直接产生具有经济效益的生产性资本⑥。姚伟钧和任晓飞从文化属性和资源属性两个层面去理解文化

---

① 米子川.文化资源的时间价值评价[J].开发研究,2004(5):25-28.

② 汤晖,黎永泰.浅析以开发频率为划分标准的文化资源类型[J].中华文化论坛,2010(1):142-147+4.

③ 吴圣刚.文化资源及其利用[J].山西师大学报(社会科学版),2005(6):134-136.

④ 王志标.传统文化资源产业化的路径分析[J].河南大学学报(社会科学版),2012,52(2):26-34.

⑤ 周正刚.论文化资源的可持续开发[J].求索,2004(11):107-109.

⑥ 严荔.论文化资源产业化开发[J].现代管理科学,2010(5):85-87.

资源的内涵,将其定义为在人类历史发展过程中积淀下来的,经过文化的创造、积累和延续,发挥着提供经济发展的对象、环境、条件、智能与创意的文化要素的综合,认为我国文化资源分为有形的物质文化资源、无形的精神文化资源和文化智能资源三大维度①。可以看出,不同学者基于不同的出发角度,对文化资源的内涵理解有着或多或少的区别,但究其根本可以看出,文化资源是由人创造和积累下来的,具备文化内涵的同时又影响经济产出,分为物质层面和精神层面两大类。

### (二) 文化资产

文化资产这一概念是随着我国文化体制改革而逐渐被人们广泛熟知的,我国文化事业单位向文化企业的转制使得文化资产发生了属性变化,随着多种所有权形式的文化企业不断进入市场,文化资产的概念得到丰富,国有文化资产是我国文化资产的主体。有学者讨论不同资产主体的文化资产,如徐玉德明确国有文化资产是文化事业单位和文化企业产权中属于国家的一切财产②。唐毅泓从文化企业的角度去定义文化资产,认为文化是缓慢逐步地融入商品生产中的,这一过程催生了专门生产文化内容产品的企业,即文化企业③。文化企业的设计生产者能够运用其智慧,将文化基因和文化创新注入产品中去,所以承载着文化信息的商品和其产品设计、生产者等均属于企业的文化资产。胡晓明和陈阳同样认为,文化资产是文化企业的核心竞争力,是企业创意高附加值资产④。

李春满从文化资产应承载的文化内容和具有的文化形态入手,要承载观念意识、精神产品、生存方式和行为模式这四个方面的文化内容,其文化形态

　　① 姚伟钧,任晓飞.中国文化资源禀赋的多维构成与开发思路[J].江西社会科学,2009 (6):219 - 224.

　　② 徐玉德.加强国有文化资产监管,提高国有资本控制力[J].经济研究参考,2015,(68):58 - 63.

　　③ 唐毅泓.文化企业文化资产评估维度探究[J].开发研究,2014 (4):135 - 137.

　　④ 胡晓明,陈阳.我国文化资产价值评估的相关思考[J].国有资产管理,2015 (2):55 - 57.

需满足可触摸、可感知、可体验的要求,如此这般的资产方能称为文化资产①。
张振鹏等总结文化资产指的是文化产品、文化产权以及文化领域所有资产形
式②。杨茜茜指出,文化资产的"资产"突出了文化资源的价值性,一方面是为
人类生活质量的提升作出贡献,另一方面是为激发创新创业提供价值③。范
玉刚认为文化资产包括场所、设备、投入等有形资产,也包括人才、品牌等无形
资产,提出文化消费即是生产,在文化生产与消费活动中,金融经济和文化经
济在同时流通④。李东红和杨利美将文化资产划分为三类,物质形态的文化
资产价值是显性的,精神文化资产具有一般商品所包含的普遍价值,而物质和
精神双重属性的文化资产具有明显的资产价值⑤。

### (三) 文化资源、文化资产、文化资本的关联

文化资源、文化资产和文化资本,名词相似却含义不同,三者之间有着十
分紧密的关联。西沐和宗娅琮提出文化资源系统化、文化资源资产化、文化资
产金融化、文化资产证券化(大众化)为文化产业投融资平台发展的主线⑥。
胡卫萍和胡淑珠认为,首先,文化资源要先被开发转化为文化产品,使其具有
市场价值、技术手段的物质存在。其次,对文化产品进行产权归属的确定,如此
便演绎成了市场主体的文化资产,最后,拥有该种文化资产的市场主体,采取各
种融资手段,实现文化与金融的对接,形成文化资本⑦。王林生在乡村振兴的背
景下讨论民族地区文化,认为文化资产是文化资源在向文化资本转化的过程中
必不可少的基本支撑之一,文化资本的生成要以资产最大化为价值追求⑧。

---

① 李春满.论文化资产的价值属性[J].中国资产评估,2013 (5):6-9.
② 张振鹏.无形资产评估助力产业发展[N].中国社会科学报,2016-11-03(6).
③ 杨茜茜.文化战略视角下的文献遗产保护与活化策略[J].图书馆论坛,2020,40(8):163-172.
④ 范玉刚.文化产业的风险特征与完善投融资体系研究[J].学习与探索,2014 (6):79-85+2.
⑤ 李东红,杨利美.文化资源的价值评估、成本核算与经济补偿[J].思想战线,2004 (3):97-101.
⑥ 西沐,宗娅琮.我国文化产业技融资平台建构的理论分析[J].北京联合大学学报(人文社会科学版).2018,16(2):58-17.
⑦ 胡卫萍,胡淑珠.我国文化资源资本化现状及投融资路径[J].企业经济,2016 (7):110-114.
⑧ 王林生.乡村振兴战略下我国民族地区文化资本的创意性生成研究[J].学术论坛,2019,42 (3):118-124.

　　本书认为,文化资源具有"公共性",其产业价值是潜在的;文化资产则更强调产权归属,是受到法律保护的知识性专有权利,体现着"专有性",其产业价值是显性的;而文化资本是由文化资产与资金、技术等相结合所形成,是可投资、可增值、可变现的价值量。

　　文化资本化有着一个完整的逻辑过程:**第一阶段是文化资源的资产化**。文化资源在初始状态下通常是人们共同拥有和分享的,具有公共性和非排他性。然而,通过一系列的过程,文化资源可以被转化为具有财富价值的文化资产,从而实现文化资本化。在资产化的过程中,文化资源首先需要被收集、整理、盘点和归档。这个过程有助于明确文化资源的内容、特征和范围,为后续的资产化奠定基础。通过系统性的整理和分类,文化资源得以更好地被识别和理解。接下来,产权归属的问题变得至关重要。通过为文化资源明确产权归属,可以确保文化资产的合法性和可权益化。这一步骤可以通过法律法规、合同等方式实现,使文化资源的所有者能够在资本化过程中享有合法的权益。随后,对文化资源进行量化测评是资产化的关键一步。量化测评可以将文化资源的特征、价值和稀缺性进行具体化的衡量,从而将其转化为可计量的财富价值。这个过程涉及经济学、文化评价等多个领域的方法和指标。在量化测评的基础上,文化资源因其稀缺性和独特性逐渐获得了财富价值。这个过程是文化资源从公共性向私有性的转变,形成了具有市场交换价值的文化资产。这些文化资产可以作为交易的对象,来实现文化资源的价值变现。

　　**第二阶段,文化资产的资本化**。文化资产具有明确的产权归属,对其进行投资、开发和盘活,进而实现文化资产的资本化,文化资本使得文化资源摆脱消极被动保护和直接变卖资源的不可持续局面,从根本上实现了文化资产的增值。这一阶段旨在通过对具有明确产权归属的文化资产进行投资、开发和盘活,来实现文化资本的形成和增值。在资产化阶段确定了文化资产的产权归属后,文化资产的所有者可以考虑将其投资于不同的领域,如文化产业、教育、科研等。这些投资可以促进文化资产的开发和创新,进一步丰富文化资源的内涵和外延。通过开发和盘活文化资产,其财富价值得以实现增值。文化资产的价值不再仅局限于其最初的文化意义,而是在资本市场中找到更广泛的应用。这种增值可以体现在经济收益上,同时也有助于提升文化资产的社会地位和认知度。文化资产的资本化还有助于打破文化资源长期以来的消极保护和不可持续的状态。传统上,文化资源往往面临着遭受损害、流失甚至被不当利用的风险。而通过资本化,文化资源得以更加全面地被管理、开发和推广,从而减少了被破坏的可能性。文化资产的资本化可以促进文化资源的创新和转型。通过投资和开发,原本被束缚在狭窄领域的文化资源可以得到更广泛的传播和应用,进而催生新的文化产业和商业模式的形成。

**第三阶段,文化资本的货币化。**它标志着文化资本通过参与生产实践活动,形成了有实际价值的文化产品,这些文化产品随后进入市场,被购买和消费,从而在社会和经济层面产生双重效益。在这一阶段,文化资本不再停留在概念层面,而是通过实际的生产活动转化为有形的文化产品。这些文化产品可以涵盖文化创意、艺术作品、文学作品、娱乐内容等多个领域。文化资本的货币化使得这些产品能够在市场上以一定的价格进行交换,从而实现文化资源的商业价值。随着文化产品进入市场被购买和消费,产生了社会和经济的双重效益。首先,从社会角度看,文化产品的消费不仅满足了人们的精神文化需求,还推动了文化的传承和创新。文化产品往往蕴含着深厚的文化内涵,通过消费,人们可以获取知识、体验情感,甚至参与文化创意的创作中,从而促进社会的文化发展。其次,从经济角度看,文化产品的市场化交换带来了经济效益。文化产品的销售可以为创作者、生产者和分销商带来收入,推动文化产业的发展。同时,文化产品的消费也创造了就业机会,涉及制作、宣传、销售等多个环节,为社会提供了各种相关岗位。文化资本的货币化不仅丰富了人们的文化生活,还推动了文化产业的繁荣。文化产品的市场化交换使得文化资本具有了更为直接和可见的经济效应,吸引了更多的投资和关注。这一阶段的发展,进一步加强了文化资本在社会和经济中的地位,促使人们更加重视文化创意和产业的发展。

可以看出,文化资源是文化资本化发展的起点,转化后的文化资产经过市场的运作，与资金和技术握手，实现可量化后才是文化资本。但也有部分学者认为，文化资源只有先转化为文化资本，而后转化为文化资产才能发挥价值。文化资源和文化资本的产权属性不清晰，只有成为文化资产，尤其是形成无形资产，才会在文化企业的价值创造中发挥功效。这种理解将主体限定为文化企业，强调文化资本成为无形的文化资产，进而在文化企业资产负债表上体现出无形资产的价值。

# 第三节 文化资本的测度与特征分析

## 一、文化资本指标体系

截至目前，就文化资本的应用研究而言，主要集中在定性分析范畴，这意味着对文化资本的运用仍然受到主观性解释的制约。能够开展定量化研究以评估文化资本的具体价值，被视为突破目前研究瓶颈、促进该领域实证研究的重要切入点。然而，由于文化资本的抽象特性，对其进行精确的数量化估算一直以来都是项棘手的任务。因此，我们需要从广泛的角度汲取相关领域的研究成果，以在此领域取得实质性的进展。当前阶段，国内在文化领域进行定量研究尚未形成成熟的方法体系，对于量化文化资本仍面临一定的挑战。在此背景下，本节首先着重介绍由新西兰政府提出的文化资本估计方案，借鉴政府部门的实践，试图为文化资本的量化评估提供具体框架和方法。

2006年，新西兰文化与传统部和统计局的研究人员发表了《新西兰文化指标：2006》[1]。该报告所设计的文化指标体系被计划用于具体评价新西兰的文化发展状况，其中包括了5个一级指标和14个可计量的二级指标，具体内容如表1-1所示。可以看到，新西兰的文化指标体系考虑了毛利语使用者、本地内容在电视中的比例、少数族群文化活动的参与等，这体现了对文化多样性的关注，强调了不同文化背景的人群在文化资本方面的参与和贡献。其次，

---

① 金相郁，武鹏.文化资本与区域经济发展的关系研究[J].统计研究，2009，26(2)：28-34.

该指标体系重视经济与文化的结合,指标体系中的经济发展一级指标关注了文化产业的收入、创意产业带来的文化增加值等。这种结合体现了经济与文化的紧密联系,强调了文化对经济发展的贡献和影响。最后,考虑了社会影响:指标体系中的多样性一级指标关注了对少数族群文化团体的赠款和对少数族群文化活动的参与情况。这强调了文化资本在促进社会共融和多元共生方面的作用。

表 1 - 1  新西兰的文化指标体系

| 一级指标 | 二级指标 | |
|---|---|---|
| | 名称 | 备注 |
| 雇佣 | 文化就业 | 从事文化方面工作的就业人数占总就业人数的比例 |
| | 文化创意类职业的就业 | 文化创意类职业的就业比例 |
| | 文化创意类职业的中位收入 | 文化创意类职业的中位收入占各行业中位收入的百分比 |
| | 人们参加文化活动的平均频率 | 每个成人参加文化活动的平均频繁程度 |
| | 文化参与的障碍 | 成年人遇到的参加文化活动的障碍 |
| | 家庭文化支出 | 家庭购买文化商品和服务的支出占总支出的比例 |
| 文化同质性 | 毛利语使用者 | 日常用毛利语交流的人占总人口的比例 |
| | 电视中的本地内容 | 首播的本地节目的时间长度占所有电视节目播出长度的比重 |
| | 毛利语电视节目的收视率 | 观看毛利语节目的毛利人、非毛利语使用者 |
| 多样性 | 对少数族群文化团体的赠款 | 新西兰博彩赠款委员会出于艺术、文化和传统的目的对非毛利、非欧洲族群的组织、个人的赠款比例与这些少数族群占新西兰人口比例的比值 |
| | 对少数族群文化活动的参与 | 15 岁以上人口中至少参与一种少数族群文化活动的比例 |
| 社会凝聚力 | | |

**（续表）**

| 一级指标 | 二级指标 | |
|---|---|---|
| | 名称 | 备注 |
| 经济发展 | 文化产业的收入 | 以经常价格计算的所出售的文化产业产品、服务和其他方面收入 |
| | 创意产业带来的文化增加值 | 创意产业带来的价值的增加 |
| | 创意产业增加值的比重 | 创意产业带来的价值的增加占所有产业价值增加额的比例 |

## 二、文化资本指标体系的建立与测度

### （一）文化资本指标体系的建立

文化资本是相对抽象、模糊的概念，由于难以"操作化"的特性，对"城市文化资本"的测度目前尚无可直接借鉴利用的测定方法。为此，在参考有关文化资本测度相关研究成果的基础上，本章紧密结合"城市文化资本"的内涵、构成及影响因素，构建出一套能够反映城市现实情况同时兼具系统性、可操作性、可比性的测度指标。在参照已有方案和前述文化资本内涵的基础上，本节尝试提出了一套"文化资本估计指标体系"，是包含"物质化、市场化、制度化、智力化以及形象化"5 个一级指标，9 个二级指标的综合评价指标体系，具体内容如表 1－2 所示。

**表 1－2　本节的文化资本估计指标体系**

| 一级指标 | 二级指标 | 三级指标 | 方向 |
|---|---|---|---|
| 智力化 | 人力资本水平 | 普通高等学校总数 | ＋ |
| | | 普通高等学校教师总数 | ＋ |
| | | 普通高等学校在校学生总数 | ＋ |
| | 人力资本保障 | 教育财政支出 | ＋ |
| 形象化 | 城市的国内吸引力 | 国内旅游收入 | ＋ |
| | 城市的国际吸引力 | 旅游外汇收入 | ＋ |

（续表）

| 一级指标 | 二级指标 | 三级指标 | 方向 |
|---|---|---|---|
| 物质化 | 文化基础设施建设 | 公共图书馆数 | ＋ |
| | | 公共图书馆总藏量 | ＋ |
| | | 博物馆数 | ＋ |
| 市场化 | 价格 | 消费价格指数－教育文化和娱乐 | ＋ |
| | 需求 | 文化消费支出 | ＋ |
| 制度化 | 财政支持 | 文化体育与传媒支出 | ＋ |
| | 区位支持 | 是否有国家级文化产业园区 | ＋ |
| | | 文化产业集聚程度（区位熵） | ＋ |

智力化城市文化资本。主要通过城市的人力资源水平和保障加以体现，包括普通高等学校总数、普通高等学校教师总数、普通高等学校在校学生总数、教育财政支出四个因素。一个地区的高等教育规模对地区社会网络的形成具有促进作用。从我国来看，随着户籍制度改革的推进以及教育的普及，流向发达地区的劳动力正从简单型劳动力向技能型劳动力转变，加上高校毕业学生逐渐在城市落户定居，融入当地社会的速度也在加快，文化产业从业人员的分类配对越强，由此对产业链的互补效应也就越发明显，知识创新、文化消费与生产的能力也就越强，由此推动城市生产率的提升和文化产业的增长。

形象化城市文化资本。主要通过城市的文化活动、历史遗产、艺术表演、创意产业等方式所积累的资源和品牌价值。这些文化资本不仅可以展示城市的独特魅力和多样性，还能够塑造城市的品牌形象，增强城市的竞争力和影响力。形象化城市文化资本不仅是城市景观的静态表现，更是一种生动而有活力的力量，能够吸引游客、居民和企业前来参与和投资，为城市带来持续的经济效益和社会发展。主要包括国内旅游收入和旅游外汇收入两个指标。

物质化城市文化资本。重点集中在对文化财产的衡量，从文化藏品、文化基础设施层面体现文化资本的基础条件。主要包括公共图书馆数、公共图书馆总藏量和博物馆数三个指标。

市场化城市文化资本。市场化城市文化资本体现着一个城市市场化的发展程度,一个城市的文化产业市场化程度越高,其文化资本的累计速度也就越快。主要通过消费价格指数和文化消费支出两个指标体现。

制度化城市文化资本。制度化城市文化资本体现着一个城市对城市居民基本公共文化服务的保障程度,对城市居民获得基本化、均等化的公共文化服务至关重要。注重文化资本的社会化过程,重点从文化创新、文化管理、文化支持的相关数据来反映制度化程度。主要包括文化体育与传媒支出、是否有国家级文化产业园区和文化产业集聚程度三个指标。

### (二) 文化资本指标权重的测算

要测量文化资本水平的综合指数,不仅需要对可获得的具体相关指标进行建立,还需要对这些指标的权重进行赋值。而对指标体系中各个指标权重进行赋值的方法中,主要包括层次分析法、环比评分法、德尔菲法等在内的主观赋权法和包含熵权法、离差分析法等在内的客观赋权法两大类别。

本节使用的测算方法为熵权法(entropy method),作为客观赋权法,主要以资讯熵的基本原理为判定基础,以各指标值所包含的信息体量对指标权重进行赋值。熵权法原为表示系统无序程度的物理概念,由于它简单且科学实用,因此之后被广泛应用于各个学科领域。综合评价法中,熵权法能够避免主观赋权法带来的干扰因素,从而得出各指标的客观权重,在实际量化分析工作中发挥重要作用,应用性更强且应用范围更广,如测算数字经济发展水平、数字经济发展指数、城市生态经济综合评价体系的权重、人才发展环境评价指标体系的权重测算等,熵权法在以上研究中将测量数值变异程度的大小赋权给各个指标,相比层次分析法、因子分析法等综合评价分析方法更加科学和便捷。熵权法对于权重的测量以指标值的离散程度作为依据,能够避免指标权重测量过程中的主观性以及无用信息的干扰,有效避免主观因素带来的误差,同时也能够为辨别各指标之间的差异性,进一步对指标进行综合评价提供客观依据。熵权法的权重系数主要根据测量指标体系中的差异程度来测定,熵权越高,代表着该指标携带的有效信息越多,其对文化资本水平产生的影响越大。文化资本指标体系主要是衡量文化产业各方面的均衡发展,因此相比其他方法,熵权法更加契合本研究中对于文化指标体系中各指标的权重赋值需求。在对文化资本指标体系的相关数据进行无量纲化处理的基础上,运用熵权法完成对指标权重的赋值,进一步对文化资本指标体系进行评估分析,一方面能够提高测算工作的准确性和科学性,对文化资本指标进行系统分析;另一方面能够减少在一般针对文化资本测算工作中的主观因素影响,将文化资本指标体系中各指标的特点和信息量纳入计算工作中,更具客观性和可操作性。

综上所述,为了避免主观赋权法中人为主观因素对权重的影响,本节采用客观赋权法的熵权法对我国文化资本水平进行测度。在保证数据可获得性的前提下通过文化资本指标体系进行测算计量工作,以期尽可能全面地反映各地区的文化资本水平分布和发展状况。具体测算方法如下:

综合评价体系中的各个指标的单位存在差异,首先对各指标进行标准化处理。对评价对象越大的指标称为正向指标,反之,则为负向指标,指标的处理过程如下:

$$X'_{ij} = \frac{X_j - X_{\min}}{X_{\max} - X_{\min}} （正向指标） \tag{1-2}$$

$$X'_{ij} = \frac{X_{\max} - X_j}{X_{\max} - X_{\min}} （负向指标） \tag{1-3}$$

其中,$X_j$ 为指标 $j$,$1 \leqslant i \leqslant m$,$1 \leqslant j \leqslant n$,而 $X_{\max}$、$X_{\min}$ 则为指标 $j$ 各项值中的最大值和最小值。

计算指标 $j$ 在各个年份中所占的比重 $X''_{ij}$:

$$X''_{ij} = \frac{X'_{ij}}{\sum\limits_{i}^{m} X'_{ij}} \tag{1-4}$$

计算指标 $j$ 的信息熵 $E_j$ 及信息效用值 $D_j$:

$$E_j = -K \sum_{i}^{m} X''_{ij} \ln X''_{ij} \tag{1-5}$$

$$D_j = 1 - E_j \qquad (1-6)$$

其中，$K = \ln \dfrac{1}{m}$。

信息效用值的大小衡量了指标对于评价的重要性，效用值越大则指标的权重越大，第 $j$ 个指标的权重为 $w_j$：

$$w_j = \frac{D_j}{\sum\limits_{j}^{n} D_j} \qquad (1-7)$$

第 $i$ 个评价对象的综合评价值 $Z_i$ 为：

$$Z_i = \sum\limits_{j}^{n} w_j X''_{ij} \qquad (1-8)$$

## 三、城市文化资本指数特征分析

### （一）文化资本指标体系综合评估

本部分在已建立的文化资本评估指标体系基础上使用《中国城市统计年鉴》及网络公开资料收集，运用熵权法测算各指标的权重系数，综合评估了2014—2021 年我国 27 个省级行政区的 280 个城市的面板数据，并通过对其具体分析，考察总体与各指标之间的差异性和地域发展特征，进而深入研究我国 2014—2021 年文化资本的整体发展水平。

1. 城市层面评估

基于熵权法对 2014—2021 年我国城市层面的文化资本水平进行综合评估，从总体发展现状来看，2014—2021 年间西安、成都、深圳、长沙与沈阳的文化资本平均得分名列前茅，均高于 50.0，其中西安居于首位，为 63.934，究其原因可能得益于西安本身的文化优势，无论是十三朝古都的悠久历史还是曲江新区的大力建设，均为西安文化产业的蓬勃发展奠定了坚实基础。济宁、广州、开封、蚌埠与酒泉紧随其后，处于 6～10 名，得分在 40.0～44.0 之间，表明上述城市文化资本现有水平较高，不管是文化基础设施建设，还是政府财政支

持,均处于较为领先的水平。此外,综合排名后 10 位城市的平均得分在 0.50～
0.90 之间,排在首位的西安约为排在末位的七台河的 116.30 倍,可知 2014—
2021 年间不同城市的文化资本发展现状存在较大差异。

从发展趋势来看,2014—2021 年间我国文化资本水平整体呈现上升趋
势,其中,枣庄以 8.53％的年均增长率稳居第一,景德镇、承德与湘潭也突破
了 5.0％的增长率,该大幅增长可能与枣庄发展运河文化、景德镇创新陶瓷文
化、承德传承山庄文化、湘潭探索红色文化等举措息息相关。总体来看,280
个城市中有 178 个城市显示出较为明显的增长趋势,表明其文化资本处于累
积上升阶段,8 个城市的数据呈现下降趋势,表明该类地区未能实现文化资本
的有效积累,其余城市的年度文化资本表现为波动态势,增长或下降幅度不明
显,处于缓慢积累的阶段。其中,文化资本平均值排名前 10 的城市中有 7 个
城市的年均增长率不足 0.15％,表明该类城市具有较高的文化资本水平大多
依赖于原有基础,文化创新驱动有待进一步加强。

2. 省级行政区层面评估

基于熵权法对 2014—2021 年我国省级行政区层面的文化资本水平进行
综合评估,总体看来,湖南、山东、陕西三省居于前三,且得分均达到 8.0 以上,
其次是广东、浙江、辽宁、河南、江苏、河北、安徽、甘肃与四川,均高于 5.0,27
个省级行政区中仅西藏低于 0.10,其余得分均位于 3.0～5.0 之间,体现出各
省级行政区文化资本水平发展的差异性。从年际变化来看,27 个省级行政区
均呈现增长趋势,其中吉林、江西、河北与浙江位列前三,且吉林更是以
2.16％的年均增长率居于首位,究其原因,可能得益于吉林省本身在影视文
化、冰雪文化与红色文化方面具有较强优势,加上政府积极推进相关政策,不
仅实现了全省文艺精品不断涌现、文旅市场繁荣发展,更培育出了长春电影节
等一系列文化品牌。此外,将 2021 年 27 个省级行政区的文化资本综合排名
与 2014 年进行横向对比,可发现,浙江省由 2014 年的第 11 位上升至 2021 年
的第 3 位,河北省由 2014 年的第 13 位上升至 2021 年的第 4 位,吉林、江西等
省级行政区均有十位左右的提升,与年际变化趋势相符。

结合平均水平与发展趋势来看,排名靠前的省级行政区中,陕西的文化资本增长率处于末尾,说明其虽然综合评分排名较高,但可能存在文化产品质量下降、文化革新动力缺乏、文化管理投入减少等问题,需要相关方进行宏观调控、协同管理。而平均得分排在后10位的省级行政区中,云南与广西的文化资本水平呈现出增长趋势,年均增长率在0.7%以上,表明这些省级行政区虽然在文化资本发展现状层面处于弱势地位,但中央与地方政府对该地区文化产业进行了大力扶持,通过加大对文化事业的投入力度、提高当地文化基础设施的建设水平、推动相关文化活动的有效实施等措施,实现了该地区文化资本的高效积累。

## 云南:政策带动地方文旅走上发展快车道

云南省文化底蕴深厚、民俗风情多元,近年来在政府政策的大力推动下,其文旅产业规模不断扩大、体系逐步健全、产品业态愈发丰富,为本省的文化资本积累提供了有力支撑。2012—2022年期间,云南省相继出台了文旅融合发展的具体实施方案,共推出10条非遗、22条历史文化、60条红色旅游精品线路,其中,"傈僳山寨换新颜"与"彩云之南·红色热土"两条线路成功入选文旅部的"建党百年百条精品红色旅游线路",取得一定成效。与此同时,在文化项目打造方面,云南省的寻甸段柯渡教育基地建设、禄劝段红色遗址保护展示、扎西会议会址周边文物保护提升等10个项目成功进入国家"十四五"时期文化保护传承利用工程项目储备库;在文化活动开展方面,云南省十年间打造出40多台精品旅游演艺剧目,并成功举办了46项国际性文旅活动、100多项体育旅游赛事,真正实现了文化、艺术、体育、旅游四者之间的互融互促。数据显示[①],截至2022年底,云南省因

---

① 朱海,王欢,储东华,等.非凡十年 云南答卷丨擦亮旅游文化金字招牌 描绘"诗和远方"[N/OL].2012-10-20[2022-10-20].https://www.yn.gov.cn/ywdt/ynyw/202210/t20221020_248976.html.

地制宜打造出一批文旅融合示范点，已成功创建 6 个国家文化和旅游消费示范（试点）城市、1 个国家级文化产业示范园区和 10 个国家级夜间文旅消费集聚区。

此外，一些少数民族地区虽初始文化资本水平不高，且具有人口少、经济发展水平低、文化产品较为单一的劣势，但在国家大力扶持少数民族文化发展的政策带动下，增长率居于中位数，这表明即便某些地区因客观原因文化资本存量较为匮乏，但通过充分利用当地文化资源、积极完善文化基础设施，也能实现文化资本的有效提升，进而展现出一定的文化实力。

### 3. 区域层面评估

基于熵权法对 2014—2021 年我国区域层面的文化资本水平进行综合评估，总体来看，我国文化资本指数平均得分呈现上升态势，且区域平均得分按东部、中部、东北、西部从高到低依次排列[①]，其中东部得分为 6.093，2021 年更是达到 8.099，取得八年来最高的地区评分，占据文化资本发展水平的领先优势，其次是中部地区，得分为 5.420，东北和西部分别为 4.887 和 4.027。从变化趋势来看，东部地区的文化资本指数以年均 1.02% 的增长率居于首位，其次是东北地区与中部地区，分别达到 0.85% 与 0.81%，西部地区作为文化产业弱势地区，增长较为缓和，文化资本有效积累程度较低，仍需进一步规划与扶持。

东部地区的文化资本发展现状良好且增速较快，主要得益于东部地区本身多为经济发达地区，教育文化娱乐水平均较高，同时文化基础设施建设齐全，拥有种类繁多的文化产品，再加上政府有余力加大文化投入，因此整体呈现出较高发展水平。以东部地区评分最高的山东省为例，"十三五"以来，山东省文化产业与文化事业均呈现出繁荣发展的良好态势，与齐鲁文化相关的艺

---

① 本章统计中所涉及东部、中部、西部和东北地区的具体划分为：东部包括北京、天津、河北、上海、江苏、浙江、福建、山东、广东和海南；中部包括山西、安徽、江西、河南、湖北和湖南；西部包括内蒙古、广西、重庆、四川、贵州、云南、西藏、陕西、甘肃、青海、宁夏和新疆；东北包括辽宁、吉林和黑龙江。

术精品创作实现了数量与质量的双重提升,文旅融合发展也迈出新步伐,优秀文化产品和优质旅游产品的供给迎来由"高原"跨向"高峰"的新时期,此外省内大力加强文化基础设施建设,现代化的公共文化服务体系愈发健全,在各方面都实现了山东省文化资本的有效积累。

## 山东:"赴淄赶烤"热潮来袭

在当代互联网流量的加持与裂变下,"赴淄赶烤"已成为时下最热门的话题之一,为淄博市文旅市场带来无限生机与活力,并推动山东省文旅产业实现进一步发展,齐鲁文化的影响力日益扩大,"好客山东"的美誉度也在不断提升。2023 年 3 月,"坐高铁到淄博撸串""大学生组团去淄博吃烧烤"等话题频频登上媒体热搜,4 月初淄博烧烤得到中央电视台、新华社等多家国家级媒体报道,自此,"赴淄赶烤"热潮风靡全国,并带动了淄博站客流实现持续升温,形成了吃烧烤流、普通旅游客流和探亲访友流三者相互叠加的情况。在此情形下,山东省各级政府也开始发力,淄博市文旅局与山东中铁文旅发展集团在 2023 年 4 月 8 日联手举办了一场"烧烤专列·文旅车厢"的推介活动,利用高铁交通与淄博烧烤热潮,将更多游客从烧烤"流量"转变为景区"留量"。同时,该列车也是山东省沿胶济铁路文化体验线、沿黄河等精心打造的四条文化体验廊道的重要载体,致力于推动淄博市乃至山东省文旅产业实现提质增效。

### (二)智力化的文化资本评估

文化资本综合评估系统共分三层指标,智力化的文化资本作为文化资本评估体系的一级指标之一,主要以二级指标各地区的人力资本水平来衡量,进一步将人力资本水平划分为普通高等学校总数、普通高等学校教师总数和普通高等学校在校学生总数这三个三级指标,表明智力化的文化资本与该地的教育水平息息相关。通过对其进行具体的量化分析,考察各地区文化资本智力化程度,其中权重较高的指标是普通高等学校总数。

**1. 城市层面评估**

基于熵权法对 2014—2021 年我国城市层面的智力化的文化资本水平进行具体评估,从总体发展现状来看,280 个城市的文化资本智力化平均分值差异较大,广州与武汉占据前两位,均超过 20.0,评分分别为 23.936 与 22.851,表明这两个城市的教育水平相对全国而言较高,从其三级指标的绝对值来看,两者 2014—2021 年拥有的学校平均数分别为 81.625 所和 82.875 所、教师平均人数分别为 64 202.0 人和 59 092.5 人,在校学生平均人数分别为 1 141 774.6 人和 995 539.1 人,均为最头部数据,表明广州与武汉这两座城市具有明显突出的师资优势和较为丰富的学生资源,因此在智力化的文化资本指标层中处于领先水平。郑州、西安、成都、南京、济南处于 3～7 名,该指标层的得分在 15.0～20.0 之间。与此同时,排名前 20 的城市均为省会城市,这表明省会城市作为一省的政治、经济、文化中心,教育资源受到一定的倾斜,使得其智力化的文化资本在全省具有一定的优势地位。此外,综合排名后 10 位城市的平均得分在 0.16～0.22 之间,排在首位的广州约为排在末位的贵港的 146.88 倍,可知 2014—2021 年间不同城市的智力化的文化资本发展现状存在较大差异。

从发展趋势来看,2014—2021 年间我国智力化的文化资本水平整体呈现上升趋势,其中毕节与佛山分别以 2.82% 和 2.79% 的年均增长率稳居第一第二,显示出较强的发展潜力。总体来看,280 个城市中有 110 个城市显示出较为明显的增长趋势,表明其教育资源处于积累上升阶段,智力化的文化资本水平不断提高;28 个城市的数据呈下降趋势,表明该类地区的教育水平相较于全国而言出现了倒退现象,需要引起一定的重视;其余城市的智力化文化资本表现为波动态势,增长或下降幅度不明显,处于缓慢积累的阶段。

**2. 省级行政区层面评估**

基于熵权法对 2014—2021 年我国省级行政区层面的智力化的文化资本水平进行具体评估,江苏以 3.402 的均值占据首位,表明从省域层面来看,江苏省作为东部沿海较为发达的地区拥有较强的教育资源与文化资源优势,通过积极推进义务教育、职业教育、高等教育等,构建了教育现代化发展新模式,在智力化的文化资本指标层的评分处于 27 个省级行政区中的领先水平。其次是河北、山东、湖北、河南、浙江,得分均高于 2.5;排名后 5 位的分别为内蒙古、青海、宁夏、甘肃与西藏,且 27 个省级行政区中仅西藏低于 1.0,该结果可能与该类地区通常为少数民族、拥有较低的常住人口数量有关;其余省级行政区分值在 1.5～2.5 之间。从年际变化来看,27 个省级行政区大部分呈现增长趋势,其中贵州、广东、广西和云南均达到了年均 0.6% 以上的增长率,贵州更是以 0.81% 的年均增长率居于首位,究其原因,可能得益于贵州坚定不移地把教育放在优先发展的战略地位,致力于建设具有本土特色的教育强省,并通过提出“七大提升工程”全力推动教育高质量发展,最终使得智力化的文化资本水平得到大幅提高。此外,27 个省级行政区中仅海南出现智力化文化资本的年均增长率为负值的情况,表明该省级行政区的教育水平略落后于全国,仍需进一步规划与提升。

结合智力化的文化资本的平均水平与发展趋势来看,江苏、浙江、河北等省级行政区原有教育水平较高,教育资源丰富,所以增长率处于全国中段位置,处于缓慢提升阶段,而智力化的文化资本平均得分排名末尾的西藏年均增长率排在第 9 名,表明其教育行业虽然处于弱势地位,但经过长时间的自我积累与国家对西部少数民族地区文化产业与教育行业的大力支持,文化资本呈现出持续增长的良好态势。数据显示[①],截至 2020 年,西藏地区共有普通高等教育院校 7 所、中等职业学校 12 所、中学 143 所、小学 827 所以及幼儿园 2 199 所,通过不懈努力,西藏地区小学学龄儿童的入学率已达 99.93%,教育“三包”(包吃、包住、包基本学习费用)政策使近 900 万的学生受益。

3. 区域层面评估

基于熵权法对 2014—2021 年我国区域层面的智力化的文化资本水平进行具体评估,总体来看,我国智力化的文化资本指数的平均得分呈现上升趋

① 觉果,晋美多吉,张汝峰,等.新华全媒＋|十个瞬间:影像背后的西藏 70 年变化[N/OL].新华社客户端,2021-5-24. xinhuanet. com/photo. /2021-05/23/c_1127482053. htm.

势,且平均得分按东部、中部、东北、西部从高到低依次排列,其中东部得分为
2.754,占据智力化的文化资本发展水平的领先地位,其次是中部地区,得分为
2.302,东北和西部分别为 2.003 和 1.582。将省级行政区与区域结合起来
看,可以发现智力化的文化资本平均得分前三的省级行政区均为东部地区,后
三名均为西部地区,这表明智力化的文化资本存在一定的地域差异,缩小东西
部差距、加快西部地区教育发展步伐依旧是不变的主题。

但从变化趋势来看,西部地区智力化的文化资本指数以年均 0.43% 的增
长率居于首位,表明近年来的西部教育扶持行动已有明显成果,智力化的文化
资本得以较快增长。以西部地区高等教育为例,国家致力于激发中西部地区
高等教育的内生动力和发展活力,积极推动中西部地区形成与其开发开放格
局相互匹配的高等教育体系。数据显示①,2012 年启动的中西部高校基础能
力建设工程已支持 173 所中西部高校完成教学基础设施建设,包含项目 300
余项。与此同时,"十三五"期间,教育部与相关部委、地方政府、大型企业深入
开展共建教育部直属高校和地方高校工作,新增共建中西部地区高校 39 所;
中西部省部共建经费大幅增加,总计超过 500 亿元,首批"双一流"建设高校重
点共建带动中西部各地政府投入建设资金超 190 亿元。此外,国家积极推进
对口支援中西部高校工作进程,大力推动 119 所中央部门所属高校和东部高
水平地方高校支援 103 所中西部高校工作,实现了西部 12 个省(区、市)和新
疆建设兵团全覆盖。增长趋势排名第二、三的是中部地区与东部地区,分别达
到 0.36% 与 0.31%,东北地区教育资源增长较为缓和,智力化的文化资本有
效积累程度不高,仍需进一步规划与扶持。

### (三) 形象化的文化资本评估

文化资本综合评估系统共分三层指标,形象化的文化资本作为文化资本
评估体系的一级指标之一,离不开旅游产业的发展,因此该项指标包含城市的

---

① 中华人民共和国教育部官网.教育部:"十三五"新增共建中西部高校 39 所,经费超五百亿
[N/OL]. 2021 - 12 - 27. http://www. moe. gov. cn/fbh/live/2021/53921/sfcl/202112/t20211227_
590326. html.

国内吸引力和国际吸引力两个二级指标,其中对形象化的文化资本影响较大的二级指标是城市的国内吸引力;二级指标又进一步以国内旅游收入和旅游外汇收入这两个三级指标来具体衡量,通过对两个三级指标进行综合评分的计量分析,考察各地区文化资本形象化程度,其中权重较高的指标是国内旅游收入。

### 1. 城市层面评估

基于熵权法对2014—2021年我国城市层面的形象化的文化资本水平进行具体评估,从各城市的平均得分来看,排名靠前的多为著名的旅游城市,其中广州以1.071的评分居于首位。杭州、成都、武汉、苏州紧随其后,得分在0.8~1.0之间,该类城市多为旅游大市,旅游资源较为丰富,常年接待大量游客,因此在形象化的文化资本指标层处于领先水平。排名后10位城市的平均得分在0.18~0.20之间,排在首位的广州约为排在末位的林芝的5.74倍,表明2014—2021年间不同城市的形象化的文化资本发展现状存在一定的差异,但差额相较于其他一级指标而言较为合理。

从发展趋势来看,2014—2021年间我国形象化的文化资本水平整体呈现缓慢上升趋势,其中新余与昆明分别以2.12%和1.71%的年均增长率稳居第一第二,显示出较强的发展潜力;桂林、西安、安顺、南昌、赣州、兰州、十堰、玉林排在增长率的3~10位,年增长率均在1.1%以上,通过观察可以发现,2014—2021年间形象化的文化资本得分增长较快的城市均为中西部城市,表明近年来中西部城市的文旅产业得到较好发展,各城市依托自身的特色自然资源优势,在国家的支持下,文旅产业实现了较大飞跃。此外,昆明、西安、南宁、长春四个城市在平均得分与发展趋势两个层面上均处于全国前10%的水平,表现出文旅产业良好的发展势头,具有较高的形象化的文化资本。总体来看,280个城市中有85个城市显示出较为明显的增长趋势,表明其旅游产业处于发展上升阶段,形象化的文化资本水平不断提高;101个城市的数据呈现下降趋势,表明该类地区的文旅产业缺乏强有力的发展引擎,形象化的文化资本相较于全国而言出现倒退现象,需要引起一定的重视;其余城市的形象化的文化资本表现为波动态势,增长或下降幅度不明显,处于缓慢积累的阶段。

2. 省级行政区层面评估

基于熵权法对2014—2021年我国省级行政区层面的形象化的文化资本水平进行具体评估,从总体水平来看,浙江与江苏形象化的文化资本的平均得分分别为0.499和0.428,排名前二,这得益于江浙两省致力于健全现代旅游业体系,加快旅游业供给侧结构性改革,实现"旅游+"向"+旅游"转变,形成多产业融合发展新局面。其次是贵州、福建和江西,排名在3~5位,得分均高于0.34;排名后5位的分别为黑龙江、青海、甘肃、宁夏与西藏,该结果可能与该类地区经济发展水平不高,所处地理位置所造成的旅游资源较为匮乏有关;其余地区分值在0.25~0.34之间。

从年际变化来看,27个省级行政区中有三分之二呈现增长趋势,其中广西、江西、云南和海南均达到了年均0.7%以上的增长率,且广西以0.88%的年均增长率居于首位,究其原因,良好的生态环境、独特的民族风情与丰富的文化底蕴使得广西成为文化和旅游资源的富集区,而广西立足自身发展优势,将文旅产业作为富民兴桂的重要支柱产业,在文化事业、文化产业及文旅融合等方面取得新成效。此外,27个省级行政区中存在10个省级行政区的形象化的文化资本的年均增长率为负值的情况,表明这些地区的旅游业发展水平略落后于全国水平,形象化的文化资本有效积累效率较低,仍需进一步规划与提升。

### 广西:推进世界级旅游城市建设,全力构建现代旅游产业体系

自2021年4月习近平总书记在广西考察时指出桂林是一座山水甲天下的旅游名城以来,广西壮族自治区各级政府高度重视,致力于将桂林打造成为世界级旅游城市。在项目建设方面,大力推进桂林市重大文旅项目建设,扎实推进相关旅游景区和度假区提质升级,积极推动长征国家文化公园(广西段)等重大项目和重大事项。在公共服务方面,利用技术加强公

共服务设施建设,通过构建多语言无障碍系统、打造"一键游桂林"平台等措施,高效提升桂林市旅游服务接待能力,建立健全现代化公共文化旅游服务体系。在提振消费方面,成功开展中国—东盟博览会旅游展等一系列国际文化旅游活动,借助文旅活动激活旅游客源市场,带动文化旅游消费提升。与此同时,广西壮族自治区党委与政府把发展文化旅游业作为实现广西高质量发展的重要支柱产业,作出一系列决策部署,如加快建设世界旅游目的地与文化和旅游强区、大力构建"三地两带一中心"的文化和旅游发展格局等。数据显示[①],2022 年广西已有南宁、桂林等 5 市入选国家文化和旅游消费试点城市,南宁市三街两巷等 6 家单位入选国家级夜间文化和旅游消费集聚区;已成功创建 5 家国家全域旅游示范区,31 家广西全域旅游示范区,32 家广西特色旅游名县;已持续推动 281 个文旅产业重大项目,总投资达 6 316.39 亿元,其中已完成投资 1 094.46 亿元,总体项目进展达到预期目标。

3. 区域层面评估

基于熵权法对 2014—2021 年我国区域层面的形象化的文化资本水平进行具体评估,总体来看,我国形象化的文化资本指数的平均得分在四大区域均呈现出先上升再回落的现象,通过观察数据可以发现,四大区域均在 2019 年达到峰值,之后有一定的回落,究其原因,峰值现象的出现可能与当年的政策、交通设施发展等方面有关。2019 年 3 月 14 日,文化和旅游部印发《关于促进旅游演艺发展的指导意见》,该意见成为指导旅游演艺发展的关键抓手;同年 8 月,国务院办公厅正式发布《国务院办公厅关于进一步激发文化和旅游消费潜力的意见》,指出要"鼓励打造中小型、主题性、特色类的文化旅游演艺产品",持续激发文化旅游演艺的活力。与此同时,"旅游高铁"正式开跑、房车旅

---

① 邝伟楠.壮美广西秀甲天下 旅游产业大有可为[N/OL].中华人民共和国文化和旅游部,2022 -
08 - 17. https://www.mct.gov.cn/whzx/qgwhxxlb/gx/202208/t20220817_935379.htm.

游市场高速增长、国内免税市场竞争激烈等均引发了文旅市场的"快进"现象。但同年酒店卫生监管严格程度达到顶峰、景区实现动态评级、OTA 新规出台、政府规范民宿发展等，也为接下来 2020 年的回落现象进行了一定程度上的解释。此外，形象化的文化资本的平均得分仍呈现出东部、中部、西部、东北依此递减的现象，其中东部以 0.367 的评分居于首位，分值是排在末位的东北的 1.36 倍，表明形象化的文化资本存在一定的地域差异性。

从变化趋势来看，西部地区的形象化的文化资本指数以年均 0.25% 的增长率居于首位，其次是中部与东部，年增长率分别为 0.19% 和 0.08%，东北地区作为唯一一个形象化的文化资本指数年增长率出现负值的地区，需要得到一定的重视。此外，东北地区该指标的平均得分本身较低，且形象化的文化资本平均得分排名前十的地区中也不存在东北地区的省级行政区，可见抓准东北地区旅游产业锚点、推动东北地区旅游产业发展已经成为必行之事。

### （四）物质化的文化资本评估

物质化的文化资本能够为文化产业发展提供必要的基础条件。文化资本综合评估系统共分三层指标，物质化的文化资本作为文化资本评估体系的一级指标之一，以文化基础设施建设这项二级指标来表示，该二级指标又分为公共图书馆数、公共图书馆总藏量和博物馆数三个三级指标，该类指标代表着该地区物质文化资源的丰富度及辐射范围，通过对三个三级指标进行计量分析，其中权重系数较高的指标是公共图书馆数。

#### 1. 城市层面评估

基于熵权法对 2014—2021 年我国城市层面的物质化的文化资本水平进行具体评估，从平均得分来看，深圳以 12.759 的得分一骑绝尘，比第二名的广州高 9.67，在物质化的文化资本层面稳居第一，表明该市文化基础设施建设扎实，这可能得益于公共图书馆数量是物质化文化资本权重系数最高的三级指标，而 2003 年深圳市文化局首次提出建设"图书馆之城"的新概念与新思路，二十年间"图书馆之城"建设有效促进了深圳公共图书馆规模、体系结构与服务效益等方面的发展。数据显示①，截至2023年底，深圳全市共有公共图书馆869家，其中市级公共图书馆3家，区级公共图书馆9家，此外该市街道及以下基层图书馆、"城市街区24小时自助图书馆"、24小时书香亭的数量分别为856家、235台、71个，公共图书馆总藏量达6 476.33万余册（件），已形成以市图书馆为龙头指引、区图书馆为骨干架构、各类其他图书馆为分散网点的服务网络。同时，广州、杭州、西安、成都、宝鸡、苏州和南京位列第2~8名，得分均在2.0以上。此外，排名末五位的城市评分均在0.1以下，与深圳形成较大差距，表明2014—2021年间不同城市的物质化的文化资本发展现状存在一定的差异，加强相关城市文化基础设施建设、缩小城市文化差距刻不容缓。

从发展趋势来看，2014—2021年间我国物质化的文化资本水平整体呈现上升状态，280个城市中有191个城市的物质化的文化资本显示出较为明显的增长趋势，表明其在持续推进文化基础设施建设工作方面取得了一定进展，物质化的文化资本水平不断提高；24个城市的数据呈现下降趋势，表明该部分城市的公共文化服务与基础设施建设的数量与质量相较于全国处于较低水平，需得到一定重视与改善；其余城市的物质化的文化资本表现为波动态势，增长或下降幅度不明显，处于缓慢积累的阶段。此外，鄂州与池州虽在平均得分中处于末十位的位置，但达到了2.0%以上的年均增长率，变化趋势居于全国前十的水准范围内，表现出一定的发展潜力，表明近年来这两个城市的文化基础设施建设得到高效发展，物质化的文化资本实现了有效积累。

2. 省级行政区层面评估

基于熵权法对2014—2021年我国省级行政区层面的物质化的文化资本水平进行具体评估，从平均得分来看，广东以1.115的均值占据首位，浙江紧随其后，以1.041的评分占据第二，从省域层面来看，广东和浙江两省处于经济发达地区，文化资源丰富且集聚，公共图书馆等基本设施条件齐全，文化藏

---

① 深圳图书馆.深圳市"图书馆之城"[N/OL].[2024 - 03 - 14]. https://www. szlib. org. cn/libraryNetwork/view/id-1. html.

品也较为丰富,因此在物质化的文化资本指标层的评分处于 27 个省级行政区中的领先水平。其次是江苏、陕西、山东、福建和河北,得分均高于 0.5;排名后五位的分别为甘肃、新疆、青海、西藏和海南,该结果可能与该类地区常住人口数量较小、经济发展水平不高、文化资源较为匮乏且分散等原因有关,表明以上区域的文化基础设施建设水平仍有较大提升空间;其余省级行政区分值在 0.3~0.5 之间,仅从分值来看,省级行政区之间存在一定差距但额度不大。

从年际变化来看,27 个省级行政区大部分呈现增长趋势,其中内蒙古、浙江、山东、广东和江苏在平均得分与增长趋势两个层面均处于前十的位置,表现出良好的发展势头;27 个省级行政区中陕西、青海、宁夏与西藏的物质化文化资本的年均增长率出现负值,均处于西部地区,可见扶持西部地区发展仍是重中之重。此外,海南的物质化的文化资本平均得分排在末位,但其年均增长率却是全国第一,达到 2.00% 的增长水平,表明该区域的文化资源先天条件较差,但国家对该地区的文化产业发展支持力度较大,促进了其对于文化资源的发掘和文物保护的投入,文化资本综合水平得到提高,年均水平处于较快的增长趋势。

### 海南:小众文化艺术馆增强自贸港文化软实力

除了海南省博物馆、海南省民族博物馆等几家大型综合文化艺术场馆外,海南省还分布着众多小而精的小众文化艺术馆,如海南楚风木石博物馆、海南铭德票证博物馆、乐东白沙河谷博物馆、海南黄花梨博物馆等。海南省虽然文化遗存颇为丰富,但由于建省时间较晚、文化发展起步较慢等许多客观因素,其文化资源的挖掘、保护和利用相对滞后,再加上地理位置原因,海南省气候炎热潮湿,因此其历史文物保存环境并不优越,而小众文化馆聚焦文化艺术的某一细分领域,致力于挖掘、保护、汇聚及利用海南遗存的历史人文资源,作为大型综合文化艺术场馆的补充,推动海南省文艺事业繁荣发展,增强海南省文化软实力。

### 3. 区域层面评估

基于熵权法对 2014—2021 年我国区域层面的物质化的文化资本水平进行具体评估,总体来看,我国物质化的文化资本指数的平均得分呈现上升趋势,且平均得分按东部、中部、东北、西部从高到低依次排列,其中东部得分为0.720,原因在于东部地区较为发达,具有一定的经济实力,能够在发展经济的同时兼顾甚至倾斜一定的资源去发展文化产业,加上地理位置具有优势,文化资源较为集中且种类多样,因此占据了物质化的文化资本发展水平的领先地位;其次是中部地区,得分为 0.401,东北和西部分别为 0.371 和 0.359。后三者差距不大,但与东部地区呈现出一定的差异性。

从变化趋势来看,东部、中部与东北地区均呈现出增长趋势,其中东部地区以 0.95% 的年均增长率位居第一,表现出较为明显的增长态势,四大区域中仅西部地区的年均增长率出现负值情况,且总体趋势呈现出波动状态,表明在国家进行扶持的前提下,西部地区的文化基础设施建设相较于全国发展水平仍处于较低阶段,物质化的文化资本积累效率仍有较大的提升空间。

### (五) 市场化的文化资本评估

文化资本综合评估系统共分三层指标,市场化的文化资本作为文化资本评估体系的一级指标之一,以价格和需求两个二级指标来衡量,该两项二级指标则分别以消费价格指数－教育文化和娱乐、文化消费支出这两个三级指标来表示,通过具体的量化分析可知,三级指标中文化消费支出的权重系数较高,即省级文化消费占总支出的比重与市级人均消费支出的乘积结果比较重要。

### 1. 城市层面评估

基于熵权法对 2014—2021 年我国城市层面的市场化的文化资本水平进行具体评估,总体来看,所有城市的市场化的文化资本得分均在 0.05～4.5 之间,其中银川、长春、长沙、西宁、武汉位居前五,平均得分均高于 3.0,表明以上城市文化消费支出占比较高,在 2014—2021 年间实现了市场化的文化资本的有效积累。雅安、云浮和巴中三者排在末三位,平均得分均不超过 0.06,说明这些地区的文化消费领域仍有较大的发展空间。此外,在市场化的文化资本平均得分中,位于首位的银川的得分是位于末位的巴中的73.85倍,可知该项指标在不同区域之间显示出较大的地域差异。

从发展趋势来看,2014—2021年间我国市场化的文化资本水平整体呈现上升状态,280个城市中有254个城市的市场化的文化资本显示出较为明显的增长趋势,表明这些城市积极发展文化活动,提高文艺演出、文化展览等活动频率,文化消费占比不断提升,市场化的文化资本水平持续升高;8个城市的数据呈现下降趋势,表明该部分城市的文化消费水平相较于全国处于较低水平,需得到一定重视与改善,下降的城市中近一半为少数民族所生活的地区,究其原因可能与其常住人口总量较低,经济发展水平不高,文化资源较为短缺且暂时没有多余精力发展文化产业有关;其余城市的市场化的文化资本表现为波动态势,增长或下降幅度不明显,处于缓慢积累的阶段。

2. 省级行政区层面评估

基于熵权法对2014—2021年我国省级行政区层面的市场化的文化资本水平进行具体评估,从平均得分来看,青海以2.109的评分占据第一位,究其原因,得益于近年来青海积极推进文化产业发展,通过着力培育文化和旅游产业,不断完善标准体系,最终实现文化产业规模不断壮大的有效促进。同时,宁夏、海南与浙江紧随其后,得分均高于1.0,表明这些地区的教育文化和娱乐与文化消费占比较高,在市场化的文化资本层面有一定的优势。排名后三位的分别为河南、四川和西藏,表明以上区域的文化消费支出占比水平仍有较大提升空间;其余省级行政区分值在0.4~1.0之间,仅从分值来看,各地区之间存在一定的差距。

从年际变化来看,27个省级行政区的市场化的文化资本大部分呈现增长趋势,有16个省级行政区实现了1.0%以上的年均增长率,其中海南作为唯一一个平均得分与年均增长率均处于前十的区域,在市场化的文化资本层面占据了一定的优势地位,表现出较为强势的发展势头。与此同时,安徽、河南、四川和甘肃虽然平均得分排名处于后五位,但年均增长率处于前段位置,表明这些地区致力于提升文化方面的相关支出,不断推进其文化消费工作的实施,持续开展教育文化娱乐相关活动,市场化的文化资本实现了高效率累积。此外,所测量的省级行政区中仅新疆地区出现负值,究其原因可能与其常住人口总量较低,经济发展水平不高,文化资源较为短缺且暂时没有多余精力发展文化产业有关,需要得到一定的重视与扶持,发展不充分的问题仍然是文化消费的主要矛盾。

3. 区域层面评估

基于熵权法对 2014—2021 年我国区域层面的市场化的文化资本水平进行具体评估,平均得分按东部、西部、东北、中部的顺序从高至低排列;从变化趋势来看,四大区域均处于整体增长状态,市场化的文化资本的年增长趋势显示出西部、中部、东部、东北依此递减的发展态势。与其他几项一级指标不同,西部地区在市场化的文化资本的平均得分与年均增长率两方面均处于较前排位,表明近年来西部地区政府重视文化产业发展,通过加强教育文化娱乐等方面的投入、积极开展文化活动,西部地区的文化消费水平不断提高。

同时,中部地区虽然平均得分排在末位,但年均增长率在全国范围属于较高水平,表现出旺盛的生命力与巨大的发展潜力;东北地区的平均得分不低,但年均增长率相较于其他地区存在较大差距,需要找到提升居民文化消费的新兴动力引擎。此外,四大区域在 2020 年的该项得分均表现出了下降的现象,究其原因可能在于,“十三五”以来我国的经济发展方式已不再追求规模与速度,逐渐向质量效率型转变,其中以“科技＋”“文化＋”“旅游＋”为载体的新业态迅速发展,文旅体与新兴科技的深度融合成为投资热点,使得传统文化产业遭受不同程度的冲击,从而直接影响文化产业整体增速。数据显示[1],2020年全国人均教育文化娱乐消费支出为 2 032 元,同比下降 19.1%,在八大类消费支出中下降最多。

**(六) 制度化的文化资本评估**

文化资本综合评估系统共分三层指标,制度化的文化资本作为文化资本

---

① 国家统计局.2020 年居民收入和消费支出情况[N/OL].2021 - 01 - 18. http://www. stats. gov. cn/xxgk/sjfb/zxfb2020/202101/t20210118_1812464. html.

评估体系的一级指标之一,在整个指标体系中占据了最大的权重,主要包括财政支持与区位支持两个二级指标,其中区位支持的权重系数最高,即所在区位的支撑条件对制度化的文化资本影响最大;在指标体系量化工作中进一步用文化产业集聚程度与是否拥有国家级文化产业园区两个三级指标对二级指标进行具体解释,通过对综合评分进行计量,三级指标中是否有国家级文化产业园区的权重系数最高,影响最大。

### 1. 城市层面评估

基于熵权法对 2014—2021 年我国城市层面的制度化的文化资本水平进行具体评估,从平均得分来看,分为三大梯队,其中深圳、成都、长沙、西安、济宁、沈阳、开封、蚌埠和酒泉位列第一梯队,得分均在 38.0 以上,深圳以 40.754 的评分位于第一,表明这些城市的制度化的文化资本发展水平较高;第二梯队的平均得分在 9.0~12.0 之间,分别是广州、杭州、长春、承德、湘潭、景德镇等几个城市;其余城市为第三梯队,得分在 1.0 左右及以下,三大梯队间的分差较为明显。制度化的文化资本在不同的城市之间显现出巨大的差异性,说明教育文化投入存在不平衡不充分地发展问题,仍需加大对中西部教育文化事业的扶持力度,努力缩小区域差异。与此同时,仔细观察可以发现,制度化的文化资本与智力化的文化资本排序有相似之处,究其原因,可能是因为制度化的文化资本中的教育财政支出与智力化的文化资本中的学校数、师生数呈现出正向的因果关系;此外,由于该一级指标权重系数较大,其测算结果与总体测算结果显现出一定的趋同性。

从年际变化趋势来看,2014—2021 年间全国制度化的文化资本呈现出增长趋势,其中景德镇、湘潭、枣庄和承德均达到了年均 15.0% 以上的增长率。280 个城市中有 234 个城市的制度化的文化资本显示出较为明显的增长趋势,表明这些城市近年来重视教育文化和娱乐产业的发展,持续增加教育、文化方面的财政支出,或是在区位支撑层面有了较大进展,如新增国家级文化产业园区等,因此该地区制度化的文化资本实现了较快的积累与增长;8 个城市的数据呈现下降趋势,表明该部分城市的教育文化支出水平相较于全国处于较低水平,对文化事业的投入还存在较大空间,需得到一定重视与改善;其余城市的市场化的文化资本表现为波动态势,增长或下降幅度不明显,处于缓慢积累的阶段。此外,综合考虑评分与增长趋势,可以发现平均得分在第一梯队的城市的年均增长率均处于波动状态,且上升速度非常缓慢,原因可能在于其文化实力本身较强,对文化与教育事业的投入已达城市峰值;而平均得分在第二梯队的城市的年均增长率均名列前茅,年增速在三位数以上,表明近年来政府愈发重视教育事业和文化产业的发展,表现出非常强劲的发展势头。

2. 省级行政区层面评估

基于熵权法对 2014—2021 年我国省级行政区层面的制度化的文化资本水平进行具体评估,总体来看,湖南、陕西和山东居于前三位,平均得分均在3.0 以上,其中湖南以 4.281 居于首位,表明上述地区的制度化的文化资本水平较高;排名后三位的分别是宁夏、海南和西藏,三者中有两个省级行政区是少数民族居住地区,该类地区经济发展水平不高,区位支撑水平不强,文化资源较为匮乏,对文化与教育事业的投入力度还有待加强。

从变动趋势来看,27 个省级行政区均呈现出增长态势,其中吉林、江西、河北和浙江均达到了 5.0% 以上的年均增长率,究其原因可能得益于该类地区财政性教育经费投入与文化事业投入力度持续加大,且测算期间至少新增一家国家级文化产业园区,区位支撑大大加强,因此表现出较快的增长趋势。27 个省级行政区中仅有安徽、四川、河南、陕西、甘肃和辽宁的制度化的文化资本年均增长率小于 0.1%,呈现出波动态势,但该六个地区的平均得分处于前列,说明这些地区文化事业投入达到峰值,现阶段应着力寻找新的文化创新动力。此外,西藏、宁夏、贵州等少数民族居住的中西部地区虽然制度化的文化资本平均得分排名较低,但年均增长率处于中段水平,达到 1.2% 左右,说明该类地区虽起点较低,但经过自我强化及国家扶持,教育事业与文化产业得到较快发展,近年来也出现了优秀的国家级文化产业园区,加大了相关人才资源的集聚密度,激发文化经济发展潜能,使得文化创新环境实现明显优化、文化管理水平得到综合提高、文化支持力度有了大幅增长,制度化的文化资本实现了有效积累。

　3. 区域层面评估

　　基于熵权法对 2014—2021 年我国区域层面的制度化的文化资本水平进行具体评估,全国四大区域的制度化的文化资本水平整体呈现出逐年上涨的态势,且在 2020 年均实现了较大跃迁,究其原因可能在于在《关于深化教育体制机制改革的意见》等政策的指导下,2020 年全国教育经费在各类教育中配置比例不均衡、硬件和软件投入结构不合理、城乡区域存在差距等教育问题得到初步解决,加上 2020 年文化和旅游部公布了第二批国家级文化产业示范园区的创建名单,各区域的区位支撑得到进一步加强,对该项指标产生较大影响。在平均得分方面,四大区域显现出中部、东北、东部、西部依次递减的现象,其中部以 1.832 居于首位,东北和东部分别以 1.463 与 1.380 的分值位列二三,西部地区得分为 0.983,处于末位,中部分值约为西部分值的 1.86 倍,表明制度化的文化资本在不同地区之间存在一定差距。从制度化的文化资本的增长趋势来看,四大区域均呈现增长态势,东部、东北与中部均实现了超过 1.0% 的年均增长率,其中东部以 2.58% 的年均增长率位居第一,但西部地区的年均增长率仅有 0.16%,相较于其他区域处于较低水平。西部地区不管是在平均得分层面还是增长率层面均处于弱势地位,原因可能在于区域发展水平与文化资源分布之间存在强关联性,西部地区经济发展水平还有待加强,对文化产业与教育事业的投入力度仍有较大发展空间,地区资源优势并没有得到充分利用。东部地区经济发达,本身具有较好的公共服务环境、就业环境与文化创新环境,而西部地区要实现文化资本的持续性累积,离不开国家政策与财政的重点扶持,其为西部地区及少数民族地区实现文化资本的有效积累提供了支持和保障,利用创新性思维引导文化产业在中西部进行合理布局,因地制宜发挥特殊地区资源优势,从而形成富有地区特色的区位支撑体系,最终实现西部地区制度化的文化资本的有效积累。

# 第四节 本章小结

本章旨在深入探讨文化资本的内涵与测度，为读者提供深刻的理论基础和概念框架，以便更好地理解文化资本在城市高质量发展中的关键作用。首先，回顾了文化资本研究的历史沿革，包括布迪厄和思罗斯比等学者的理论贡献，以及对文化资本概念的不断拓展研究。这一历史回顾对文化资本的演进和多样性有了更全面的认识，同时也展示了学界对这一主题的长期关注与热情。其次，对文化资本的内涵进行了深入界定。通过详细分析文化和资本的内涵，揭示了文化资本的独特性和复杂性——文化资本是一种涵盖广泛的概念，它涉及个体、群体或社会在文化领域中所积累的资源、信仰、符号、知识和实践的集合，这些资源在一定的社会和历史背景下被赋予了文化意义和价值。随后，本章深入探讨了文化资本的不同类别，包括文化能力、文化产品和文化体制，以及它们如何相互交织，共同构成了城市的文化资本。

最后，进入文化资本的测度与特征分析领域。通过介绍新西兰的文化资本指标体系，展示了文化资本测量的复杂性。并由此展示文化资本指标体系的建立和权重测算过程，确保能够准确捕捉文化资本的多维特征。2014—2021年间我国文化资本积累水平整体呈现上升趋势，且超过大半的城市显示出较为明显的增长态势，表明我国文化资本实现了有效积累，文化产业发展质量显著提升。其中，西安、成都、深圳、长沙等文化旅游城市及省会城市仍占据优势地位，文化底蕴较为深厚，文化基础设施相对完善，文化事业投入力度较大，相关产品服务供给丰富，文化资本积累水平名列前茅，但从发展趋势看，该类城市中大多数城市的年均增长率较低，表明该类城市较高的文化资本水平大部分依赖于原有基础，文化创新驱动能力有待进一步加强。省域层面，我国各省域的文化资本水平存在较大差异，呈现出阶梯式分布的特征。从积累水平来看，得益于自身良好的经济、社会、文化基础，湖南、山东、陕西、广东、浙江等成为文化资本整体水平较高的省级行政区域，而西藏等少数民族地区初始文化资本水平不高且人口较少、经济发展水平较低、文化产品较为单一,需要政府进一步进行宏观调控、协同管理;从年际变化来看,吉林、江西、浙江等省域在报告期内实现了文化资本积累水平的最大增幅,表明该类地区文化资本得到了高效积累,显示出较强的发展潜力。区域层面,我国东、中、西部和东北四大区域在报告期内均实现了文化资本的有效积累。从整体发展水平来看,我国文化资本指数平均得分呈现上升态势,且东部在现状水平与发展增速两方面均占据了领先优势,这主要得益于东部地区经济基础优、政府投入力度大、产品供给丰富、基础设施健全等原因,而西部地区作为文化产业弱势地区,文化资本的有效积累程度与速度均存在较大发展空间,仍需进一步规划与扶持。

# 第二章  城市高质量发展内涵与测度

城市是人类生产生活的重要空间载体,在生产、流通、分配、消费四大环节中起到主导和引领的作用,成为社会变革和进步的重要引擎。

首先,城市作为生产的核心,是创新和产业升级的集聚地。现代城市不仅提供了高效的交通、通信和基础设施,也汇集了各类人才、技术和知识资源。城市作为创新的中心,聚集了大量的科研机构、高校和企业,促进了知识的创造和交流,推动了科技和产业的进步。同时,城市也成了各类产业的集聚地,形成了产业链和价值链,为经济的增长和发展提供了强大动力。其次,城市在流通环节中发挥着重要作用,成为商品和信息的交汇点。城市内部的市场、商业中心和物流基础设施,使得商品能够顺畅地流通和交易。城市作为人们生活的中心,吸引了大量的人流和物流,促进了货物的流通和分配,同时也促进了文化、艺术和创意的交流。现代互联网技术更进一步加强了城市在信息流通中的作用,实现了全球范围内的即时沟通和交流。然后,城市在资源的分配中具有重要意义,为社会提供了均衡发展的机会。城市聚集了丰富的资源,包括人力资源、资金、技术和创新能力。城市作为社会的核心,承载着资源的分配和配置的功能,可以促进资源的有效流动和配置,减少资源的浪费和滞留,实现资源的最优分配。同时,城市也扮演着社会服务和福利机构的中心角色,提供教育、医疗、社会保障等服务,为社会的均衡发展提供了基础支撑。最后,城市作为消费的重要场所,为人们提供了丰富多样的消费选择和体验。城市内的商业中心、购物中心、娱乐场所等,为人们提供了各种商品和服务,满足了人们多样化的消费需求。城市还是文化、艺术、体育等活动的中心,为人们提供了广泛的文化娱乐选择,丰富了人们的精神生活。同时,城市也承载了人们对于生活品质的期待，推动了人们的消费观念和方式的升级。

城市化是现代社会发展的重要趋势之一，它涵盖了人口向城市集聚、城市规模扩大、城市功能多元化等多个方面。随着城市化进程的加速，城市高质量发展成了关键课题，旨在确保城市快速发展的同时，保持可持续、协调和人本的特点。

城市化对于国家和社会的发展有着重要影响。首先，城市化可以推动经济增长和产业升级。城市是资源要素集聚地，有利于创新和创业的发展，促进经济的繁荣。其次，城市化可以改善人居环境和提供更好的公共服务。相对于农村地区，城市具备更好的基础设施和服务设施，能提供更多的教育、医疗、文化等资源，提升居民的生活质量。此外，城市化还有助于促进社会交流和文化传承，推动社会的多元化和融合。

然而，城市化也带来了一系列挑战和问题。首先，城市化可能导致资源浪费和环境污染。城市的快速扩张和工业化进程可能加剧资源的过度消耗和环境的破坏，影响可持续发展。其次，城市化可能导致社会不平等和贫富差距。因城市中的机会和资源更加集中，可能导致城乡二元结构、贫富两极分化等。此外，城市化还可能导致城市交通拥堵、住房短缺等问题，影响居民的生活质量。

城市化是社会发展的重要趋势，城市高质量发展是实现可持续城市化的关键路径。在推进城市高质量发展的过程中，需要充分考虑经济、社会、环境等多个方面的因素，确保城市化不仅带来经济增长，还要实现人的全面发展和社会的公平正义。这需要政府、企业、社会各界共同努力，形成合力，推动城市化进程朝着更加可持续、创新、协调、绿色、开放和共享的方向不断前进。城市高质量发展还需要注重社会公平和正义，缩小贫富差距，创造更加和谐的社会环境。此外，城市需要加强对外开放，积极参与国际交流与合作，提升在全球中的影响力和竞争力。

# 第一节　城市发展的历史沿革

## 一、世界城市发展历程梳理

城市发展是一个复杂且多维的过程,涉及人类社会和文明的发展,受经济、社会、政治和文化等多方面因素的相互作用,逐步形成了人类社会中的城市化趋势。一般而言,城市起源可追溯到农业社会时期,至今可大致分为古代城市阶段、中世纪城市阶段、工业化城市阶段和现代城市阶段这四个阶段。

### (一)古代城市阶段

古代城市阶段作为人类社会发展的重要历史时期,对城市起源和文明演进产生了深远影响。恰逢古代文明兴起和发展之时,展现出丰富多彩的特征与文化内涵。

在这一阶段,农业和灌溉系统的迅速发展扮演了关键角色,支撑了粮食生产的提升和城市人口的增长。农业的进步为城市的形成奠定了基础,人们逐渐从游牧狩猎的生活方式转向了定居农耕,城市因此得以蓬勃发展。

宗教和神秘信仰在古代城市中占据了重要地位,宏伟的神庙和宫殿成为城市风景的一部分。这些建筑不仅是宗教活动的场所,也象征着文化的繁荣和社会的凝聚力。例如,古埃及的底比斯和亚历山大,拥有壮丽的金字塔和宗教神殿,充分展示了宗教在古代城市中的重要地位。

城市规划和街道布局在古代城市中显现出社会层级和宗教信仰的影响。不同城市在布局上呈现出各自独特的风貌,反映了当时社会结构和宗教信仰的多样性。例如,印度河流域的摩亨佐·达罗和哈拉巴,以其精密的城市规划和卫生设施引人注目,成为古代城市规划的杰出代表。

这一时期,城市不仅是宗教和信仰的聚集地,更是政治、贸易、文化和艺术的中心。城市成为人们交流和互动的重要场所,为文明的交汇和创新提供了独特的平台。从巴比伦的美索不达米亚到印度河流域的古城,古代城市在多个领域蓬勃发展,为人类社会的进步和文明的繁荣作出了重要贡献。古代城市阶段是人类社会历史上的一个重要时期,展现出农业、宗教、城市规划等多方面的丰富特征。这一阶段城市的兴起和发展,为后世的城市化和文明进程奠定了坚实基础,也为我们深刻理解城市演进的历史脉络提供了珍贵参考。

### (二) 中世纪城市阶段

中世纪城市阶段是人类社会历史上一个鲜明的时期,这个时期的城市发展具有独特的历史、社会和文化特征,深刻影响了城市的演进轨迹。

在这个阶段,城市成为封建领主和商人的重要贸易中心,商业活动和行会组织的发展逐渐兴盛起来。城市内部的市场活动和商业交往逐渐繁荣,行会组织的形成和壮大为手工业和技术传承提供了有力支持。例如,意大利的佛罗伦萨和威尼斯,以及法国的巴黎和马赛,都在这一时期充分展现了城市作为贸易中心的光辉。

城市特权的获得是中世纪城市发展的重要驱动力,自治权和法律地位的确立推动了城市政治和社会的独立性。城市的自治体制逐渐形成,为城市内部的管理和组织提供了更大的自主权。这种自治体制在很大程度上反映了城市居民对自身权益的维护和追求,为中世纪城市社会的形成创造了条件。

为了保护城市免受外部威胁,城市墙和城堡的建造成为中世纪城市的一项重要特征。这些防御设施不仅提供了城市的安全保障,也象征了城市的权力和地位。城市墙和城堡在一定程度上反映了封建社会的政治格局和力量分布。

与此同时,哥特式建筑和教堂在中世纪城市中兴起,这一时期的建筑风格充分反映了宗教和文化的重要性。哥特式建筑注重尖顶和飞拱等特征,宏伟的教堂和建筑成为城市风景的一部分,也体现了宗教在城市社会中的影响力。这些建筑物不仅是宗教崇拜的场所,也是城市文化和社会活动的中心。中世纪城市阶段是城市发展演进中一个极具特色的时期,其主要特征在于城市作为贸易中心的兴盛、自治权的确立、防御设施的建造以及哥特式建筑和教堂的兴起。这些特征在一定程度上塑造了中世纪城市的面貌,也为后世城市发展的方向和趋势提供了重要的历史借鉴。

### （三）工业化城市阶段

工业化城市阶段，作为人类社会历史上的重要时期，见证了人类生产方式和社会结构的深刻变革。这一时期，其主要特征在于工业化和机械化的兴起，对城市的快速扩张和人口激增产生了深远影响。

工业化和机械化的兴起是这一阶段的核心特征，工业革命为城市带来了前所未有的机遇和挑战。大规模的工厂和制造业设施在城市中迅速建立，以机器生产方式替代了传统的手工业生产，极大地提高了生产效率和产量。这一变革吸引了大量农村居民涌入城市，希望在新兴的工业化环境下寻找更好的生计机会。

城市基础设施的改善也是工业化城市阶段的重要特征之一。随着城市人口的迅速增加，交通、排水系统以及公共建筑等基础设施的需求也大幅提升。城市管理者和企业家开始投资兴建更为先进的交通网络，以方便人员和货物的流通。同时，排水系统的改善优化了城市卫生和居住条件，为城市居民创造出更为宜居的环境。

然而，随着工业化的推进，也带来了一系列的社会问题。工人阶级的劳工问题和恶劣的工作条件成为亟待解决的焦点。工业化带来的快速生产节奏和劳动分工，导致工人长时间劳作，劳动强度大，工资微薄，劳工健康和权益受到威胁。这一现象引发了社会对工人权益的关注，推动了工人运动和工会的兴起，为劳动条件的改善和权益保障争取了一定的成果。

在工业化城市阶段，城市的面貌发生了深刻变革，经济、社会和文化等多个层面都受到了影响。工业化的兴起催生了城市的扩张和人口增长，也促使城市基础设施和劳工问题成为突出的议题。这一阶段的城市发展，为后来现代城市的形成和可持续发展奠定了基础，也为我们深入探究城市发展的多元面向提供了宝贵的历史经验。

### （四）现代城市阶段

现代城市阶段是人类社会历史上一个充满活力和变革的时期，这个时期城市发展的主要特征在于技术、科学和医疗的进步，城市作为商业、金融、文化、科技和艺术的中心地位得到进一步巩固,城市规划和建筑呈现多样性,同时也见证了社会多元化和文化交融的显著趋势。

技术、科学和医疗的持续进步是现代城市阶段的重要驱动力。工业化带来的科技创新为城市生活提供了丰富的便利和机遇,从交通运输到通信科技,从医疗保健到环境保护,都得到了前所未有的提升。这些进步促使城市规模不断扩大,人口迅速增长,城市不断壮大成为各种领域的中心。

城市成为商业、金融、文化、科技和艺术的中心,全球性的交流和投资也在这一时期得到了显著增加。随着国际贸易和金融活动的全球化,城市成为跨国公司和国际组织的所在地,为世界各地的经济交往提供了平台。同时,城市也吸引了大量创新和人才,成为科研、创业和艺术创作的热点,推动了社会进步和文化繁荣。

城市规划和建筑的多样性是现代城市阶段的一个显著特点。城市的快速扩张和不断变化使得城市规划变得复杂多样,不同城市在规划和建筑上呈现出丰富多彩的风格。例如,纽约的摩天大楼、巴黎的古典建筑、迪拜的现代建筑,都展示了城市建筑的多元面貌,体现了不同地域文化和经济特点。

与此同时,现代城市也是社会多元化和文化交融的重要舞台。随着人们的流动和迁徙,城市成为各种不同背景和文化的人群的聚集地。这种多元化和文化交融为城市带来了丰富的社会文化生活,同时也带来了文化认同和社会融合的挑战。例如,纽约和多伦多等国际大都市就是文化多元性的典范,不同的语言、宗教和传统在这些城市中交织共存,形成了独特的文化景观。现代城市阶段是城市发展历史中的一个重要时期,其特征在于技术、科学和医疗的进步,全球性商业、金融、文化、科技和艺术中心的崛起,出现社会多元化和文化交融的显著趋势。这一阶段城市发展的多面性为我们深入理解城市在全球化和现代化浪潮中的地位和角色提供了有益的视角。

## 二、中国城市发展历程梳理

基于我国城市发展的现实情况,可将新中国成立以来的城市发展历程大致分为计划发展阶段、市场经济发展阶段、快速发展阶段和高质量发展阶段这四个阶段。这份阶段性发展框架能够精确地捕捉中国城市发展历程中不同时期的特点和重点,从工业化为主的计划发展、市场经济下的竞争发展到以满足人民美好生活需要为导向的高质量发展,展现了中国城市在不同历史阶段的发展动态和目标取向。

**(一) 1949—1978 年:计划发展阶段**

在新中国成立初期,中国城市发展经历了一个充满挑战和变革的历程,这一时期称为计划发展阶段。这个时期的城市发展模式紧密围绕国家工业化目标,以支持工业化进程为主导,呈现出一系列独特的特征。1956 年,党的八大报告指出,当前国内的主要矛盾,已经是人民对于建立先进的工业国的要求同落后的农业国的现实之间的矛盾,已经是人民对于经济文化迅速发展的需要同当前经济文化不能满足人民需要的状况之间的矛盾。恢复和发展生产、努力将中国从农业国转变为工业国成为这一阶段的首要任务。

在计划发展阶段,城市发展的目标集中在恢复和发展生产,实现从农业国向工业国的转变。这一时期,工业化被视为国家现代化进程的引擎,为此政府采取了集中规划的方式,将城市建设纳入国家发展战略的总体布局。在这一阶段的城市规划中,一个重要特征是着眼于服务生产。政府将城市发展定位为支持工业化进程的关键要素,城市的发展任务主要集中在满足工业生产所需的基础设施和劳动力资源。城市规划着重考虑如何为工业提供便利,以促进生产效率和经济增长。同时,这一阶段城市规划也强调服务工人阶级。城市作为工业生产的核心地区,需要满足工人的住宿、生活和娱乐等多样需求。因此,规划中将工人的福利设施和生活条件纳入重要考虑范围,确保工人的生活质量得到提升。城市规划与工业发展紧密耦合,工业用地规划和布局成为城市规划的核心,以确保工业生产的高效和可持续发展。

在城市规划中,秉持"大分散、小集中"的原则。这一原则意味着在城市规划中,更倾向于分散式的城市布局,而非过分集中的大城市。特别是在 20 世纪 60 年代至 70 年代时期,政府提倡不建设过于集中的城市,而是倡导发展小城市和工人镇,以适应国家的经济布局需求。工农结合和城乡结合也是这一阶段城市发展的重要特征。政府强调城市与农村的相互联系,鼓励工人和农民在城市和农村之间实现互通有无。城市规划旨在促进工农结合,以及城乡一体化发展,确保农村劳动力和农产品能够有机地输送到城市,支持工业发展和国家建设。

然而,值得注意的是,这一阶段城市化发展滞后于工业化进程,城市化率的增长相对较慢。这主要是由于政府在有限资源条件下,采取了优先发展工业的策略,将城市化发展置于次要地位。工业在国内生产总值中的比重显著上升,而城市化率的增长却较为有限。这种城市化滞后于工业化的现象,在国际比较中显得较为不寻常,反映了特定历史背景和政策导向的影响。

这一发展模式在初期带来了一些成就,如推动工业生产和提升国家生产力。然而,随着时间的推移,这种模式也显现出一些问题。城市化滞后导致城市基础设施和公共服务滞后,就业问题逐渐显著,劳动力资源得不到有效利用,限制了城市的可持续发展。

整体来看,计划发展阶段的城市发展模式突显了工业化为主的特点,强调服务生产和工人阶级。城市规划以支持工业发展为核心任务,着重考虑工业用地布局和劳动力资源配置。同时,城市规划也关注工人的生活质量,强调工人福利设施的建设。在布局上,政府倡导分散式的城市布局,鼓励小城市和工人镇的发展。工农结合和城乡结合的特征也贯穿其中,以促进工农一体化发展。这一时期的城市规划模式为后来的城市发展奠定了基础,对于理解中国城市发展的历史轨迹和特点具有重要意义。

### (二) 1978—2012 年:市场经济发展阶段

1978 年,邓小平在党的十一届三中全会上指出,当前中国社会的主要矛盾已经转变为人民日益增长的物质文化需要同落后的社会生产之间的矛盾。会议指示将工作重心转移到经济建设上来,经济改革的推动催生了中国城市化进程的市场经济发展阶段。这一时期标志着中国城市化迎来了前所未有的机遇和挑战,城市发展的重心、速度和特点都经历了深刻变革。

城市化的核心，一直是中国经济发展的引擎之一。在市场经济发展阶段，中国城市化的重心逐渐从单一的工业化转向更加多元化的经济建设。这一转变在许多方面产生了显著影响。

首先，城市经济竞争力得到了极大提升。经济改革带来了市场化、开放性和竞争性，城市逐渐成为创新、创业和投资的中心。外商直接投资的引入和沿海经济特区的崛起，进一步促进了城市的发展。外向型城市发展成为主流，为中国城市经济增长注入了新的活力。

其次，城市规模和功能发生了重要变化。城市规模开始扩大，新兴产业和商业区域的兴起导致城市范围不断扩展。城市内涌现出高新技术产业园区、金融中心、文化创意区等功能区域，城市功能逐渐多元化和专业化。这一变化不仅提升了城市的综合竞争力，还为城市居民提供了更广泛的就业和生活选择。

然后，市场经济发展阶段的城市化也面临了一系列的挑战和问题。首先，城市化过程中出现了不少失衡现象。城市经济的高速增长导致资源分配不均，一些大城市获得更多的投资和发展机会，而中小城市和小城镇的发展相对滞后。导致产业布局不均衡，地区发展差距加大，进一步加剧了社会不平等。

最后，人口流动和社会结构变迁也带来了新的挑战。城市人口的快速增长，特别是外来务工人员的涌入，给城市的基础设施、住房、社会保障等方面带来了巨大压力。与此同时，城市社会结构的变迁，如新兴社会群体的涌现，引发了社会认同的多元化和文化冲突。这需要城市管理者积极应对，推动社会保障体系的完善，促进不同文化的交流与融合。

整体来看，市场经济发展阶段是中国城市化进程中一个极为重要的时期，改革开放的经济措施催生了城市化的快速推进。城市发展的重心由工业化向多元化的经济建设转变，城市经济竞争力显著提升，城市规模扩大，功能多元化，城市化率迅速提高。然而，城市化过程也带来了一系列挑战，如发展失衡、社会结构变迁、人口流动等。因此在未来的城市化发展中，需要综合施策，促进城市化与社会经济的协调发展，实现可持续城市化进程。

### (三) 2012—2020 年:快速发展阶段

2012 年以后,中国城市发展进入了快速发展阶段,这一阶段受到习近平新时代中国特色社会主义思想的引领。2012 年,习近平在党的十八大上指出,当前中国社会的主要矛盾已经转化为"人民日益增长的美好生活需要和不平衡不充分的发展之间的矛盾"。让人民生活更美好、关注人民物质与精神需求、兼顾公平与效率、注重生态环境保护、推动高水平对外开放等成为这一阶段的主要任务,而城市作为满足人民美好生活需要的主战场,其快速发展对于我国社会发展和文明延续意义重大。这一阶段的城市规划更加注重可持续发展,致力于推动城市的创新、智能化和文化建设,构建现代化城市体系。

2012 年至 2020 年期间,在中国城市的快速发展阶段。城市发展的主要特点有以下三个方面:

第一,经济高速增长,工业化和城镇化同步推进。中国城市在这一时期经历了快速的经济增长。城市作为中国经济的引擎,吸引了大量投资和企业,推动了产业升级和技术创新。国内生产总值不断增长,城市对国家经济的贡献度迅速上升。例如,深圳市在 2019 年的地区生产总值增长率达到了 6.7%,远高于全国平均水平。产业升级是经济高质量发展的关键,一些城市成功实现了产业升级,如杭州成为中国电子商务中心,吸引了多个互联网巨头。这些城市的蓬勃发展成为中国经济增长的强大动力。并且,中国城市在这一时期实现了工业化和城镇化的同步发展。城市工业部门迅速壮大,同时伴随着大规模农村人口流入城市。城市工业化也吸引了大量工业投资,城市规模扩大,产业结构逐渐升级。一些城市,如广州、苏州等吸引了大量工业投资,成为国内重要的工业基地之一。这一过程带动了城市规模的扩大和产业结构的升级,推动了城市经济的增长。

第二,城市化水平上升和城市迅速扩张。中国的城市化水平持续上升,从 2012 年的 52.57% 左右增长到 2020 年的 63.89%。这一城市化水平的快速增长意味着大量人口在这个时期内从农村迁往城市。城市扩张的迹象也非常明显,城市边界扩展、土地开发和建设活动明显增加,城市面积扩大。这种快速的城市化和城市扩张反映了中国城市作为吸纳人口和推动经济增长的关键引擎地位。并且,城市的建设质量不断提高,大规模基础设施建设,如高速公路、高铁、机场等,显著改善了城市的交通和物流。城市建设更加现代化,高楼大厦、现代化商业区和住宅区相继涌现,城市居民的生活水平明显提升。例如,中国已建成了世界上最现代化的铁路网和最发达的高铁网,这大大提高了城市之间的互联互通。环境保护也得到了更多关注,一些城市采取了环保措施,减少了环境污染,例如,《北京市人民政府关于印发 2012—2020 年大气污染治理措施的通知》,实施了严格的大气污染治理措施,大大改善了空气质量。这些改善标志着中国城市化质量的显著提升,为居民提供了更好的生活环境。

　　第三,国际化和开放程度显著提高。2012—2020 年,中国城市在国际舞台上的地位不断提升,一线和重要二线城市成为国际贸易和投资的热点,吸引了大量外资和跨国公司。这些城市逐渐成为全球经济体系中的关键节点,推动了中国与世界的紧密联系。外商投资增加,例如,上海自贸区的设立促进了上海对外开放,吸引了众多国际企业在这里设立亚太总部。此外,中国提出的"一带一路"倡议也推动了一些城市与共建国家的经济合作,加强了国际联系。

　　然而,随着城市化进程的快速推进,一些城市问题也逐渐凸显。城市交通拥堵、环境污染、住房紧张等问题成为城市居民关注的焦点。城市管理和公共服务面临挑战,需要更好的规划和治理来解决。交通拥堵问题在一线城市尤为突出,例如,北京的交通拥堵成为全球著名的问题之一。环境污染也是一些城市面临的重要挑战,长期的工业排放导致一些城市的空气和水质状况恶化。此外,社会结构变迁也是不可忽视的问题。城市快速发展导致社会结构发生重大变化,农村人口流入城市,城市中的人口结构发生变化,老龄化问题逐渐显现。中国的老龄人口比例在这一时期内持续上升。同时,城市化进程中,社会差距逐渐扩大,城市内部贫富差距日益明显,这也引发了一些社会问题。

　　整体来看,在 2012 年至 2020 年期间,中国城市发展经历了快速增长和转型。城市化水平不断上升,城市经济迅速壮大,城市化质量不断提高,但也伴随着一系列新的挑战。这一时期为中国城市高质量发展奠定了基础,同时也指出了更多需要解决的问题,为未来城市发展提供了宝贵的经验和教训。

### (四) 2020 年以后:高质量发展阶段

2020 年,党的十九届五中全会提出,"十四五"时期经济社会发展要以推动高质量发展为主题,这是根据我国发展阶段、发展环境、发展条件变化作出的科学判断。我们要以习近平新时代中国特色社会主义思想为指导,坚定不移贯彻新发展理念,以深化供给侧结构性改革为主线,坚持质量第一、效益优先,切实转变发展方式,推动质量变革、效率变革、动力变革,使发展成果更好惠及全体人民,不断实现人民对美好生活的向往[①]。

在高质量发展阶段,中国城市发展呈现出多样化、高效率、创新驱动的特点,旨在实现人民美好生活需要和不平衡不充分的发展之间的平衡,推动城市建设朝着更加宜居、可持续和繁荣的方向发展。

第一,城市化水平稳步提升。随着城市化进程的深入,中国的城市化水平持续提升。2018 年,我国的城镇化率已经达到了 59.58%,而根据规划,2035 年和 2050 年的城镇化率将分别达到 70% 以上和 80% 左右。这意味着大量农村人口将会逐步转移至城市,城市的人口规模将进一步扩大,城市发展的任务更加重要。第二,城市功能不断升级。高质量发展阶段,城市的功能不再局限于传统的工业化,而是变得更加多元化和综合化。城市的发展方向已经从单纯的经济增长转向文化、科技、创新等方面的提升。科技创新和数字化经济的兴起,使得城市成为创新的重要场所,吸引了大量创业者、科研人员和高端人才涌入,推动城市成为新经济的孵化器。第三,生态环境保护得到强化。在高质量发展阶段,城市规划越来越注重生态环境的保护和可持续发展。绿色发展、低碳发展成为城市规划的重要理念,城市的空气质量、水资源、垃圾处理等环境问题得到有效治理。城市绿化率提升,生态景观的规划和建设成为城市发展的重要组成部分,为居民提供了更加宜居的环境。第四,城市创新智能化

---

① 王昌林. 以推动高质量发展为主题[N/OL]. 人民日报,2020-11-17[2024-03-18]. http://www. opinion. people. /om. cn/nl/2020/1117/cl003-31933146. html.

水平不断提高。在高质量发展阶段,城市规划越来越注重创新和智能化的引领作用。城市智能化建设不断推进,智慧城市建设、5G技术的应用、物联网的发展等,使得城市更加便捷、高效、智能化。城市规划还鼓励创新产业的集聚,推动城市成为创新创业的热土。第五,对外开放水平不断提升。高质量发展阶段,中国城市更加积极参与国际合作和交流。一系列自由贸易试验区、自贸港的建设,吸引了国际资本和人才的投入,促进了城市经济的国际化和多元化发展。城市间的交流与合作也得到加强,形成了更加紧密的城市网络,推动城市间资源的共享和优势互补。

在高质量发展阶段,中国城市发展模式进一步演进,更加注重人民群众的需求和幸福感,以及可持续的社会经济发展。一方面,高质量发展阶段的城市发展模式强调人民生活的更美好。这意味着城市规划和建设不仅满足人们基本的物质需求,还关注人们的精神文化需求。城市的公共设施、文化娱乐、教育医疗等方面的提升都需要得到重视,以提升人们的生活质量和幸福感。城市规划应当注重人文环境的打造,创造出有益于人们身心健康和全面发展的城市环境。另一方面,城市发展在高质量发展阶段更加强调地方品质的提升。地方品质包括城市内部的环境、设施、服务等要素,以及城市与周边地区的联系和协调。城市规划要关注城市的整体形象和特色,注重城市的空间布局、交通规划、绿化景观等,以提升城市的宜居性和吸引力。同时,要加强城市与周边地区的协调发展,构建起城乡融合、产城融合的发展格局。

在高质量发展阶段,培育发展现代化都市圈成为一个重要目标。都市圈是由中心城市及其周边地区组成的空间实体,是经济、社会和文化交流的重要平台。都市圈的建设有助于优化资源配置,促进区域协调发展。城市规划要注重都市圈的整体规划,推动中心城市的创新驱动和辐射带动作用,同时注重卫星城市和乡村的发展,实现城乡融合发展的目标。

此外,高质量发展阶段的城市规划要重视可持续发展。可持续发展是指在满足当前需求的基础上,不损害子孙后代满足其需求的能力。城市规划要在保障经济发展的同时,注重生态环境的保护和恢复,推动绿色技术的应用,减少资源的浪费和环境的污染。城市规划还要注重社会公平,保障弱势群体的权益,促进社会和谐稳定。

　　整体来看,高质量发展阶段的城市发展模式在习近平新时代中国特色社会主义思想的引领下,强调人民生活更美好、地方品质提升、现代化都市圈培育以及可持续发展。这一模式以人民为中心,注重人的全面发展,以及经济社会的协调发展,旨在构建现代化、宜居、可持续的城市环境,为实现中国特色社会主义事业的全面发展提供有力支撑。

### 三、城市发展相关研究梳理

　　城市发展是一个涉及多学科的复杂领域,各个学科都在探讨和研究城市发展的不同方面。本节围绕城市高质量发展,主要介绍中心地理论、人本主义城市理论、城市生态学理论、可持续城市发展理论和全球城市理论这五个理论,这些理论为我们深入理解城市发展提供了重要的框架和思路。

#### (一) 中心地理论

　　中心地理论(central place theory)是 20 世纪 30 年代由德国地理学家克里斯塔勒(Walter Christaller)提出的一种城市地理理论。这一理论主要关注城市和乡村的空间分布以及它们之间的等级体系,对城市规划、区域发展和商业布局等产生了深远影响。

　　中心地理论的主要观点为:第一,城市为服务中心。该理论强调城市作为服务中心的角色,城市主要存在于为周边地区提供不同层次服务的需要。这些服务包括从基本生活所需到更高级的文化和商业服务。第二,层级体系。克里斯塔勒提出了"中心"和"范围"的概念,城市在不同层次上形成了一种层级体系。高级中心提供更多和更高级别的服务,低级中心则提供较基础的服务。第三,空间分布规律。根据中心地理论,高级中心之间的距离比低级中心之间的距离更远,形成了一种六边形网格模式的空间分布。这种模式有助于理解城市和乡村在地理上的分布。第四,商业布局。中心地理论为商业布局提供了理论基础。不同层级的中心在商业布局中扮演不同的角色,高级中心通常会聚集更多样化的商业活动。

中心地理论对城市规划、区域发展和商业布局产生了深远的影响,它为城市和乡村之间的空间组织提供了重要的理论基础。第一,在城市规划方面,中心地理论帮助规划师理解城市和乡村的空间分布规律,有助于更有效地规划城市的发展。第二,商业布局方面,该理论为商业布局提供了指导原则,帮助商家选择最佳的位置以满足不同层次的消费者需求。第三,在区域发展方面,中心地理论有助于区域发展规划,帮助政府决策者合理分配资源和服务,促进区域均衡发展。

中心地理论通过强调城市和乡村的空间分布和层级体系,为城市规划、区域发展和商业布局提供了有益的理论支持,为理解和优化城市与乡村的关系提供了重要的工具。

### (二)人本主义城市理论

人本主义城市理论是 20 世纪 60 年代涌现的一种城市发展理论,其主要观点是关注城市居民的需求和体验,强调人的主体性在城市发展中的重要性。这一理论的核心在于将城市规划和设计从简单的物理空间布局扩展到人的感知、情感和互动层面,以创造更符合人们需求的城市环境。城市规划学家凯文·林奇(Kevin Lynch)是人本主义城市理论的重要代表人物之一。他的著作《城市意象》(*The Image of the City*)于 1960 年出版,对这一理论的发展产生了深远影响。林奇在书中提出了"认知地图"(cognitive map)的概念,强调人们对城市环境的感知和理解对于城市的发展与规划具有重要意义。

人本主义城市理论强调以下几个主要观点:第一,城市居民的需求和体验。这一理论关注城市居民的需求、情感和体验,将人的主体性置于城市规划和设计的核心。它强调城市环境应该满足人们的生活方式、文化背景和社会互动需求。第二,认知地图。凯文·林奇提出的"认知地图"概念指的是个体对城市环境的主观感知和理解。他认为人们在心智中建立了关于城市空间的认知地图,这影响了他们在城市中的行为和导航。第三,城市形象。人本主义城市理论强调城市的视觉和感知方面的特点,城市应该具有鲜明的个性和形象,以吸引和满足居民及访客的情感需求。第四,社会互动和共享空间。这一理论鼓励城市规划创造社交互动和共享空间,促进人们的交流、互动和社会参与。公共空间和社区设施的设置被视为重要因素。

人本主义城市理论在城市规划和设计领域产生了深远影响。它引导规划师和设计师更加关注人们的需求与感受,鼓励创造人性化、宜居的城市环境。这一理论促进了城市规划从功能性和效率性向人文关怀及社会参与方向转变,为创造具有高质量生活的城市作出了重要贡献。

### (三) 城市生态学理论

城市生态学(urban ecology)是一门关注城市内部生态系统的结构、功能以及人类活动与自然环境相互作用的学科。该理论于20世纪60年代由欧内斯特·伯吉斯(Ernest Burgess)、罗伯特·塔利(Robert Tally)等人提出,为理解城市的生态过程、促进可持续城市发展提供了重要的理论基础。

城市生态学的主要观点为:第一,城市作为生态系统而存在。城市生态学将城市视为一个复杂的生态系统,城市内部存在着相互关联的生态过程,包括物质循环、物种相互作用等。这种生态系统的视角有助于深入理解城市内部的生态结构和功能。第二,人类活动与自然环境的关系。城市生态学强调人类活动对城市内部生态系统的影响,以及人类与自然环境之间的相互作用。城市发展对自然资源的需求和影响,以及城市中人类行为对生态平衡的影响成为研究重点。第三,城市生态系统的特点。城市内部存在着多样的生境类型,包括建筑物、街道、公园等,这些不同生境之间形成了复杂的作用网络。城市生态学研究城市中各种生境的分布、演化和相互影响。第四,可持续城市发展。城市生态学为可持续城市发展提供了理论基础。通过深入研究城市生态系统的结构和功能,可以提出促进城市可持续性的策略,如生态规划、资源循环利用等,以减少城市对环境的负担。

城市生态学对于城市规划、环境保护和可持续发展产生了重要影响,它在以下方面具有应用价值。第一,在城市规划方面,城市生态学提供了城市规划师,可以更全面地了解城市内部生态系统的视角,有助于制定更科学合理的城市发展规划。第二,在环境保护方面,通过研究城市生态系统的脆弱性和稳定性,可以为城市环境保护和生态恢复提供指导,减轻城市生态压力。第三,在可持续发展方面,城市生态学为制定可持续城市发展策略提供了理论支持,有助于实现城市的环境、社会和经济的可持续性。

城市生态学通过关注城市内部生态系统的结构和功能,强调人类活动与自然环境的相互关系,为可持续城市发展提供了重要的理论基础,为促进城市的环境质量和人类福祉提供了有益指导。

### (四) 可持续城市发展理论

可持续城市发展理论是一种强调城市发展与环境保护和社会可持续性相协调的理论体系。可持续城市发展理论的提出时间可以追溯到20世纪70年代末至80年代初,涉及多位学者和实践者,以格罗·哈莱姆(Brundtland Gro Harlem)于1987年领导起草的《我们共同的未来》(*Our Common Future*)报告、理查德·瑞吉斯特(Richard Register)的著作《生态城市:在与自然平衡中重建城市》(*Ecocity Berkeley：Building Cities for a Healthy Future*)、保罗·唐顿(Paul Downton)于1993年出版的 *Ecopolis：Architecture and Cities for a Changing Climate*、迪鲁·塔塔尼(Dhiru Thadani)在2012年出版的著作《城和市的语言(城市规划图解辞典)》(*The Language of Towns & Cities：A Visual Dictionary*)等为代表。这一理论倡导在城市发展的同时实现资源的有效利用、环境的保护以及社会经济的稳定增长,满足了当前和未来的需求。可持续城市发展理论涵盖了众多概念和原则,如低碳城市、绿色城市、循环经济等,为实现城市的可持续发展提供了理论框架。

可持续城市发展理论的主要观点为:第一,环境保护与资源利用。可持续城市发展理论强调在城市规划和发展过程中,要考虑环境保护和资源的有效利用。城市的能源、水资源、土地利用等方面需要遵循可持续性原则,减少对自然环境的负担。第二,低碳城市。这一概念强调减少碳排放,通过改变能源结构、提升能源效率等措施,降低城市碳足迹,减缓气候变化对城市的影响。第三,绿色城市。绿色城市强调增加城市的绿地和生态系统,改善空气质量、水质和生活环境。通过绿化、生态保护和生态恢复,提升城市居民的生活质量。第四,循环经济。循环经济概念强调资源的回收和再利用,减少资源浪费,降低环境负担。城市发展要考虑材料的循环利用,推动产业链的闭环化。第五,社会可持续性。除了环境保护,可持续城市发展理论外,还注重社会可持续性,即满足社会需求、提升居民生活水平、促进社会公平和包容性发展。

可持续城市发展理论在全球范围内对城市规划和发展产生了深远影响。随着全球城市化进程的加速,城市所面临的环境和社会挑战日益突出,可持续性的重要性愈发凸显。这一理论鼓励政府、规划者、设计师和社会各界共同努力,用科学性、综合性的方式来规划和管理城市发展,以实现资源的合理利用、环境的保护、社会的进步和经济的增长之间的平衡。同时,可持续城市发展理论也为城市规划提供了新的思维方式和方法论,激发了创新的城市设计和建设,推动了可持续城市发展的实践。

可持续城市发展理论为城市规划和发展提供了一个综合性、长远性的视角,强调环境、社会和经济的相互关系,旨在实现城市的可持续繁荣和人类的可持续生活方式。

### (五)全球城市理论

全球城市理论(global city theory)是一门关注全球化对城市的影响以及城市在全球经济、文化和政治中的地位的学科。该理论兴起于20世纪90年代,强调全球城市之间的联系和相互作用,揭示了城市在全球化进程中的重要角色。全球城市理论的主要提出者包括萨斯基娅·萨森(Saskia Sassen)和约翰·弗里德曼(John Friedmann)。这两位学者在20世纪90年代开始关注全球化对城市的影响,研究城市在经济、文化和政治中的地位,强调全球城市之间的联系和相互作用,从而构建了全球城市理论的核心内容。

全球城市理论的兴起与全球化进程密切相关。随着全球化的加速发展,城市在全球经济、文化和政治中的地位逐渐上升,成为全球性的关键节点。这一时期,一些城市在全球产业链、国际金融体系、跨国公司总部等方面扮演着重要角色,因此,学者们开始关注城市如何在全球化中发挥作用。全球城市理论的主要观点为：第一，城市的全球影响力。全球城市理论强调一些城市在全球经济、文化和政治中具有显著影响力，它们不仅是国家层面的中心城市，更是全球范围内的关键城市。这些城市通常拥有强大的国际联系、金融中心等功能，成为全球化的核心地区。第二，全球城市网络。全球城市理论强调城市之间的联系和相互作用，它们在全球化进程中构成了一个复杂的城市网络。这些城市通过人员流动、信息传递、商务合作等方式相互联系，形成了全球性的城市网络。第三，城市功能分工。全球城市理论探讨了城市在全球产业链中的分工与合作。不同城市在全球经济中扮演不同的角色，有些城市聚焦于金融业，有些城市专注于制造业，而有一些城市则在创新和文化领域具有优势。第四，全球城市之间的竞争。全球城市理论强调全球城市之间的竞争，城市为了在全球化的竞争中脱颖而出，通常会采取吸引外来投资、提供高质量的生活环境等策略。

全球城市理论在城市规划、国际关系、全球经济等领域产生了广泛影响。第一，在城市规划方面，全球城市理论为城市规划师提供了认识城市在全球化中的角色和影响的视角，有助于制定更具竞争力和可持续性的城市规划策略。第二，在国际关系方面，全球城市理论揭示了城市在国际关系中的重要性，有助于理解城市如何参与全球治理和国际合作。第三，在全球经济方面，全球城市理论深化了对全球经济体系中城市的作用和地位的认识，有助于指导政府和企业在全球市场中的决策。

全球城市理论通过关注城市在全球化进程中的影响和地位，强调全球城市之间的联系和相互作用，为理解城市在全球化背景下的角色提供了重要的理论框架。它对于推动城市的可持续发展、增强城市竞争力以及促进全球合作具有重要意义。

## 第二节　城市高质量发展的概念与内涵

### 一、城市高质量发展的概念

城市高质量发展是一种综合性的发展理念，强调在城市化进程中追求经济、社会、环境等多方面的协调发展,以提升城市的综合素质和居民的生活品质为核心目标。它旨在摆脱传统城市发展模式中数量扩张和资源浪费的问题,以及环境污染和社会不平等问题,秉持集约高效、人文关怀、生态友好等原则,通过创新、可持续和协调发展的方式,不断提升城市的综合质量,实现经济繁荣、社会进步、环境保护和人民满意的目标。城市高质量发展强调了城市发展的全面性、可持续性和人本性,致力于构建宜居、宜业、宜游的现代化城市。

以下为城市高质量发展的主要特征:

### (一)创新驱动

创新驱动是城市高质量发展的重要核心理念,其内涵涵盖了推动科技创新、产业升级和经济结构转型,以及提升城市的创造力和竞争力等多个方面。在当代社会背景下,城市作为经济发展和社会进步的重要引擎,必须积极探索和应用创新驱动模式,以应对日益复杂和多样化的挑战。

首先,创新驱动强调科技创新的重要性。在城市高质量发展的背景下,科技创新被视为促进城市可持续发展的关键要素之一。通过加大科研投入、优化科研环境、加强产学研合作等举措,城市可以培育和吸引高端科技人才,推动科技成果的转化和应用,从而为城市发展注入新的动力。科技创新还可以引领新兴产业的发展,创造新的经济增长点,推动城市经济向高附加值和知识密集型方向转型升级。其次,创新驱动强调产业升级和经济结构转型。城市高质量发展要求城市从传统的资源密集型和劳动密集型产业向技术密集型、创新驱动型产业转变。通过引导和支持战略性新兴产业的发展,培育本地产业集群,城市可以实现产业升级,提升产业价值链水平,增加经济的竞争力和可持续性。产业升级还可以带动相关产业的发展,形成良性的产业生态系统,促进城市经济的整体发展。最后,创新驱动注重提升城市的创造力和竞争力。创新不仅仅是技术创新,还包括制度、管理、文化等多个层面。城市应该鼓励创新思维,推动创新文化的建设,为创新提供良好的环境和氛围。培养创新人才,激发创新潜能,可以使城市在全球竞争中保持优势地位。同时,创新还可以引导城市解决实际问题,提供更优质的公共服务,提升居民的幸福感和生活品质。

### （二）全面发展

城市高质量发展作为一项重要的发展战略,强调全面发展的理念,即在城市发展过程中,不仅要关注经济增长,还要兼顾社会、环境等多个方面的均衡发展,以实现全面、可持续的发展目标。这一理念反映了城市发展的综合性和复杂性,要求在促进经济繁荣的同时,关注社会公平、居民幸福感和生态环境保护等方面的平衡,以确保城市的可持续发展。

首先,全面发展要求城市在经济领域实现均衡增长。传统上,城市发展往往过于注重经济增长的数量化指标,忽视了经济的结构优化和质量提升。在城市高质量发展的框架下,全面发展要求城市在推动经济增长的同时,优化产业结构,培育新兴产业,提升产业附加值,促进经济的可持续增长。其次,全面发展强调社会公平和居民幸福感的提升。城市作为人们生活的重要场所,应该致力于创造更加公平和包容的社会环境。这包括提供平等的教育、医疗、社会保障等基本公共服务,缩小贫富差距,促进社会各阶层的共同参与和共享城市发展成果。同时,城市也要关注居民的幸福感和生活质量,提供优质的居住环境、文化娱乐设施等,使居民在城市中获得更多的幸福感和满足感。最后,全面发展强调了生态环境的保护和可持续利用。城市高质量发展要避免过度开发和环境破坏,倡导绿色低碳的发展路径。通过推广清洁能源、提升能源效率、改善环境治理等措施,城市可以实现经济发展与环境保护的双赢局面。保护生态环境不仅关乎人类的生存和健康,还关系到未来世代的发展和幸福。

### （三）统筹兼顾

统筹兼顾是城市高质量发展的重要特征之一,强调了城市与周边地区在发展过程中的相互联系和协同发展。在现代城市化进程中,城市不是孤立存在,而是与周边地区相互依存、相互影响。因此,实现高质量发展需要在区域范围内建立起协调发展的机制和体系,以促进资源优化配置、经济互补性发展和社会公平均衡,从而构建具有协同效应的区域格局。

首先,统筹兼顾要求城市与周边地区共同推进资源优化配置。随着城市化的进一步推进,城市和周边地区之间的资源需求和供给日益紧密。资源的优化配置不仅有助于提高整体效率,还可以降低资源浪费和环境负担。例如,城市可以发挥自身的创新和技术优势,帮助周边地区提升农业产值,推动农村现代化,实现城乡融合发展。同时,周边地区也可以为城市提供丰富的自然资源和生态服务,支持城市的可持续发展。其次,统筹兼顾要求城市与周边地区实现经济的互补性发展。过度的城市集中往往导致地区发展的失衡,一些地区可能因资源匮乏或产业单一而发展困难。应通过促进产业互补,实现经济的协同发展。城市可以扶持周边地区发展新兴产业,提升其产业链水平,增加就业机会,实现区域经济的共同繁荣。同时,周边地区也可以为城市提供劳动力和生产要素,促进城市产业结构的升级和转型。最后,统筹兼顾还要求城市与周边地区共同关注社会公平和人民福祉。城市的繁荣发展往往伴随着社会问题的集中爆发,如收入差距扩大、社会不平等等。应通过促进基础设施建设、改善公共服务等方式,缩小城乡差距,提升周边地区居民的生活质量,实现社会的公平和人民的幸福感。

### (四) 绿色发展

绿色发展作为城市高质量发展的重要方向之一,强调了城市与环境的和谐共生以及可持续性发展的追求。在当今社会,环境污染、资源短缺等问题已经成为制约城市可持续发展的重要因素,因此,城市高质量发展必然需要在绿色发展方面做出努力,实现城市的生态友好型转型。

首先,绿色发展要求城市在产业结构调整中减少环境污染。传统的工业化进程往往伴随着大量的排放物和废弃物的产生,严重破坏了环境生态平衡。城市高质量发展强调通过产业结构的调整和优化,推动高污染、高能耗产业向绿色低碳产业转型,从而减少环境污染的程度。例如,推动清洁能源产业的发展,促进可再生能源的利用,可以有效降低能源消耗和空气污染。其次,绿色发展要求城市在城市规划和建设中注重生态保护。城市的快速扩张常常导致土地的过度开发和生态环境的破坏,这给城市的可持续发展带来了巨大挑战。高质量发展要求城市规划从生态保护的角度出发,合理规划土地利用,保留自然湿地、绿地等生态要素,实现城市与自然的和谐共生。同时,在城市建设中采用可持续建筑材料、节能技术等手段,降低建筑对资源的消耗,减少对环境的负面影响。最后,绿色发展还要求城市在交通和出行方面推动绿色低碳模式。传统的交通方式常常伴随着高能耗和高排放,加剧了空气污染和交通拥堵问题。城市高质量发展要求通过发展公共交通、鼓励步行和骑行等方式,降低机动车辆的使用率,减少交通对环境的影响。同时,推动电动车辆的普及和使用,可以有效降低交通污染和碳排放。

**(五) 人文关怀**

人文关怀作为城市高质量发展的核心理念之一,强调将人的需求和体验置于城市发展的中心,关注居民的幸福感、生活品质以及身心健康。这一理念体现了城市发展不仅是经济和基础设施建设的问题,更是关乎居民福祉和生活满足的重要议题。在现代社会,城市化进程不仅带来了经济的繁荣,也带来了社会关系的复杂性和文化多样性。因此,人文关怀不仅是城市高质量发展的需要,也是城市可持续发展的必然选择。

首先,人文关怀强调提供高质量的公共服务。城市作为居民生活的重要场所,必须满足居民多样化的需求,包括教育、医疗、社会保障等方面。高质量的公共服务不仅能够提升居民的生活品质,还能够促进社会公平,减少社会不平等现象。例如,建设优质的教育和医疗资源,为居民提供平等的发展机会,有助于提高整体幸福感和生活质量。其次,人文关怀注重创造优美的人居环境。城市的空气质量、景观、社区设施等都直接影响居民的生活体验。高质量的人居环境不仅能够提供舒适的生活条件,还能够促进社会凝聚力和社区互动。因此,城市高质量发展需要注重绿化建设、景观规划、环境保护等方面,创造宜居的城市环境,提升居民的幸福感。最后,人文关怀还包括丰富的文化活动和娱乐设施。文化是城市的灵魂,为居民提供精神享受和情感寄托。城市高质量发展要注重文化产业的发展,丰富文化活动和娱乐设施,满足居民多样化的文化需求。这不仅能够提升居民的生活品质,还有助于传承和弘扬城市的历史文化,增强城市的凝聚力和认同感。

### （六）社会公平

在城市高质量发展的探讨中，社会公平作为一个重要的指导原则，凸显了城市发展不仅要关注经济增长和物质建设，更需要关心社会公平和人的基本权益。这一理念体现了社会发展的整体目标，以及城市在其发展中应扮演的角色。社会公平的追求在城市高质量发展中扮演了至关重要的角色，不仅能够实现社会的平衡和谐，还能够为城市的可持续发展奠定坚实基础。

首先，社会公平强调减少贫富差距，促进社会的平等和包容。在城市发展中，经济繁荣常常伴随着贫富差距的扩大，这不仅影响社会的稳定，还可能导致社会的不平等。因此，城市高质量发展应当注重推动经济增长与社会公平的结合，通过优化收入分配机制、提供就业机会等措施，缩小贫富差距，实现社会的平衡发展。其次，社会公平强调提高教育和就业水平，为居民提供平等的发展机会。教育和就业作为人的基本权利，对于城市居民的生活品质和幸福感具有重要影响。城市高质量发展应当致力于提供高质量的教育资源，确保每个人都能够享有受教育的权利。同时，创造良好的就业环境，为居民提供稳定的就业机会，有助于实现社会公平，减少社会的不平等现象。最后，社会公平还涉及社会保障体系的建设。城市高质量发展需要关注社会弱势群体，为他们提供必要的社会保障，确保每个人都能够享有基本的权益和福利。建立健全社会保障体系，包括医疗保障、养老保险等，有助于减轻社会不平等的压力，实现社会的公平和正义。

### （七）对外开放

城市高质量发展所追求的对外开放，是指在城市发展战略中强调城市积极参与国际交流与合作，以增强城市在全球范围内的影响力和竞争力。这一理念不仅是城市高质量发展的内在要求，更是在当今全球化背景下，城市作为国际化舞台上的重要角色，必须积极追求的重要方向。

首先，对外开放能够促进城市的创新和经济发展。在全球化的背景下，城市之间的交流与合作为创新提供了广阔的空间。不同城市之间的经济、科技、文化等资源可以相互借鉴和共享，推动创新成果的传播。通过吸引投资、引进先进技术、开展国际合作项目等途径,城市能够实现产业升级和经济增长,提升自身的竞争力和影响力。其次,对外开放有助于提升城市的国际形象和知名度。积极参与国际交流与合作,能够向国际社会展示城市的发展成果和特色,提升城市的国际声誉和形象。通过国际大型活动、国际会议等机会,城市可以吸引更多的国际目光,扩大城市的知名度和影响力。最后,对外开放还能够促进城市文化的传播和交流。城市作为文化的重要承载者,通过与其他国家和地区的交流合作,可以推动本地文化的传播和交流,丰富城市文化内涵,提升居民的文化素养和幸福感。国际文化交流也有助于增进不同文化之间的理解与交互,有利于全球文明多样性的和谐发展。

## 二、城市高质量发展的内涵

城市高质量发展是在新发展格局的引领下,对城市发展的一种新理念和新要求。这一理念围绕着新发展格局、经济高质量发展和人的全面发展等核心要素,旨在实现城市的可持续、均衡和协调发展。城市高质量发展的内涵在于紧密融入新发展格局,以经济的高质量发展为基础,以人的全面发展为根本目标。通过推动经济增长、改善人居环境、实现社会公平,城市能够在新时代实现可持续、均衡、协调的高质量发展,为人们创造更加美好的生活。这需要政府、企业、社会各界的共同努力,形成合力,推动城市走向更加繁荣、进步的未来。

### (一)新发展格局引领城市高质量发展

新发展格局为城市高质量发展提供了时代背景和引领方向。在新时代,我国经济发展正从高速增长向高质量发展转变,新发展格局强调以内需为主体,以国内国际两个市场为两翼,以新型工业化、信息化、城镇化、农业现代化同步推进为重点,这为城市高质量发展提供了重要指引。城市作为经济增长的重要引擎,必须紧密融入国家发展大局,积极适应新发展格局,实现可持续、创新、协调的发展。

城市在新发展格局下的定位和使命,决定了城市高质量发展的路径和方向。第一,城市必须紧密融入国家发展大局,牢牢把握内外循环关系,积极参与国家经济布局和发展战略。城市要通过创新驱动、科技引领,推动传统产业的转型升级,培育新兴产业,提升产业附加值,为国家经济增长提供新的动能。城市要充分发挥国际国内两个市场的双向作用,积极拓展国际合作,提升城市的国际影响力。城市要加强与国际市场的对接,促进产业链、供应链的协同发展,实现共赢互利。同时,城市还要加强内部市场的培育,提高居民消费水平,满足不同层次的消费需求。

第二,新发展格局还强调全面推进新型工业化、信息化、城镇化和农业现代化同步发展,这为城市高质量发展提供了重要契机。城市要深化工业转型,推动产业结构升级,实现从规模扩张向质量效益转变。城市要加强信息化建设,提升数字化水平,推动数字经济的发展,构建智慧城市,提高城市的智能化管理水平。城市要加快城镇化进程,提升城市的人口质量和生活水平,打造宜居宜业的城市环境。城市还要加强农业现代化,发展现代农业,推动城乡融合发展。

第三,城市高质量发展不仅关注经济增长,更注重全面发展。在新发展格局下,城市高质量发展要实现经济、社会、环境等多个方面的全面发展。经济高质量发展是城市发展的基础,但不应仅追求经济的增长速度,还要关注经济结构的优化和产业的升级。同时,城市要关注社会公平和居民幸福感,推动社会各领域的均衡发展,实现人的全面发展。城市还要注重环境保护,推动绿色发展,减少环境污染,提高资源利用效率,建设生态友好型城市。

**(二) 经济高质量发展是城市高质量发展的基础**

经济高质量发展是城市高质量发展的重要基础,在城市发展中具有至关重要的地位。城市作为经济活力的集聚地和创新驱动的引擎,其经济的繁荣与稳定是实现高质量发展的关键。由图 2-1 可知,城市化率与国内生产总值基本处于持平的发展趋势,表明了城市发展与经济发展存在着较强的互动关系。在全球化、信息化的背景下,城市面临着经济结构调整、创新驱动、绿色发展等一系列挑战和机遇,必须积极应对,不断提升经济的质量和效益。

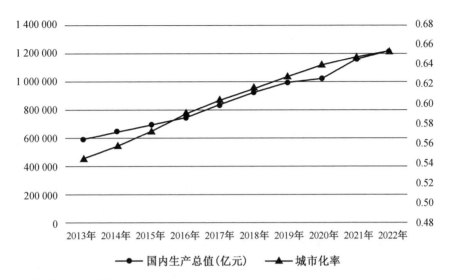

数据来源：国家统计局。

**图 2 - 1　2013—2022 年国内生产总值与城市化率**

第一，产业结构升级推动城市更新。经济高质量发展强调的一个重要方面是产业结构的升级和优化。传统产业的规模扩张已经不能满足城市经济发展的需求，因此，城市必须引导产业向高技术、高附加值、高创新的方向转变。城市需要积极引进高端产业，培育新兴产业，加强战略性新兴产业的研发和推广，推动传统产业的改造和升级。此外，城市还需要加强产业链的协同发展，形成产业集群，促进产业的集成和创新。

第二，创新驱动城市动力提升。创新驱动是经济高质量发展的重要手段。在当前经济全球化和科技快速发展的背景下，创新已经成为推动城市发展的关键。城市必须加强科技创新，提升自主创新能力，培育创新型企业和创新型人才，推动科技成果的转化和应用。创新不仅包括科技创新，还包括商业模式的创新、管理方式的创新等，城市必须不断进行体制机制的创新，为经济发展提供持续的动力。例如，苏州独墅湖科教创新区汇聚了 33 所中外知名高校（研究院）和 15 家"国家队"科研院所，聚焦生物医药、纳米技术应用和人工智能三大产业,集结了 5 000 多家科技型企业,实现了产业资源与教育资源有效对接,教育链、人才链与产业链、创新链有机衔接,构建了独特的创新驱动型产教融合模式①。

第三,绿色发展加快城市绿色转型。绿色发展是经济高质量发展的重要原则之一。随着全球环境问题的日益突出,城市必须转变发展方式,实现可持续发展。绿色发展强调在经济增长的同时减少环境污染和资源浪费,通过推动节能减排、循环经济、生态保护等举措,实现生态友好型城市的建设。城市需要加强环境管理,制定环保政策,促进绿色技术的应用,推动城市的绿色转型。

第四,经济的普惠性促进城市社会公平。经济高质量发展不仅关注产业和经济增长,更关注经济的普惠性和可持续性。城市需要关注贫富差距的减少,确保发展成果更多地惠及广大居民,实现社会的公平和正义。城市还需要加强就业培训,提高就业率,为居民提供更多的机会和选择。此外,城市还要加强社会保障体系的建设,提供更好的社会保障服务,保障居民的基本生活需求。

**(三) 人的全面发展是城市高质量发展的根本目标**

人的全面发展是城市高质量发展的根本目标。习近平总书记强调"现代化的最终目标是实现人自由而全面的发展"②。城市的现代化发展最终要落实到人的需求和幸福感上,这体现了城市发展的本质价值和最终归宿。城市作为人类活动的重要舞台,其发展不应仅仅是经济指标的累加,更应该关注人的幸福感和生活品质的提升等全面发展的各维度。在城市高质量发展的背景下,人的全面发展凸显出深刻的内涵和重要的价值取向。例如,2023 年,紧密

---

① 苏州工业园区管理委员会. 独墅湖科教创新区开启"教育发展、科技创新、人才培养"一体推进新征程[N/OL]. 2022 - 09 - 29. http://www. sipac. gov. cn/szgyyqtzyq/tzdt/202209/59109d6827584d38a2144e95eeaffd36. shtml.

② 习近平. 携手同行现代化之路——在中国共产党与世界政党高层对话会上的主旨讲话[N/OL]. 人民日报. 2023 - 03 - 16. http://www. politics. people. com. cn/n1/2023/0316/c1024 - 32645159. html.

型城市医疗集团建设在 81 个城市试点,让城市医联体建设进入新阶段,进一步整合医疗资源,更为注重医疗的可及性和均等性,体现了以人为中心的城市发展思路①。

第一,城市高质量发展追求改善人居环境。城市是人们生活和工作的场所,其环境质量直接影响着人们的生活质量和幸福感。为此,城市必须关注居民的居住环境,推动城市规划和建设向着更加宜居、宜人的方向发展。这包括提供优质的住房,营造安全、舒适的生活环境,加强城市绿化和景观建设,为居民创造良好的生活空间。

第二,人的全面发展强调城市提供优质的公共服务。城市高质量发展必须关注教育、医疗、文化等方面的公共服务,以满足居民多样化的需求。城市需要提供优质的教育资源,促进人才培养和创新能力的提升。同时,城市还需建设完善的医疗体系,保障居民的健康权益。此外,丰富的文化活动和设施也是人的全面发展的重要组成部分,城市应该为居民提供多样化的文化体验和娱乐活动。

第三,人的全面发展还强调保障居民的基本权益。城市需要为居民提供平等的机会,确保每个人都能够平等地参与到城市的发展中。这包括推动就业机会的均等分配,为劳动者提供体面的工作条件和报酬,保障居民的基本社会权益。此外,城市还需要加强社会保障体系的建设,为居民提供充足的社会保障,减轻他们在生活和健康方面的负担。

第四,人的全面发展强调社会公平和正义。城市的发展不应该让贫富差距进一步拉大,而是要通过政策和措施,减少不平等,让更多的人分享到发展的成果。城市需要关注弱势群体的权益,提供帮助和扶持,推动社会和谐发展。此外,城市还需关注社会文化多元性,尊重不同群体的文化和信仰,创造一个包容和谐的社会环境。

---

① 申少铁.资源下基层　医疗上水平[N/OL].人民网.2023－07－10.http://www.health. people.com.cn/nl/2033/0710/ci4739－40031343.html.

### 三、城市高质量发展的原则

城市高质量发展需要在各个方面进行协调发展,发挥不同方面的优势,从而达到综合性的发展目标。例如,城市可持续发展指标体系需要从经济、社会、环境等多个方面考虑,实现城市高质量发展的综合目标。

#### (一)整体规划与协同发展

高质量城市发展需要建立健全总体规划和协同机制,以科学规划为基础,充分考虑城市空间、资源、环境等方面的因素和相互影响,推进城市产业、人口、用地、公共服务、交通等要素互联互通,具备协同创新能力。在公共政策制定和落实上,应明显强调协同机制之间的配合与合作,推行多元产业协同发展、多模式交通协同运行、多部门大数据协同应用、多场景绿色协同互补,实现协同发展,迈向高质量发展新阶段。城市高质量发展需要实现创新引领和人才支撑的有效结合,实现多方创新资源的有效协同,加强城市文化建设、拓展知识经济发展空间,积极构建人才服务和创新服务网络,优化城市产业结构和产业链升级。这能够更好地推进城市高质量发展,在全球经济、技术、文化等全方位连接中展现更大的创新性和竞争力。

#### (二)创新驱动与产业升级

创新和产业升级是城市高质量发展的核心,需要完善产业体系和提高动力。一方面,城市可以加强技术创新、知识产权保护等方面的制度设计,推动科技创新与产业创新深度融合,促进产业在实践中提升自主创新能力,同时提高人才创新创业能力,推动城市全方位创新。另一方面,城市可以通过招引高科技企业、培育创新型企业、推进产业升级等方式来助力高质量发展,实现更快更好的竞争优势。注重企业的韧性建设,发展更强韧的产业链、供应链和市场机制,强化企业的技术创新和人才培养能力,促进企业更好地适应市场需求和经济发展变化,从而增强城市的生态环境治理能力和经济发展韧性。

#### (三)绿色发展与生态保护

城市高质量发展应从保护环境和生态建设方面进行推进。这不仅能提升城市的发展质量和居民的生活质量,同时具有有效控制资源和环境负荷的作用。城市需要推进新型城镇化和区域交通一体化,优化区域产业布局,实现资源配置和经济发展的协同,提高传统工业的绿色化改造、壳体升级和产业升级,尽可能减少矿产资源的消耗。另外,城市还需要建设现代生态城市,推广低碳生活,开展节能环保行动,通过落实资源循环利用的措施来增强城市的可持续发展能力。宏观层面上,城市应关注绿色发展与生态环境的协调发展,着力推动城市能源的可持续发展,加强绿色技术的应用和创新,规划和建设绿色空间及绿色社区,促进城市生态建设和文明管理。中观层面上,城市应重视环境保护和生态维护,加强环境治理,完善城市生态补偿机制和绿色发展评价体系,让城市绿色发展成为提高城市核心竞争力和国际形象的重要支撑。微观层面上,城市应加强居民环保意识和绿色生活方式的宣传教育,推动环保产业的发展和创新,鼓励居民投身环保事业,共同打造一个绿色和谐的城市。

### (四) 民生保障与社会和谐

照顾民众的个人和综合需求是城市高质量发展不可或缺的要求。城市政府应通过全面开展社会保障、提高公共服务等措施,打造优质、安全、环境舒适的生活社区,推进城市公共基础设施的建设和完善,促进教育、医疗、文化等公共服务均衡发展,实现民生保障的全面提升。同时,城市还应推进公共安全、深入整治民生领域腐败和作风问题等措施,建立社会和谐机制。创新型城市是城市高质量发展的核心竞争力。宏观层面上,城市要构建优质的创新环境和创新平台,提供多种创新资源和扶持政策,打造创新型城市的品牌形象和影响力。中观层面上,城市应促进创新型产业的战略性崛起和健康发展,以市场需求为导向,注重补齐科技创新链的短板,打造具有核心技术和知识产权的产业集群和创新园区,提供支持和保障,让创新和经济共同发展壮大。微观层面上,城市应完善人才评价和激励机制,加强科技创新创业人才培养和引进,优化人才管理和创新创业服务体系,让城市人才成为创新城市的"智慧支撑"。

### (五) 市场导向与政府引领

城市高质量发展需要市场活力的驱动,也需要政府的引导和支持。市场和政府两者需要相互协作,共同构建城市发展的良好生态。例如,北京市积极推行政企联合,形成新型市场运作机制,支持领军企业垂直向上拓展,打造国际一流市场和营商环境,带动产业链上下游的融合发展。同时,政府引领城市规划和公共服务建设,优化城市职业发展和人民基本公共服务,营造良好的人居环境,提升城市居民的幸福感和获得感。

因此,城市高质量发展需要市场导向和政府引领的有机结合,激活市场活力和促进城市公共服务建设,形成市场和政府的协同机制、场景协作,广泛参与全球化竞争中的城市生态网络。城市还需加强产业引领和信息化建设,优化城市服务、城市管理和城市智慧化,打造国际一流的城市品牌,推动城市高质量发展。

### (六) 国际合作与开放发展

城市高质量发展需要更深、更广、更加开放的合作。城市政府应该利用全球化背景下的优势,推动内外市场的交流合作,通过多种合作机制和产业转型,增强城市国际竞争优势和人才竞争优势,加强与全球先进城市的战略案例、先进思想和技术方面的交流,实现城市综合能力和创新能力的提升。同时,在城市环境、经济和政治方面积极推进社会和资本的多方合作,带动更加现代化和公共化的城市资本市场的建设。因此,城市应该摒弃独善其身和闭门造车的做法,积极扩展与外界交流合作的渠道,以国际合作和开放发展为导向,吸纳高端人才,引入现代管理理念,持续增强城市的国际竞争力,实现城市规模和发展质量的双向提升。

## 第三节　城市高质量发展的测度与特征分析

城市高质量发展的测度与特征分析是评估城市发展水平和制定城市发展战略的关键。在建立城市高质量发展指标体系的基础上,通过对城市各项指标的测量和对比分析,可以更为准确地把握每个城市的现状和发展趋势,找到其优势和不足。同时,对城市高质量发展的特征进行分析,可以进一步发掘城市发展的潜能,为城市可持续发展提供更加科学的指导和支撑。

# 一、城市高质量发展指标体系

随着城市化进程的加速,城市的高质量发展已经成为重要的发展目标。城市高质量发展是指在经济、社会、文化、生态等多个方面达到高水平、高质量的可持续发展。因此,城市高质量发展测度与特征分析成为城市规划和发展领域研究的重要课题。城市高质量发展的测度和特征分析是城市规划和发展的重要内容,不仅需要有全面的指标体系和科学的评价方法,还需要深入分析城市的各种发展特征和规律。城市高质量发展测度主要是通过综合考量城市经济、社会、文化和生态等各方面表现指标来评估和衡量城市目前的发展水平;而城市高质量发展的特征分析则是在这些综合指标的基础上,从城市空间布局、产业结构、社会文化风貌、文化创意产业和生态环境等方面深入剖析城市的发展特征和规律。

通过城市高质量发展的测度和特征分析,有利于发现城市发展中存在的问题和制约因素,为城市规划和发展提供科学、准确的指导和支持,实现城市的可持续发展和高质量发展。

## (一) 分析现有城市评价指标体系的优缺点

目前关于中国的城市评价指标体系仍处于探索阶段,而城市高质量发展评价指标体系虽逐渐全面,但仍存在一些局限,有待进一步完善。

1. 现有城市评价指标体系的优点

(1) 多维度考量:随着城市高质量发展理念的逐渐深入,多元化指标体系已成为当前评价城市发展的主流趋势。基于多元化的考虑,相关领域逐步建立了一套全面、系统的指标体系。例如,环境保护、社会和文化创意产业等领域的发展也逐渐被纳入指标体系,使评价更全面、客观而综合。除了经济发展指标外,文化、环境、居民收入、教育、医疗等方面的指标也开始被纳入到指标体系中,形成了更为全面的评价指标体系。例如,美国的一个名为 *National Citizen Survey* 的调查,用于城市居民对不同方面的城市治理评价。此外,许多城市开始关注自然资源和可持续性发展等问题,因此有关节能和节水的指标、公共绿地面积和环保方面的指标也被纳入了城市高质量发展评价的范畴。

以环境保护为例,当前城市发展的质量离不开有机的环保保障体系配套。在建立多元化指标体系的过程中,社会领域得到了充分的考虑,文化方面的建议也逐渐成为城市高质量发展评价的重点。创意产业、影响良好的文化品牌、文明旅游资源等逐渐被认为是城市评价指标体系中的重要指标。现有城市高质量发展评价指标体系能够综合考虑城市的经济、社会、环境等多个方面的因素,全面评价城市的发展质量。目前一个成熟的城市高质量发展指标体系总体包括经济增长率、人均收入、教育水平等多个指标。现有的城市高质量发展评价指标体系通常综合考虑了经济、社会、环境等多个维度。例如,经济维度包括城市 GDP、人均收入等指标;社会维度包括教育水平、医疗保障等指标;环境维度包括空气质量、水质状况等指标。这种多维度考量能够全面反映城市发展的各个方面,为城市规划和决策提供全面的参考依据。

(2)可操作性:除了建立多元化指标体系,评价指标的量化和评估方法是评价城市高质量发展的关键环节。多元化的指标体系要求新的研究方法和技术支持。其中,指标权重是评价指标的重要因素。而确定不同指标的权重提出了更高的要求,需要先进的数学和计算技术支持。现有指标体系的指标具有明确的定义和测量方法,能够提供可操作的数据基础,方便城市管理者进行评估和决策。在权重的计算中,熵权法、熵重组法是当前研究的热点。例如,多指数模糊熵权 TOPSIS 法被广泛应用于城市可持续发展的评价指标选取和权重计算。

(3)可比性:现有的城市高质量发展评价指标体系采用标准化的指标和方法,使得不同城市之间的比较更加准确和可靠,可以对不同城市的发展质量进行比较和排名,如不同城市的经济发展水平可以通过比较其 GDP 增长率和人均收入来进行评价。这种可比性的特点有助于识别出城市发展中的优势和劣势,为城市之间的经验交流和借鉴提供便利。

(4)预警功能:现有指标体系中的一些指标能够反映城市发展的潜在问题和风险,具有预警功能,能够帮助城市管理者及时发现和解决问题,避免发展过程中的错误和失误。在城市高质量发展评价指标体系中,有一些指标能够反映城市发展的潜在问题和风险。例如,在经济指标方面,城市的经济增长率、就业率、居民收入水平等,能够反映出城市经济的发展和经济结构的优化情况。如果这些指标出现下降或者变化较慢,可能意味着城市的经济发展面临一些风险和挑战,需要加强调整与改革。在环境指标方面,城市空气质量、水质污染、城市生态环境等指标,能够反映出城市环境的状况和城市生态环境的可持续性。如果这些指标恶化,可能会影响到城市的生态环境和居民的生活质量。通过这些指标和数据的监测及分析,城市管理者能够及时发现城市发展中的潜在问题和风险,采取有针对性的措施,以避免发展中的错误和失误。例如,在城市规划和土地利用方面,城市管理者可以根据城市发展的潜在问题和风险,制定相应的规划和措施,优化城市空间布局,避免城市扩张过快,导致资源的浪费和环境的破坏。

(5)发展性:起初,评价城市高质量发展主要依赖于传统经济指标,如GDP、就业率、人均收入等。但这些单一的指标往往无法全面反映城市发展的复杂性和多元性。近年来,基于"全面、协调、可持续"的城市发展理念,评价城市高质量发展的指标体系逐渐向多元化和复合型转变,包括环境、社会、文化等多方面的指标。例如,近年来,随着环保意识逐渐增强,环境指标(如能源消耗、水资源利用率、森林覆盖率、空气质量等)成为评价城市高质量发展的主要内容。同时,文化指标也逐渐受到关注,如文化产业的发展、城市文化设施的完善、文化创意产业的创新等。

(6)数据可获得性:现有的城市高质量发展评价指标体系所使用的数据通常来自官方统计数据、调查数据等,这些数据相对容易获取和验证。比如通过国家统计局提供的城市统计数据,可以得到城市的人口数量、就业率等信息。这种数据可获得性高的特点有助于评价指标体系的实施和监测,为政府和研究机构提供可靠的数据支持。

总的来说,建立城市高质量发展评价指标体系是一个复杂和多方面的工程。当前,针对城市治理的实际需要,学术和政策界应注重建立综合、多维度和可操作的指标体系。同时,评价指标的量化和评估方法也是城市高质量发展的核心,应立足于不同城市的发展阶段和城市特点,选取切合实际的评价指标和方法。

2. 现有城市评价指标体系的缺点

目前城市高质量发展评价指标体系存在一些局限和缺点,有待进一步完善。首先,指标体系的设计过程缺乏规范,缺少多方面的数据支持和参考,导致指标体系的权威性和可靠性不足。其次,现有体系所采用的指标过多依赖于经济指标,无法全面反映城市高质量发展水平和各领域之间的协调性,经济指标在当前的指标体系中仍然过于突出,其他领域的指标相对薄弱,难以反映城市发展的全面性和复杂性。而且,各阶段城市发展所需要的评价指标也可能不同,很难根据实际需要灵活调整评价标准。城市高质量发展不同的维度之间存在相互影响和反馈,而现行评价指标体系注重的是单独维度的发展情况,缺乏系统性和整体性的评价方法。评价指标的优先次序也是需要分析的问题。如何在多元化的指标体系中确定指标的权重分配,不同指标的优先等级,仍然需要进一步研究。具体分析,主要存在以下缺点:

(1)主观性:现有指标体系中的一些指标依赖于主观判断,容易受到评价者的主观意见和偏见影响,缺乏客观性。在指标权重分配方面,现有城市高质量发展评价指标体系常常采用主观赋权、等权赋权等方式,存在权重分配不公、失去客观性的问题。一些评价指标可能没有与城市情况相适应的权重,影响了评价结果的准确性和科学性。此外,评价指标的权重分配不仅影响评价结果,也会影响城市发展决策,因此需要更加客观、合理地进行权重分配。

(2)不完善性:在指标选择方面,现有的城市高质量发展评价指标体系大多基于 GDP 或人均收入这样的经济指标,无法全面反映城市高质量发展水平和各领域之间的协调性。城市的社会、环境和文化等因素对于城市高质量发展同样重要,但这些因素不容易量化,往往被忽视或者被低估。此外,现有指标体系中也存在一些过度倚重某些经济指标的情况,导致评价结果单一化,难以反映城市全面、协调、可持续发展的内在关系,也无法全面反映城市发展的各个方面,存在遗漏或不足的情况。

（3）权重划分问题：城市高质量发展评价指标体系中设定了不同指标的权重，以说明不同因素在城市发展过程中所起的作用。然而，权重划分的合理性直接影响指标体系的科学性和可靠性。权重过大或过小对指标细节的反映力度过大或过小，容易产生比较大的偏差。例如，一个城市发展的生态保护等非经济因素需要参与指标得分的计算，但因生态保护并没有直接对经济发展产生决定性影响，在"晋升锦标赛"模式下就可能使生态因素在指标中所占的比重大量压缩，从而获得更高的整体得分。在此状态下，即使一座城市生态破坏严重，其整体得分也不会有太大的影响。

（4）指标分类合理性：现有指标体系中的一些指标可能需要大量数据和专业知识来支持，对于一些资源有限的城市来说，可能难以实施和应用。城市高质量发展评价指标涵盖领域广泛，指标分类的合理与否会直接影响评价体系的完整性。当指标分类过多时，会增加评价指标的重复性和混乱度，影响指标的可靠性。同时，一个指标的数据来源和上升方向不能被忽略。城市交通拥堵指数是指导城市道路规划、交通流量调度和城市建设等方面的重要指标之一。然而，交通拥堵指数极为复杂，涉及地区的道路路网规模、公交系统、环境因素、行车速度等众多因素的综合考量，如何将其细分得更加科学合理并进行各方面因素的综合计算和分析，也是难点之一。城市道路交通拥堵指数，本质上需要通过高精度的上报数据和形象直观的数据展示进行综合分析，在城市规划和调控方面具有非常重要的意义。

（5）指标选择不够准确：现有的城市高质量发展评价指标体系中的某些指标有时并不能准确地反映城市发展的实际情况。城市高质量发展评价指标选取需要涵盖多个领域，同时要具备反映客观真实情况的科学性，较少的指标会加大评价过程与数据分析的难度和复杂度。过多的指标会导致信息冗余和过程烦琐。同时，指标的选取还应考虑国情和地域差异等因素，所选取的指标体系必须具备可操作性和实用性。以空气质量为例，城市空气质量一直是人们所关注的重要指标之一。现阶段，对空气质量的指标选取与评价还存在着诸多需要完善的地方。比如遇到高温天气和 PM2.5 等污染物浓度快速暴增的情况时，仅以有关标准为参考，有时候难以根据数据来确切识别这种特定现象的爆发式增长是否为系统的，并对后续的评价产生影响。再如，仅以 GDP 作为经济发展的评价指标可能忽视了环境保护和资源利用的问题。因此，指标的选择需要更加准确和全面，以确保评价体系的科学性和可靠性。城市高质量发展不同的维度之间存在相互影响和反馈，而现行评价指标体系注重的只是单维度的发展情况，缺乏系统性和整体性的评价方法。

（6）缺乏时空变化考虑：现有的城市高质量发展评价指标体系往往只能提供一个静态的评价结果，缺乏对城市发展的时空变化进行跟踪和分析。城市发展是一个动态的过程，其发展状况会随时间和空间的变化而发生变化。然而，现有的城市高质量发展评价指标体系往往无法捕捉到这种时空变化的特征。例如，某个城市在某一时期可能在经济指标上表现出色，但在环境指标上存在严重问题。如果只依靠静态指标进行评价，就无法全面了解城市发展的真实状况。

（7）缺乏参与度和可持续性考虑：现有的城市高质量发展评价指标体系往往缺乏广泛的参与度和可持续性的考虑。评价指标的选择和权重分配往往是由政府或专家决定的，缺乏公众参与和利益相关方的意见反馈。此外，评价指标体系也缺乏对城市发展的长期影响和可持续性的考虑。因此，评价指标体系需要更加注重公众参与和可持续性原则，以确保城市发展的公正性和可持续性。缺乏定量与定性指标的结合：现有的城市高质量发展评价指标体系往往过于侧重定量指标，忽视了定性指标的重要性。定量指标可以提供城市发展的具体数据和统计信息，但定性指标可以提供对城市发展的深入理解和分析。在建立城市高质量发展评价指标体系的基础上，如何量化和评估城市高质量发展水平也是需要进一步完成的一项任务。当前，多元化指标的缺乏和信息不足等问题已经成为影响城市高质量发展评价体系的关键问题。如何搜集和整理城市的各类社会、经济、文化、环境等数据，如何量化不同指标之间的关系，如何准确地计算各个评价指标的权重，这些都是需要进一步研究的问题。因此，评价指标体系需要更好地结合定量与定性指标，建立更为科学、全面和实用的城市高质量发展评价指标体系,设计可行的指标权威标准,在指标体系内部增加合适的、不重复的相关指标,以发现城市高质量发展情况下的相关因素,为城市提供更科学、全面、客观、准确的评价标准和方法,全面评估城市发展的各个方面。

（8）时效性:城市高质量发展评价指标体系建立的目的不是只进行一次性的评估,而是在一定的评价周期内进行定期的评估,以便于更准确地了解城市发展的实际情况。因而,动态追踪的过程中,需要考虑时间间隔、数据精度、数据可靠性等问题,否则就会影响最终的评价结果。例如,由于城市交通状况的变化速度比较快,给监控员对拥堵指数的动态追踪带来了巨大困难。在一些互联网公司的帮助下,很多城市出现了整合其他公共数据的工具,如公交车的实时数据、出租车的 GPS 数据等。这些工具使得数据在精度、动态性以及可靠性方面得到很大提升,也使拥堵指数的评价结果更加准确。

综上所述,现有的城市高质量发展评价指标体系在多维度考量、可比性和数据可获得性方面具有优点。然而,指标选择不够准确、缺乏时空变化考虑、缺乏参与度和可持续性考虑,以及缺乏定量与定性指标的结合等问题仍然存在。为了更准确、全面地评价城市高质量发展,需要进一步完善和改进评价指标体系,以适应城市发展的动态变化和多元需求。

**（二）城市高质量发展的指标评价体系**

城市高质量发展是当今社会发展的重要目标之一,对于实现可持续发展和提升人民生活质量具有重要意义。在推动中国经济转型、改善人民生活、建设双循环、参与世界经济合作和竞争等方面,城市扮演着重要角色。党的二十大对城镇体系、城市规划、城市发展、城市建设与管理都提出了更高的要求,主要包括:以城市群、都市圈为依托,高水平推动大中小城市协调发展,形成疏密有致、分工协作、功能完善的城镇化空间格局,共同打造优良的生产、生活和生态环境,在发展中稳步提升民生保障水平。提升城市规划建设和治理水平,加快转变超大特大城市发展方式,实施城市更新行动。强化城市基础设施,打造宜居、有韧性、有智慧的城市等,为中国城市的高质量发展提供明确的方向与途径。评价城市高质量发展的指标体系是指导城市规划和决策的基础,对于城市管理者和决策者制定科学合理的发展策略具有重要意义。

　　城市高质量发展所需要测度的指标涵盖各综合角度,在构建系统的评价体系时,涉及高质量发展本质及基本内涵的指标必不可少,例如,增长、就业、绿色低碳、创新、开放、智慧、易居、健康、韧性、公共服务等。目前,已有较多学者对城市高质量发展的评价指标体系进行了研究。同时,2020年国家标准化管理委员会也公布了一项城市发展质量评估指标体系,以对城市进行科学、客观、全面和准确地评价。但是,无论是从实际情况出发,还是二十大提出的新要求,现有的指标体系都还不够完善,当前城市高质量发展评价指标体系尚存在一些局限性和缺陷,需要进行进一步的探讨和完善。因此,建立科学有效的城市高质量发展评价指标体系,对于推动城市发展、实现可持续发展、提升城市竞争力具有重要意义。

　　首先,针对2021年国家标准化管理委员会公布的《城市发展质量评价指标》文件,将其分为经济效益、产业结构、技术创新、财政、生活水平、就业、教育、医疗、健康养老、文体、休闲、安全、交通、空气与水、绿化、节能、污染与治理、旅游、城镇化维度。其中经济效益包括人均GDP、地均GDP、全员劳动生产率、每十万人市场主体数;产业结构包括服务业增加值占GDP比重、战略性新兴产业增加值占GDP比重、货物进出口总额占全国份额、进出口总额增长率;技术创新包括研究与试验发展(R&D)经费投入强度、每万人口发明专利拥有量、PCT专利申请受理量、每十万人参与各类标准修订数;财政包括人均一般公共预算收入;生活水平包括城镇居民人均可支配收入、城镇居民人均消费支出、社会消费品零售总额增长率、恩格尔系数、城镇人均住房建筑面积;就业包括城镇登记失业率;教育包括教育支出占地方一般公共预算支出比重、小学教育师生比、普通中学师生比、高中阶段毛入学率、普通高等学校数量、中等职业教育学校数量;医疗包括每千人口医生数、每千人口注册护士数、每千人口医疗机构床位数;健康养老包括人均预期寿命、每千人口拥有养老床位数;文体包括每十万人口的文化机构和体育设施数量;休闲包括人均公园绿地面积；安全包括1亿元GDP生产安全事故死亡人数、制造业产品质量合格率；交通包括每十万人公共交通系统公里数、万人公共交通车辆拥有量、年人均乘坐公共汽（电）车次数、人均道路面积；空气与水指标由可吸入细颗粒物年平均浓度、空气质量优良天数比率、地表水达到好与Ⅲ类水体比例；绿化包括建成区绿化覆盖率、每十万人绿地面积；节能包含万元GDP能耗下降率、绿地建筑占新建建筑面积比重；污染与治理包括主要污染物排放强度、城市污水集中处理率；旅游包括每十万人入境游客、每十万人国内游客；城镇化由常住人口城镇化率、排水管网等构成。从国家标准化管理委员会所公布的城市发展质量评价指标体系所包含的维度来看，其与"创新、协调、绿色、开放、共享"新发展理念相关联、匹配，体现了城市高质量发展所必需的经济要求、文化要求、绿色要求，较为全面地将城市发展的各维度考虑进评价指标中。但灵活性不高，一些指标的数据获取和更新周期较长，不能及时反映城市发展的最新情况。

　　另外从学术论文中已有的评价指标体系来看，已有较多学者尝试构建了高质量发展水平的评价指标体系。如以GDP、人均收入和就业率等传统经济指标作为评价城市高质量发展的标准。李晓楠构建的评价指标体系涵盖经济增长、开放活力、创新驱动、产业结构协调、经济发展成果共享、可持续绿色发展、金融环境安全及投入产出高效等8个维度①。王元亮从经济发展、科技创新、生态可持续及社会民生等4个方面构建了测度评价指标②。然而，大部分学者还是选择依托新发展理念来考察各主体的高质量发展能力。例如，李金昌等构建了包含经济活力、创新效率、绿色发展、人民生活、社会和谐等5个方面的评价指标体系③。同时，从社会、文化、环境等多角度考虑城市发展，复合型评价指标成为更为关注的研究方向。马茹等从经济的供给、需求、效率、运

---

① 李晓楠.高质量发展评价指标体系构建与实证研究[D].杭州：浙江工商大学，2020.

② 王元亮.中国东中西部城市群高质量发展评价及比较研究[J].区域经济评论，2021（6）：148－156.

③ 李金昌，史龙梅，徐蔼婷.高质量发展评价指标体系探讨[J].统计研究，2019，36（1）：4－14.

行和开放等 5 个维度刻画了区域经济的高质量发展水平①。

## 二、城市高质量发展指标体系的建立与测度

　　城市高质量发展是实现经济、社会和环境可持续发展的重要方式,而指标体系在评估城市高质量发展水平上具有重要作用。本节将着重介绍城市高质量发展指标体系的建立与测度,包括指标的选择与测度方法、数据的收集和处理,以及对各指标的变化趋势和关联性进行的特征分析。通过建立科学、合理的评价指标体系,可以更准确地反映城市高质量发展的水平,为制定城市发展战略和政策提供科学依据。

### (一) 指标选择和测度方法

1. 城市高质量发展指标体系的建立

　　城市高质量发展指标评价体系是城市科学目标导向性的重要表现,其建立具有重要意义。指标评价体系的内容包括经济、社会、文化、生态环境等方面。本节在参考国内外相关城市高质量发展指标体系的研究成果基础上,以"城市规模""城市品牌""创意阶层""产业结构"为一级指标以及 13 个二级指标为基础建立城市高质量发展指标体系。具体内容如表 2-1 所示。

表 2-1　本文的城市高质量发展指标体系

| 一级指标 | 二级指标 | 三级指标 | 方向 |
|---|---|---|---|
| 城市规模 | 国民经济核算 | GDP | + |
| | | GDP 增速 | + |
| | 人口规模 | 常住人口数 | + |
| | | 常住人口城镇化率 | + |
| | 对外经济贸易 | 进出口总额(人民币) | + |
| | | 出口总额(人民币) | + |
| | | 进口总额(人民币) | + |

────────────

① 马茹,罗晖,王宏伟,等.中国区域经济高质量发展评价指标体系及测度研究[J].中国软科学,2019(7):60-67.

| 一级指标 | 二级指标 | 三级指标 | 方向 |
|---|---|---|---|
| | 国内贸易 | 社会消费品零售总额 | ＋ |
| | | 限额以上批发和零售业商品销售总额 | ＋ |
| 城市品牌 | 文化品牌 | 文化品牌指数 | |
| | 旅游品牌 | 旅游品牌指数 | |
| | 投资品牌 | 投资品牌指数 | |
| | 宜居品牌 | 宜居品牌指数 | |
| | 品牌传播 | 品牌传播指数 | |
| 创意阶层 | 显性创意阶层 | 文体娱乐从业人员数 | ＋ |
| | | 技术服务人员数 | ＋ |
| | 隐性创意阶层 | 金融业从业人员数 | ＋ |
| | | 高校毕业生人员数 | ＋ |
| | | 教育从业人员数 | ＋ |
| | | 卫生人员数 | ＋ |
| 产业结构 | 三次产业增加值 | 第二产业增加值 | ＋ |
| | | 第三产业增加值 | ＋ |
| | | 第二产业增加值占 GDP 比重 | ＋ |
| | | 第三产业增加值占 GDP 比重 | ＋ |
| | 固定资产 | 固定资产投资增速(不含农户)－第二产业 | ＋ |
| | | 固定资产投资增速(不含农户)－第三产业 | ＋ |

城市规模指标主要反映城市整体规模和发展潜力,采用国民经济核算、人口规模、对外经济贸易和国内贸易等指标来进行评价。城市的高质量发展离不开人口的总体规模和市场需求,贸易活跃度可以充分代表市场的需求供给热情。人口规模是反映城市总体规模和市场需求的重要指标。它反映了城市人口数量对经济活力、社会文化和市场需求等方面的决定性影响。常住人口城镇化率高意味着市场需求的逐渐扩大以及潜在市场规模的不断扩大,能吸

引投资和扩大就业。

城市品牌指标主要反映城市声誉和知名度,采用文化品牌、旅游品牌、投资品牌、宜居品牌、品牌传播等指标来进行评价。文化品牌指数反映了城市在文化领域的影响力和综合实力。城市地标建筑、文化遗产、历史文化名城、博物馆、图书馆、音乐厅、剧院等都是提升城市文化品牌指数的重要因素;旅游品牌指数反映了城市在旅游业中的影响力和知名度。旅游产业是重要的文化和经济产业,城市的旅游吸引力直接关系到城市知名度和发展潜力;投资品牌指数可以衡量城市在投资业界的影响力和信誉度,具有较好投资环境和政策吸引力的城市具有较高的投资品牌指数;具有较好的居住环境和品牌认可度的城市具有较高的宜居品牌指数;品牌传播指数反映了城市品牌在社会和网络传播中的影响力及传播效果,具有较好的品牌曝光度和口碑效应的城市具有较高的品牌传播指数。通过对文化品牌指数、旅游品牌指数、投资品牌指数、宜居品牌指数、品牌传播指数等三级指标的评价,可以更加客观地评估城市品牌在不同方面的表现和市场竞争力,为城市的高质量发展提供指导和支持。

创意阶层指标主要衡量城市高端社会资源、知识型人才和文化创意产业的发展水平,采用显性创意阶层和隐性创意阶层等二级指标来进行评价。显性创意阶层指标包含文体娱乐从业人员数和技术服务人员数,主要评估城市的文化和科技领域的发展。文化和娱乐产业是城市文化融合和文化创意产业的重要组成部分,在各种文化活动中起到了至关重要的作用。因此,评估城市的文化和娱乐产业发展状态是显性创意阶层指标评估的一项关键要素。另一方面,技术服务行业是一个高度专业化的领域,它与城市的高新技术产业和创新能力有着密不可分的关系。显性创意阶层指标还反映了城市的科技实力和知识型经济发展水平。隐性创意阶层指标包括金融业从业人员数、高校毕业生人员数、教育从业人员数和卫生人员数等要素,主要评估城市对知识型人才的吸引和文化创意产业的发展。金融业是一个知识型经济部门,直接关系到城市的经济发展和投资环境。高校毕业生是城市未来发展的关键人才,对城市的创新和发展有着至关重要的作用。教育和卫生行业是城市的基础产业,直接关系到城市民生和人力资源素质的提高，也是城市文化创意产业的重要基础。因此，创意阶层指标通过对显性和隐性创意阶层的各项指标进行评估，主要衡量城市高端社会资源、知识型人才和文化创意产业的发展水平，以此来评估城市文化、科技、经济和社会发展的综合实力和潜力。

产业结构指标反映了城市经济结构和产业升级能力，采用三次产业增加值、固定资产等指标来进行评价。三级指标包括第二产业增加值、第三产业增加值、第二产业增加值占 GDP 比重、第三产业增加值占 GDP 比重、固定资产投资增速（不含农户）－第二产业、固定资产投资增速（不含农户）－第三产业。三次产业增加值指标反映城市的产业结构分布以及第三产业的比重。第三产业的比重越高，城市经济发展的越好；固定资产投资增速指城市固定资产投资的增长速度。该指标是衡量城市经济发展的一个重要指标，同时也反映了城市投资的方向和发展趋势；第二产业和第三产业增加值占 GDP 比重分别反映城市第二产业和第三产业对 GDP 的贡献，第二产业主要是制造业，第三产业包括了商贸、服务业、金融、物流等，这些是城市高质量发展中的重要领域。通过采用三次产业增加值、固定资产、第二产业增加值占比、第三产业增加值占比等指标来评估城市产业结构指标，可以更加全面、准确地衡量城市经济发展方向和产业结构分布。同时，这些指标也能够为城市高质量发展提供有力的指导，促进城市产业升级、转型升级，在经济快速发展的同时，实现经济的可持续性发展和社会效益的提升。

2. 测度方法和数据来源

高质量发展的评价方法主要有层次分析法、主成分分析法、模糊综合评价法、BP 神经网络综合评价法、熵权法等。

（1）层次分析法

层次分析法是一种广泛应用于决策分析的方法，通过构建层次结构模型，以定量和定性的形式分析决策问题，帮助决策者制定出最优决策方案。层次分析法在城市规划、企业管理、工程项目评估等领域广泛应用。

首先，构建判断矩阵，对于给定的 $N$ 个因素，首先需要构建一个 $N$ 阶判断矩阵,记录各个因素之间的重要程度。设有 $N$ 个因素:$A_1$、$A_2$、$\cdots$、$A_N$,在构建判断矩阵时,将每个因素与其他因素进行配对,记录它们之间的重要性并进行比较。这个比较是使用上、下对称的矩阵 $A$ 来表示的。$A(i,j)$ 表示因素 $i$ 相对于因素 $j$ 的重要程度,$A(i,j)=1/A(j,i)$。

其次,由于各个因素对结果的重要程度不同,需按照重要程度带权计算各个因素的权值。因此,需要计算出每个因素的权向量 $W$。对于 $N$ 维向量 $w$,它的第 $i$ 个分量 $w_i$ 表示第 $i$ 个因素的权重。则 $w(i)=A(i,:)\times w$,其中 $A(i,:)$ 表示矩阵 $A$ 中第 $i$ 行元素,也就是第 $i$ 个因素与其他因素的相对重要性比较,$w$ 表示各个因素相对应的权值向量。

再次,计算一致性指标。判断矩阵的一致性决定了计算结果的可靠性,因此需要计算一致性指标 CR。一致性指标 CR 的计算公式为:CR$=$(CI/RI),其中 CI 为一致性指标,RI 为在样本数相同的情况下,随机一致性指标。当 CR$<$0.1 时,矩阵具有可以接受的一致性;当 $0.1\leqslant$CR$\leqslant$0.2 时,矩阵的一致性处于可接受的范围;而当 CR$>$0.2 时,矩阵的一致性不可接受,需要对判断矩阵进行改进。

最后,进行层次单排序。综合考虑各个因素的权重向量和得分向量,按照因素的重要程度进行单排序,得出最终权重向量。最终权重向量为 $W=\sum(w(i)\times s(i))/\sum w(i)$,其中 $w(i)$ 为第 $i$ 个因素的权重,$s(i)$ 为第 $i$ 个方案的得分。

(2) 主成分分析法

主成分分析法(Principal Component Analysis,PCA)是一种经典的多元统计分析方法,常用于数据降维和变量筛选等应用场景。主成分分析是一种线性变量转换方法,旨在把多维数据转化为少数几个互相无关的成分,从而减少数据的冗余信息,提取数据的主要特征,方便后续的管理和处理。

第一,计算样本平均值。对于给定的 $n$ 个样本,每个样本有 $p$ 个变量,计算样本变量的平均值,以确定数据集的全局中心。$\overline{x}(j)=\mathrm{sum}(x(i,j))/n$,其中 $x(i,j)$ 表示第 $i$ 个样本的第 $j$ 个变量的值,$\overline{x}(j)$ 表示第 $j$ 个变量的平均值。

第二，中心化数据。对于每个变量，将其值减去其在整个样本集中的均值，以消除数据的平移差异。即 $x(i,j)-\bar{x}(j)$，其中 $x(i,j)$ 表示第 $i$ 个样本的第 $j$ 个变量的值，$\bar{x}(j)$ 表示第 $j$ 个变量的平均值。

第三，计算协方差矩阵。通过协方差矩阵来了解数据特性和变量之间的关系，用于评估变量之间的相关性。协方差矩阵为 $S=\mathrm{sum}((1/(n-1))\times(x'-x)\times(x'-x)')$，其中 $x'$ 表示数据矩阵的转置，$n$ 为样本数量。

第四，计算特征值和特征向量。特征值和特征向量是协方差矩阵的重要性质，用于确定创建主成分的数量和方向。计算协方差矩阵的特征值 $\lambda$ 和对应的特征向量 $v$。$\lambda$ 和 $v$ 满足 $Sv=\lambda v$，其中 $\lambda$ 为特征值，$v$ 为相应的特征向量。

第五，确定主成分的数量。计算协方差矩阵的特征值后，需要确定保留多少个主成分。常用的方法是 Kaiser 准则或 Scree 图法。当特征值大于等于 1 时，保留对应的主成分。

最后，计算主成分。根据保留的主成分数量，将数据在特征向量的投影下计算主成分。设保留的主成分数量为 $k$，特征向量矩阵为 $\boldsymbol{V}$，中心化后的数据矩阵为 $\boldsymbol{X}_c$，计算主成分 $Z=\boldsymbol{V}'\boldsymbol{X}_c$。

（3）模糊综合评价法

模糊综合评价法（Fuzzy Comprehensive Evaluation，FCE）是一种常用的综合评价方法，其中发生各种不确定性的影响因素被建模为模糊变量，从而评价对象的综合评价可以描述为模糊变量的映射函数。该方法广泛应用于决策和评价领域，如环保、能源、建筑等。

首先，建立模糊综合评价模型。根据具体评价对象和评价目标，确定评价因素和评价指标，并采用模糊数学方法构建模糊综合评价模型。设待评价对象为 $X$，各评价因素为 $F_1,F_2,\cdots,F_n$，则模糊综合评价模型可以表示为：$R=k_1F_1+k_2F_2+\cdots+k_nF_n$；其中，$k_1,k_2,\cdots,k_n$ 为评价因素的权重，$F_1,F_2,\cdots,F_n$ 为各评价因素的隶属函数，取值范围为 $[0,1]$。

其次，确定隶属函数。由于模糊数学方法的基础是隶属函数，因此，确定各评价因素和评价指标的隶属函数也是模糊综合评价模型的核心内容之一。

各评价因素隶属函数的形式应该与其量级和重要程度相适应。通常，可以采用三角隶属函数、梯形隶属函数或高斯隶属函数等形式表示。评价指标隶属函数的形式类似。

然后，确定权重。权重的确定是模糊综合评价模型的重要步骤之一。一般采用主观评价和客观评价相结合的方法。主观评价可以通过专家评分和专家讨论等方式进行；客观评价可以采用层次分析法、熵权法或矩阵法等常用方法进行。

最后，进行模糊综合评价。利用建立好的模糊综合评价模型进行评价，计算各评价因素的隶属度，并通过权重加权得到综合评价结果。设评价因素 $i$ 的隶属度计算为 $V_i$，隶属度向量为：$\boldsymbol{V}=\{V_1,V_2,\cdots,V_n\}$，则综合评价结果为：$R=k_1V_1+k_2V_2+\cdots+k_nV_n$。

（4）BP 神经网络综合评价法

BP 神经网络综合评价法是一种多元统计分析方法，常用于数据分析与预测领域。该方法基于神经网络的学习和适应能力，可以帮助分析数据并生成预测模型。BP 神经网络综合评价法广泛应用于市场调研、金融分析、医学诊断等领域。

首先，建立 BP 神经网络模型。根据分析对象和分析目的，选择合适的神经网络结构，建立 BP 神经网络模型。设神经网络模型为：$\boldsymbol{Y}=f(w\boldsymbol{X}+b)$。其中，$w$ 和 $b$ 分别表示网络模型的权重和偏置项，$f$ 为激活函数，$\boldsymbol{X}$ 为输入变量向量，$\boldsymbol{Y}$ 为输出向量。

其次，训练神经网络模型。在建立好神经网络模型后，利用已知的数据集进行模型的训练，调整权重和偏置项，使训练数据的误差最小化，进而提高模型的预测准确性。设样本数据集为 $D=\{(X_i,Y_i)\}$，$i=1,2,\cdots,n$，其中 $\boldsymbol{X}_i$ 为输入向量，$\boldsymbol{Y}_i$ 为输出向量。采用误差平方和损失函数，最小化误差：$L=1/2\mathrm{sum}(\boldsymbol{Y}_i-f(w\boldsymbol{X}_i+b))^2$。利用梯度下降法求解梯度，更新权重和偏置项。

然后，进行综合评价。通过训练好的 BP 神经网络模型，对待评价对象进行综合评价。将评价的各个指标作为输入参数，经过网络传输和处理，得到综合评价结果。设待评价对象的 $n$ 个特征指标的输入向量为 $X=\{x_1,x_2,\cdots,x_n\}$，则其对应的综合评价输出为 $Y=f(wX+b)$。

最后，模型优化。根据实际数据预测结果，对 BP 神经网络模型进行再次训练和调整，进一步提高模型预测精度。

（5）本节使用的测算方法：熵权法

由于各个指标的计量单位一般不是统一的，会使得指标间出现不可比的现象，因此为实现指标的可比性需要在评价前对这些指标数据进行标准化计算。常见的标准化方法主要有 min-max 标准化法、z-score 标准化法和 Decimal scaling 标准化法，其中 min-max 标准化法为本节所应用的方法，具体的计算公式同第二章，在此不再赘述。

**（二）数据收集和处理**

1. 收集的数据类型和来源

本节的原始数据主要从国家统计局官网查阅《中国统计年鉴》《中国能源统计年鉴》《中国科技统计年鉴》《中国工业统计年鉴》《中国劳动统计年鉴》《中国农村统计年鉴》《中国金融年鉴》和《中国贸易外经统计年鉴》《中国城市统计年鉴》以及 31 个省级行政区的地方统计年鉴中获得。

2. 数据处理的方法和步骤

（1）缺失值处理

在数据处理的过程中，一些数据可能会存在缺失值，缺失值的存在会影响数据分析的结果，因此需要对数据进行有效的缺失值处理。本节采用的缺失值处理方法是插值法。插值法是一种常用且有效的缺失值处理方法，其原理是通过已有数据的数值特征，来推测缺失数据的值。插值法的处理步骤如下：

首先，收集和整理数据，检查数据中是否存在缺失值。

其次，对于缺失的数据列，使用均值、中位数、众数等方法进行简单插值，得到近似值，填补缺失部分。

然后，对于被插值部分进行检验和分析、验证是否合理。如果符合标准，则缺失值的处理结束。

（2）标准化处理

标准化处理是对数据进行归一化处理的方法，将不同规格或不同单位的数据转化为相同的标准量，以便于比较和分析。本节采用的标准化处理方法是 z-score 标准化。z-score 标准化方法将每个样本的数值转换为标准分值，即离均差的标准数。具体处理步骤如下：

首先，对于每个指标（列），计算其平均值和标准差，然后根据计算出的平均值和标准差，将每个样本数据进行 z-score 标准化处理。标准化处理完成之后，进行数据分析和比较。

## 三、城市高质量发展指数特征分析

本部分在已建立的城市高质量发展指标体系基础上，运用熵权法测算各指标的权重系数，综合评估了 2014—2021 年我国 27 个省级行政区的 280 个城市的面板数据，并通过对其具体分析，考察总体与各指标之间的差异性和地域发展特征，进而深入研究我国 2014—2021 年城市高质量发展的整体水平。如表 2 - 2 所示，筛选出 2021 年城市高质量发展指数前十的城市，以下为 2014—2021 年这些城市的高质量发展指数。

表 2 - 2　2014—2021 年部分城市高质量发展指数

| 城市 | 2014 年 | 2015 年 | 2016 年 | 2017 年 | 2018 年 | 2019 年 | 2020 年 | 2021 年 |
|------|---------|---------|---------|---------|---------|---------|---------|---------|
| 深圳 | 33.06 | 36.69 | 43.14 | 45.34 | 51.88 | 53.64 | 50.07 | 56.17 |
| 广州 | 30.99 | 31.75 | 33.48 | 36.71 | 38.23 | 43.19 | 44.16 | 48.84 |
| 苏州 | 26.24 | 27.25 | 28.53 | 31.58 | 34.43 | 36.01 | 37.89 | 42.56 |
| 成都 | 20.69 | 21.76 | 23.67 | 25.88 | 28.33 | 31.21 | 32.31 | 36.93 |
| 杭州 | 21.29 | 22.31 | 23.27 | 26.11 | 27.93 | 30.82 | 31.84 | 36.12 |
| 宁波 | 17.59 | 18.29 | 19.36 | 21.44 | 23.35 | 26.05 | 27.18 | 31.80 |
| 南京 | 17.47 | 18.52 | 20.61 | 22.39 | 24.14 | 25.70 | 26.67 | 29.01 |
| 武汉 | 19.07 | 20.07 | 21.10 | 23.32 | 25.19 | 27.60 | 25.66 | 28.65 |
| 青岛 | 16.11 | 16.66 | 17.74 | 19.23 | 20.29 | 21.82 | 22.55 | 25.68 |
| 郑州 | 15.15 | 15.96 | 16.78 | 18.07 | 19.32 | 20.98 | 21.83 | 23.29 |

数据来源：EPS 数据库。

### （一）展示各个城市的高质量发展水平和差异

基于熵权法对不同城市的城市发展质量水平进行评估和测量,发现存在显著差异。其中,深圳的城市发展质量水平最高,得分从 2014 年的 33.06 逐渐提高到 2021 年的 56.17,连续多年占据榜首。从数据结果来看,城市的得分呈现出比较明显的分布情况。有些城市的得分比较接近,而有些城市的得分则相对较高。例如,在 2021 年,深圳的得分是 56.17,城市发展质量的格局比较稳定,一些城市在城市竞争中处于优势地位,而另一些城市则相对较弱。广州、杭州、成都等城市的城市发展质量水平也较高,均达到了 30 分以上。而很多中小城市的城市发展水平则相对较低,如七台河、乌海、临沧等城市。这说明不同城市的发展质量水平存在明显差异。以深圳为例,得分从 2014 年的 33.06 逐年上升,到 2021 年达到 56.17,表明深圳的城市发展质量得到了持续的提升。而从得分低于 20 分的城市来看,都是一些中小城市,城市发展质量水平较低。这表明城市的规模、经济实力、科技创新等因素对城市发展质量水平有着较大的影响。城市的得分存在一定的差距,这种差距通常是由于城市在某些方面表现得更好而其他方面表现得较差。例如,某些城市在城市规划和基础设施建设方面做得很好,但在环境保护和治理方面表现较差。此外,城市发展质量的得分也可能受到城市自然资源和生态环境等多种因素的影响。例如,山水之城的得分可能会受到其自然环境和旅游资源的影响。城市在提高自身的发展质量得分时,需要从多个方面着手,从而实现一个平衡性的发展,以提高城市的竞争力和吸引力。杭州作为中国的互联网之都,其城市发展质量得分在不断上升,主要得益于互联网技术的发展、文化创意产业和旅游业的发展。随着杭州拥有越来越多的创新型企业和高科技产业,城市经济的活力得到了不断释放。西安则是中国的历史文化名城和西部开放门户,其城市发展质量得分提高主要得益于积极引进外资、加强市政基础设施建设、打造特色旅游文化等多方面的努力。这些城市发展质量得分的不断提高,在宏观上反映出了中国城市创新和高质量发展的整体趋势。

城市发展质量年份间的波动较大。有些城市在某些年份得分较高,而在其他年份得分就较低。例如,无锡在 2021 年的得分超过了 20 分,但在 2017 年和 2018 年的得分都较低。这表明城市的发展质量具有较大的年份间波动性。此种波动性通常是因为城市发展阶段所处的改变或政策环境的变化所致。在发展初期,一个城市的发展质量得分可能会相对较低,而在经济逐渐成熟的阶段,城市的发展质量得分会也会相应提高。城市政策的相应调整也是城市发展质量得分波动的一大因素。有些城市可能会在某些阶段面临政策适应性问题,需要重新调整城市规划,以在新的政策环境下实现较高的发展质量。

不同城市的发展质量水平存在明显差异。城市的经济实力是决定城市发展质量得分的重要因素之一。在现代城市经济中,经济发展的主要方式是经济规模的扩大和产业结构的升级,这需要城市有足够的资本和科技基础。而在城市规划中,城市的产业结构规划和基础设施规划也对城市发展质量有着重要影响。具体来说,城市应该注重发展文化、旅游、教育等高附加值产业,促进城市经济的稳定增长。除经济实力外,城市科技创新能力、文化吸引力和城市治理能力也对城市发展质量有关键影响。提高城市的发展质量需要在这些方面提升改进。

**(二) 分析各项指标的变化趋势和关联性**

根据数据结果,可以发现城市规模、城市品牌、创意阶层和产业结构四个指标在城市发展质量中扮演了重要的角色。城市规模被认为是衡量城市发展的重要标志之一,而迅速增长的城市规模可能带来一系列社会经济问题。城市品牌是城市的"名片",具有较强的宣传、影响力和排名效应。创意阶层是城市创新能力和文化发展的重要组成部分,与城市文化产业的发展、城市的人才吸引力等诸多方面密不可分。产业结构对城市发展质量同样具有影响,城市产业的升级和布局不仅能促进城市经济的发展,还能提高城市的吸引力和竞争力。

以深圳为例,从 2014 年至 2021 年,深圳的城市发展质量得分逐年上升,从 33.06 分逐渐提高到 56.17 分。这一得分上升的主要原因是深圳在城市规模、城市品牌、创意阶层和产业结构等方面的不断改善和创新。深圳作为中国的一个创新型城市,在开放创新等方面的表现相对突出。不仅聚集了一批高科技企业和创业者,更具备了成熟的研发体系和创业孵化环境。同时,深圳还是中国重要的制造业基地和海关特殊监管区,与各行各业的合作企业和潜在投资者紧密联系。这一点也推动了深圳的产业结构升级和城市经济的发展。在其他城市中,规模较大的城市,如广州、苏州、杭州和西安等城市的城市发展质量得分也相对较高。这些城市拥有较高的城市规模和较大的经济规模,同时还具有完善的产业结构和成熟的文化产业。例如,广州作为中国南方重要的商业和文化中心,其经济规模渐渐成熟,城市品牌不断提升,文化产业、时尚设计等发展势头也相对较好。而苏州则是中国东部的重要经济中心和发展腹地,拥有成熟的制造业基础和创新环境,同时还引进了不少跨国企业,从而促进了城市发展。

在这些指标中,城市规模和城市品牌之间存在一定的正向关联。一般来说,城市规模越大,其品牌影响力也越显著;而较高的城市品牌指数也有助于城市规模的不断扩大和人口流动。产业结构和城市品牌之间存在密切的关联性。通常,文化、科技创新等先进产业的构成,能够促进城市知识创新和能力提升,并为城市品牌和形象的塑造提供支持。此外,城市品牌和创意阶层之间同样存在密切的联系。创意产业是提升城市创意阶层能力和活力的关键,也是促进城市文化发展的基础。对于城市的发展质量,这些指标相互之间的关系及其综合影响十分重要。

然而,在这些指标中并不存在简单的线性关系。城市的规模和品牌、文化创意等产业的发展通常需要同时进行,才能实现城市的平衡发展和竞争力提升。例如,城市规模可能会带来更多的人口流动和消费市场,同时促进文化产业和市民的发展需求;较高的品牌指数可以提高城市的知名度和声誉,有助于城市发展其优势产业和扩大规模。最终,城市的发展综合素质需要在这些指标的相互协力、互通有无的基础上实现。应用新技术、新理念和新模式,可以促进城市发展质量的提高。较高的品牌指数能够提高城市的知名度和声誉,从而协助城市发展优势规模和产业。有效促进城市发展质量的提升,推动城市向着更优秀、美好的方向前进。

除发展较为成熟的大城市外,许多规模较小的城市也在积极推动城市发展质量提高。例如,在广东省内,梅州市、清远市在生态文明和乡村振兴战略方面着力推进,搭建起完整的创新生态系统,密切了当地市场与海外市场之间的联系。在湖南省,怀化市致力于整合自身互联网经济发展和旅游资源,成功打造了一批互联网+旅游的示范景区,加快了城市公共基础设施的建设,扩大了当地对外交流合作。此外,安徽省合肥市、浙江省温州市和江苏省徐州市等城市也在加强传统制造业与新产业的深度融合,积极引进高新技术企业,特别是生物医药、新材料等领域,为城市建设打下坚实基础。这些城市通过借鉴外来开放经验和科技创新,调整产业结构,优化城市规划和城市管理等方面的力度,促进城市和农村的互联互通,为城市发展提供了强劲动力。

综上所述,城市规模不是影响城市发展质量的唯一因素。各城市在自身特点和优势的基础上,应该根据不同的地方情况,采取切实有效的措施,扩大城市规模的同时,发展新兴产业和高端制造业,推进城市文化建设和生态建设,促进城市治理和城市服务的升级。在这个过程中,加强城市与外部市场的对接,进一步拓展城市经济的发展空间,也是实现城市发展质量提升的重要途径。

## 第四节　本章小结

本章主要介绍了城市高质量发展的概念、历史沿革及其理论基础,并提出了城市高质量发展的原则和指标评价体系。根据城市发展的历史沿革,本章将世界城市发展划分为古代城市阶段、中世纪城市阶段、工业化城市阶段以及现代城市阶段,同时也总结了中国城市发展的历程,分为计划发展阶段、市场经济发展阶段、快速发展阶段和高质量发展阶段。在城市发展相关研究部分,本章介绍了城市发展的相关理论,包括中心地理论、人本主义城市理论、城市生态学理论、可持续城市发展理论和全球城市理论等。

在城市高质量发展的概念和内涵中,本章阐述了城市高质量发展是一种综合性的发展理念,强调在城市化进程中追求经济、社会、环境等多方面的协调发展，以提升城市的综合素质和居民的生活品质为核心目标。并指出城市高质量发展围绕着新发展格局、经济高质量发展和人的全面发展等核心要素，旨在实现城市的可持续、均衡和协调发展。此外，城市高质量发展应秉持创新驱动、全面发展、区域协调、绿色发展、人文关怀、社会公平和对外开放等七个方面的原则。创新驱动是城市高质量发展的重要核心理念，其内涵涵盖了推动科技创新、产业升级和经济结构转型，以及提升城市的创造力和竞争力等多个方面。全面发展反映了城市发展的综合性和复杂性，要求在促进经济繁荣的同时，关注社会公平、居民幸福感和生态环境保护等方面的平衡，以确保城市的可持续发展。区域协调是城市高质量发展的重要特征之一，强调了城市与周边地区在发展过程中的相互联系和协同发展。绿色发展作为城市高质量发展的重要方向之一，强调了城市与环境的和谐共生以及可持续性发展的追求。人文关怀作为城市高质量发展的核心理念之一，强调将人的需求和体验置于城市发展的中心，关注居民的幸福感、生活品质以及身心健康。社会公平体现了社会发展的整体目标，以及城市在其发展中应扮演的角色。对外开放不仅是城市高质量发展的内在要求，更是在当今全球化背景下，城市作为国际化舞台上的重要角色，必须积极追求的重要方向。

此外，本章还介绍了城市高质量发展的指标评价体系，对指标选择和测度方法、数据收集和处理等方面进行了详细说明，并对各指标的变化趋势和关联性进行了分析。总之，本章对城市高质量发展的内涵、原则、指标体系及其测度等方面提供了全面的细致解读。现有的城市高质量发展评价指标体系在多维度考量、可比性和数据可获得性方面具有优点。然而，指标选择不够准确、缺乏时空变化考虑、缺乏参与度和可持续性考虑，以及缺乏定量与定性指标的结合等问题仍然存在。为了更准确、全面地评价城市高质量发展，需要进一步完善和改进评价指标体系，以适应城市发展的动态变化和多元需求。各城市在自身特点和优势的基础上，应该根据不同的地方情况，采取切实有效的措施，扩大城市规模的同时，发展新兴产业和高端制造业，推进城市文化建设和生态建设，促进城市治理和城市服务的升级。

# 第三章　文化资本推动城市高质量发展的
## 理论机制与实证分析

## 第一节　文化资本推动城市高质量发展的理论机制分析

### 一、文化资本推动整体城市高质量发展的理论机制

高质量发展是全面建设社会主义现代化国家的首要任务,是中国式现代化的本质要求。城市高质量发展必须以新发展格局为统领,积极顺应人口、土地、资本、数据、环境等要素转化的新趋势,合理调控城市规模、统筹优化城市结构、配套完善城市功能、持续提升城市效益。本节将从城市规模、城市品牌、创意阶层和产业结构四个表征城市高质量发展的维度,来论述文化资本推动城市高质量发展的理论机制。

本节建立了包含五个层面的三级文化资本指标体系,其中一级指标包括智力化文化资本、形象化文化资本、物质化文化资本、市场化文化资本和制度化文化资本。

智力化文化资本对应于传统的人力资本水平,通常以教育水平来表征。智力化文化资本主要通过城市资源表征、人力资本积累两种路径推动城市高质量发展。首先,智力化文化资本作为一种城市资源,其在地区之间的非均匀分布导致了城市教育水平的异质性。一方面,高水平智力化文化资本吸引农村人口向城市流动、教育水平落后城市人口向教育水平发达城市流动,城市人口规模与城市智力化水平成正比;另一方面,城市教育水平的异质性导致教育大市在教育层面具有区别于其他城市的竞争优势,可以将其纳入城市品牌建设维度。其次,从人力资本角度考察智力化文化资本,其生产与积累有助于增

加区域产出、实现创新,使得城市经济规模扩大,伴随着城市用地需求的增加,城市空间规模也得以扩张。此外,智力化文化资本在非物质文化遗产的保护与传承中也发挥了重要作用。

形象化文化资本指的是城市形象,既包括有形的视觉形象标识,又包括无形的文化形象氛围。形象化文化资本主要在品牌建设、吸引人才集聚两方面发挥作用。首先,形象化文化资本是城市高质量发展情况的外在体现。一方面,形象化文化资本通过品牌机制凝练为城市专属的无形资产,在城市品牌的运营中创造价值,提升城市综合竞争力,为城市带来长期持久收益和无限发展潜力。另一方面,形象化文化资本运用于产品的区域品牌塑造中,能够提升产品附加值,获得垄断收益。同时,形象化文化资本作为城市的外在展示,有形的城市景观与无形的文化氛围都是吸引人才集聚,尤其是创意阶层集聚的重要因素。

物质化文化资本是文化的实物体现,在现实中表现为具体的文化艺术产品、文化基础设施等。物质化文化资本是城市更新的物质基础,是推动城市高质量发展的重要因素。首先,物质化文化资本作为城市形象的一部分,其作用机制与形象化文化资本类似,是城市品牌建设的维度之一,吸引众多创意人士集聚。其次,物质化文化资本中蕴含了大量文化艺术价值,通过交易能够创造经济价值。

市场化文化资本是文化资本实现经济价值的结果,往往在文化消费的过程中得以实现。市场化文化资本提供大量文化消费场景、业态与模式,一方面成为吸引创意阶层和外来人口的重要因素,另一方面有助于产业融合发展和促进产业结构升级,优化城市产业结构,提升城市发展动力。

制度化文化资本包括正式制度和非正式制度,是城市发展和制度变迁的重要引领,在城市高质量发展的四个维度均发挥重要作用。正式制度往往与国家或地方权力相关,如法律、政策、规章成文的规定,通常以强制力保证实施。往往代表一定时期的社会价值观,通过白纸黑字来约束、支持、保护城市发展过程中的"人"和"物"。非正式制度是与正式制度相对的概念,包括价值信念、伦理规范、道德观念、风俗习惯、意识形态等,具有自发性和非强制性。非正式制度往往表现于城市共同的社会价值观和文化精神,它是城市形象的一部分,可以改变人的思想、规范人的行为、提高协作效率、指导城市发展的大方向,在推动城市高质量发展的过程中起到"润物细无声"的作用。

## 二、文化资本作用于城市规模的理论机制

### (一) 城市规模的界定与范畴

城市又称为城市聚落,是非农业产业和非农业人口集聚形成的一种经济现象。要素集聚是城市化的基础,聚集经济是城市形成与发展的基本动力,城市内部的自组织系统推动城市进一步发展、扩张以及新城市的形成①。随着城市化水平的不断提高,城市人口增加,城市规模扩张,制造业向城市外围迁移,要素集聚导致偏离原城市中心的新城市诞生。经过又一轮的城市化传导机制,原城市范围继续向外拓展,并伴随更多新城市的形成。城市数量在单一城市的基础上不断扩散,因城市化进程、经济发展强度、运输成本等差异,在城市演进过程中逐渐形成大小不同、规模各异的城市层级结构。当区域经济发展到一定水平,大城市向周围扩散形成"城市郊区化"现象,在特定的地域范围内衍生出相当数量的不同性质、类型和等级规模的城市②,逐渐发展成为规模庞大的城市群。城市群是城市化高级阶段的产物,是 21 世纪初人类高级文明的主要标志之一。

城市规模是一个连续且动态的概念,小城市的发展包含了成为中等城市的要素,中等城市的发展包含了成为大城市的要素。从城市形成与发展的动力机制来看,城市规模是城市集聚力与扩散力的动态反映。从城市等级体系来看,城市规模是城市职能的载体,城市的职能越高,为本地以外区域提供服

---

① 张玉智,赵佳琪.城市形成与发展的自组织性研究[J].科技创新与生产力,2015 (1):29 - 31+33.

② 苏雪串.城市化进程中的要素集聚、产业集群和城市群发展[J].中央财经大学学报,2004 (1):49 - 52.

务的能力越强,城市规模就相应会发生不可阻挡的扩张①。

学界针对城市规模相关问题展开了一系列理论探究与实证分析,现阶段城市规模主要涉及城市经济规模、城市人口规模和城市空间规模三个范畴。因此,本节将城市规模归结为一个涵盖上述三个维度特征的综合概念。第一,在经济范畴上,城市规模表现为城市经济发展水平,是一个城市综合实力的体现。城市经济规模扩张可以用经济增长来表征。第二,在人口范畴上,城市规模表现为城乡人口比例变动。以城镇人口作为城市规模的衡量指标是当前国内的主流做法。目前我国城市规模划分标准以城区常住人口为统计口径,将国内城市划分为五类七档。第三,在空间范畴上,城市规模表现为城市区域范围和空间形态的扩张。城市用地是城市居民生活、工作和学习的场所,为城市里一切社会经济活动提供物质基础,城市人口对空间的需求是城市扩张的最初动力②。在工业化与城市化的高速发展时期,城市人口与工业技术呈现飞跃性增长,城市空间迅速突破中古时期建成区的界线,城市区域开始向外高密度增长;随着20世纪汽车的普及和公路的大规模建设,城市居民的就业、居住再次向外发生低密度扩散,出现"城市蔓延"(urban sprawl)③。部分学者也采用城市建成区面积作为指标研究我国城市规模的相关问题④。

**(二) 文化资本与城市经济规模**

城市经济规模指一个城市的经济发展水平,是一个城市经济实力的综合评价指标,可以经济增长作为表征。澳大利亚经济学家 Throsby 首先将"文化资本"引入经济学领域的研究中,指出"文化资本是以财富的形式具体表现出来的文化价值的积累,并以有形或无形的形式存在"⑤。城市经济增长理论经历了古典经济增长理论、现代经济增长理论、新经济增长理论三个阶段的演

---

① 周一星.论中国城市发展的规模政策[J].管理世界,1992(6):166-171.

② 谈明洪,李秀彬,吕昌河.我国城市用地扩张的驱动力分析[J].经济地理,2003(5):635-639.

③ 马强,徐循初."精明增长"策略与我国的城市空间扩展[J].城市规划汇刊,2004(3):16-22+95.

④ 谈明洪,吕昌河.以建成区面积表征的中国城市规模分布[J].地理学报,2003(2):285-293.

⑤ 戴维·思罗斯比,潘飞.什么是文化资本?[J].马克思主义与现实,2004(1):50-55.

变过程,文化资本以不同的形式呈现在学者们的理论模型之中。在古典经济增长理论中,文化资本表现为消费需求、非正式制度、文化习俗、价值观的创新等,与劳动、资本(物质资本)、土地三个物质要素天然联系在一起,共同推动经济增长[①]。在现代经济增长理论和新经济增长理论中,文化资本常表现为教育、创新、观念、管理能力等非正式制度和意识形态[②]。

1. 文化资本对城市经济增长的直接影响

(1) 文化资本积累引起产品和服务的市场流通

从资本角度看,文化资本是文化价值积累形成的财富,是可测量、可交易、可积累的资产,这种积累会引起产品和服务的不断流动[③]。Throsby 将文化资本分为有形文化资本和无形文化资本。有形文化资本的积累存在于被赋予了文化意义的建筑、遗址,以及诸如油画、雕塑等以创意为核心的文化作品。一方面,有形的文化产品便于在市场流通、交易,实现经济价值;另一方面,由其衍生出来的配套服务环节也可以进入市场,作为私人或公共物品被消费,继而可能产生新的商品、服务以及新的文化资本。无形的文化资本包括一系列既定人群相符的想法、实践、信念、传统和价值。这些财富通常是以公共物品的形式存在于公共领域的艺术品,如文学和音乐。类似地,无形的文化财富同样会引起相关服务在市场中的流通、形成公共或私人消费,抑或导致新的文化商品和新的经济增长点出现[④]。

(2) 文化资本能够提高相关产业投资收益

文化资本的正确合理运用促使文化产业吸引更多海内外资源,从而提高

---

① 袁晓婷,陈春花.文化资本在经济增长中的表现形式和影响研究[J].科学学研究,2006 (S1):98 - 102.

② 徐明生.我国文化资本与经济发展的协调性研究[J].厦门大学学报(哲学社会科学版),2011(1):30 - 37.

③ 王云,龙志和,陈青青.文化资本对我国经济增长的影响——基于扩展 MRW 模型[J].软科学,2013,27(4):12 - 16.

④ 徐望.文化资本理论探源与国内外研究综述[J].重庆文理学院学报(社会科学版),2019,38(1):100 - 110.

相关产业投资收益。文化产业具有投资主体多元化的特性，在政策引导下，更多的社会资本和国际资本投入与文化密切相关的产业，如信息业、咨询业、广告业和旅游业。产业资本结构的变动给文化产业的上下游产品与服务的开发带来巨大扩张空间，从而推动文化产业全链条各领域进入快速增长期①，促进城市经济增长。

2. 文化资本对城市经济增长的间接影响

（1）文化资本具有边际报酬递增的特性

文化资本是能够实现边际报酬递增的稀缺要素，文化的自组织能力使得文化资本一旦形成就会不断地自我强化。当一种文化从众多文化中胜出并为人们所广泛接受时，它就会形成"垄断"，竭力排除其他文化的存在。随着越来越多的人习得了这种特定的文化资本，该城市范围内便会形成"路径依赖"，导致很长一段时间内城市文化资本积累方式被"锁定"在一条特定的路径，并沿之继续扩展②。有利于经济增长的文化资本会进一步吸引、吸收相近的思想观念并与之相结合，不断积累、不断更新、自我强化，推动新一轮城市经济增长。

（2）文化资本制约其他生产要素的配置

在任何一个社会中，与生产活动和财富积累相关的价值观念都是决定经济发展方向的重要因素。文化资本作为一系列价值观、信念、习俗、传统、思维方式的总和，指导着人们对生产和消费活动做出合理安排，通过制约人们对其他各类生产要素的选择与合理配置，影响城市经济增长。研究表明，外来文化只有包含于原有文化的价值框架时，才可能被广泛接受。物质资本方面，文化资本引导着人们的消费观念，从而形成特定的社会需求结构和消费结构，进而

---

① 李祝平，宋德勇. 论文化资本投资与经济增长关系[J]. 求索，2007（4）：74-75.

② 高波，张志鹏. 文化资本：经济增长源泉的一种解释[J]. 南京大学学报（哲学. 人文科学. 社会科学版），2004（5）：102-112.

决定了物质资本在生产活动中的合理配置①；技术方面，引进外来技术时需要考虑与当地文化的兼容性，能够被本土文化所包容的新技术才能真正被利用且广泛传播；人力资本也会受到文化资本的影响，表现为文化资本通过教育、思想灌输智力化于城市劳动力，使得劳动力内在的知识与技术能力得到提高，进而提高人力资本；制度变迁则决定于文化资本变迁。

（3）文化资本作为非正式制度约束经济人的行为

文化资本作为一种非正式制度，虽然不能直接参与生产活动，但可以通过约束经济人的行为，提高城市经济增长质量。文化资本具有很强的"溢出效应"，一个群体中为多数人所共同拥有的文化资本，更容易作为规则去遵循②。例如，意识形态、宗教戒律、伦理道德之类的文化因素，为制度遵循提供了一种自律机制，它降低了服从规则的成本，有效促进制度安排的实施③。文化资本通过影响劳动者的精神状态和生产效率，约束经济人的行为，维护社会信用机制和市场秩序正常运转，减少欺诈行为，降低城市经济增长的社会成本，提高城市经济增长的质量④。

（4）文化资本影响企业家的决策与创新

企业家是推动产业升级、技术创新和制度变迁的重要行为主体，企业家行为直接影响一个国家或地区的经济增长⑤。熊彼特认为有组织才能、敢于冒险的企业家是"创新者"，是经济增长的动力。企业家精神实际上是文化资本积累与发展的过程。企业家在决策过程中往往会将消费者的价值观纳入自己的决策体系，从中挖掘并激发消费者的新需求，为新产品的开发与新市场的开

---

① 袁晓婷，陈春花.文化资本在经济增长中的表现形式和影响研究[J].科学学研究，2006（S1）：98-102.

② 高波，张志鹏.文化资本：经济增长源泉的一种解释[J].南京大学学报（哲学.人文科学.社会科学版），2004（5）：102-112.

③ 罗浩.文化与经济增长：一个初步分析框架[J].经济评论，2009（2）：113-121.

④ 姜琪.政府质量、文化资本与地区经济发展——基于数量和质量双重视角的考察[J].经济评论，2016（2）：58-73.

⑤ 孟召宜，渠爱雪，仇方道.江苏区域文化资本差异及其对区域经济发展的影响[J].地理科学，2012，32（12）：1444-1451.

辟奠定基础。除此以外,文化资本会因其承载的文化观念不同而呈现显著的异质性①,区域发展主体的文化精神不同导致文化资本的不同,继而导致城市经济增长的方式与路径不同。

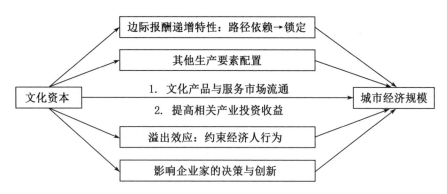

**图 3‐1　文化资本作用于城市经济规模的理论机制图**

### (三) 文化资本与城市人口规模

城市人口规模指生活在一个城市中的实际人口数量,是我国划分不同城市规模等级的重要依据。城市的人口规模越大、人口密度越高,越容易造成人口集聚,加速生产要素流动,产生聚集经济。聚集经济通过规模经济效应、外部经济效应和信息传递效应导致城市范围内规模报酬递增,推动城市进一步扩张与发展②。随着我国经济结构转型和文化产业的快速发展,文化资本对城市人口规模的影响愈发明显。文化资本的注入和积累能够吸引人才在地理空间上集聚,促进知识和技术在社会面扩散,优化城市人口合理布局,继而推动城市高质量发展。

1. 文化资本吸引外来人口迁入

城市文化资本正成为吸引外来人口,尤其是创意阶层迁入的重要因素。

① 李娟伟,任保平,刚翠翠.文化资本异质性能够提高中国经济增长效率吗？——来自 30 个省区面板数据的理论与实证研究[J].中南财经政法大学学报,2016 (3):24‐31＋96＋158‐159.

② 李金滟,宋德勇.专业化、多样化与城市集聚经济——基于中国地级单位面板数据的实证研究[J].管理世界,2008 (2):25‐34.

佛罗里达在《创意阶层的崛起》一书中提到,城市的文化可以吸引创意阶层迁入,这一部分人群在一定程度上可以带动城市经济的发展。而根据欧洲五次社会研究成果,个体迁移更倾向于具有享乐主义和利己主义精神的地区。这说明城市的文化形象和理念对人口流动具有显著影响。因此,从吸引外来人口迁入的层面看,文化资本对城市人口规模的影响主要涉及以下几部分:

(1) 智力化文化资本对城市人口规模的影响

教育资源是一座城市培养人才、吸引人才、留住人才的重要因素,也是人才深造、子女教育的实际考量。一方面,教育本身对人口有直接的吸引作用。高等教育通常集中在城市区域,而更高层次的教育资源往往又集中在一线大城市。另一方面,高等院校是创新和研发的重要基地,教育资源丰富的城市会吸引各类高新技术产业集聚,企业、高校以及其他相关机构协同创新,形成源源不断的人才蓄水池。

(2) 物质化文化资本对城市人口规模的影响

物质化文化资本主要包括文化基础设施,其中图书馆、博物馆等场馆是城市居民文化生活的重要场所,书店、咖啡馆、小酒馆、艺术旅馆等是创意人士钟爱的休闲娱乐场所。城市文化基础设施丰裕程度越高,城市对外来人口的吸引力越大。

文化基础设施建设是塑造城市形象、彰显城市品位的重点建设环节。其中,公共文化基础设施充分发挥其社会服务功能:一是作为公共服务体系中最重要的基础设施之一,承载着人口城市化的历史使命;二是发挥"第三空间"的职能,为现代城市居民提供修养身心的城市精神家园。文艺休闲场所则是一座城市艺术人文氛围的缩影,咖啡厅等正成为人们讨论新技术、新艺术、新商业以及知识建构与传播的场所,吸引越来越多创意人士在此集聚。

(3) 市场化文化资本对城市人口规模的影响

市场化文化资本包括文化资本的经济价值实现以及城市居民文化需求的满足。文化消费是人们为了满足精神文化生活而采取不同方式消费精神文化产品和服务的行为[①]，它能够同时实现文化资本的经济价值和满足城市居民的文化需求。在文化数字化战略的部署下，城市范围内涌现出一大批文化消费新场景、新模式、新业态。从文化供给者角度来看，繁荣的文化产业能够提供大量就业机会，吸引求职者向城市集聚；从文化消费者角度来看，优质的文化产品与服务供给刺激文化消费，促使消费者向文化产业繁荣的城市流动。

（4）制度化文化资本对城市人口规模的影响

开放包容的文化氛围能够增加一个地区吸引不同类型、拥有不同技能和观点的创意人才的可能性，不同类型创意人才集聚的区域更有可能产生新的人力组合[②]。正如 Jacobs 所说，成功的大城市应该是拥抱和接纳来自各种背景的不同的人，并且鼓励所有人将他们的能量和想法转变为创新和财富的地方[③]。数据显示，那些移民准入门槛低、波西米亚指数高的地区，其社会多样化和开放程度也较高，往往成为吸引创意人才的圣地和创意产业蓬勃发展的沃土。

2. 知识外部性促进城市人口集聚

Jacobs 认为互补的知识在多样化的企业和经济行为人之间的交换能够促进创新的搜寻和实践[④]。新经济地理学理论将这种基于技术外溢和扩散的关联定义为“技术外部性”或“知识外部性”。知识外部性文献的共识在于知识和技术在空间的转播过程中存在时滞、衰减和扭曲，知识溢出随距离增加而衰减[⑤]。因此，人口在地理空间上的集聚能够有效地避免知识溢出地空间局限性。一方面，多样性使得人与人之间的知识结构存在较大差异，拥有异质性知

① 欧翠珍.文化消费研究述评[J].经济学家，2010（3）：91－96.

② 解琦.城市宽容度促进创意产业集聚——以巴黎玛黑区为例[J].天津大学学报（社会科学版），2014，16（2）：138－141.

③ 盛垒，马勇.论创意阶层与城市发展[J].现代城市研究，2008（1）：61－69.

④ 李金滟，宋德勇.专业化、多样化与城市集聚经济——基于中国地级单位面板数据的实证研究[J].管理世界，2008（2）：25－34.

⑤ 王猛，宣烨，陈启斐.创意阶层集聚、知识外部性与城市创新——来自20个大城市的证据[J].经济理论与经济管理，2016（1）：59－70.

识结构的群体通过面对面交流,能够有有效降低知识传播失真的风险;另一方面,人口集聚累积的公共知识能够继续推进后续的创新活动。

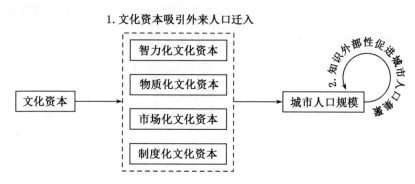

图3-2 文化资本作用于城市人口规模的理论机制图

### (四) 文化资本与城市空间规模

城市空间规模内涵包含了两方面:城市区域范围扩张和城市空间结构变动,两者分别代表城市发展过程中不同时期的空间形态与扩张路径。城市区域范围扩张为平面上的扩张,即城市建成区面积迅速扩大,超过人口增速,并形成一定程度的蔓延现象;城市空间结构变动则为立体上的扩张,高楼耸立,错落有致,重视城市用地的效益①。在城市空间规模变动过程中,文化资本的作用主要体现在:(1) 内化于发展理念、观念、政策、制度等无形文化资本,对城市空间规模的变动产生直接影响;(2) 通过影响城市经济规模和人口规模,从而间接影响城市空间规模。

1. 文化资本对城市空间规模变动的直接影响

城市用地是城市居民生活、工作、学习的场所,是城市中一切社会经济活动发生的空间载体。在城市空间扩张的过程中,城市用地为城市居民生产和生活活动提供物质基础。在城市化早期,"GDP 崇拜"观念使得追求经济总量增加成为各地方政府的最大目标,加快产业资本聚集和城市化进程成为彼时

---

① 魏守华,陈扬科,陆思桦.城市蔓延、多中心集聚与生产率[J].中国工业经济,2016(8):58-75.

城市空间增长的基本动力机制①。与此同时,"要想富、先修路"的观念根深蒂固,扩大内需的政策选择加速了城市交通基础设施建设。城市道路扩张伴随着道路两侧土地的城市化开发,城市化开发又衍生出源源不断的交通需求,由此形成循环,最终导致非城市建设用地迅速转变为城市建设用地,城市空间规模扩张呈现出粗放型、水平外延的趋势。

工业化与城市化的高速发展使得城市空间迅速突破中古时期建成区的界线,城市区域开始向外高密度增长;交通基础设施的大规模建设以及汽车的普及,促使城市居民的就业、居住再次向外发生低密度扩散,出现"城市蔓延"(urban sprawl)现象。美国经济学家与城市学家安东尼·唐斯(Anthony Downs)将城市蔓延表述为以极低的人口密度向现有城市化地区的边缘扩展,占用过去从未开发过的土地,它是城市"郊区化"的特别形式。当有限的土地资源不能适应过快的城市空间扩张速度时,便会引发一系列问题,城市化与耕地保护之间的矛盾愈发尖锐,形成城市发展对土地的需求与土地的有效供给之间的二元结构矛盾。城市土地开发规模过大、地均效益过低、土地闲置严重等发展态势愈发明显,专家学者开始关注城市土地规模与效益问题②。"可持续发展""坚守十八亿亩耕地红线""绿水青山就是金山银山"等理念被提出,写入规划,全民学习。从此由"高速度增长"转向"高质量发展"的观念迅速深入人心,城市空间扩张路径逐渐转向"紧凑城市""精明增长""土地集约化利用"等模式,立体延伸、优化空间格局,注重土地开发与利用效率。

2. 文化资本对城市空间规模变动的间接影响

除了直接影响,文化资本还可以通过经济规模和人口规模间接影响城市空间规模。首先,在城市增长与空间扩张的过程中,城市用地是一切社会经济活动的物质基础。城市发展早期的"GDP崇拜"思想导致城市经济规模增长衍生对城市用地的需求,城市空间规模呈现粗放型、外延式扩张。其次,城市

---

① 马强,徐循初."精明增长"策略与我国的城市空间扩展[J].城市规划汇刊,2004(3):16-22+95.

② 王兴平,崔功豪.中国城市开发区的空间规模与效益研究[J].城市规划,2003(9):6-12.

人口对空间的需求是城市扩张的最初动力①。城市人口增加带来城市居民对住房、交通和公共设施等方面需求的增加,进而导致城市空间规模扩张。以政府为主导的"造城运动"导致了"驱赶型城市化②",农村用地减少,农村人口被迫向城市人口转换。而城市人口规模增长引发又一轮的城市空间规模扩张。

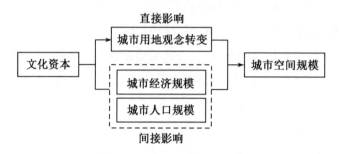

**图3-3　文化资本作用于空间规模的理论机制图**

## 三、文化资本作用于城市品牌的理论机制

### (一)城市品牌的定义

"品牌"源自市场营销领域的一个重要概念,最初用于描述企业对其形象的命名与包装,现被广泛用于其他学科,其概念的内涵与外延得到了极大的丰富。基于应用领域的差异,品牌概念有狭义和广义之分。狭义的品牌主体是企业的产品与服务,品牌通常以名称、标记、符号或设计等元素的单一或组合形式呈现,用于识别特定企业的商品与服务,与竞争对手加以区分。然而,在汉语语境中,"企业"指的是以营利为目的的经济组织,事实上非营利组织也可以拥有自己的品牌。因此广义的品牌主体不限于企业,可以是非营利组织,也可以是国家、区域、城市等。此时的品牌概念高度抽象化为品牌主体无形资产的浓缩,这一浓缩以特定的形象及其所拥有的个性化"符号"或"信息"来识别③。

---

① 谈明洪,李秀彬,吕昌河.我国城市用地扩张的驱动力分析[J].经济地理,2003 (5):635-639.

② 杨艳昭,封志明,赵延德,等.中国城市土地扩张与人口增长协调性研究[J].地理研究,2013,32(9):1668-1678.

③ 陈建新,姜海.试论城市品牌[J].宁波大学学报(人文科学版),2004 (2):77-81.

现代城市发展经历了城市行政、城市管理和城市经营三个阶段。从城市管理和经营的角度来看，城市也可以作为品牌主体，其塑造出的城市品牌能够使所属城市从一众相似的城市中脱颖而出，获得识别效应、附加值效应等基本品牌属性带来的经济效益。城市品牌将某种形象与联想同这座城市的存在联系在一起，是一种文化力和巨大的无形资产[①]，它所创造出的品牌价值能够为这座城市带来持久的收益和无限的发展机会。

品牌建设对于主体竞争有着不容忽视的作用，其影响主要涉及品牌主体和品牌受众者两个方面。企业品牌主要从公司和消费者两个角度加以考量：对于公司而言，强势品牌能够维持较高的产品价格、具有强大的融资能力、抵御竞争对手的攻击、持续不断地为公司创造利润；对于消费者而言，品牌能够简化消费者决策、保证产品质量、降低购买风险，并且最终使消费者产生信任和忠诚[②]。类似地，城市品牌主要从城市管理者与城市观者（包括本地市民、外地游客、投资者等）两个角度加以考量：对于城市管理者而言，品牌构筑了一个良好文明的城市形象，增加了城市特色产品与服务的消费，促进旅游业发展、吸引外部投资，从方方面面提高了城市的综合竞争力；对于城市观者而言，首先，城市品牌塑造必然是一个提升本地市民生活条件与居住感受的过程，其次，城市品牌有助于简化旅行者的出行决策和投资者的投资决策，最后，城市品牌能够保障地方特色产品与服务的质量，降低消费风险。

综上，结合国内学者的论述，本节对城市品牌的概念做出如下界定：城市品牌是指城市管理者出于明晰城市定位、提升城市综合竞争力的目的，提炼、整合城市所拥有的特色自然禀赋（地理景观、物产资源）和历史文化要素（历史沉淀、生活习惯、社会氛围）等差异化品牌要素，并向城市利益相关者提供持续的、值得信赖的、有关联的个性化承诺[③]。在品牌初步构建完成的基础上，不断加深城市观者的认同感，实现城市品牌提升，并通过规模效应、辐射效应参

---

① 李成勋.关于城市品牌的初步研究[J].广东社会科学,2003(4):71-76.
② 卢泰宏,吴水龙,朱辉煌,等.品牌理论里程碑探析[J].外国经济与管理,2009,31(1):32-42.
③ 张燚,张锐.城市品牌论[J].管理学报,2006(4):468-476.

与城市接下来的建设。

### （二）文化资本与城市品牌塑造

布迪厄认为文化资本在某些条件下可以转化为经济资本，并指出文化资本的三种存在形式：身体化的形态、客体化的形态以及制度化的形态。同理，城市文化资本即一座城市所拥有的各种形态的象征资本，在一定条件下通过交换可以转化为经济资本。城市文化资本集合了一个城市自文明源起所积累而成的精神文化、物质文化、制度文化、行为文化及其象征符号[①]。而城市品牌取自城市本身，是城市无形资产的浓缩，并以城市形象和个性化标识加以识别。城市文化资本是城市品牌塑造的重要来源。

1. 城市物质文化资本在城市品牌塑造中的作用

物质化文化资本是城市品牌的物质性本原，城市品牌无法脱离城市固有的物质内容而存在。城市的物质文化资本包括建筑景观、生态环境、城市色彩、地理空间、地质地貌、历史街区等城市景观，也包括诸如城市市名、市花等城市标识，是一座城市区别于其他城市的关键要素。城市品牌是城市特有资源在发展过程中所形成的特殊的识别效应，城市品牌的标识功能决定了城市物质文化资本作为城市品牌的直接体现。

2. 城市精神文化资本在城市品牌塑造中的作用

城市品牌对于城市本身和城市观者都具有不容小觑的作用。因此在品牌塑造的过程中，除了城市本身的客观因素，还需考虑城市观者的主观感受。现代品牌理论认为，品牌不仅表征于名称、标志或象征，还体现在消费者主观体验和精神感受。品牌是消费者心目中的一组无形资产，强调消费者的主观心态凌驾于"物"之上，借"物"作为表"意"的工具[②]，促进产品的价值重构。因此从消费者角度，城市品牌形成于观者的内心世界，是城市居民的精神需要。

城市的精神文化资本包括城市个性鲜明的核心价值观、居住生活习惯、风

---

① 胡小武，陈友华.城市永续发展的战略与路径——张鸿雁教授"城市文化资本论"评述[J].南京社会科学，2010（12）：81－87.

② 陈建新，姜海.试论城市品牌[J].宁波大学学报（人文科学版），2004（2）：77－81.

土人情、传统文化习惯等,是城市观者用以形成城市"意象"的重要内容来源。城市观者通过亲身参与和切实体验,调动身体的一切感官去体会、感知和理解这座城市独有的风韵与气质,获得精神慰藉和情感上的满足,由心理上构建出对城市的认知意境,继而发展为对城市品牌的塑造与识别。

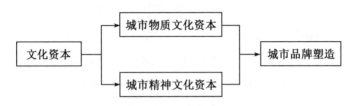

**图3-4　文化资本作用于城市品牌塑造的理论机制图**

### (三) 文化资本与城市品牌提升

在城市的经营与建设过程中,城市品牌塑造伴随着营销传播、产权保护、法律制度等一系列附加活动。城市品牌建设的最终目标是提升城市综合竞争力,吸引外部投资和人才引进,所转化的品牌价值能够为城市带来长期持久的收益和无限的发展潜力。

1. 设计学视角下的城市品牌价值再创造

城市品牌作为区别于其他城市的标识,其最终形态表现为蕴含城市特质的视觉符号。这种视觉符号又包括色彩、图形和字体三个方面。当城市品牌的视觉符号确定之后,就需要培养消费者或城市观者对城市品牌的熟知度。这个过程就是品牌视觉符号三要素的重复使用(即文化资本的再生产)与消费者不断接受品牌形象的过程。消费者在品牌视觉符号与城市之间建立联系,加深对城市的印象。

2. 城市品牌的营销与传播

城市品牌既包括客观层面上对城市物质文化资本的凝练,也包括主观层面上利益相关者对城市形象的切身感受。从消费者角度来看,城市品牌与城市形象的形成和传播具有密不可分的关系。

城市品牌传播重视突显城市具有竞争优势的核心价值与鲜明个性,通过营销与渲染强化人们对城市产生的品牌联想①。城市品牌传播内含于城市品牌化的过程中,营销重点主要涉及传播者、受众、内容和渠道四个方面。城市品牌的传播者主要是政府、企业和市民:政府作为城市品牌建设的决策者,是城市品牌营销的创意主体;企业作为城市经济发展的微观基础,企业品牌与城市品牌的互动发展在一定程度上有助于城市宣传;市民是城市内部最小的独立单元,是城市精神文明的缔造者,一方面城市居民的好客行为与阳光精神有利于营造良好城市形象,另一方面城市居民的切身经历和口口相传形成了城市品牌最直接且最真实的传播方式。城市品牌传播的受众是多元化的,包括本地市民、外地游客、投资者等,在城市品牌传播过程中需注意受众的不同需求。对于本地居民而言,城市品牌传播重点应放在生活居住条件与环境的改善;对于外地游客而言,城市品牌传播应重点展现地方特色风景与旅游景点,展现与众不同的文化特点;对于投资者而言,城市品牌传播则应集中展示城市定位与发展前景,以及长期可观的投资收益。城市品牌传播的渠道包括各种媒介和公关活动。传统的传播手段包括城市宣传画册、专题图书、广告、网站等,新媒体时代诸如网络直播、云旅游、共创等,还有大型赛事、节庆活动等,都能够促进城市与受众之间的互动交流,增强城市品牌的感召力和吸引力。

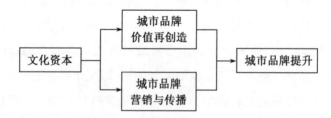

图 3-5　文化资本作用于城市品牌提升的理论机制图

---

① 范红.城市品牌化及其传播策略[J].国际公关,2011(3):92.

## 四、文化资本作用于创意阶层的理论机制

### （一）创意阶层的概念源起

在知识经济时代，城市发展正转入一种创新型增长模式——创新成为经济增长、人口流动和社会繁荣的主要推动力；创意不仅改变着生活，而且还改变着城市形态和社会结构[①]。1998 年，英国创意产业特别工作组（CITF）在《英国创意产业报告》中首次提出了"创意经济"的概念，并把它界定为"那些从个人的创造力、技能和天分中获取发展动力的企业，以及那些通过开发知识产权创造潜在财富和就业机会的活动"[②]。西方学界围绕"创意经济"展开了一系列的研究，研究重点从"创意"本身延伸到以创意为核心的产业组织和生产活动——"创意产业"和"创意资本"，又扩展到以创意为基本动力的经济形态和社会组织——"创意经济"，逐渐聚焦在具有创意的人力资本——"创意阶层"，以及聚集了大量创意阶层的"创意城市"[③]。

有关创意阶层的相关论述最早可以追溯约公元前 930—645 年管仲的四民分业定居论，"士农工商，四民有业。学以居位曰士，辟土殖谷曰农，作巧成器曰工，通财鬻货曰商"。统治区域内的人民群众被分为士、农、工、商四部分，其中士人"大多受过礼、乐、射、御、书、数等六艺教育""大部分人专门从事政治文化活动，一般都具有相当的知识或某一方面的专长，思想比较敏锐，善于思索，敢于作为"。科学技术的进步、社会制度的变革、文学艺术的繁荣，无不与他们的活动相关。社会分工创造出了士人这一阶层，也即文人阶层，他们是先进文化的引领者，是社会和历史的英雄人物，士人阶层的文化活动是推动经济社会发展的重要源泉[④]。

2002 年，美国著名人文地理学家佛罗里达提出"创意资本理论"，该理论

---

① 吴军.场景理论：利用文化因素推动城市发展研究的新视角[J].湖南社会科学,2017(2):175-182.

② 易华.创意阶层理论研究述评[J].外国经济与管理,2010,32(3):61-65.

③ 盛垒,马勇.论创意阶层与城市发展[J].现代城市研究,2008(1):61-69.

④ 白仲尧.论服务经济的文化基础[J].财贸经济,2007(12):117-122.

将城市中兴起的不同于工人阶层和服务阶层的群体称为"创意阶层",认为创意阶层是驱动区域经济增长的关键因素。佛罗里达将创意阶层划分为两种类型:核心创意阶层(super creative core)和专业创意阶层(creative professionals)。核心创意阶层的经济职能是构建社会广泛认可的新理念、开发广泛应用于市场的新技术、创作兼具艺术和经济价值的新作品,通过"创造"来获取报酬。具体而言,核心创意阶层涵盖了高级知识分子(如大学教授、科学家、建筑师等)、艺术创作者(如诗人、小说家、艺术家、演员等)以及"意见领袖"(如编辑、智库成员、分析家等)。此外,从事波西米亚职业的人员,主要指从事艺术工作的创意人士,也是核心创意阶层中的一个重要群体。专业创意阶层围绕核心创意阶层而存在,又被称为"创造性专业人员""创意专家",他们主要分布在知识密集型行业(如高科技行业、法律与金融服务、工商管理、卫生保健等领域),往往具备专业技术知识,负责解决专业的技术问题。与核心创意阶层不同的是,新奇并不构成他们工作的基本组成部分①。

创意阶层是文化资本的创造者和继承者。物质性文化资本是创意阶层的劳动成果,而无形的文化资本蕴藏在创意阶层这一群体之中。文化资本由创意阶层创造、产出,又通过创意阶层不断积累,由此循环往复,推动城市形态和社会结构不断更迭。本节余下部分将从创意阶层的地理空间集聚、社会空间流动和经济创新能力三个角度论述文化资本在其中的作用机制。

(二) 文化资本与创意阶层的地理空间集聚

创意阶层在地理空间上的集聚涉及这类人群的区位选择与偏好。不同于传统的"企业引导人才流动"的地理迁移逻辑,创意阶层对职业和居住空间的选择会导致新企业和新产业的建立,造成"企业追随人才"的区位变动决策②。创意阶层是文化资本的追随者、缔造者和继承者。文化资本能够赋予城市某种特质,从而吸引各类创意阶层集聚。一个地区的文化资本越丰富,创意阶层

---

① 王荣欣.中国创意阶层的空间流动[D].广州:广东省社会科学院,2014.
② 盛垒,马勇.论创意阶层与城市发展[J].现代城市研究,2008(1):61-69.

的集聚程度就越高。

1. 物质化文化资本满足创意阶层的城市生活条件

创意阶层对生活和娱乐有较高的要求,便利的城市生活条件和丰富的城市娱乐设施能够吸引创意阶层集聚。与传统中产阶级郊区居住、市区工作的偏好不同,创意阶层更希望居住地点邻近工作地点,因此要求工作区(主要是高新技术或创意产业园区)具备一定的生活便利性,具体包括:(1) 充盈的商品和服务供给;(2) 合理的城市规划、城市建筑现代化的靓丽市容;(3) 良好的社会治安;(4) 优质的公共服务;(5) 便捷的交通与通信设施①。佛罗里达在"3T 理论"的基础上加入了第 4 个"T":地域资产(Territorial assets),强调了地点质量对创意阶层的吸引。

欧洲五次社会研究成果显示,个体迁移更倾向于具有享乐主义和利己主义精神的地区。创意阶层的年轻化特征和工作属性促使该群体工作和生活空间的紧密结合,同时形成了对居住地接近休闲娱乐设施的需求②。时尚、艺术与个性永远是创意人士的核心追求。咖啡厅、小酒馆往往是创意阶层流连的地点,新技术、新艺术、新商业在此被讨论与传播,异质性知识结构碰撞出创意的火花,形成创意人士灵感的来源。因此,文化基础设施越丰裕的城市,越能够吸引创意阶层的集聚。

2. 市场化文化资本满足创意阶层的文化消费需求

在创意经济社会中,物质资料的极大丰富与消费内容的多样化共同催生了创意阶层多样的文化需求和自我实现的需要。创意阶层通常青睐多样化的文化消费、体验式消费和定制化消费等新型消费模式。文化资本在城市中不断积累,涌现出一大批文化消费新场景、新模式、新业态,生产出大量内涵丰富、新颖优质的文化产品与服务。根据场景理论,不同的场景可以聚集不同人

---

① 易华.创意阶层理论研究述评[J].外国经济与管理,2010,32(3):61-65.
② 王兰,吴志强,邱松.城市更新背景下的创意社区规划:基于创意阶层和居民空间需求研究[J].城市规划学刊,2016(4):54-61.

群,因为场景中蕴含的文化价值观、生活方式与生活质量发挥着重要作用①。城市空间中时尚与提倡自我表达的场景更能吸引追求新类型、高品质、多层次消费体验的创意阶层,促使其向文化产业繁荣的城市流动。

3. 开放包容的社会文化氛围吸引创意阶层集聚

佛罗里达提及推动创意经济发展的"3T 要素":技术(Technology)、人才(Talent)、宽容度(Tolerance)。开放、包容的城市文化氛围对创意阶层具有极致的吸引力。当一个人萌生出与群体不合的另类想法时,足够开放自由且公平的环境能包容这个怪诞的想法,并使其成为文化、科技创新之源②。许多研究指出,移民准入门槛低、波西米亚指数高等多样性指标高的城市,因其高度的社会包容性和宽松的创意环境,往往能够在创意经济时代获得繁荣。一方面,多样化能够增加一个地区吸引不同类型、拥有不同技能和观点的创意人才的可能性,不同类型创意人才集聚的区域更有可能产生新的人力组合,异质性知识结构的碰撞是创新的萌芽。另一方面,城市宽容度保留了"少数派"群体、"怪客"等生存和创作的空间,这类群体往往具有极高的艺术天赋和造诣,他们愿意接受新思想并且重新认识旧思想,许多在当时社会看来非主流的思想与观念,往往能够吸引一部分人的追求与喜爱,从而缔造出当地独具特色的"小众文化"。一些看似格格不入甚至具有反叛精神的知识分子,最终成为印象派、未来派、超现实主义的大师。

4. 知识外部性吸引创意阶层集聚

雅各布斯(Jacobs)外部性强调知识能够在互补的产业之间溢出,互补的知识在多样化的企业和经济行为人之间的交换能够促进创新的搜寻和实践③。知识外部性的一个特征在于:知识和技术在空间的转播过程中存在时

① 吴军.场景理论:利用文化因素推动城市发展研究的新视角[J].湖南社会科学,2017(2):175 - 182.

② 解琦.城市宽容度促进创意产业集聚——以巴黎玛黑区为例[J].天津大学学报(社会科学版),2014,16(2):138 - 141.

③ 李金滟,宋德勇.专业化、多样化与城市集聚经济——基于中国地级单位面板数据的实证研究[J].管理世界,2008(2):25 - 34.

滞、衰减和扭曲,知识溢出随距离增加而衰减①。因此,人口在地理空间上的集聚能够有效避免知识溢出地空间局限性。一方面,拥有异质性知识结构的群体通过面对面交流,能够有效降低知识传播失真的风险;另一方面,人口集聚累积的公共知识能够继续推进后续的创新活动。

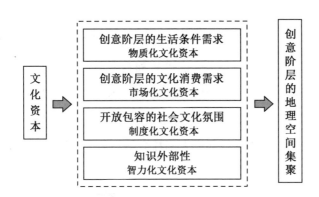

**图 3-6　文化资本作用于创意阶层地理空间集聚的理论机制图**

### (三) 文化资本与创意阶层的社会空间流动

社会分层是社会学研究的重要领域,权力、财富和地位是社会分层的主要维度。西方学者将决定社会地位的因素分为两类:社会背景特点和个人特质(能力)。社会背景因素是指与生俱来的外在因素,如种族、性别、阶级背景,以及财富和社会资本;个人特质指的是后天形成的内在个人特质,一般对地位获得能够发挥主观能动性,具有普遍直接的作用。国内学者钱民辉根据中国客观实际提出四方面社会分层:精英阶层、知产阶层、平民阶层和需救济阶层。其中,精英阶层是拥有多数社会资源的小部分群体,他们对公共政策具有较高影响力;知产阶层大多受过高等教育,作为知识分子活跃在社会各领域;平民阶层即工薪阶层,在人口中占比最大;需救济阶层顾名思义,是社会和政治中

---

① 王猛,宣烨,陈启斐.创意阶层集聚、知识外部性与城市创新——来自 20 个大城市的证据[J].经济理论与经济管理,2016(1):59-70.

的弱势群体,属于社会阶层的最低端①。

创意阶层一般具有较高的文化素养和创新精神,对应于钱民辉社会分层理论的"知产阶层"。这一阶层内部也存在诸多分化:一部分人通过资本积累、工作选择和潜在机会,接近或进入精英阶层;一部分人从事知识生产和创作,成为知识经营者,保持原位以中产阶级自居;还有一部分人依靠国家再分配维持生计,有走向平民阶层的趋势。通过教育、职业选择等获得的社会资本能够促使底层群体向社会中上层流动,促进非创意阶层群体向创意阶层流动。王荣欣通过实证研究发现,创意阶层更容易通过不同资本的积累改变自身在社会空间中的位置②。随着社会形态向知识经济发展,社会流动的资本开始从社会向文化转变,文化资本在促进人们社会地位转变、社会空间流动中发挥着更加显著的作用。

1. 文化资本是区分社会阶层的屏障

"文化屏障"作为一种符号,逐渐成为各阶层外显与隐藏的分界标识。没有相应的文化符号,不能进入该阶层;没有相同文化符号的人,两者也不能建立起联系。人们在同质文化群体中通过交往和行动,逐渐形成一种阶层文化保护与排斥的共同意识,使得其他阶层不能进入,自己阶层的利益不受侵犯。

在现代社会中,不同阶层有着不同的文化资本。这种资本可以通过教育、特定的阶层文化环境和一定的文化消费来获得。文化资本不仅在一代人身上发挥作用,同时还具有继承性和再生产的功能。阶层之间的文化屏障总是通过文化资本来表达和再生产③。

2. 文化资本有助于向上社会流动

教育具有文化再生产的功能,教育水平有助于向上社会流动,促进非创意

---

① 钱民辉.教育真的有助于向上社会流动吗——关于教育与社会分层的关系分析[J].社会科学战线,2004(4):194-200.

② 王荣欣.中国创意阶层的空间流动[D].广州:广东省社会科学院,2014.

③ 钱民辉.教育真的有助于向上社会流动吗——关于教育与社会分层的关系分析[J].社会科学战线,2004(4):194-200.

阶层向创意阶层流动。教育与劳动力市场的关系密不可分,劳动力市场常以学历作为用人标准,学校为适应市场变化不断调整课程结构。不同类型的教育能够提供不同领域甚至阶层所需的文化资本,"教育→积累文化资本→获得好工作和高收入→接近向上社会流动得文化资本和文化消费"这样的社会流动方式是非创意阶层跻身创意阶层的路径之一。

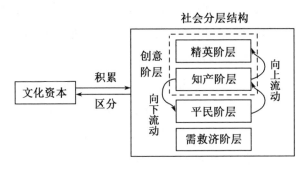

**图3-7 文化资本作用于创意阶层社会空间流动的理论机制图**

### (四) 文化资本与创意阶层的经济创新力

不同于人力资本在推动城市发展过程中发挥的作用,学界对于创意阶层的研究主要集中在其职业属性以及对城市创新产出的贡献。世界经济主要围绕一群被称为"全球人才磁石"的城市运转,城市文化资本的积累恰是吸引创意阶层集聚的"磁石"。随着创意阶层不断集聚,区域创新环境不断改善,城市创新产出水平相应增加,形成螺旋促进效应。

1. 创意阶层是文化资本促进创新产出的中间变量

区域创新环境与创意阶层之间具有相互促进作用。高新技术密集的区域对创意阶层的吸引力较大,而创意阶层的集聚又提升了一个地区的创新水平。这种"文化资本→创意阶层集聚→高科技产业进驻→区域创新产出增加"的影响机制在佛罗里达"人才的经济地理"一文中得到验证。实证结果表明,城市的多样性对产出没有直接影响,而是以两种间接途径影响产出:一是通过高科技直接影响产出;二是先基于多样性对人才的吸引、人才对高科技的影响,再通过高科技影响产出①。由此可见,创意阶层是对产出产生影响的关键中介变量,而城市文化资本的作用在于吸引创意阶层集聚,从而形成以"人"带"产"的区域发展模式。

2. 家庭文化资本的积累提升创意阶层的创新能力

家庭文化资本的积累对创意阶层的经济创新能力具有重要影响。格拉夫对荷兰家庭的教育氛围进行研究时发现,父母的教育背景、文化涵养对子女的文化资本积累有明显影响。法卡斯、哥卢布等人发现,学校场域中反映的学生占有文化资本的情形,能够间接反映学生的家庭文化资本情况②。

家庭文化资本是家庭在实践中无意识地倾向于保存或改善其遗产,以维持或提高其社会地位的资本③。它包括家庭的教育背景、职业背景、经济情况、文化消费等要素,是个体在出生时获得的个人特征,呈现一定的继承性和代际传递特征。创意阶层的创新力与文化资本的代际传递相互影响,形成循环累积效应。

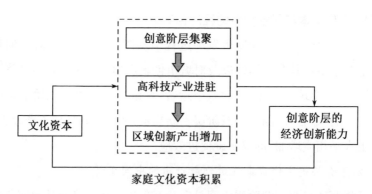

图 3-8 文化资本作用于创意阶层经济创新能力的理论机制图

---

① 盛垒,马勇.论创意阶层与城市发展[J].现代城市研究,2008(1):61-69.

② 徐望.文化资本理论探源与国内外研究综述[J].重庆文理学院学报(社会科学版),2019,38(1):100-110.

③ 钱民辉.教育真的有助于向上社会流动吗——关于教育与社会分层的关系分析[J].社会科学战线,2004(4):194-200.

## 五、文化资本作用于产业结构的理论机制

### (一) 产业结构的演化规律

产业是城市发展的基础。产业结构是指国民产业经济体系中各产业的组成和分布情况,以及各产业之间相互依赖、相互制约的关系的总和。城市经济发展伴随着产业结构的不断变动与调整,二者互为因果、互为解释源泉。根据库兹涅茨的人均收入影响论和罗斯托的经济成长阶段论,一方面,经济增长过程中各产业对技术吸收能力不同,会引城市产业结构发生变化;另一方面,城市的主导产业发生更替,即产业结构变化又会推动城市经济增长。产业结构既是以往经济增长的结果,又是未来城市经济增长的基础,是推动经济发展的根本因素之一[①]。产业结构演化则是指产业结构从低级到高级的变化趋势,标志着城市经济的发展水平、发展阶段以及发展方向[②]。因此,研究城市产业结构的演进规律,有助于厘清文化资本作用于城市产业结构的方式与路径,加深对文化资本推动城市高质量发展的理论理解。

古典经济学派基于产业分工思想对产业结构变迁展开讨论,产业结构理论最早可以追溯 17 世纪威廉·配第的研究。配第基于英国农民和船员收入的对比得出结论:工业比农业收入多、商业比工业收入多,首次揭示了国民经济收入与产业分工、产业结构之间的联系。科林·克拉克通过计量与比较研究进一步发展了配第的思想,并指出劳动力在产业之间的转移变动是由于经济发展中各产业间的收入出现了相对差异[③]。两人的发现被后人总结为配第—克拉克定理:随着经济发展和人均国民收入水平的提高,劳动力首先由第一产业向第二产业转移,当人均国民收入水平进一步提高时,劳动力便向第三产业转移。

20 世纪 30 至 40 年代是现代产业结构理论的形成时期,这一时期新古典

---

① 胡树光,刘志高,樊瑛. 产业结构演替理论进展与评述[J]. 中国地质大学学报(社会科学版),2011,11(1):29-34.

② 范德成,李昊. 中国产业结构演化影响因素评价[J]. 中国科技论坛,2016(9):51-57.

③ 杨晗,邱晖. 产业结构理论的演化和发展研究[J]. 商业经济,2012(10):26-27.

经济学逐渐成为经济学的主流研究范式,产业结构的动态分析方法逐渐被静态均衡的思维模式所代替,学界研究由产业结构变迁的根本动力——产业分工,转移到产业分工后的产业结构状态分析。这一时期的研究一致认为产业结构不同是导致国民收入水平差异和经济发展不同阶段的关键。大量的资本积累与劳动投入是经济增长的必要非充分条件,不同产业部门对技术的吸收能力不同,资本的投资收益率不同,决定了部门之间的投入结构与产出结构不同。

　　到了 20 世纪 80 年代,以"内生技术变化"为核心思想的新增长理论开始重视知识外溢、人力资本投资等经济体系内部力量对区域经济长期增长和产业结构变化的影响,由此开辟了产业结构演替的内生解释范式。关于产业分工与产业结构演替的讨论出现了以专业化为核心的"MAR 外部性"和以多样化为核心的"Jacobs 外部性"之争[①]。Frenken 则基于现实情况提出"相关多样化"的概念,认为多样化中起外部性作用的部分,以知识溢出的形式促进区域产业创新和新产业的诞生[②]。

　　本节剩余部分将依次论述文化资本在三次产业中的作用机制。

### (二) 文化资本作用于第一产业的理论机制

　　农业文化资本是带有很强生态环境差异的地域文化,俗话说"一方水土养一方人""五里不同风、十里不同俗",都表明农业文化具有一定的区域特性[③]。农业文化资本具有很高的文化价值和经济价值,但在进入流通市场之前表现为一种潜在价值。地方文化产业将对应的农业文化资本推向生产流通领域,促进其向经济资本转化,其文化和经济价值均在市场交换的过程中体现。本节将从物质化、智力化、形象化、市场化和制度化五种文化资本形式,分析文化

　　① 李金滟,宋德勇.专业化、多样化与城市集聚经济——基于中国地级单位面板数据的实证研究[J].管理世界,2008(2):25-34.

　　② 刘志高,张薇.演化经济地理学视角下的产业结构演替与分叉研究评述[J].经济地理,2016,36(12):218-223+232.

　　③ 曹幸穗.农业文化遗产保护与新农村建设[J].中国农业大学学报(社会科学版),2012,29(3):20-24.

资本在第一产业中的运作机制。

1. 农业文化产品的开发与保护——物质化文化资本的运作

农业物质化文化资本即有形的农业文化遗产资源,包括自然景观,也包括具有人类创意活动留下来的具有文化价值的历史古迹、建筑群、园林和民间手工艺品等。根据联合国粮食及农业组织(FAO)的定义,农业文化遗产在概念上等同于世界文化遗产,是"农村与其所处环境长期协同进化和动态适应下所形成的独特的土地利用系统和农业景观,这种系统和景观具有丰富的生物多样性,可以满足当地社会经济与文化发展的需要,有利于促进区域可持续发展"。

农业物质化文化资本属于农业的物质财富,可以在市场流通中产生巨大的经济价值。一方面,部分物质化文化资本以自然形态发挥农业生产功能,其生产出来的农产品及衍生的服务通过市场流通环节进行买卖可以产生经济价值;另一方面,部分物质化文化资本以人文景观和旅游资源的形式存在,通过对文化资本的保护和再生产可以最大化实现其文化价值,从而产生经济价值。我国悠久的农业发展历史形成了数以万计的农业文化资本,大量散落于民间乡镇,与市场保持相当的距离,尚未大规模形成产业。由于这些农业资源大多具有唯一性,因此具有市场垄断开发优势①。

我国悠久的农业发展历史注定了每个城市具有鲜明的地域文化资本,例如,江苏省内以苏锡常为代表的吴文化、以扬州为中心的淮扬文化、以徐州为代表的楚汉文化以及以南京为代表的金陵文化。在农产品生产过程中注入特定的地域文化资本,将农业的产前、产中、产后各环节联结成为完整的农业文化产业链条,改变农产品及其附属品的形态、功能、内涵,使其成为具有高文化品位、高知识、高营利性、高附加值的新型农产品②,将其内含的文化价值释放并转化为经济价值。

---

① 张道政.文化产业发展与农业资源开发[J].农业考古,2010(3):63-65.

② 曹庆穗,金雯.江苏农业与文化产业融合发展研究[J].江苏农业科学,2015,43(12):507-509.

2. 非物质文化遗产的传承——智力化文化资本的运作

在农业文化产业中,还有相当一部分文化资本以智力化文化资本的形式存在,它包括农业生产生活中达成共识的语言、价值观、习惯、行为方式,也包括世代流传的技艺技能、知识储备、实践经验,还包括民间神话传说、乡村节庆活动、世俗礼仪传统、歌圩庙会等传统文化的空间表现形式。这类农业文化资本以农民为载体,以文化印记的形式存在于个体中,并在个体社会化的过程中不断加深或淡化①,也可以通过学习获得。它以其特定的审美情趣和价值观念,潜移默化地影响和约束着人们的道德意识和生活行为②。

农业智力化文化资本能够通过投资实现文化和经济价值的增值,若不加以重视则会伴随其拥有者一起衰落和消亡。一方面,加强对农业从业人员的文化资本投资,即通过教育、技能培训等方式方法实现农业非物质文化遗产的保护与传承;另一方面,创新经济发展模式,通过"体验经济""互动经济"等方式开发农业文化资源,使得外地居民和非农业从业人员也能接触到当地农业文化,以此实现文化和经济价值增值。

3. 区域品牌构建——形象化、市场化、制度化文化资本的运作

品牌化和市场化是农业文化经济发展过程中需要重点关注的问题,它涉及形象化、市场化和制度化文化资本的运作。首先,农业区域品牌的核心要素源自一个特定区域的农业文化资源,是区域生产历史、地方文脉、产品质量和美誉度的整体体现,农业区域品牌作为一个地区的形象化文化资本渗透进农业生产过程,能够提高农产品附加值、提升区域农业竞争力,是区域农业持续、快速发展的保证③。其次,被赋予"文化标识"的农产品经过大批量生产进入流通市场,在交易过程中实现文化和经济价值增值。最后,农产品品牌构建

---

① 袁勇麟,林丽君,涂怡弘.台湾地方文化产业研究——以台南白河为例[J].福建艺术,2020(5):15-22.

② 曹庆穗,金雯.江苏农业与文化产业融合发展研究[J].江苏农业科学,2015,43(12):507-509.

③ 张传统.农产品区域品牌发展研究[D].北京:中国农业大学,2015.

与管理离不开法律法规、产权制度的支持。制度化农业文化资本包括产业品牌、产业标识、特殊称号等。农业区域品牌对区域外经济主体具有排他性,通过形象和品牌打造,能够强化农业非物质资源与区域的对应关系,以品牌识别固化资源的区域专有性,从而获得垄断收益。

图 3-9　文化资本作用于第一产业的理论机制图

### (三) 文化资本作用于第二产业的理论机制

文化资本在第二产业发展过程中发挥着不容小觑的作用。在工业发展初期,城市文化资本会刺激地区制度变迁;在工业发展中期,城市文化资本优化要素配置、承接产业转移;到了工业发展末期,由城市产业结构调整遗留下来的工业遗产蕴含着特殊的文化价值,其通过开发利用反哺城市文化资本,实现经济价值。

1. 工业文化:文化资本注入工业

工业发展是一个高度依赖资本、资源和人力条件的产业,相比于农业,文化资本在工业发展中的累积速度更快。工业文化作为一种有意义的概念,其核心内涵是和制造业等实体经济发展相匹配的价值观与意识形态等思想观念,宏观上表现为国家政策对于制造业等实体经济的偏好,微观上表现为企业家精神等勤奋进取的工作伦理①。李娟伟通过实证研究发现异质性文化资本

---

　　① 严鹏.工业文化的政治经济学:长波、实业精神与产业政策[J].政治经济学报,2021,20(1):95-105.

提高经济增长效率的路径不同,其中,传统儒教伦理文化资本沿着"儒教伦理文化资本→人力资本积累→主体生产效率→经济增长效率"这一路径对经济增长效率产生积极影响;而由市场经济衍生出来的商业精神文化资本主要通过"商业精神文化资本→生产效率和市场配置效率→经济增长效率"这一路径影响经济增长效率①。

在市场条件一定的情况下,文化资本越高的区域越有可能通过制度创新改变交易效率,促进制度变迁。在正式制度层面,制度形成于特定的文化氛围,并以一定的道德伦理为基础,通过影响生产、消费等活动为区域经济发展提供激励因素。城市传统文化资本和市场新兴文化资本通过影响正式制度的型构过程,形成对经济增长的约束。在非正式制度层面,文化资本的积累会形成"群体效应",实现经济主体的个体行为向群体行为的转变。在发达国家,以商业精神和创新精神为特征的文化资本,有助于减少交易流程、降低交易成本,提高经济系统的交易效率②。

2. 工业文化遗产:工业反哺文化资本

在城市产业结构调整的过程中,由老工业企业搬迁倒闭遗留下来的废弃工业用地,成为城市特色工业遗产,具备了特殊的文化价值,并通过开发利用反哺城市文化资本,实现经济价值。工业遗产是包含了历史、社会、建筑、技术和科学价值的工业文化遗迹③,它是一座城市发展历史与社会活动的重要实物见证,不仅反映城市工业文明的发展历程和生产技术变革,还体现出当地居民物质生活与实业精神的变化,具有重要的历史价值。保存完好的工业遗迹(如承载工业生产历史的建筑物、构筑物、设备和场地等)则展现了特定时期的建筑形式、风格流派、产业风貌,能够激发创作灵感,将艺术与工业相结合,打

---

① 李娟伟,任保平,刚翠翠.文化资本异质性能够提高中国经济增长效率吗?——来自30个省区面板数据的理论与实证研究[J].中南财经政法大学学报,2016(3):24-31+96+158-159.

② 李娟伟,任保平.中国经济增长新动力:是传统文化还是商业精神?——基于文化资本视角的理论与实证研究[J].经济科学,2013(4):5-15.

③ 赵喆骅,刘雨晨.试论"产业园模式"下城市工业文化遗产保护与再生——以北京798艺术园区为例[J].重庆建筑,2022,21(2):21-22+35.

造创意空间,体现其艺术审美价值。

城市文化资本包括了城市重要的文化遗存及其拥有的文化象征与文化符号。工业遗产蕴含的特色城市文化具有极强的区域性、异质性,是城市文化的个性名片。作为人类工业文明的产物,工业遗产除了文化性、历史性,其自身的功能性不容忽视,甚至有些工业遗产至今仍存在使用价值。通过对工业遗产的进一步保护与开发,在城市化进程中赋予其新的功能,能够实现工业资源的文化产业转化①。例如,塑造城市工业文化遗产品牌②,打造工业文化旅游,包括但不限于诸如城市开放空间、旅游度假地、博物馆、产业园等改造利用模式,在展示现代化工业的生产与作业景观的同时,为游客创造生产体验,并提供求知、休闲、娱乐、购物等多方面服务,实现工业文化旅游经营主体的经济效益、社会效益和形象效益③。由此,工业发展时期遗留的文化遗产反哺城市文化,"陈旧"与"现代"、"传统"与"创新"的强烈反差相互碰撞,形成新的文化资本。

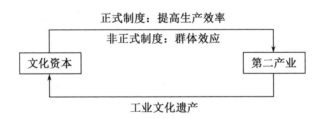

图3-10　文化资本作用于第二产业的理论机制图

### (四) 文化资本作用于第三产业的理论机制

服务业是劳动者与消费者在交往过程中提供服务产品的产业,文化是双

---

① 于隽,张咏德,张晓萌,等.北京工业文化产业转化的现状及发展策略[J].武汉冶金管理干部学院学报,2014,24(2):10-13.

② 陈坤,王雅婷."文化自信"视域下四川工业文化遗产的品牌塑造研究[J].产业与科技论坛,2018,17(19):19-20.

③ 张宇.德国工业文化旅游产业的战略性开发整合路径——以德国"工业文化之路"为例[J].沈阳大学学报(社会科学版),2016,18(6):764-768.

方交往的基础,也是服务产品的基本内容。随着服务型经济结构逐渐成为城市经济发展的重要特征,文化资本与第三产业发展的关系越来越密切。从需求侧来看,城市文化资本的注入影响城市居民消费观念发生转变,文化消费逐渐成为主导;从供给侧来看,服务经济的转型、升级同样离不开文化资本的运作,文化服务业化和服务业文化化逐渐成为引领经济持续发展的新趋势。

1. 文化资本引导消费观念转变

在城市经济发展过程中,文化资本的流动往往受整体社会文化价值观所控制。随着城市经济的发展和物质生活的丰裕,文化需求逐渐超越物质需求成为中国的主导需求之一[①],城市消费显示出更多的文化导向性。人们在购买商品时不再单纯追求其使用功能,而是更加关注商品与服务背后的观念价值——能与社会群体的精神追求或文化崇尚产生"共鸣"的无形附加物[②]。商品与服务所包含的观念价值与使用价值共同决定了其市场价值,即经济价值。城市文化资本的注入使得技术与知识的交流和扩散大大加快,商品中"精神性"的观念价值占比越来越大,因此具有更高品质文化内涵的商品和服务能为更多人所认同,从而实现更大的经济价值。

2. 文化资本提升服务产品的文化内涵

服务经济是服务业的产业活动,包括服务产品和服务劳动者的生产经营活动两方面内涵。相应地,服务经济的文化内涵也由两部分组成:即服务产品的文化内涵和服务劳动者的文化素质。城市文化资本是形成服务产品文化内涵的客观因素,主要包括:城市的文化根源、行业的文化特性、企业的文化氛围。城市的文化根源指一座城市独特的文化环境和人文精神,它在潜移默化中对城市居民的价值观念、思维逻辑、伦理规范以及行为方式等产生重要影响,从而影响当地文化消费水平,并通过人口的集聚和交流,推动城市服务业不断发展。行业的文化特性指服务业具体行业的文化习惯和行为特色,它是

① 魏建,王安.服务业发展的三大突破口[J].理论学刊,2011(3):60-64+127-128.
② 厉无畏,王玉梅.论产业文化化[J].科技和产业,2004(11):8-12.

由历史发展、社会文化和生活习惯等共同造就的。行业固有的文化特性既丰富又约束着服务产品的文化内涵,通过创新使产品的文化内涵更加丰富[①]。企业的文化氛围即企业文化,是指企业在生产经营和管理活动中所创造的具有企业特色的精神财富和物质形态,既包括以价值观为核心的企业愿景、文化观念、企业精神等精神文化,也包括道德规范、行为准则、企业制度等制度文化。企业文化对员工的思想和行为具有指导作用,好的企业文化渗透进产品的生产与经营环节,有助于提升产品的文化内涵。

3. 文化资本内含于服务劳动者的文化素质

服务产品生产和消费的同时性意味着服务过程是在消费者与生产者的交往中完成的,因而服务劳动者的文化素质决定着服务产品、服务企业乃至服务行业的品位和质量。服务业以人与人之间的交往过程为基础,不但需要共同的文化基点,也要求从业者具备较高的文化素质与修养品德。文化资本以人力资本形式内含于服务劳动者的文化素质中,贯穿服务的生产、营销、售后全过程。通过注入文化资本,依靠文化力的影响来提升现代服务业的品质,能够实现现代服务业跨越式发展的新突破[②]。

第一,在服务生产环节,一些个人品质对服务质量起决定性作用的服务行业,如教学、医疗等,从业者的品德和学识直接影响产品质量和消费者的满意程度。第二,在服务营销环节,服务劳动者旨在向消费者宣传服务产品性能,这是生产者与消费者之间的文化沟通,是借此与消费者建立良好交往关系的文化活动。第三,在服务售后环节,现实运行中服务经济的时间跨度有长有短,对于服务劳动者和消费者的长期交往,文化,尤其是诚信文化,是维系双方长期良好交往关系的关键纽带[③]。

---

① 李彦,罗兰.服务业文化化的动力机制构建与应用——加快推进成都服务业文化化的调查研究[J].今日中国论坛,2012(10):43-45.

② 刘月青,黄荣.现代服务业中文化力的特征和作用——主要以天津旅游业为样本的分析[J].天津商业大学学报,2009,29(5):56-60.

③ 白仲尧.论服务经济的文化基础[J].财贸经济,2007(12):117-122.

**图 3‑11　文化资本作用于第三产业的理论机制图**

　　文化资本的丰富内涵决定了其推动城市高质量发展的作用机制存在内在差异,文化资本的形式特征、作用对象以及两者之间的互动特征,是造成作用机制差异的关键因素。

　　文化资本自身的形式特征决定了推动整体城市高质量发展的基本作用方式:智力化文化资本对应于传统人力资本水平,主要通过城市资源表征、人力资本积累两种路径推动城市高质量发展;形象化文化资本即城市形象,主要在城市品牌建设、吸引人才集聚两方面发挥作用;物质化文化资本作为文化的实物体现,是城市更新与高质量发展的物质基础;市场化文化资本往往在文化消费的过程中实现价值;制度化文化资本主要存在于正式与非正式制度中,潜移默化地影响城市高质量发展。城市高质量发展各细分维度的差异决定了文化资本在其中的参与程度、运作方式和影响路径的不同:城市规模中经济规模受到文化资本的直接影响和间接影响两方面作用,人口规模则受到各类文化资本的影响;城市品牌重点涉及形象化、物质化、制度化文化资本的运作;创意阶层中文化资本的作用方式与人口规模类似;产业结构涉及各类形式文化资本,而三次产业发展对文化资本的运作需求各有侧重。城市高质量发展的部分维度与文化资本呈现互动机制。在创意阶层的社会空间流动层面,文化资本积累导致社会阶级分层,而社会阶级的差异性又外在表现于文化资本。在第二产业的发展过程中,文化资本提高第二产业生产效率,工业文化遗产亦能反哺文化资本。

　　综上所述,文化资本推动城市高质量发展的理论机制,因文化资本的自身形式、作用对象以及两者之间的互动特征而呈现内在差异性,在本书后续章节会有更加详细的讨论。

## 第二节　文化资本推动城市高质量发展的实证检验

经理论分析可知,文化资本对城市规模、城市品牌、城市创意阶层以及城市产业结构等城市高质量发展的各个维度都具有促进作用,且智力化文化资本、形象化文化资本、物质化文化资本、市场化文化资本以及制度化文化资本等文化资本各维度同样能够推动城市高质量发展。本部分主要从实证方面检验文化资本对城市高质量发展的影响,在检验文化资本对城市高质量发展水平的基础上,并进一步检验文化资本对城市高质量发展各个维度的影响以及文化资本各个维度对城市高质量发展的影响。

### 一、模型构建

以城市高质量发展指标体系测度的综合得分为被解释变量,以文化资本指标体系测度的综合得分为核心解释变量,基准模型设定如下:

$$
\begin{aligned}
city\_quality_{it} = & \alpha_0 + \alpha_1 cultural\_capital_{it} + \alpha_2 economy_{it} + \alpha_3 \ln invest_{it} + \\
& \alpha_4 \ln consume_{it} + \alpha_5 \ln export_{it} + \alpha_6 \ln educate_{it} + \\
& \alpha_7 \ln science_{it} + \varepsilon_{it}
\end{aligned}
\tag{3-1}
$$

其中,$city\_quality_{it}$ 为城市高质量发展水平,$cultural\_capital_{it}$ 为城市文化资本水平,$economy_{it}$ 为城市经济发展水平,$\ln invest_{it}$ 为城市投资水平,$\ln consume_{it}$ 为城市消费水平,$\ln export_{it}$ 为城市出口水平,$\ln educate_{it}$ 为城市教育水平,$\ln science_{it}$ 为城市科技水平,$\alpha_0$ 为常数项,$\varepsilon_{it}$ 为随机误差项,$i$ 表示地区,$t$ 表示年份。

## 二、变量说明

### （一）被解释变量

城市高质量发展水平（city_quality$_{it}$），以构建的城市高质量发展指标体系所测度的各城市高质量发展综合得分来表示。进一步，本部分以城市高质量发展指标体系中的城市规模维度（scale$_{it}$）、城市品牌维度（brand$_{it}$）、创意阶层维度（creative$_{it}$）和城市产业结构升级维度（structure$_{it}$）为被解释变量展开研究。

### （二）核心解释变量

城市文化资本水平（cultural_capital$_{it}$），以城市文化资本指标体系测度而得的城市文化资本综合得分为核心解释变量来表示，并以城市文化资本水平指标体系中的智力化文化资本（intelligence$_{it}$）、形象化文化资本（visualization$_{it}$）、物质化文化资本（materialization$_{it}$）、市场化文化资本（marketization$_{it}$）以及制度化文化资本（institutionalization$_{it}$）为核心解释变量展开进一步研究。

### （三）控制变量

1. 城市经济发展水平（ln economy$_{it}$），以各地区人均国内生产总值的对数来表示。

2. 城市投资水平（ln invest$_{it}$），以各城市固定资产投资的对数来表示。

3. 城市消费水平（ln consume$_{it}$），以各城市社会消费品零售总额的对数来表示。

4. 城市出口水平（ln export$_{it}$），以各城市出口额的对数来表示。

5. 城市教育水平（ln educate$_{it}$），以各城市教育支出的对数来表示。

6. 城市科技水平（ln science$_{it}$），以各城市科学和技术支出的对数来表示。

表3-1为各变量描述性统计，经方差膨胀因子（Variance Inflation Factor，VIF）检验，各主要变量不存在多重共线性问题。

## 表 3-1　变量描述性统计

| 变量 | 平均值 | 标准差 | 最小值 | 中位数 | 最大值 |
| --- | --- | --- | --- | --- | --- |
| city_quality | 7.290 | 5.650 | 1.810 | 5.730 | 56.17 |
| scale | 2.670 | 2.980 | 0.450 | 1.780 | 35.96 |
| brand | 1.870 | 0.730 | 0.110 | 1.750 | 4.660 |
| creative | 1.250 | 1.070 | 0.120 | 1 | 13.81 |
| structure | 1.500 | 1.200 | 0.400 | 1.110 | 11.61 |
| cultural_capital | 5.700 | 10.60 | 0.500 | 2.370 | 75.17 |
| intelligence | 2.320 | 3.800 | 0.130 | 1.010 | 26.69 |
| visualization | 0.320 | 0.150 | 0.0600 | 0.280 | 1.530 |
| materialization | 0.550 | 0.930 | 0.0400 | 0.350 | 15.50 |
| marketization | 0.670 | 0.720 | 0.0200 | 0.410 | 5.430 |
| institutionalization | 1.840 | 7.730 | 0 | 0.210 | 42.10 |
| ln economy | 10.83 | 0.490 | 9.220 | 10.80 | 12.29 |
| ln invest | 18.77 | 0.0800 | 18.60 | 18.74 | 19.29 |
| ln consume | 15.76 | 0.960 | 13.13 | 15.74 | 18.43 |
| ln export | 15.85 | 0.690 | 0 | 15.62 | 19.10 |
| ln educate | 13.28 | 0.730 | 9.670 | 13.29 | 16.08 |
| ln science | 10.62 | 1.400 | 6.620 | 10.55 | 15.53 |

## 三、实证检验结果分析

### （一）文化资本与城市高质量发展

表 3-2 为文化资本对城市高质量发展影响的检验结果。从结果来看,文化资本对城市高质量发展的影响在 1% 的水平下显著为正。文化资本作为一种重要的资源和动力,对城市的高质量发展起着积极的推动作用,尤其在城市创造力、吸引人才、促进经济增长以及提升城市形象和凝聚力等方面发挥作用。

文化资本为城市创造力的激发提供了重要的基础和动力。创造力是城市发展的重要驱动力,它体现在各个领域,包括艺术、设计、科技创新等。一个充满文化资本的城市为艺术家、作家、音乐家和其他创造性人才提供了丰富的资源和创造性的环境。他们可以在这样的环境中寻找灵感、迸发创意，并通过各种形式的艺术表达来丰富城市的文化氛围。文化资本的多样性和丰富性吸引了来自不同领域的人才，他们可以相互交流和合作，产生新的创意和解决问题的方法。这种跨学科交流与合作促进了城市创造力的蓬勃发展。文化资本培养了人们的创新思维和创业精神。在一个充满文化创新和创造力的城市中，人们会更加勇于尝试新的想法和商业模式，由此推动城市创新和创业活动的发展。

文化资本的丰富性和多样性吸引了各类人才前往城市，为城市的高质量发展提供了重要的人力资源。一个具有丰富文化资本的城市提供了多样化的文化活动和娱乐选择，包括艺术展览、音乐会、戏剧演出等。这吸引了追求高品质生活的人才前来定居和工作。这些人才希望身处一个充满文化活力和创造力的城市，可以充分享受文化资源带来的福利。文化资本所创造的文化氛围和创造性工作环境吸引了有创造力和创新能力的人才。这些人才带来了新的思维和知识，推动城市的创新和发展。他们在这样的环境中能够充分发挥自己的才华，获得认可和成长的机会。一个具有丰富文化资本的城市通常拥有高水平的教育和培训机会，在一定程度上吸引来自国内外优秀的学生和专业人才。这些人才受到优质的教育和培训，培养了他们的专业能力和创新思维，为城市的高质量发展提供了源源不断的人力资源。文化资本的存在促进了社交和人际网络的形成，人们在文化活动和艺术场所中相互交流和互动，建立了广泛的社交关系，这些社交和人际网络不仅提供了就业机会和商业合作的平台，也为人才提供了更多的成长和发展机会。通过吸引人才，城市能够汇聚高素质的人才群体，不仅为城市的发展提供了丰富的智力资源，也带来了新的思维、创新和创业的活力，推动了城市的高质量发展。

文化资本对经济增长起到了重要的促进作用。文化资本为城市提供了丰富的文化创意产业资源，包括艺术、设计、娱乐、媒体等领域。这些产业不仅直接创造就业机会，还带动了相关产业链的发展，推动了城市经济的增长。文化创意产业的兴起不仅为城市带来了经济效益，也为居民提供了更多的就业和创业机会。具有丰富文化资本的城市往往成为重要的旅游目的地。游客来到这些城市，不仅可以欣赏城市的文化遗产和艺术品，还可以参与各种文化活动和体验城市的独特文化氛围。文化资本丰富的城市往往具有独特的品牌形象和吸引力，这种品牌形象可以吸引投资、企业和人才，促进经济活动和城市的发展。这些文化资本的吸引力为城市带来了更多的商业机会和经济增长。文化资本的存在为创新和创业生态系统提供了良好的土壤，激发了人们的创造力和创新思维，促进了创新企业的兴起和发展。同时，文化资本所创造的良好环境和社交网络也为创业者提供了资源和支持，推动了创业活动的繁荣，创新和创业的活动进一步促进了城市经济的增长和转型。通过文化资本的促进，城市的经济增长得到了多个层面的推动，从文化创意产业的发展到旅游业的繁荣，再到品牌形象和创新创业生态系统的形成，都为城市经济带来了新的活力和机遇。

文化资本对于城市形象的提升和凝聚力的增强起到了重要作用。文化资本是城市的独特标志和特色，它代表了城市的历史、传统和文化精神。当居民对自己城市的文化资本感到自豪和认同时，他们会更加愿意为城市的发展和繁荣作出贡献。文化资本的丰富性为社区居民提供了参与文化活动和项目的机会，居民可以参与艺术展览、音乐会、戏剧演出等活动，与其他居民互动和交流。这种社区参与增强了社区的凝聚力和社会联系，加强了居民之间的互动和支持，推动了社区的共同发展。具有丰富文化资本的城市往往在国内外享有良好的声誉和形象，文化机构、艺术节和文化活动吸引了国内外的关注和参与，提升了城市的知名度和地位。这种城市形象和声誉的提升不仅有利于吸引游客和投资者，还为城市创造了更多的发展机会。文化资本的存在可以为城市的更新和重塑提供支持。通过保护和恢复历史遗址、重建文化场所和设施，城市可以以文化资本为基础，进行城市空间的再利用和重新规划，这种城市更新和重塑的过程不仅提升了城市的形象，还使城市更具吸引力和可持续发展的能力。

总结来说，文化资本对城市的高质量发展有着多方面的推动作用。它激发城市的创造力,吸引人才,促进经济增长,提高城市形象和凝聚力。通过文化资本的培育和保护,城市可以建立独特的品牌形象,吸引游客、投资者和人才的到来,推动经济的繁荣和城市的可持续发展。因此,城市管理者和规划者应该重视文化资本的价值,积极开展文化活动和项目,为城市的高质量发展提供强有力的支持。

表3-2　文化资本与城市高质量发展

| 变量 | (1) | (2) | (3) | (4) | (5) | (6) |
|---|---|---|---|---|---|---|
| city_quality | 0.136*** (0.01) | 0.111*** (0.01) | 0.094*** (0.01) | 0.091*** (0.01) | 0.090*** (0.01) | 0.076*** (0.01) |
| ln economy | | 2.411*** (0.16) | 1.824*** (0.17) | 0.935*** (0.23) | 0.882*** (0.23) | 0.266** (0.13) |
| ln invest | | | 13.267*** (1.21) | 12.630*** (1.20) | 12.252*** (1.20) | 10.698*** (1.18) |
| ln consume | | | | 1.082*** (0.19) | 1.028*** (0.19) | 0.532*** (0.19) |
| ln export | | | | 0.362*** (0.08) | 0.272*** (0.08) | |
| ln educate | | | | | | 1.824*** (0.23) |
| ln science | | | | | | 0.320*** (0.07) |
| 常数项 | 6.517*** (0.07) | −19.465*** (1.74) | −261.952*** (22.12) | −257.423*** (21.95) | −254.644*** (21.86) | −231.314*** (21.55) |
| 地区 | 控制 | 控制 | 控制 | 控制 | 控制 | 控制 |
| 年份 | 控制 | 控制 | 控制 | 控制 | 控制 | 控制 |
| $N$ | 2112 | 2112 | 2112 | 2112 | 2112 | 2112 |
| $R^2$ | 0.085 | 0.184 | 0.234 | 0.247 | 0.255 | 0.290 |
| 调整后的$R^2$ | −0.045 | 0.067 | 0.124 | 0.138 | 0.146 | 0.186 |
| $F$ | 172.176 | 208.088 | 188.023 | 151.247 | 126.023 | 107.510 |

注:① ***、**、*分别表示在1%、5%以及10%的水平下显著,括号内为标准误。本章下同。② "控制"指对地区和年份的固定效应进行控制,下同。

### （二）文化资本与城市规模

表 3 - 3 为文化资本对城市规模的影响的检验结果。从结果来看，文化资本对城市规模的影响在 1% 的水平下显著为正。文化资本作为一种重要的资源和动力，对城市的规模扩大起着积极的推动作用。文化资本通过吸引人口流入、促进经济增长、提升城市形象和凝聚力等方面发挥作用，推动了城市的规模扩大。

文化资本的丰富性和多样性吸引了大量人口流入，是城市规模扩大的重要推动力之一。具有丰富文化资本的城市一般情况下提供了高品质的生活环境，包括良好的教育、医疗、文化和娱乐设施等。这些优质的生活条件吸引了人们迁往这些城市，寻求更好的生活质量和发展机会。具有丰富文化资本的城市提供了多样化的文化活动和娱乐选择，包括艺术展览、音乐会、戏剧演出、文化节庆等。这些活动吸引了人们的关注和兴趣，使他们愿意选择在这样的城市生活和工作。这种聚集效应促进人口流入，通过吸引人口流入，城市得以扩大人口规模，增加了劳动力资源和消费市场的规模，推动了城市的经济增长和发展。

总结起来，文化资本对于城市规模扩大起到了重要的推动作用。它吸引人口流入，促进经济增长，提升城市形象和凝聚力。文化资本的存在为城市经济提供了丰富的创新和创业机会，进一步推动了经济的多元化和转型。通过提升城市形象和凝聚力，文化资本增强了居民对城市的认同感，促进了社区的参与和社会联系，提升了城市的声誉和形象。因此，城市管理者和规划者应充分重视文化资本的价值，积极发展和保护文化资本，为城市规模的扩大提供有力支持。

表 3 - 3　文化资本与城市规模

| 变量 | （1） | （2） | （3） | （4） | （5） | （6） |
|---|---|---|---|---|---|---|
| city_quality | 0.075*** (0.01) | 0.061*** (0.01) | 0.052*** (0.01) | 0.050*** (0.01) | 0.050*** (0.01) | 0.043*** (0.01) |
| ln economy | | 1.439*** (0.12) | 1.141*** (0.12) | 0.642*** (0.17) | 0.618*** (0.17) | 0.057 (0.19) |

**（续表）**

| 变量 | （1） | （2） | （3） | （4） | （5） | （6） |
|---|---|---|---|---|---|---|
| ln invest | | | 6.717*** <br> (0.88) | 6.360*** <br> (0.88) | 6.184*** <br> (0.88) | 5.489*** <br> (0.88) |
| ln consume | | | | 0.607*** <br> (0.14) | 0.582*** <br> (0.14) | 0.335** <br> (0.14) |
| ln export | | | | | 0.168*** <br> (0.06) | 0.129** <br> (0.06) |
| ln educate | | | | | | 1.043*** <br> (0.17) |
| ln science | | | | | | 0.070 <br> (0.06) |
| 常数项 | 2.239*** <br> (0.05) | −13.261*** <br> (1.25) | −136.028*** <br> (16.11) | −133.486*** <br> (16.05) | −132.199*** <br> (16.03) | −123.102*** <br> (16.01) |
| 地区 | 控制 | 控制 | 控制 | 控制 | 控制 | 控制 |
| 年份 | 控制 | 控制 | 控制 | 控制 | 控制 | 控制 |
| $N$ | 2112 | 2112 | 2112 | 2112 | 2112 | 2112 |
| $R^2$ | 0.055 | 0.128 | 0.155 | 0.163 | 0.167 | 0.185 |
| 调整后的$R^2$ | −0.080 | 0.003 | 0.033 | 0.042 | 0.045 | 0.065 |
| $F$ | 107.048 | 135.315 | 112.477 | 89.815 | 73.643 | 59.702 |

### （三）文化资本与城市品牌

表 3-4 是文化资本对城市品牌的影响的检验结果。从检验结果来看，文化资本对城市品牌的影响显著为正。文化资本对城市品牌的影响是多方面的，涉及文化品牌、旅游品牌、投资品牌、宜居品牌以及品牌传播等方面。

文化资本作为城市的重要组成部分，对城市品牌的形成和塑造起着重要作用。具有丰富文化资本的城市往往拥有独特的文化特色和多样的文化形式。这种独特性和多样性为城市建立起独特的文化品牌形象提供了基础。例如，某城市以独特的民俗文化和传统艺术闻名于世，这种独特性和多样性成为城市品牌的重要元素。文化资本的存在促进了艺术与创意产业的发展。艺术家、设计师、创意人才等在城市中蓬勃发展，推动了文化创意产业的兴起，这种艺术与创意产业的繁荣为城市打造了富有创造力和创新力的文化品牌形象。具有丰富文化资本的城市通常拥有重要的文化机构，并会兴办各种文化活动，如艺术展览、音乐会、戏剧演出等。这些机构和活动成为城市文化品牌的重要组成部分，吸引着来自世界各地的参与者和观众，为城市树立了国际化的文化品牌形象。

　　文化资本对旅游品牌的建设和推广起到了重要的作用。具有丰富文化资本的城市可能提供更为丰富多样的文化体验和活动，如文化节庆、民俗表演、手工艺品制作等。这些文化体验和活动丰富了旅游产品的内容，为游客提供了丰富多样的旅游体验，增强了城市旅游品牌的吸引力。文化资本的存在促进了城市与其他地区和国家的文化交流及互动，例如，举办国际文化节、艺术展览和文化交流活动，吸引了来自不同文化背景的游客和参与者。这种文化交流和互动为城市打造了开放、多元和包容的旅游品牌形象。文化资本作为城市旅游品牌的核心内容，通过有效的品牌推广和营销，可以增强城市旅游品牌的知名度和影响力。城市可以通过线上线下的宣传活动、社交媒体、旅游展会等渠道，将丰富的文化资本展示给目标受众，吸引游客的关注和参与。

　　文化资本对城市的投资品牌形象产生重要影响。文化资本的存在促进了创新和科技的发展。具有丰富文化资本的城市通常更容易吸引创新型企业和高科技产业，这种创新和科技的发展为城市赋予了创新能力和竞争优势，进而吸引投资者的关注和投资。文化资本的存在为城市带来了产业的多样性和转型机会，通过发展文化创意产业、艺术产业和文化旅游业等，城市可以实现产业结构的优化和转型升级。这种产业多样性和转型为投资者提供了广泛的投资领域和机会，有利于提升城市投资品牌形象。具有丰富文化资本的城市通常会重视城市基础设施和公共服务的建设及提升，良好的基础设施和优质的服务质量为投资者提供了良好的投资环境和条件，增强了城市的投资品牌形象。

　　文化资本对城市宜居品牌的建设和发展具有重要影响。文化资本为城市创造了丰富多样的文化环境和生活品质。城市拥有丰富的文化资源和活动，提供了多元化的文化体验和娱乐选择，使居民享受到丰富的文化生活，这种文化环境和生活品质提升了城市的宜居性，吸引了更多人口居住和定居。文化资本的存在促进城市的教育发展和人才吸引。具有丰富文化资本的城市通常拥有优质的教育资源，如艺术学院、文化研究中心等，这些教育资源吸引了优秀的学生和学者来到城市学习和研究，为城市的人才吸引力提供了重要支持。文化资本的存在促进社区凝聚力和社交网络的形成。通过参与文化活动和项目，居民之间建立紧密的社交联系，能够形成稳定的社区网络，这种社区凝聚力和社交网络能够增强居民对城市的归属感和认同感，提升城市的宜居品牌形象。具有丰富文化资本的城市通常注重城市管理和环境改善。城市管理者将文化资本纳入城市发展战略和规划中，通过文化设施建设、历史遗产保护、公共空间改善等措施，提升城市的品质和宜居性。良好的城市管理和环境改善为城市打造了宜居品牌形象，吸引了更多居民和人才的关注与选择。

　　品牌传播是将城市品牌形象传递给目标受众的重要环节，文化资本在品牌传播过程中起到了关键作用。文化资本为城市品牌提供了独特的品牌故事和价值观。城市可以通过文化资本展现其独特的历史、传统和文化特色，将这些元素融入品牌故事和价值观中。这种品牌故事和价值观能够激发目标受众的情感共鸣，增强品牌的认知度和好感度。文化资本为城市品牌提供了丰富的符号和标识元素。城市可以利用具有代表性的文化符号和标识来构建品牌形象，如城市标志性建筑、艺术品装置等。这些标识和符号成为城市品牌的重要表征，能够引起受众的注意和兴趣。文化资本的存在为城市品牌的媒体传播提供了丰富的素材和话题。媒体可以通过报道城市的文化活动、艺术展览、文化节庆等来传播城市品牌形象。同时，社交媒体的兴起也为城市品牌的传播提供了广阔的平台，居民和游客可以通过分享和推广城市的文化资本，扩大城市品牌的影响力。文化资本的丰富性为城市品牌的合作和推广活动提供了机会。城市可以与文化机构、艺术家、设计师等合作，共同打造具有独特文化元素的推广活动,如艺术展览、文化节日等。这种品牌合作和推广活动能够进一步扩大城市品牌的影响范围,提升品牌形象的认知度和美誉度。

综上所述,文化资本对城市品牌的影响体现在多个方面。它通过丰富的文化资源和活动、创新的文化产业和创意环境,构建独特的文化品牌形象。文化资本还通过提供丰富的旅游体验、吸引投资和人才、提升城市的宜居性,推动城市的旅游、投资和宜居品牌的发展。同时,文化资本作为城市品牌的核心内容,通过品牌故事和价值观、品牌标识和符号等方式,影响着品牌的传播和认知度。综合来看,文化资本对城市品牌的推动和塑造具有重要的机理作用,对于城市的高质量发展起到促进作用。

表 3-4　文化资本与城市品牌

| 变量 | (1) | (2) | (3) | (4) | (5) | (6) |
|---|---|---|---|---|---|---|
| city_quality | 0.009 *** (0.00) | 0.004 *** (0.00) | 0.004 *** (0.00) | 0.004 *** (0.00) | 0.004 *** (0.00) | 0.002 * (0.00) |
| ln economy | | 0.506 *** (0.02) | 0.510 *** (0.02) | 0.489 *** (0.03) | 0.489 *** (0.03) | 0.363 *** (0.03) |
| ln invest | | | 0.106 (0.15) | 0.122 (0.15) | 0.122 (0.15) | 0.266 * (0.15) |
| ln consume | | | | −0.027 (0.02) | −0.026 (0.02) | 0.030 (0.02) |
| ln export | | | | | −0.001 (0.01) | 0.007 (0.01) |
| ln educate | | | | | | −0.261 *** (0.03) |
| ln science | | | | | | 0.000 (0.01) |
| 常数项 | 1.919 *** (0.01) | 7.368 *** (0.20) | 5.429 ** (2.68) | 5.318 ** (2.68) | 5.312 ** (2.69) | 3.707 (2.65) |
| 地区 | 控制 | 控制 | 控制 | 控制 | 控制 | 控制 |
| 年份 | 控制 | 控制 | 控制 | 控制 | 控制 | 控制 |

（续表）

| 变量 | （1） | （2） | （3） | （4） | （5） | （6） |
|------|------|------|------|------|------|------|
| $N$ | 2112 | 2112 | 2112 | 2112 | 2112 | 2112 |
| $R^2$ | 0.023 | 0.295 | 0.295 | 0.296 | 0.296 | 0.327 |
| 调整后的$R^2$ | −0.117 | 0.194 | 0.193 | 0.194 | 0.193 | 0.229 |
| $F$ | 43.257 | 385.920 | 257.389 | 193.390 | 154.629 | 128.016 |

### （四）文化资本与城市创意阶层

表3-5是文化资本对城市创意阶层的影响的检验结果。从检验结果来看，文化资本对城市创意阶层具有显著的正向影响。文化资本对城市创意阶层的影响机理是多方面的，它涉及创意产业的发展、人才吸引与培养、创意空间的建设等方面。

文化资本为城市创意产业的发展提供了重要支持。创意产业包括设计、艺术、媒体、文化旅游等领域，是城市经济增长和创新能力的重要驱动。文化资本丰富了城市的文化资源和创意元素，为创意产业提供了源源不断的灵感和创作素材。同时，文化资本还提供了创业的环境和条件，如良好的市场需求、人才资源和金融支持等，吸引了更多的创意人才和企业家来到城市创业发展。创意产业的发展不仅为城市经济增加了新的增长点，还为城市塑造了创新和时尚的形象，提升了城市的吸引力和竞争力。

文化资本为城市吸引和培养创意人才提供了重要条件。创意阶层的核心是具有创造力和创新精神的人才，他们对于城市的发展和创新能力具有重要作用。文化资本丰富了城市的文化环境和艺术氛围，为创意人才提供了创作和发展的空间。同时，城市还可以通过提供优厚的工作条件、创意奖励和扶持政策等方式，吸引和留住优秀的创意人才。文化资本的存在和发展为城市创意阶层的培养提供了重要支持，增强了城市的创新能力和竞争力。

文化资本的存在促进了创意空间的建设与发展。创意空间是创意人才创作和交流的重要场所，它提供了创意资源、创作设施和创业支持等服务。文化资本丰富了城市的创意资源和活动,为创意空间的建设提供了丰富的素材和基础。城市可以通过打造创意园区、艺术家工作室、创意产业聚集区等方式,提供专门的创意空间,为创意人才提供灵感和创作场所。这些创意空间不仅提供了专业设施和资源支持,还强化了创意人才之间的互动和合作机会,促进了创意思维的碰撞和交流。创意空间的建设为城市创意阶层的发展和交流提供了有利条件,培育了创意产业的创新生态系统。

文化资本的存在促进了创意阶层之间的交流和合作。城市作为文化交流的重要场所,吸引了来自不同地区和国家的创意人才聚集于此。创意人才的不同文化背景和经验为城市创意阶层带来了新的思维和创意触角,推动了创意的多元化发展。此外,文化资本的积累也为城市创意阶层提供了丰富的合作机会。创意人才可以通过合作项目、文化活动和创意产业链的连接,实现资源共享、技术交流和市场合作,提升创意产业的规模和影响力。文化交流和合作促进了创意阶层之间的互补和共同发展,推动了城市创意产业的繁荣。

文化资本对城市的形象塑造和品牌推广起到了重要作用。丰富的文化资源和活动使城市成为一个具有独特魅力的文化中心,吸引着创意人才和创意企业的关注。城市可以通过将文化资本纳入城市品牌的塑造中,打造具有独特文化特色的城市形象。这种品牌形象能够吸引更多的创意人才和企业来到城市,促进城市创意阶层的快速发展。同时,创意阶层的活跃和发展也为城市品牌的传播提供了有力支持。创意人才的作品和成就成为城市品牌宣传和推广的重要内容,推动城市品牌的传播和认知度提升。

综上所述,文化资本对城市创意阶层的影响涵盖了创意产业的发展、人才吸引与培养、创意空间的建设、文化交流与合作,以及城市品牌的塑造。文化资本为城市创意阶层提供了创作源泉和灵感,促进了创意人才的培养和成长,为创意人才创业和发展提供了环境和支持,提高了创意阶层的生活质量和福利,推动了创意产业的规模扩大和经济效益的增加。通过文化资本的影响,城市创意阶层与其他行业的融合和创新进一步提升了城市的创意能力和竞争力。因此,文化资本对城市创意阶层的影响是多方面、多维度的,为城市的创意产业发展和创新能力提供了重要支持。

表 3 - 5　文化资本与城市创意阶层

| 变量 | (1) | (2) | (3) | (4) | (5) | (6) |
|---|---|---|---|---|---|---|
| city_quality | 0.038 *** (0.00) | 0.031 *** (0.00) | 0.027 *** (0.00) | 0.026 *** (0.00) | 0.026 *** (0.00) | 0.020 *** (0.00) |
| ln economy | | 0.644 *** (0.04) | 0.484 *** (0.04) | 0.271 *** (0.06) | 0.254 *** (0.06) | 0.230 *** (0.06) |
| ln invest | | | 3.612 *** (0.32) | 3.460 *** (0.32) | 3.339 *** (0.32) | 2.628 *** (0.30) |
| ln consume | | | | 0.259 *** (0.05) | 0.242 *** (0.05) | 0.037 (0.05) |
| ln export | | | | | 0.115 *** (0.02) | 0.073 *** (0.02) |
| ln educate | | | | | | 0.636 *** (0.06) |
| ln science | | | | | | 0.210 *** (0.02) |
| 常数项 | 1.033 *** (0.02) | −5.905 *** (0.46) | −71.925 *** (5.86) | −70.840 *** (5.82) | −69.956 *** (5.78) | −58.109 *** (5.44) |
| 地区 | 控制 | 控制 | 控制 | 控制 | 控制 | 控制 |
| 年份 | 控制 | 控制 | 控制 | 控制 | 控制 | 控制 |
| N | 2 112 | 2 112 | 2 112 | 2 112 | 2 112 | 2 112 |
| $R^2$ | 0.094 | 0.193 | 0.245 | 0.255 | 0.266 | 0.363 |
| 调整后的 $R^2$ | −0.036 | 0.077 | 0.136 | 0.148 | 0.160 | 0.270 |
| F | 190.968 | 220.252 | 199.501 | 158.065 | 133.837 | 150.131 |

### (五) 文化资本与城市产业结构升级

表 3 - 6 为文化资本对城市产业结构升级的影响的检验结果。从检验结果来看,文化资本对城市产业结构升级具有显著的正向影响。文化资本作为一种重要的资源和动力,对城市的产业结构升级起到了积极的推动作用。

文化资本激发了城市创新的活力和能力,推动产业结构升级。文化资本包括丰富的人文资源、创意思维和创新能力,能够激发企业和个体的创造力及创新意识。在文化资本的推动下,城市创意产业和文化创意企业得到快速发展,成为城市经济增长的新引擎。这些创意产业不仅在艺术、设计、媒体等传统领域实现了突破,还在科技、数字经济等新兴领域涌现出新的创新业态和创意产品。创新驱动的产业升级使得城市的产业结构更加多样化、高端化和知识化。

文化资本的积累和运用推动了城市产业链条的延伸和完善,实现产业结构的升级。文化资本以文化创意产业为核心,带动了相关产业发展。以设计产业为例,它不仅包括设计师和设计公司,还涉及设计制造、设计服务、设计教育等一系列环节。文化资本的推动促使了这些产业链条的形成和发展,使得城市的产业结构趋于完善和协同。同时,这些产业链条的延伸也带动了相关产业的发展,形成了产业协同效应,提高了城市产业的整体竞争力。

文化资本的推动使得创意经济成为城市经济的重要组成部分,推动产业结构向创意经济转型升级。创意经济涵盖了文化创意产业、设计产业、数字经济、知识经济等领域,是创新、知识和文化相结合的经济形态。文化资本的积累和运用带动了创意经济的快速发展,使得城市的产业结构朝着更具创造力和高附加值的方向转变。

文化资本对城市的品牌塑造和城市吸引力的提升起到了关键作用,从而推动产业结构的升级。城市的文化资本和文化特色成为城市品牌的核心元素,形成了独特的城市形象和文化认同。这种品牌塑造吸引了更多的企业、人才和投资者到城市发展,促进了产业的聚集和升级。文化资本作为城市的软实力,为城市创造了独特的竞争优势,提高了城市的吸引力和影响力,吸引了更多的创意人才和企业进驻,推动了产业结构的升级和优化。

文化资本的积累和运用吸引了大量的人才进入城市,推动了产业结构的升级。文化资本的存在使得城市成为创意人才的聚集地和创业热土。创意人才的进入为城市带来了新的思维和创新能力,推动了产业的创新和升级。与此同时,城市也通过提供高质量的教育资源、创业支持和人才培养机制来吸引和培养更多的创意人才。这些人才的涌入和培养促进了城市产业结构的升级，为城市的发展注入了新的活力和动力。

文化资本的推动促进了文化创意与传统产业的融合，推动产业结构的升级。文化创意产业的发展带动了传统产业的转型和升级。通过将创意和设计应用于传统产业中，可以提升产品的附加值和竞争力。例如，将创意设计应用于制造业中，可以提升产品的设计水平和品质，增加产品的市场吸引力。通过文化创意的融入，传统产业得以焕发新的活力和创新能力，实现产业结构的升级和优化。

文化资本的积累促进了不同产业之间的跨界合作与产业协同。文化创意产业常与其他产业领域进行合作，如文化与科技、文化与旅游、文化与体育等领域的交叉合作。这种跨界合作与协同创新带来了新的产业机会和商业模式，促进了产业结构的升级。跨界合作不仅可以融合不同领域的创意和资源，还可以拓展市场和消费者群体，促进了产业的多元化和全球化发展。

文化资本的推动促进了城市空间的创意集聚，为产业结构的升级提供了支撑。城市以其独特的历史、文化和地理优势成为创意人才和创意企业的集聚地。城市通过建设创意园区、艺术街区和创意孵化器等空间载体，提供了创意人才工作和交流的场所，推动了创意产业的发展。这些创意集聚区域形成了创新生态系统，为创意人才和企业提供了创新环境和资源支持，促进了创意产业的协同发展和产业结构的升级。

文化资本推动了城市与国际市场的交流与合作，促进了产业结构的升级。随着全球化的发展，文化资本作为城市的软实力，推动了城市与国际市场的对接和交流。城市通过举办国际文化活动、艺术展览和文化交流项目等，吸引了来自世界各地的文化创意人才和企业进入城市，促进了创意产业的国际化发展。同时，城市也积极参与国际市场竞争，将本地的文化产品和创意服务推向国际舞台，拓展市场空间和商机。国际交流与市场拓展为城市的产业结构升级提供了更广阔的发展空间和机会。

文化资本的推动鼓励了社会创业和社会创新，推动产业结构的升级。在文化创意产业中，不仅有商业化的创意企业，还涌现出许多社会企业和社会创新组织。这些组织以社会问题为导向,通过创意和创新的方式解决社会问题,推动社会进步和可持续发展。社会创业和社会创新的兴起丰富了城市的产业结构,提升了城市的社会价值和影响力。

　　文化资本的推动促进了教育体系的升级和人才培养机制的完善,对产业结构的升级起到关键作用。城市通过建设高水平的艺术学院、设计学院,培养了大批具备创意思维和创新能力的人才。这些人才在毕业后进入创意产业,为产业的创新和发展提供了人力资源支持。同时,城市还可以加强与企业的合作,提供实习机会和产学研结合的项目,培养出更加符合市场需求的创意人才。教育与人才培养的机制完善为产业结构的升级提供了源源不断的人才资源。

　　综上所述,文化资本推动城市产业结构升级的机理涵盖了创新驱动、产业链条延伸、创意经济带动、品牌塑造与城市吸引力、人才引进与培养、文化创意与传统产业融合、跨界合作与产业协同、城市空间与创意集聚、国际交流与市场拓展以及社会创业与社会创新、教育与人才培养等方面。这些机理相互作用、相互促进,共同推动着城市产业结构的升级。通过文化资本的积极推动,城市的产业结构不断向着高附加值、创新驱动、知识密集的方向发展。文化创意产业的兴起和发展带动了城市的经济增长,提升了城市的竞争力和影响力。同时,文化资本的推动也促进了城市的社会文化发展,增强了城市居民的文化认同感和幸福感。因此,政府、企业和社会各界应重视和支持文化资本的积累及运用,以推动城市产业结构的升级,实现可持续发展的目标。

表 3-6　文化资本与城市产业结构升级

| 变量 | (1) | (2) | (3) | (4) | (5) | (6) |
|---|---|---|---|---|---|---|
| cultural_capital | 0.031*** (0.00) | 0.023*** (0.00) | 0.019*** (0.00) | 0.018*** (0.00) | 0.018*** (0.00) | 0.015*** (0.00) |
| ln economy | | 0.835*** (0.03) | 0.709*** (0.03) | 0.510*** (0.04) | 0.499*** (0.04) | 0.270*** (0.04) |
| ln invest | | | 2.832*** (0.21) | 2.689*** (0.21) | 2.606*** (0.21) | 2.315*** (0.20) |

**（续表）**

| 变量 | (1) | (2) | (3) | (4) | (5) | (6) |
|------|-----|-----|-----|-----|-----|-----|
| ln consume | | | | 0.242 *** (0.03) | 0.230 *** (0.03) | 0.130 *** (0.03) |
| ln export | | | | | 0.080 *** (0.01) | 0.063 *** (0.01) |
| ln educate | | | | | | 0.406 *** (0.04) |
| ln science | | | | | | 0.039 *** (0.01) |
| 常数项 | 1.326 *** (0.01) | −7.667 *** (0.31) | −59.428 *** (3.83) | −58.414 *** (3.78) | −57.802 *** (3.75) | −53.811 *** (3.67) |
| 地区 | 控制 | 控制 | 控制 | 控制 | 控制 | 控制 |
| 年份 | 控制 | 控制 | 控制 | 控制 | 控制 | 控制 |
| $N$ | 2 112 | 2 112 | 2 112 | 2 112 | 2 112 | 2 112 |
| $R^2$ | 0.108 | 0.392 | 0.447 | 0.463 | 0.472 | 0.506 |
| 调整后的 $R^2$ | −0.019 | 0.305 | 0.368 | 0.385 | 0.395 | 0.434 |
| $F$ | 224.734 | 596.256 | 497.861 | 397.313 | 329.396 | 269.711 |

### （六）智力化文化资本与城市高质量发展

表 3-7 为智力化文化资本对城市内高质量发展的影响的检验结果。检验结果显示,智力化文化资本对城市高质量发展具有显著的正向影响。智力化文化资本是指城市人口智力素质的提升以及智力活动和创造力的培育与发展。

智力化文化资本的提升将带动知识经济的崛起,即以知识、信息和技术为核心的经济发展模式。智力化文化资本的增强意味着城市的人力资源更具竞争力,具备更高的创新能力和技术水平,从而推动科技创新和产业升级。在知识经济时代,城市通过培养和吸引高素质人才,形成创新驱动的产业集群,从而实现高质量发展。

智力化文化资本的提升将吸引更多的高素质人才来到城市,并提高城市留存人才的能力。高素质人才是城市发展的重要资源，他们具备丰富的知识和经验，能够为城市创造更多的价值。城市在吸引和留住人才方面的竞争力将决定其发展的速度和质量。智力化文化资本的提升使得城市能够提供更好的教育、就业和生活环境，为人才提供更多的发展机会和福利，从而吸引和留住更多的优秀人才。

智力化文化资本的提升将改善城市的创新与创业环境，促进创新活动的蓬勃发展。智力化文化资本的增强意味着城市具备更多的创新资源和能力，包括科研机构、高等院校、科技企业等。这些创新资源和能力将为创新者和创业者提供更好的支持和平台，激发创新活力，推动新兴产业和新技术的孕育及发展。同时，智力化文化资本的提升还将培育创新文化，鼓励人们敢于创新、追求卓越，为城市的创新发展提供土壤和氛围。

智力化文化资本的提升将推动城市社会文化的转型升级。随着智力化水平的提高，城市的价值观和行为模式也会发生相应变化。人们更加重视知识和创新，注重个人素质的提升和全面发展。这种转型将促使城市形成积极向上、包容开放的社会文化氛围，提升城市的文化软实力和国际影响力。同时，智力化文化资本的提升还将推动城市文化产业的发展，包括艺术、文学、娱乐、媒体等领域的创意产业，为城市经济增加新的增长点。

智力化文化资本的提升将推动城市社会治理的创新与优化。智力化的城市会更注重数据分析和科技应用，提高城市管理的精细化水平，优化公共服务和资源配置。智能化技术的应用某种程度上将使城市治理更加高效、便捷和智能化，能够提升城市居民的获得感和幸福感。此外，智力化文化资本的提升还将增强城市居民的公民意识，提高城市建设参与度，促进城市的和谐稳定和民主发展。

综上所述，智力化文化资本对城市高质量发展的影响主要体现在知识经济的崛起、人才吸引与留存、创新与创业环境的改善、社会文化的转型升级以及社会治理的创新与优化等方面。这些机理相互作用、相互促进，共同推动城市实现经济、社会、文化的可持续发展。因此，加强智力化文化资本的培育和发展,对于城市的高质量发展具有重要意义。

表3-7　智力化文化资本与城市高质量发展

| 变量 | (1) | (2) | (3) | (4) | (5) | (6) |
|---|---|---|---|---|---|---|
| intelligence | 2.112***<br>(0.09) | 1.750***<br>(0.10) | 1.505***<br>(0.10) | 1.446***<br>(0.10) | 1.420***<br>(0.10) | 1.259***<br>(0.10) |
| ln economy | | 1.639***<br>(0.16) | 1.315***<br>(0.17) | 0.673***<br>(0.22) | 0.634***<br>(0.22) | 0.365**<br>(0.172) |
| ln invest | | | 9.893***<br>(1.21) | 9.582***<br>(1.20) | 9.342***<br>(1.20) | 8.220***<br>(1.18) |
| ln consume | | | | 0.810***<br>(0.19) | 0.771***<br>(0.19) | 0.356*<br>(0.19) |
| ln export | | | | | 0.300***<br>(0.08) | 0.225***<br>(0.08) |
| ln educate | | | | | | 1.588***<br>(0.22) |
| ln science | | | | | | 0.309***<br>(0.07) |
| 常数项 | 2.389***<br>(0.22) | −14.524***<br>(1.70) | −196.086***<br>(22.20) | −195.923***<br>(22.10) | −195.098***<br>(22.02) | −179.473***<br>(21.74) |
| 地区 | 控制 | 控制 | 控制 | 控制 | 控制 | 控制 |
| 年份 | 控制 | 控制 | 控制 | 控制 | 控制 | 控制 |
| $N$ | 2 112 | 2 112 | 2 112 | 2 112 | 2 112 | 2 112 |
| $R^2$ | 0.215 | 0.256 | 0.282 | 0.289 | 0.294 | 0.322 |
| 调整后的 $R^2$ | 0.103 | 0.149 | 0.178 | 0.186 | 0.192 | 0.223 |
| $F$ | 506.130 | 316.943 | 241.300 | 187.295 | 153.647 | 125.084 |

## (七) 形象化文化资本与城市高质量发展

表3-8为形象化文化资本对城市高质量发展的影响的检验结果。从检验结果来看,形象化文化资本对城市高质量发展的影响显著为正。形象化文化资本是指城市在文化领域所拥有的形象、声誉和品牌价值,对城市的高质量发展具有重要影响。

　　形象化文化资本的提升将增强城市的吸引力和竞争力。城市的形象和声誉对于吸引外来投资、人才流动和旅游等方面至关重要。通过塑造积极、独特、鲜明的城市形象，城市能够吸引更多的关注，并在国内外具备更强的竞争力。良好的城市形象能够吸引人们前来居住、工作和投资，进一步推动城市的发展和繁荣。

　　形象化文化资本的提升对于城市旅游业的发展起着重要的推动作用。城市的文化底蕴和历史遗产是吸引游客的重要因素。通过打造独特的文化品牌和形象，城市能够吸引更多的游客前来游览和体验。丰富多样的文化活动、文化景观和文化遗产将成为旅游的亮点和吸引点，促进旅游业的发展和城市经济的增长。

　　形象化文化资本的提升将提高城市的品质和居民的幸福感。城市的形象和文化环境直接影响居民的生活质量和幸福感。具有独特文化特色的城市能够提供多样化的文化活动和艺术享受，丰富居民的生活体验。良好的城市形象和文化环境将使居民更加自豪和满意，有利于社会的和谐稳定。

　　形象化文化资本的提升将推动城市文化产业的发展。形象化文化资本为城市提供了丰富的文化资源和创意要素，为文化产业的发展提供了良好的土壤。城市可以通过整合文化资源，培育和孵化创意产业，包括艺术、设计、音乐、电影等领域，推动文化创意产业的发展，为城市经济注入新的增长点。

　　形象化文化资本的提升将增强城市的社会凝聚力和居民的认同感。城市的形象和文化是城市居民身份认同的重要依据。通过弘扬城市的文化特色和品牌，城市能够增强居民对城市的认同感和归属感，促进社会凝聚力的形成和增强。同时，良好的城市形象也有利于改善社会治安和秩序，提升居民的安全感和生活质量。

　　形象化文化资本的提升将增强城市的国际影响力。通过打造良好的城市形象和文化品牌，城市能够在国际舞台上展示自己的魅力和优势。国际影响力的增强将为城市带来更多的国际交流和合作机会，提升城市在全球范围内的影响力和竞争力。

综上所述,形象化文化资本对城市高质量发展的影响主要体现在吸引力与竞争力的提升、旅游业的发展、城市品质与居民幸福感的提升、文化产业的发展、社会凝聚力与认同感的提升、国际影响力等方面。这些机理相互作用、相互促进,共同推动城市实现经济、社会、文化的可持续发展。因此,加强形象化文化资本的培育和发展,对于城市的高质量发展具有重要意义。

表 3 - 8　形象化文化资本与城市高质量发展

| 变量 | (1) | (2) | (3) | (4) | (5) | (6) |
|---|---|---|---|---|---|---|
| visualization | 2.529 *** (0.48) | 1.128 ** (0.46) | 0.528 (0.45) | 0.030 ** (0.01) | 0.102 ** (0.05) | 0.711 ** (0.35) |
| economy | | 2.629 *** (0.17) | 1.952 *** (0.17) | 1.013 *** (0.23) | 0.955 *** (0.23) | 0.395 ** (0.18) |
| ln invest | | | 15.036 *** (1.23) | 14.453 *** (1.22) | 14.055 *** (1.22) | 12.093 *** (1.19) |
| ln consume | | | | 1.174 *** (0.20) | 1.123 *** (0.20) | 0.592 *** (0.20) |
| ln export | | | | 0.380 *** (0.08) | 0.278 *** (0.08) | |
| ln educate | | | | | | 2.125 *** (0.23) |
| ln science | | | | | | 0.355 *** (0.08) |
| 常数项 | 6.479 *** (0.16) | −21.545 *** (1.79) | −296.178 *** (22.47) | −293.407 *** (22.28) | −290.497 *** (22.17) | −260.864 *** (21.74) |
| 地区 | 控制 | 控制 | 控制 | 控制 | 控制 | 控制 |
| 年份 | 控制 | 控制 | 控制 | 控制 | 控制 | 控制 |
| $N$ | 2 112 | 2 112 | 2 112 | 2 112 | 2 112 | 2 112 |
| $R^2$ | 0.015 | 0.131 | 0.196 | 0.211 | 0.219 | 0.267 |
| 调整后的 $R^2$ | −0.126 | 0.006 | 0.080 | 0.096 | 0.106 | 0.159 |
| $F$ | 27.487 | 138.720 | 150.048 | 123.043 | 103.485 | 95.566 |

### (八) 物质化文化资本与城市高质量发展

表 3 - 9 为物质化文化资本对城市高质量发展的影响的检验结果。从检验结果来看,物质化文化资本对城市高质量发展具有显著的正向影响。物质化文化资本是指城市在文化领域所拥有的物质资源和设施,包括文化遗产、文化设施、文化产业基础设施等,对城市的高质量发展具有重要影响。

物质化文化资本的提升将促进城市文化旅游的发展。城市拥有丰富的文化遗产和历史建筑,通过保护、修复和开发利用,可以成为独特的旅游资源。物质化文化资本的提升将改善和丰富旅游设施和服务,吸引更多的游客前来观光和体验。同时,物质化文化资本的丰富还能够提升城市旅游的吸引力和竞争力,为城市经济提供新的增长点。

物质化文化资本的提升将推动城市文化产业的发展。物质化文化资本为文化产业提供了必要的基础设施和资源支持。城市可以通过建设和完善文化产业园区、艺术中心、文化展览馆等,为文化创意产业提供场所和平台。同时,物质化文化资本的提升还将促进文化产业链的完善和延伸,包括艺术品市场、文化创意产品的生产和销售,为城市经济注入新的动力。

物质化文化资本的提升将改善城市的形象和品质。丰富的文化设施和资源为城市提供了独特的文化特色和品质,使城市在国内外具有更高的知名度和美誉度。物质化文化资本的丰富将促进城市形象的塑造和提升,提高城市的软实力和竞争力。同时,物质化文化资本的提升还将改善城市的生活环境和居住品质,提高居民的幸福感和满意度。

物质化文化资本的提升将培育城市的创意产业和创新能力。文化设施和资源为创意产业提供了重要的基础和支持。通过建设和发展艺术中心、设计工作室、文化创意园区等,城市能够吸引和孵化更多的创意人才和创新企业,推动创新产业的发展和城市经济的升级。同时,物质化文化资本的丰富也将激发居民的创新潜能和创业热情,促进创新文化的培育和创新能力的提升。

物质化文化资本的提升将增强城市的社会凝聚力。城市的文化设施和资源为居民提供了丰富多样的文化活动和参与机会,能够促进居民之间的互动和交流。同时,物质化文化资本的提升还将激发居民对城市的归属感和认同感,增强社会凝聚力和对社会文化的认同。

物质化文化资本的提升将优化城市的管理和规划。物质化文化资本的丰富为城市管理和规划提供了重要的参考和依据。通过保护和利用文化遗产,城市能够实现历史与现代的融合,形成独特的城市风貌和城市空间。同时,物质化文化资本的提升也将促进城市管理的专业化和智能化,提高城市的管理效率和服务水平。

综上所述,物质化文化资本对城市高质量发展的影响主要体现在文化旅游的发展、文化产业的发展、城市形象与品质的提升、创意产业和创新能力的培育、社会凝聚力与社会文化的提升、城市管理和规划的优化等方面。这些机理相互作用、相互促进,共同推动城市实现经济、社会、文化的可持续发展。因此,加强物质化文化资本的培育和发展,对于城市的高质量发展具有重要意义。

表 3-9　物质化文化资本与城市高质量发展

| 变量 | (1) | (2) | (3) | (4) | (5) | (6) |
|---|---|---|---|---|---|---|
| materialization | 1.703*** (0.11) | 1.473*** (0.11) | 1.376*** (0.10) | 1.353*** (0.10) | 1.331*** (0.10) | 1.193*** (0.10) |
| ln economy | | 2.387*** (0.16) | 1.741*** (0.16) | 0.863*** (0.22) | 0.817*** (0.22) | 0.238** (0.11) |
| ln invest | | | 13.949*** (1.17) | 13.287*** (1.16) | 12.955*** (1.16) | 11.324*** (1.15) |
| ln consume | | | | 1.069*** (0.19) | 1.022*** (0.19) | 0.566*** (0.19) |
| ln export | | | | 0.321*** (0.08) | | 0.237*** (0.08) |
| ln educate | | | | | | 1.549*** (0.23) |
| ln science | | | | | | 0.370*** (0.07) |

**（续表）**

| 变量 | （1） | （2） | （3） | （4） | （5） | （6） |
|------|------|------|------|------|------|------|
| 常数项 | 6.352*** (0.07) | −19.379*** (1.71) | −274.087*** (21.37) | −268.988*** (21.21) | −266.589*** (21.14) | −240.458*** (20.93) |
| 地区 | 控制 | 控制 | 控制 | 控制 | 控制 | 控制 |
| 年份 | 控制 | 控制 | 控制 | 控制 | 控制 | 控制 |
| $N$ | 2 112 | 2 112 | 2 112 | 2 112 | 2 112 | 2 112 |
| $R^2$ | 0.114 | 0.211 | 0.268 | 0.281 | 0.287 | 0.318 |
| 调整后的 $R^2$ | −0.013 | 0.098 | 0.162 | 0.176 | 0.183 | 0.217 |
| $F$ | 237.722 | 247.303 | 225.156 | 179.800 | 148.125 | 122.367 |

### （九）市场化文化资本与城市高质量发展

表 3-10 为市场化文化资本对城市高质量发展的影响的检验结果。从检验结果来看，市场化文化资本对城市高质量发展的影响显著为正。市场化文化资本是指城市文化领域中具有市场化特征和商业价值的资源和产业，包括文化产品、文化品牌、文化企业等。

市场化文化资本的提升将促进城市经济的增长和创造就业机会。市场化的文化产业以创意和创新为核心，包括艺术、设计、娱乐、传媒等领域。发展市场化文化资本能够培育和壮大文化产业，为城市经济注入新的增长点。同时，市场化文化资本的发展还将创造更多的就业机会，吸引人才流入文化产业，推动城市就业和人力资源的优化配置。

市场化文化资本的提升将培育城市的文化创意产业。市场化的文化资本鼓励和推动文化创意产业的发展。文化创意产业是以文化资本为基础，以创意和创新为核心的产业形态。发展文化创意产业有助于培育创新型企业和创业者，推动经济结构的转型和升级。通过市场化的运作和经营，文化创意产业能够更好地实现商业化和可持续发展，为城市经济带来增长和活力。

市场化文化资本的提升将推动城市品牌的塑造与推广。市场化的文化资本具有商业价值和市场影响力，可以成为城市品牌的重要组成部分。通过挖掘和推广城市的文化资源和品牌元素,能将城市的文化形象与商业活动有机结合,提升城市的知名度和美誉度。良好的城市品牌将吸引更多的投资、人才和游客,推动城市的发展和繁荣。

市场化文化资本的提升将促进文化消费的发展和文化市场的繁荣。市场化的文化资本为人们提供了多样化的文化产品和服务。通过丰富的文化市场和文化活动,城市居民能够享受到更多的文化消费机会,提高生活质量和幸福感。市场化的运作模式也有利于文化产业的商业化,推动文化市场的繁荣和发展。

市场化文化资本的提升将激发创新与创业的活力。市场化的文化资本为创新者和创业者提供了更多的机会和平台。创新和创意是市场化文化资本发展的核心动力,能够推动文化产业的不断创新和升级。市场化的运作模式也为创业者提供了商业化的机会,鼓励他们将创意和创新转化为商业价值,推动创新型企业和创业项目的发展。

市场化文化资本的提升将促进城市的国际交流和文化合作。市场化的文化资本具有较强的市场竞争力和吸引力,能够与国际文化资本进行对接和交流。通过文化活动、文化展览、文化交流等方式,城市能够加强与国际文化的合作和交流,提升城市的国际影响力和地位。

综上所述,市场化文化资本对城市高质量发展的影响主要体现在经济增长与就业机会、文化创意产业的培育、城市品牌的塑造与推广、文化消费的促进与文化市场的繁荣、创新与创业的激发、国际交流与文化合作等方面。这些机理相互作用、相互促进,共同推动城市实现经济、社会、文化的可持续发展。因此,加强市场化文化资本的培育和发展,对于城市的高质量发展具有重要意义。

表3-10　市场化文化资本与城市高质量发展

| 变量 | (1) | (2) | (3) | (4) | (5) | (6) |
|---|---|---|---|---|---|---|
| marketization | 3.716*** <br>(0.15) | 3.184*** <br>(0.17) | 2.865*** <br>(0.17) | 2.764*** <br>(0.17) | 2.712*** <br>(0.17) | 2.413*** <br>(0.17) |
| ln economy | | 1.120*** <br>(0.17) | 0.735*** <br>(0.17) | 0.262 <br>(0.22) | 0.238 <br>(0.22) | 0.625** <br>(0.24) |

**（续表）**

| 变量 | (1) | (2) | (3) | (4) | (5) | (6) |
|---|---|---|---|---|---|---|
| ln invest | | | 11. 367*** (1. 15) | 11. 103*** (1. 15) | 10. 881*** (1. 15) | 9. 730*** (1. 14) |
| ln consume | | | | 0. 626*** (0. 19) | 0. 597*** (0. 19) | 0. 241 (0. 19) |
| ln export | | | | | 0. 260*** (0. 08) | 0. 197** (0. 08) |
| ln educate | | | | | | 1. 461*** (0. 22) |
| ln science | | | | | | 0. 272*** (0. 07) |
| 常数项 | 4. 796*** (0. 10) | −6. 978*** (1. 82) | −215. 905*** (21. 30) | −215. 619*** (21. 24) | −214. 818*** (21. 18) | −199. 333*** (21. 00) |
| 地区 | 控制 | 控制 | 控制 | 控制 | 控制 | 控制 |
| 年份 | 控制 | 控制 | 控制 | 控制 | 控制 | 控制 |
| $N$ | 2 112 | 2 112 | 2 112 | 2 112 | 2 112 | 2 112 |
| $R^2$ | 0. 253 | 0. 269 | 0. 306 | 0. 310 | 0. 314 | 0. 337 |
| 调整后的 $R^2$ | 0. 146 | 0. 165 | 0. 206 | 0. 210 | 0. 214 | 0. 240 |
| $F$ | 624. 831 | 340. 470 | 271. 074 | 207. 231 | 168. 782 | 133. 635 |

## （十）制度化文化资本与城市高质量发展

表 3-11 为制度化文化资本对城市高质量发展的影响的检验结果。从检验结果来看,制度化文化资本对城市高质量发展具有显著的正向影响。制度化文化资本是指城市在文化领域建立的一系列规章制度、政策和机制,以保护、传承和利用文化资源,促进文化事业的可持续发展。制度化文化资本对城市的高质量发展具有重要影响。下面将详细分析制度化文化资本对城市高质量发展的影响机理。

制度化文化资本的提升将促进城市文化产业的健康发展。通过建立健全法律、政策和管理机制,城市能够为文化产业提供良好的发展环境和政策支持。制度化文化资本能够促使文化产业从非正规、无序的状态转向有序、规范的发展轨道。同时,制度化的保护措施也能够加强文化产业从业者的合法权益保障,激发其创造力和创新力,推动文化产业的升级和转型。

制度化文化资本的提升将推动城市文化遗产的保护与传承。城市的文化遗产是城市文化的重要组成部分,具有重要的历史、艺术和社会价值。通过制定和完善相关法律法规、政策和规划,城市能够保护和传承文化遗产,维护其独特性和完整性。同时,制度化的保护措施也能够提高公众对文化遗产的认知和重视程度,促进文化遗产的可持续利用和发展。

制度化文化资本的提升将推动城市文化教育的普及与提升。通过建立全面的文化教育体系,包括学校教育、社区教育等,城市能够提供广泛的文化教育机会和资源,培养居民的文化素养和创造能力。制度化的文化教育体系能够确保文化教育的公平性和质量,促进居民的全面发展,推动城市文化水平的提升。

制度化文化资本的提升将促进文化产业与城市经济的融合。通过建立良好的文化产业政策和机制,城市能够促进文化产业与其他产业融合,形成产业链条和价值链。制度化的支持措施能够为文化企业提供资金、场地、知识产权保护等,推动文化产业的商业化和市场化发展。文化产业的发展也将为城市经济注入新的增长点,提升城市的竞争力和创新能力。

制度化文化资本的提升将加强社会参与和文化治理。通过建立多元化、民主化的文化决策机制和参与平台,城市能够吸纳社会各界力量参与文化建设和决策。制度化的文化治理机制能够确保决策的公正性和透明度,凝聚社会共识和集体智慧,推动文化事业的共同发展。同时,社会参与的加强也能够促进文化活动和项目的多样性,丰富城市文化生活。

制度化文化资本的提升将提升城市的文化软实力。城市的文化软实力是城市在文化领域具备的影响力和竞争力。通过制度化的文化资本建设,城市能够提高文化产业的竞争力和市场地位,提升文化创意的质量和水平,增强城市的文化影响力和国际声誉。同时,文化软实力的提升还将吸引更多的人才、投资和资源流入城市,推动城市的高质量发展。

综上所述，制度化文化资本对城市高质量发展的影响主要体现在文化产业的健康发展、文化遗产的保护与传承、文化教育的普及与提升、文化产业与城市经济的融合、社会参与和文化治理的加强、城市文化软实力的提升等方面。这些机理相互作用、相互促进，共同推动城市实现经济、社会、文化的可持续发展。因此，加强制度化文化资本的培育和发展，对于城市的高质量发展具有重要意义。

表 3-11　制度化文化资本与城市高质量发展

| 变量 | (1) | (2) | (3) | (4) | (5) | (6) |
|---|---|---|---|---|---|---|
| institutionalization | 0.093*** (0.01) | 0.079*** (0.01) | 0.064*** (0.01) | 0.063*** (0.01) | 0.063*** (0.01) | 0.052*** (0.01) |
| ln economy | | 2.608*** (0.16) | 1.945*** (0.17) | 0.997*** (0.23) | 0.941*** (0.23) | 0.296** (0.14) |
| ln invest | | | 14.264*** (1.22) | 13.547*** (1.21) | 13.137*** (1.21) | 11.345*** (1.19) |
| ln consume | | | | 1.148*** (0.19) | 1.091*** (0.19) | 0.550*** (0.20) |
| ln export | | | | 0.377*** (0.08) | 0.278*** (0.08) |
| ln educate | | | | | | 1.968*** (0.23) |
| ln science | | | | | | 0.331*** (0.07) |
| 常数项 | 7.120*** (0.04) | −21.107*** (1.76) | −281.557*** (22.27) | −275.933*** (22.09) | −272.720*** (21.98) | −245.224*** (21.64) |
| 地区 | 控制 | 控制 | 控制 | 控制 | 控制 | 控制 |
| 年份 | 控制 | 控制 | 控制 | 控制 | 控制 | 控制 |
| N | 2112 | 2112 | 2112 | 2112 | 2112 | 2112 |
| $R^2$ | 0.036 | 0.154 | 0.212 | 0.227 | 0.235 | 0.276 |
| 调整后的 $R^2$ | −0.102 | 0.032 | 0.099 | 0.115 | 0.124 | 0.170 |
| F | 68.513 | 167.513 | 165.812 | 135.311 | 113.425 | 100.358 |

**（十一）异质性检验**

我国幅员辽阔,不同区域之间的发展存在一定的差异性,本部分将样本城市划分为东部地区、中部地区以及西部地区,以进一步检验不同地区文化资本对城市高质量发展的影响[①]。

1. 东部地区

表 3-12 为东部地区文化资本对城市高质量发展影响的检验结果。从检验结果来看,东部地区文化资本对城市高质量发展的影响显著为正。此外,智力化文化资本、形象化文化资本、物质化文化资本、市场化文化资本以及制度化文化资本对城市高质量发展的影响均显著为正。

表 3-12　东部地区检验结果

| 变量 | (1) | (2) | (3) | (4) | (5) | (6) |
|---|---|---|---|---|---|---|
| cultural_capital | 0.097 ***<br>(0.02) | | | | | |
| intelligence | | 1.014 ***<br>(0.23) | | | | |
| visualization | | | 1.856 **<br>(0.94) | | | |
| materialization | | | | 4.087 ***<br>(0.32) | | |
| marketization | | | | | 3.315 ***<br>(0.43) | |
| institutionalization | | | | | | 0.077 ***<br>(0.02) |
| ln economy | −0.168<br>(0.75) | −0.557<br>(0.76) | −0.692<br>(0.77) | 0.122<br>(0.69) | −0.740<br>(0.74) | −0.255<br>(0.76) |

---

① 本章统计中所涉及东部、中部、西部的具体划分为:东部包括北京、天津、河北、上海、江苏、浙江、福建、山东、广东、辽宁、海南;中部包括山西、安徽、江西、河南、湖北、湖南、吉林和黑龙江;西部包括内蒙古、广西、重庆、四川、贵州、云南、西藏、陕西、甘肃、青海、宁夏和新疆。

| 变量 | (1) | (2) | (3) | (4) | (5) | (6) |
|---|---|---|---|---|---|---|
| ln invest | 12.534*** (2.67) | 10.590*** (2.78) | 14.032*** (2.70) | 6.329** (2.49) | 13.332*** (2.60) | 13.264*** (2.68) |
| ln consume | 0.543 (0.45) | 0.420 (0.45) | 0.736 (0.46) | 0.543 (0.41) | 0.103 (0.44) | 0.577 (0.45) |
| ln export | 1.981*** (0.61) | 1.672*** (0.62) | 2.031*** (0.63) | 1.463*** (0.56) | 1.360** (0.61) | 2.059*** (0.62) |
| ln educate | 2.697*** (0.62) | 3.030*** (0.61) | 3.445*** (0.62) | 0.709 (0.59) | 2.345*** (0.61) | 2.936*** (0.62) |
| ln science | 0.314* (0.19) | 0.350* (0.19) | 0.354* (0.19) | 0.401** (0.17) | 0.257 (0.18) | 0.314* (0.19) |
| 常数项 | −305.415*** (49.06) | −264.647*** (51.74) | −341.052*** (49.46) | −160.295*** (46.48) | −293.185*** (47.95) | −322.791*** (49.20) |
| 地区 | 控制 | 控制 | 控制 | 控制 | 控制 | 控制 |
| 年份 | 控制 | 控制 | 控制 | 控制 | 控制 | 控制 |
| $N$ | 760 | 760 | 760 | 760 | 760 | 760 |
| $R^2$ | 0.327 | 0.320 | 0.303 | 0.440 | 0.356 | 0.316 |
| 调整后的 $R^2$ | 0.224 | 0.215 | 0.196 | 0.355 | 0.257 | 0.211 |
| $F$ | 45.738 | 44.195 | 40.940 | 73.985 | 52.001 | 43.475 |

2. 中部地区

表 3-13 为中部地区文化资本对城市高质量发展影响的检验结果。从检验结果来看，中部地区文化资本对城市高质量发展具有显著的正向影响。此外，智力化文化资本、形象化文化资本、物质化文化资本以及市场化文化资本对城市高质量发展的影响均显著为正，制度化文化资本对城市高质量发展的影响为正，但不显著。

表 3 - 13   中部地区检验结果

| 变量 | (1) | (2) | (3) | (4) | (5) | (6) |
|---|---|---|---|---|---|---|
| cultural_capital | 0. 025 *** (0. 01) | | | | | |
| intelligence | | 1. 464 *** (0. 08) | | | | |
| visualization | | | 2. 012*** (0. 48) | | | |
| materialization | | | | 0. 248 *** (0. 06) | | |
| marketization | | | | | 2. 112 *** (0. 12) | |
| institutionalization | | | | | | 0. 005 (0. 01) |
| ln economy | 0. 056 (0. 20) | 0. 106 (0. 17) | 0. 195 (0. 20) | 0. 055 (0. 20) | −0. 274 (0. 17) | 0. 038 (0. 20) |
| ln invest | 1. 514 (1. 24) | −0. 135 (1. 02) | 1. 580 (1. 22) | 2. 618 ** (1. 22) | −1. 848 * (1. 05) | 2. 087 * (1. 25) |
| ln consume | 0. 407 ** (0. 19) | 0. 517 *** (0. 16) | 0. 294 (0. 19) | 0. 439 ** (0. 19) | 0. 357 ** (0. 16) | 0. 393 ** (0. 19) |
| ln export | 0. 106 ** (0. 04) | 0. 097 *** (0. 04) | 0. 098 ** (0. 04) | 0. 097 ** (0. 04) | 0. 074 ** (0. 04) | 0. 105 ** (0. 04) |
| ln educate | 1. 739 *** (0. 26) | 0. 702 *** (0. 22) | 1. 573 *** (0. 26) | 1. 637 *** (0. 26) | 0. 935 *** (0. 22) | 1. 822 *** (0. 26) |
| ln science | 0. 232 *** (0. 07) | 0. 179 *** (0. 06) | 0. 226 *** (0. 07) | 0. 260 *** (0. 07) | 0. 259 *** (0. 06) | 0. 240 *** (0. 07) |
| 常数项 | −56. 282 ** (22. 90) | −16. 526 (18. 78) | −55. 345 ** (22. 65) | −76. 263 *** (22. 47) | 20. 761 (19. 54) | −67. 641 *** (22. 98) |
| 地区 | 控制 | 控制 | 控制 | 控制 | 控制 | 控制 |
| 年份 | 控制 | 控制 | 控制 | 控制 | 控制 | 控制 |
| $N$ | 824 | 824 | 824 | 824 | 824 | 824 |
| $R^2$ | 0. 408 | 0. 596 | 0. 414 | 0. 411 | 0. 583 | 0. 399 |
| 调整后的 $R^2$ | 0. 317 | 0. 534 | 0. 324 | 0. 321 | 0. 519 | 0. 308 |
| $F$ | 70. 187 | 150. 516 | 71. 920 | 71. 196 | 142. 642 | 67. 831 |

### 3. 西部地区

表 3-14 为西部地区文化资本对城市高质量发展影响的检验结果。从检验结果来看,西部地区文化资本对城市高质量发展具有显著的正向影响。此外,智力化文化资本、市场化文化资本以及制度化文化资本对城市高质量发展的影响均显著为正,形象化文化资本对城市高质量发展的影响为负,物质化文化资本对城市高质量发展的影响为正,两者均不显著。

表 3-14 西部地区检验结果

| 变量 | (1) | (2) | (3) | (4) | (5) | (6) |
|---|---|---|---|---|---|---|
| cultural_capital | 0.367***<br>(0.05) | | | | | |
| intelligence | | 0.613***<br>(0.08) | | | | |
| visualization | | | −0.166<br>(0.29) | | | |
| materialization | | | | 0.004<br>(0.13) | | |
| marketization | | | | | 0.841***<br>(0.14) | |
| institutionalization | | | | | | 1.294***<br>(0.08) |
| ln economy | −0.080<br>(0.16) | −0.035<br>(0.16) | 0.033<br>(0.17) | 0.031<br>(0.17) | −0.016<br>(0.17) | −0.182<br>(0.14) |
| ln invest | 6.876***<br>(0.81) | 6.757***<br>(0.82) | 8.061***<br>(0.84) | 8.039***<br>(0.84) | 7.532***<br>(0.81) | 4.032***<br>(0.70) |
| ln consume | 0.152<br>(0.13) | 0.188<br>(0.13) | 0.355**<br>(0.14) | 0.345**<br>(0.14) | 0.207<br>(0.13) | 0.036<br>(0.11) |
| ln export | 3.511***<br>(0.21) | 3.532***<br>(0.21) | 4.062***<br>(0.21) | 4.046***<br>(0.21) | 3.774***<br>(0.21) | 2.407***<br>(0.19) |
| ln educate | 0.049<br>(0.12) | 0.116<br>(0.12) | 0.203<br>(0.13) | 0.196<br>(0.13) | 0.068<br>(0.13) | −0.883***<br>(0.12) |

(续表)

| 变量 | (1) | (2) | (3) | (4) | (5) | (6) |
|------|-----|-----|-----|-----|-----|-----|
| ln science | 0.167*** (0.05) | 0.172*** (0.05) | 0.192*** (0.05) | 0.193*** (0.05) | 0.148*** (0.05) | 0.006 (0.04) |
| 常数项 | −183.950*** (14.19) | −183.424*** (14.21) | −219.580*** (14.24) | −218.714*** (14.17) | −200.832*** (13.93) | −112.756*** (12.75) |
| 地区 | 控制 | 控制 | 控制 | 控制 | 控制 | 控制 |
| 年份 | 控制 | 控制 | 控制 | 控制 | 控制 | 控制 |
| N | 528 | 528 | 528 | 528 | 528 | 528 |
| $R^2$ | 0.743 | 0.743 | 0.712 | 0.712 | 0.734 | 0.823 |
| 调整后的 $R^2$ | 0.702 | 0.702 | 0.666 | 0.666 | 0.692 | 0.795 |
| F | 187.500 | 187.523 | 160.672 | 160.511 | 179.084 | 302.250 |

## (十二) 稳健性检验

表 3-15 为稳健性检验结果。分别运用混合回归模型和随机效应模型检验文化资本对城市高质量发展的影响,从检验结果来看,文化资本对城市高质量发展的影响仍显著为正,本部分的实证检验结果是稳健的。

表 3-15　稳健性检验结果

| 变量 | 混合回归 | | | 随机效应 | | |
|------|-----|-----|-----|-----|-----|-----|
|  | (1) | (2) | (3) | (4) | (5) | (6) |
| cultural_capital | 0.338*** (0.01) | 0.127*** (0.01) | 0.121*** (0.01) | 0.167*** (0.01) | 0.109*** (0.01) | 0.100*** (0.01) |
| ln economy |  | 1.438*** (0.16) | 1.046*** (0.16) |  | 0.465** (0.20) | 0.176** (0.08) |
| ln invest |  | 13.807*** (1.12) | 10.498*** (0.94) |  | 13.778*** (1.14) | 11.873*** (1.10) |
| ln consume |  | 2.819*** (0.09) | 0.523*** (0.14) |  | 1.988*** (0.15) | 0.987*** (0.16) |
| ln export |  |  | 2.490*** (0.11) |  |  | 0.584*** (0.08) |

| 变量 | 混合回归 | | | 随机效应 | | |
|---|---|---|---|---|---|---|
| | (1) | (2) | (3) | (4) | (5) | (6) |
| ln educate | | | 2.018*** (0.17) | | | 1.706*** (0.19) |
| ln science | | | 0.199** (0.08) | | | 0.401*** (0.07) |
| 常数项 | 5.364*** (0.11) | −312.533*** (20.29) | −278.331*** (16.89) | 6.336*** (0.27) | −288.267*** (20.74) | −265.888*** (20.01) |
| 地区 | 控制 | 控制 | 控制 | 控制 | 控制 | 控制 |
| 年份 | 控制 | 控制 | 控制 | 控制 | 控制 | 控制 |
| $N$ | 2 112 | 2 112 | 2 112 | 2 112 | 2 112 | 2 112 |
| $R^2$ | 0.401 | 0.724 | 0.810 | | | |
| 调整后的 $R^2$ | 0.401 | 0.723 | 0.809 | | | |
| $F$ | 1 415.231 | 1 380.085 | 1 281.467 | | | |

# 第三节　本章小结

本章首先梳理了文化资本推动整体城市高质量发展的理论机制，并从城市规模、城市品牌、创意阶层和产业结构四个维度分述了文化资本的作用机制。

城市规模包括城市经济规模、城市人口规模、城市空间规模三个概念内涵。城市经济规模又表现为城市经济增长，文化资本通过直接影响和间接影响两个机制推动城市经济规模扩张：① 文化资本通过文化产品与服务在市场流通、提高相关产业投资收益直接促进城市经济规模扩张；② 文化资本通过制约其他生产要素配置、约束经济人行为、影响企业家的决策与创新，间接推动城市经济规模扩张。城市人口规模涉及人口密度和城市发展的动力机制——集聚经济。文化资本通过"吸引外来人口迁入，促进城市人口集聚"两步走的方式推动城市人口密度上升。具体来说，文化资本首先通过智力化、物质化、市场化和制度化四种形式吸引外来人口迁入，然后通过知识外部性传导机制促进城市人口集聚。文化资本对城市空间规模的作用也通过直接影响和间接影响两条路径实现：一方面，文化资本通过如城市用地观念等无形资本，直接影响城市空间规模的改变；另一方面，文化资本又通过影响城市经济规模和人口规模间接影响城市空间规模。

城市品牌中文化资本的作用涉及城市品牌塑造和城市品牌提升两个过程。在城市品牌塑造过程中，文化资本中城市物质文化资本作为品牌要素参与城市品牌建设。在城市品牌提升的过程中，文化资本主要在城市品牌价值再创造、营销与传播方面发挥作用。

创意阶层中文化资本的作用涉及创意阶层的地理空间集聚、创意阶层的社会空间流动、创意阶层的经济创新能力三方面。在创意阶层的地理空间集聚机制中，文化资本的作用路径与城市人口规模类似，通过物质化、市场化、制度化和智力化文化资本吸引创意阶层在地理空间上集聚。在创意阶层的社会空间流动机制中，文化资本与社会分层结构是双向影响。文化资本积累导致社会阶级分层，而社会阶级的差异性又外在表现于文化资本。在创意阶层的经济创新能力机制中，文化资本通过两条作用路径影响创新：① 文化资本通过吸引创意阶层集聚和"以人带产"效应，进一步吸引高科技产业进驻，从而导致区域创新产出增加；② 家庭文化资本的积累能够直接影响创意阶层的创新能力。

文化资本对产业结构的影响按照三次产业依次论述。在第一产业的发展中，文化资本主要在三方面发挥作用：① 农业文化产品的开发与保护，涉及物质化文化资本的运作；② 非物质文化遗产的传承，涉及智力化文化资本的运作；③ 区域品牌构建，涉及形象化、市场化、制度化文化资本的运作。在第二产业的发展中，文化资本与第二产业呈现双向作用机制：一方面，文化资本内涵于诸如工业精神的制度化形式，提高第二产业生产效率；另一方面，工业遗留物品亦能够形成文化遗产，反哺文化资本。在第三产业的发展中，文化资本主要存在于消费观念转变、服务产品的文化内涵、服务劳动者的文化素质三方面，对第三产业造成影响。

　　理论分析之后，基于前文构建的文化资本和城市高质量发展的指标体系，实证检验文化资本对城市高质量发展的影响。检验结果发现，文化资本对城市高质量发展具有显著的正向影响，且文化资本对城市高质量发展的城市规模维度、城市品牌维度、城市创意阶层维度以及城市产业结构维度均具有显著正向影响，文化资本的智力化文化资本、形象化文化资本、物质化文化资本、市场化文化资本以及制度化文化资本对城市高质量发展的影响均显著为正，进一步通过异质性检验发现，在我国东部、中部和西部地区，文化资本对城市高质量发展均具有显著的正向影响，本部分的实证检验结果是稳健的。

# 第四章 文化资本与城市规模

近年来,我国城市化水平不断提高,截至 2022 年底,城镇常住人口达到了 9.2 亿。当前,我国的城市化进程正在不断推进,据相关学者研究预计[①],到 2030 年我国城镇化率将达到 70%,2050 年将达到 80%左右,城镇化仍然具有较大的发展空间和潜力。这意味着未来十到二十年,我国城镇人口将超过 10 亿人,即每年城镇人口平均新增近 2 000 万人,城市化发展仍然是我国经济与社会发展的重要趋势之一。同时,在国家政策层面,2019 年国家发展和改革委员会先后印发《关于培育发展现代化都市圈的指导意见》和《2019 年新型城镇化建设重点任务》,强调"城市群是新型城镇化主体形态,是支撑全国经济增长、促进区域协调发展、参与国际竞争合作的重要平台",并将推进城市群发展和培育现代化都市圈作为新型城镇化的重点任务。在实践上,近年来国家陆续推出的京津冀协同发展战略、粤港澳大湾区战略、长三角一体化战略等,无一不是致力于打造世界级城市群、大湾区和都市圈,以此带动城镇化高质量发展和在更高层面参与国际竞合。可以预见,未来城市群和都市圈仍将是推动城市经济增长的重要引擎[②]。

文化与城市的关系密不可部分,城市是文化的产物,文化又是城市发展的灵魂和营养。文化是人的文化,社会上的价值观念、伦理道德、政府法规、生活方式、思想追求、审美倾向等都是文化的范畴,而人们会被相同或相似的文化所吸引并聚集,例如,商业文化、艺术文化等,从而逐渐形成了城市。城市在不

---

① 潘家华,单菁菁,武占云.中国城市发展报告 No. 12[M].北京:社会科学文献出版社,2019.

② 陈桂龙.制造业提质升级[J].中国建设信息化,2019(22):34-37.

断发展和演变中,会产生多种独特的文化与内涵,并不断创造各种类型、不同结构的文化资本,进一步促进文化的交流与创新。而一个拥有先进的文化、活跃的文化氛围和丰富的文化资本的城市会吸引更多的人前来生活居住、创办企业、休闲娱乐,进而不断促进城市经济发展与规模扩张。

# 第一节 文化资本对城市规模影响的理论机制

本节将从文化资本的角度出发,分析文化资本对城市规模发展的影响,试图寻找实现最佳城市规模水平的路径,促进城市的可持续发展。城市规模的大小可以概括为城市经济规模、城市人口规模与城市占地规模三种指标,但城市占地规模会随着城市人口规模的变化而变化,故可以说一个城市的经济规模和人口规模决定着该城市的规模。基于此,本节的理论机制研究具体分为以下几个部分:第一部分是城市规模的影响因素及发展演变;第二部分是文化资本与城市经济增长,第三部分是文化资本与城市人口规模。

## 一、城市规模的影响因素及发展演变

城市也可以称为城市聚落,是非农业产业和非农业人口集聚形成的一种经济现象,是空间经济体系格局的一种最高表现。对于城市规模的定义,不同的学者有不同定义,有学者认为:"形成城市的各种要素的集中程度就是城市规模。"但这种观点仅是从静态的角度出发,认为城市规模是一个城市聚集力的反映。而如果从动态的角度加以考虑,城市要素在产生空间集聚的同时也会自然而然地形成空间上的伸展,所以城市规模既是城市聚集力反映也是城市扩散力的反映。基于此,本书把城市规模定义为:由城市各种要素的规模指标所组成的反映城市聚集力和扩散力大小的规定。事实上,城市规模是一个由经济规模和自然规模所组成的综合概念。顾名思义,经济规模就是指一个城市的经济实力,包括经济总量、产业构成、基础设施等,一般采取复合指标来进行衡量;而自然规模一般是指一个城市的人口规模或者用地规模。

### （一）城市规模的影响因素

影响城市规模大小的因素有很多，主要可以概括为以下几个方面：

#### 1. 城市的经济状况

城市的经济状况由城市的经济实力和经济结构两个方面构成。其中经济实力是一个城市的硬实力，是城市规模实现进一步扩大的基础。经济实力对城市规模的制约，也可体现在自然条件和社会经济条件上。城市的经济实力越强，这些因素的制约力就越小。如南京修建跨越长江的多座大桥以及地铁的开通，极大地促进了江北的开发，为南京城市规模的扩大开辟了新空间；再比如，香港填海造城，扩大了城市的可利用土地面积。如果城市的经济结构不同，也会导致城市的规模大不相同。以资本、技术密集型产业为主的城市，由于对劳动力数量需求较少，其城市规模一般也较小，而以劳动密集型产业为主的城市，由于对劳动力数量需求较大，其城市规模一般也较大。

服务型城市和工业型城市自 2000 年来的发展模式大致类似。因为许多服务型城市在过去均为工业中心。同时，国家还鼓励沿海制造业企业向内地，而不是海外发展，如此一来，内地发展落后的城市可以学习沿海城市的发展经验并效仿它们的工业化发展道路。一些沿海城市由工业向服务业的成功转型带来了工资水平的提高以及地价的上涨。福州、厦门和温州是在经济表现指标中排名前十的三个服务型城市。这些城市十年前还严重依赖生产制造业，然而如今已成功发展了金融服务行业和电子商务。

#### 2. 城市的生产力和人力资本

人力资本的增长是城市增长的主要源泉之一。在知识经济和市场经济时代，一个城市和其人力资源在很大程度上是城市增长、向外进一步扩张的动力。另外，城市人口的自然增长率也影响着城市规模的发展。城市人口规模是城市规模的决定性因素，城市人口又分为本地人口和外来人口，本地人口规模主要由本地人口的自然增长率所决定，外来人口规模则受到城市环境、就业机会、收入水平、地理位置等多方面因素影响。人力资本外部性在城市发展中也扮演了重要角色。人力资本的外部性是指通过一起生活，一起工作就产生了一个相互学习效应,这种相互学习效应便称为"人力资本的外部性"。由于存在人力资本外部性,大学生会愿意在城市工作,特别是在大城市。因此可以看到,大学生他们偏向去大学生多的地方工作,而不是相似人才较少的地方,这就是人力资本外部性所产生的强大学习效应。通过使用 CHIPS2002 和 2007 的数据,研究发现,一个城市的平均受教育年限增加一年,这个城市的居民平均收入将提高大约 21.9%[①]。如果换用 2005 年 1% 的人口小普查数据,一个城市的平均受教育年限增加一年,这个城市的居民平均收入将提升大约 19.6% 到 22.7%[②]。不同的数据估计出来的结果非常接近,这是人力资本外部性带来的收入水平的提高。

### 3. 城市的自然资源

自然资源一般是指直接影响城市生存和发展相关资源的总和,主要包括地形地貌、水资源、矿产资源等。它是人类得以生存的根本所在。其中,地形地貌是决定一个城市规模大小的最基本要素,在地形平坦地区的城市,其规模一般较大,山区很少有较大型城市,如我国的特大型、大型城市一般都位于东部沿海平原地区,西南地区大型城市较少。水资源对城市规模的影响很大,作为人类生活和生产的必备要素,必不可少,在干旱地区更是关键要素,起着决定性的作用。但由于一个区域的水资源总量是相对固定的,即使是在水资源相对充足的地区,用得越多、污染越严重,则该区域内水资源可利用总量就会下降,这会进一步约束城市规模的扩张。如在我国的北方城市,水资源供需矛盾突出,水资源短缺限制了城市规模的扩大,导致一些北方的城市在一定程度上需要依靠南水北调工程来解决缺水问题。矿产资源型城市的规模直接由其所拥有的石油、煤炭、天然气等各种矿产资源的储量、开采条件和开采规模所决定,如新疆的克拉玛依、黑龙江的大庆、内蒙古的鄂尔多斯、山西大同等,资

---

① GLAESER E L, LU M. Human capital externalities in China[J]. Working Paper, Harvard University and Shanghai Jiao Tong University, 2014.

② 陆铭. 城市、区域和国家发展——空间政治经济学的现在与未来[J]. 经济学(季刊),2017,16(4):1499-1532.

源型城市如果不进行"二次创业",寻找新的经济增长点,就很难实现可持续发展。

### 4. 城市的性质和功能

一个城市的性质、形态和功能等往往都是由政府通过城市规划,以法律文件的形式确定下来,而一个城市性质和功能的不同,要求不同的城市规模与之相适应。一般而言,以轻工业为主、功能单一的城市,其城市规模较小,而以重工业为主、功能多样化的城市,其城市规模较大。例如,当一个城市被定位为旅游观光型城市时,为了维护原有功能,其城市规模需要被限制,不宜较大,但一些城市的主要定位或功能有两个或两个以上,其他为辅助功能,这样的称为兼质城市。实际工作中对各类城市的确定,常常取兼质表述的办法,即将两种或两种以上的主要功能并列起来①。因此,城市性质的概念可以表述为:城市性质是指一个城市在国家和地区的政治、经济、社会、文化生活中的地位、作用,代表了城市的个性、特点和发展方向,是城市主要职能的集中反映。城市性质是一个城市在社会经济发展到一定历史阶段所具有的本质属性,体现了各城市间相互区别的基本特征。

### 5. 城市区域的承载能力

城市区域的承载能力是指一个城市的基础设施和配置服务设施的供给能力以及区域内生态环境的承载能力,它决定着一个城市的发展潜力,制约着城市规模大小的发展。如果一个城市规模过大,而其基础设施薄弱、市场运营能力不足、产业服务落后,或者超过区域内生态环境的承载能力,就会导致城市资源紧张、基础设施配套服务不足等问题,进一步会引起城市增长乏力和人民生活水平的下降。相反,如果一个城市规模过小,会导致城市聚集力不足,外部设施运营效益下降,引起生产成本上升。承载力是一个与资源禀赋、技术手段、社会选择和价值观念等密切相关的、具有相对极限内涵的伦理特征概念,它本质上是灵活、动态的多元化衡量评价系统。城市承载力主要包括"要素系

---

统承载力"和"城市综合承载力"两个方面。要素系统承载力具有"阈值"的含义,即如果超越该阈值将导致环境污染严重,甚至出现不可逆转的破坏,进而影响城市的可持续发展,表现出城市发展中的要素短板。该要素是指与城市经济活动密切相关的土地承载力、水资源承载力、交通承载力和环境承载力等。而城市综合承载力是指城市在不产生任何破坏时所能承受的最大负荷,即城市的资源禀赋、生态环境和基础设施对城市人口和经济社会活动的承载能力,城市综合承载力是一个具有"能力"内涵的概念①。

6. 城市的地理位置

城市地理位置优与劣取决于其交通发不发达,城市的地理位置主要体现在城市的交通位置上。在工业革命初期,接近自然资源丰富的地区,城市很快就会发展起来,如英国的一些老工业城市大多是在19世纪中期利用周边自然资源形成和发展起来的。随着技术的发展,运输成本的下降,地理位置对城市发展的制约不断减弱,但它以另外一种方式呈现出来,如交通的便利性、市场的接近性、人才和技术的可获得性等。世界经济中心的转移、大都市的形成和发展都与地理位置特别是经济地理位置有密切的关系。在15世纪前,地中海是世界贸易和航运的中心,接近地中海的威尼斯、佛罗伦萨相继成为世界经济贸易中心;16世纪开始世界贸易由地中海转向北大西洋东岸,位于北大西洋航线的英国、荷兰等国家的城市快速发展;从19世纪下半叶开始,世界贸易和航运中心由北大西洋东岸向西岸转移,美国的波士顿和纽约等城市迅速成长起来;从20世纪70年代开始,世纪贸易和航运中心由"一级化"向"多极化"转变,世界经济联系更加多元化和密切化,世界城市也不限于一个地区,形成了欧洲的伦敦和巴黎、美国的纽约和日本的东京等。在这个过程中,经济地理位置起到了重要的作用。

地理位置对城市发展的作用,其背后的经济地理学含义是运输和交易成本发挥了重要的作用,主要体现在:一是位置影响着运输费用和时间成本,位

---

① 杨振山,丁悦,李娟.城市可持续发展研究的国际动态评述[J].经济地理,2016,36(7):9-18.

于便利的交通枢纽,可以降低运输费用和交易时间成本;二是位置来带了交易成本变化的不确定性,良好的地理位置可以降低服务和贸易的不确定性。特别是现代城市发展更加依赖于交通系统。在城市发展过程中,如果运输条件得到大幅改善,则其就有可能由原来默默无闻的小城市发展成人们熟知的大城市,如我国的石家庄、郑州等。相反,如果运输条件不能随着城市的发展获得改善,则原来十分繁华的大城市也有可能衰落下去,比如许多京杭大运河沿岸的繁华都市因铁路的兴起而衰落。地理位置从现在来看,更多反映了一个城市的经济联系和基础设施的连通性,因此,从此意义讲,地理位置也影响着城市间经济社会的流动性、经济发展的基础和韧性。

### 7. 城市的规模经济

城市的规模经济是指随着城市规模的扩大,城市的社会经济生产成本明显下降,社会经济效益能够得到明显提升。城市集聚经济的最主要源泉就是城市规模经济,它既包括生产规模经济也包括消费规模经济。规模经济效益的产生主要由两方面原因造成,一是生产投入的不可分性,二是生产规模扩大所带来的生产效率和运营管理效率的提高。城市规模的具体表现可以从居民个人、企业和城市三个层面分析。从个人的角度来看,城市规模效益主要体现在居民货币收入和公共设施的便利性。从厂商的角度来看,城市规模效益主要表现来自生产效率和市场容量两个方面。从整个城市的角度来看,城市规模的效益表现为城市化经济。而城市化经济则是指单个企业的成本随城市地区总产出的上升而下降的经济现象。由城市共享基础设施和经济集聚产生的大量外部性,使城市在不增加城市总投入的情况下随着城市规模的增大而上升,这也是集聚经济的另一种类型。要想获得规模经济效益,城市规模不宜过大也不宜过小,规模过小会增加获得规模经济效益的难度,规模过大会出现规模不经济现象。城市规模经济犹如一只无形的手,始终左右着城市规模的扩张。

### 8. 城市的科技创新

科学技术是第一生产力,一个城市的自然和社会经济条件在一定时间、空间范围内是相对固定的,通过科技创新可以弱化自然和社会条件对城市规模发展的约束,促进城市规模扩张。如通过科技创新,可以实现南水北调,解决北方缺水的难题,还可以促进铁路发展,提质增效,这些都可以显著提升城市的承载能力。不仅如此,科技创新对提升技术水平效果也非常显著,能有效提高劳动力生产效率,有利于城市规模达到最佳水平,但信息技术的出现,使得技术创新不再一味地表现为资本对劳动的替代,还表现为资本和劳动之间的互补性增长。科技创新决定未来城市的可持续发展,特别当前城市是"金融＋科技"的新型城市条件下,科技创新就显得至关重要。创新型城市作为依靠科技、知识、人才、体制、文化等创新要素驱动发展的城市,在创新驱动中具有引领作用。集聚创新型城市发展动能推进创新型城市建设应当注重全方位内容创新、全员化主体参与、全要素资源集聚、全过程创新管理,充分发挥城市在实施创新驱动中的核心带动作用,充分释放创新型城市的集聚效应、扩散效应,最终推进创新驱动战略由点到面实施,创新型城市建设成为创新驱动的重要支撑点①。

综上所述,城市规模主要受城市的经济状况、生产力和人力资本、自然资源、性质和功能、区域的承载能力、地理位置、规模经济、科技创新等八个因素的影响,这些因素有的属于客观层面,有的属于主观层面,主观层面的影响还可以通过人为因素来进行优化,促进城市规模的扩大。

### (二) 城市规模的发展演变

城市的形成是一个复杂的过程,有着自身独特的成长机制和运行规律,不是人或物在地域空间上的简单叠加,它是以人为活动主体,依托自然环境,通过社会经济活动来加强各个行为主体之间的社会联系,从而形成的一个有机整体。城市规模的发展演变大致可以归纳为以下几个时期:

#### 1. 奴隶社会和封建社会时期

在这一时期,农业文明占据主导地位。从经济特征看,在奴隶社会时期,

---

① 邹祥凤,景云祥. 培育创新型城市发展新动能[N/OL]. 经济日报,2016 - 05 - 12. http://www.gov.cn/xinwen/2016－05/12/content_5072462.htm.

城市主要是农产品和手工业产品的集散地和交易中心。在一阶段，城市功能较为单一。进入封建社会后，城市规模和数量显著增加，城市逐渐成为区域经济和文化中心。

### 2. 工业社会时期

工业革命带动社会各方面都产生了深刻的变革，原先的小规模分散劳动转变为社会化的大规模集中劳动，大机器生产的特点使得城市出现集聚经济效益和规模经济效益，给城市规模的扩张带来了很多新的要求。集聚经济效益是由于资本、劳动等生产要素的集中带来生产效益的提高；规模经济效益是由于适度的生产规模所产生的最佳经济效益，在经济学中，它是指由于生产规模扩大而导致的长期平均成本下降的现象。另一方面，由于在工业社会时期，农业生产力水平大幅提高，对劳动力数量需求下降，剩余大批劳动力转入到工业生产中，而且农产品在数量和种类上都有了极大的丰富，导致城市规模得以快速扩张，城市数量也得以快速增加。因此，在工业社会时期，城市在数量上处于迅速增加阶段，在规模上处于快速扩张阶段。

### 3. 后工业社会时期

在后工业社会，第三产业逐渐成为社会经济活动的主角，第一、第二产业逐渐弱化。处于该时期的城市，在经济功能上已从大工业生产的集聚区转为第三产业生产服务中心，餐饮、金融、房地产、商贸等生产服务业快速兴起。在后工业社会时期，城市规模趋于稳定，扩张势头基本停滞。

### 4. 信息时代

信息革命给城市规模发展带来的影响非常显著，在一些发达国家尤为明显。信息革命让信息传递变得不再受地理距离等条件的约束，处于高度信息化和全面网络化的城市，大部分生产服务业的业务联系都可以借助先进的通信网络来实现，这就直接导致对"集聚效应"的弱化，生产要素不需要再通过集聚带来"集聚效应"，超级城市不再被推崇，并趋于裂解。在信息时代，那些与信息网络高度相关的产业将逐渐成为城市经济的主导产业，城市从传统的工业中心、商贸中心渐渐转为信息服务中心和信息流通中心。

## 二、文化资本与城市经济增长

随着人们对文化资本的深入了解，人们意识到囊括精神文明、意识形态和社会伦理的社会价值体系可以促进城市经济增长。本节主要通过分析文化资本对城市经济增长的作用机理和影响路径，来探究文化资本对城市经济增长的影响效果。

### （一）文化资本影响城市经济增长的理论基础

城市经济增长是近代以来人类社会发展及重大变化的核心，追求城市经济增长是宏观经济学的重要课题，经济学家长期努力寻找城市经济增长的源泉与动力，并已经有了丰硕的研究成果。在研究文化资本与经济增长方面，Throsby 认为文化资本是继物质资本、人力资本和自然资本之后的第四种资本，它是以财富为表现形式的文化价值的积累，可以导致物品和服务的流动，进而带来经济产出和增长[1]。Bucci 和 Segre 将文化资本引入内生经济增长模型进行研究，在理论上对文化资本与经济增长之间的关系进行了论证[2]。Bucci et al、Marquis 利用宏观经济理论模型分析了文化资本对经济增长率的影响[3]，Marquis 研究中将文化资本分别视作生产要素与外部性因素，发现文化资本在经济中所扮演的角色越重要，经济中非文化部门与文化部门，两个部门的产出增长率均越高[4]。城市经济增长理论从提出到今天，不断演变成熟，历经多个阶段，目前公认的做法是按照发展的时间将其分为古典经济增长理论、现代经济增长理论以及新经济增长理论。也有部分学者从决定城市经济增长的要素角度出发，将其划分为资本决定论、知识决定论以及人口决定论等。两者划分方法只是角度差异，并不会改变其本质。在之前的城市经济增

① THROSBY D. Cultural capital[J]. Journal of cultural economics，1999，23：3 - 12.

② BUCCI A，SEGRE G. Culture and human capital in a two-sector, endogenous growth model[J]. Research in economics，2011，65(4)：279 - 293.

③ BUCCI，A，SACCO L P，SEGRE G. Smart endogenous growth：cultural capital and the creative use of skills[J]. International jurnal of manpower，2014，35(1/2)：33 - 55.

④ MARQUIS M. Bringing culture to macroeconomics[J]. Atlantic economic journal，2013，41：301 - 315.

长理论中,有学者认为物质投入才是其真正的决定因素,投入的增加必然导致
经济产出的增加;也有学者认为知识或者说技术进步是城市经济增长的决定
要素,他们坚信技术进步才是城市经济持续发展的永恒动力;还有学者从制度
的角度出发,认为制度对城市经济增长的影响才是决定性的。城市经济增长
的源泉问题的探讨仍在继续,但在已有的古典经济增长理论和新经济增长理
论中似乎都没有看到文化资本的因素。这是由于文化资本的概念提出要晚于
上述经济增长理论的研究。因此,即使经济学家们注意到了文化因素对经济
发展的影响,依然没有将其单独作为一个影响因子来分析。下文将简要介绍
已有的城市经济增长理论并分析文化资本在这些理论之中是如何呈现的。

1. 古典经济增长理论与文化资本

古典经济增长理论以亚当·斯密、李嘉图、托马斯·马尔萨斯、约翰·穆
勒、约瑟夫·熊彼特等古典经济学家的有关城市经济增长的研究成果为代表。
亚当·斯密深入研究了国家财富增长的问题,代表作是《国富论》,指出经济增
长主要表现为国民财富数量的增加,而劳动分工和资本积累形成是影响国民
财富的决定性因素,制度对城市经济增长的影响较大。李嘉图同意亚当·斯
密关于劳动决定价值的说法,在此基础上进行改进后得出"社会必要劳动是决
定价值的因素"的经济理论。进而他认为,在社会发展到劳动变得多余时,城
市经济增长会停止。托马斯·马尔萨斯在其代表作《人口论》中研究人口增长
规律与城市经济增长二者的关系,认为当城市经济增长较快时,人口也会较快
增长,并超过城市经济增长的速度,从而导致城市经济增长放缓;反之,当城市
经济增长较慢时,人口增长则会以更快的速度放缓,从而使人均产出增加。由
此可知,长期来看各个国家的人均产出会向一个均衡的方向发展。约翰·穆
勒认为财富不可能无限制的积累,也即经济不可能无限的增长。在他看来。
城市经济增长本质上是经济向稳态水平发展的一个延缓过程,技术进步和国
外资本的流入可能是导致延缓的因素。约瑟夫·熊彼特认为资本主义经济增
长发展的主要动因是创新。创新的主体是有见识、有组织才能、敢于冒险的企

业家①。

　　由前文研究可得,文化资本的范畴包含上述因素中的许多方面,如创新水平、冒险精神、社会经济制度、教育发展、管理能力等。因此,尽管古典经济增长理论认为影响城市经济增长的重要因素包括土地、物质资本、人口等要素,同时也觉察到了文化资本因素对于城市经济发展的重要作用,认为文化资本要素通过媒介,与资本、土地、劳动要素一起影响城市经济发展。

　　2. 现代经济增长理论与文化资本

　　现代经济增长理论是建立在"哈罗德-多马经济增长模型"之上的城市经济增长理论,新古典增长模型亦是在此基础上产生的,他们都基于凯恩斯经济学而展开。哈罗德和多马的研究模型主要探究资本及劳动对城市经济增长的影响,其局限性在于忽视了技术进步的存在且假设劳动和资本无法相互替代,基于这样的假设,他们认为决定城市经济增长最重要的因素是储蓄率和生产效率,当资本和劳动同时处于充分就业的稳态时,城市经济可以均衡增长,但这种稳态在实际中难以达到。美国经济学家罗伯特·索洛(Robert Solow)对"哈罗德-多马经济增长模型"进行研究之后,发现其假设不够合理,他假设存在技术进步并认为劳动和资本具有互相的可替代性,在此基础上提出新古典经济增长模型。罗伯特·索洛的结论是:由于生产要素的边际收益是递减的,城市经济增长只能来自技术进步,即技术进步是经济增长的唯一动力。虽然新古典经济增长模型得出了技术进步是长期条件下唯一能推动城市经济增长的要素的结论,但他们对于技术进步的来源及累积过程如何并没有给出很好的解释。

　　在现代经济增长理论的众多模型中,资本和劳动是时常被考虑的要素,这些模型似乎都忽视了无形的因素,其主要原因是对于模型构建的简单化处理一定程度上方便了问题的分析。研究者也认识到了文化资本要素对城市经济

---

　　①　袁晓婷,陈春花.文化资本在经济增长中的表现形式和影响研究[J].科学学研究,2006(S1):98-102.

增长的影响，如他们在分析技术进步时会考虑人们从小所接受的家庭教育及学校教育，甚至会分析不同历史时期和不同制度背景下的教育质量问题，反之对于技术进步的影响又如何等。此外，在分析人力资本对城市经济产出的影响时，这些学者们也认识到个人的创新意识和管理能力对经济产出的影响。上述提及的制度、教育、创新、管理能力等都属于文化资本的范畴。可以发现，现代经济增长理论中也间接包含了文化资本要素。

3. 新经济增长理论与文化资本

建立在罗默和卢卡斯的经济增长模型基础之上的新经济增长理论相比之前的经济增长理论更加完备。罗默和卢卡斯在对罗伯特·索洛的模型研究后发现，其将技术进步视为外生给定的，这一点缺乏合理的解释，即模型对于"为什么会产生技术进步"这一问题不能给出合理的回答。他们便对罗伯特·索洛的模型进行了改进，为了清楚了解技术进步的累积过程，将技术进步看作与人力资本等因素相关的内生变量，得出了促进城市经济增长的重要因素是人力资本积累及生产效率提高。

他们的研究不仅考虑了劳动和资本因素，还考虑了人力资本和技术进步二者间的关系以及它们对城市经济增长的影响。教育、制度、观念等因素的影响也在人力资本与技术进步相关研究中体现。

**（二）文化资本影响城市经济增长的路径分析**

人们对文化资本在城市经济增长中的重要作用的认识随着资本范畴的不断延伸而深化。一方面，文化资本既是人类社会行为本质特征的体现，也是人类基本选择的依据；另一方面，在潜层次上，文化资本又影响并制约着社会经济活动中的技术进步、制度安排和物质使用。在现实实践中，一个企业绩效的好坏在很大程度上取决于该企业的企业文化，同样的道理，对城市而言，文化资本对其经济增长也起着非常重要的影响作用。文化资本对城市经济增长既有直接层面的影响，也有间接层面的影响。

1. 文化资本对城市经济增长的直接影响

（1）文化资本能够促使人们转变城市经济增长方式

在城市经济增长的过程中，一个城市的经济增长方式是一个综合的概念，它由投入的要素资源、选择的产业结构等各方面所组成。从传统的依靠增加劳动、资本等各种要素资源的投入来促进城市经济增长，到依靠改善要素资源的配置方式来促进城市经济增长就是城市经济增长方式的转变，人类文化资本的积累、价值观念和思维方式改善在该转变过程中扮演着重要角色，能有效促进并实现城市经济的可持续增长。

（2）文化资本能够为城市经济增长中的互利交易提供便利

文化资本的内部结构主要包括人们的价值观、思维方式、信念、生活态度、看法、风俗习惯等，复杂且多层次。文化资本通过形成相互之间的信任机制，为交易创造条件，提供便利，促使交易重复进行，从而降低交易的整体成本，并减少机会主义。从世界城市经济发展史来看，促进城市经济增长的关键是扩大交易范围，而扩大交易范围的基础要求是建立并很好地维持人与人之间的信任机制，因此在博弈基础上形成的价值观体系和社会规范就变得至关重要。基于博弈规则，与不履行契约相比，如果当事人认为履行契约可以获得更大的好处，当事人就会选择履行契约，机会主义行为的诱惑力就会大大减弱，能够促进当事人之间信任机制的建立，减少交易过程中不必要的成本，并进一步加强相互间的合作。信息经济学和博弈论都足以证明，文化资本（习俗）是人们彼此之间建立信任机制的基础，共同的行为准则和行为规范也是当事人决定参与经济活动的信心基础。组织内在的道德体系的形成，一得益于相互认可的规范，二得益于经过时间沉淀习俗。在现实生活中，只有在相互之间信任机制的基础之上，该体系才能发挥它的作用。在实践中，经过交易行为反复的发生，逐渐演化为博弈规则，该博弈规则可以有效保证互利交易的进行，并促进城市经济增长得以持续。

2. 文化资本对市场经济增长的间接影响

（1）文化资本制约着人们对资源、技术、制度等要素的选择与合理配置

人们在选择要素并进行要素配置的过程中会受到文化资本的制约，为推动城市经济的增长，必须提高要素的生产效率，要素生产效率的提高可以通过

要素投入量的改变来实现,也可以通过要素之间配置关系的改善来实现。在日常生活中,文化资本可以引导人们的生产活动和消费活动,并促进社会需求结构和消费结构的形成,进一步确定物质资本在生产活动过程中的合理配置,其中消费结构又包括消费者的消费能力、消费方式和消费观念。

技术资本要想真正地被人们所接受并加以利用,就必须通过与文化资本的融合来进入人们的价值观体系中。与此同时,文化资本对人力资本水平的发挥也非常重要,影响非常显著。我们知道,良好的企业文化对企业的成功发挥了重要作用,因为企业文化的好坏决定着其是否能充分激发出企业员工的工作热情,因此,文化资本的渗入能够促使企业人力资本等得到更好的发挥。文化资本对制度变迁也有着非常显著的约束作用,当一个国家把某种文化作为推崇对象时,该文化就会不断地自我强化,束缚人们的创新思想,阻碍着技术以及制度等变革的发生。

（2）文化资本决定着人们需求的变化和观念的创新

从上文的分析可知,文化资本作为一个综合性概念,它由价值观念、思维方式等多方面构成,既可以引导社会需求,也可以引导人们的自身生存发展需求。一旦这些构成部分发生变动,人们对自身生存发展的需求也会相应发生变动。此外,这些构成部分对人们观念的创新有着非常显著的束缚作用,只有推动价值观和思维方式等体系的不断提升,才能有效实现人们观念的创新。

（3）文化资本对企业家的创新和决策有重要的影响

根据熊彼特的企业家创新理论,创新是衡量企业家能力强弱的唯一标准,并不是所有的企业家都是城市经济增长的动力,只有那些有组织能力、有胆识、有魄力的企业家才是创新者,也只有这些创新者才是城市经济增长的不竭动力①。这里的创新是指价值观念层面的创新,也可以说是城市文化资本的积累与增长。一般情况下,企业家做企业决策时,在考虑消费群体的价值观之余,也会考虑自身的价值观,并将两者结合起来进行综合考虑,形成一个体系

---

① 约瑟夫·熊彼特.经济发展理论[M].何畏,易家祥,译.北京:商务印书馆,1990.

并不断深入,来探索消费者的新需求,从而促进新产品和新市场的开拓,推动城市经济的增长。

综上所述,既可以把文化资本作为生产投入直接影响城市经济增长;也可以以物质资本、人力资本、知识资本和制度资本等作为中间变量,来间接影响城市经济增长。

## 三、文化资本与城市人口规模

当前,我国正处于城市化加速发展阶段,人口流动越来越频繁,城市人口增长越来越快,城市人口规模越来越大。一个城市规模的大小和所属等级的最直接体现就是城市人口规模,在很大程度上,城市人口规模决定着该城市基础设施的建设规模和该城市用地规模,是城市管理者进行一切城市规划的基础。因此,文化资本对城市规模的影响除了体现在对城市经济规模的影响之外,还体现在对城市人口规模的影响。

### (一) 城市人口规模现状

城市人口规模,主要是指生活在一个城市中的实际人口数量。通过前文对城市规模发展历程的分析,可以发现:在工业化社会前期,城市人口规模一般较小,有进一步扩张发展趋势,但扩张速度较慢;正式进入工业化社会时期后,城市人口规模扩张速度加快,城市人口规模迅速扩大;进入后工业化社会时期,城市人口规模经过前期的快速发展,人口规模达到较大数量级,并趋于稳定,增长势头大大减弱;当城市迈入信息时代后,城市在地理集聚层面放缓。这表示城市人口规模和城市经济功能之间是紧密相连的,在互动中相互调整、相互适应、相互发展。

一个城市的人口规模不是固定不变,而是处于不断变化之中的,唯一的区别是变化的快慢,自然增长和机械增长影响城市人口规模,城市人口的增长值为两者之和。其中自然增长主要是指城市人口的出生人数和死亡人数之间的差额,反映的是人口再生产的变化量,自然增长一般与城市的人口基数和医疗卫生条件等因素有关。自然增长的速度用自然增长率来表示,人口自然增长率一般是指一定时期内人口自然增长数（出生人数减死亡人数）与该时期内平均人口数之比，通常以年为单位计算，用千分比来表示。机械增长主要是指在一定时期内人口流入超过人口流出而引起的增长，反映的是因人口迁移所引致的人口变化量。机械增长一般与城市的经济发展情况、基础设施情况和国家政策等因素有关。机械增长的速度用机械增长率来表示，一般用一定时期内城市人口的机械增加数与城市人口总数的千分比来表示。

1. 城市人口规模的划分标准

国务院于 2014 年 10 月 29 日发布《国务院关于调整城市规模划分标准的通知》，对原有城市规模划分标准进行了调整，明确了新的城市规模划分标准以城区常住人口为统计口径，将城市划分为五类七档①。

新的城市规模以城市人口规模为标准划分如下：城区常住人口 50 万以下的城市为小城市，小城市又分为Ⅰ型小城市和Ⅱ型小城市，其中Ⅰ型小城市是指城区常住人口 20 万以上 50 万以下，Ⅱ型小城市是指城区常住人口小于 20 万；城区常住人口 50 万以上 100 万以下的城市为中等城市；城区常住人口 100 万以上 500 万以下的城市为大城市②。大城市也分为两种，一种是城区常住人口 300 万以上 500 万以下的城市为Ⅰ型大城市，另一种是城区常住人口 100 万以上 300 万以下的城市为Ⅱ型大城市；而城区常住人口 500 万以上 1 000 万以下的城市为特大城市；城区常住人口 1 000 万以上的城市为超大城市③。其中，城区是指在市辖区和不设区的市。常住人口包括三种类型，一是居住在本乡镇街道，且户口在本乡镇街道或户口待定的人；二是居住本乡镇街道，且离开户口登记地所在的乡镇街道半年以上的人，三是户口在本乡镇街道，且外出不满半年或在境外学习工作的人④。

————————

①　中华人民共和国中央人民政府. 国务院关于调整城市规模划分标准的通知[R/OL]. (2014 - 11 - 20)[2024 - 08 - 18]. http:www. gov. cn/zhengce/content/2014 - 11/20/content_9225. htm.

②　中华人民共和国中央人民政府. 国务院关于调整城市规模划分标准的通知[R/OL]. (2014 - 11 - 20)[2024 - 08 - 18]. http:www. gov. cn/zhengce/content/2014 - 11/20/content_9225. htm.

③　同①.

④　同①.

2. 我国城市人口规模呈现出的特点

根据最新的统计标准①,截至 2021 年底,中国城市数量达 691 个,其中地级以上城市 297 个,县级城市 394 个。省会城市中,基本为大型城市、直辖市、副省级城市市辖区常住人口更是远超百万。其他地级城市的情况则比较复杂,处于东部沿海地区的地级城市辖区常住人口一般都超过百万,以江苏省为例,13 个地级城市中,即使是城区人口最少的镇江市,城镇人口也达 255 万之多②。与此相对应,中西部地区的许多地级城市市区人口则未超过百万。

在 394 个县级城市中,除了江苏昆山、张家港等极个别发达城市的市辖区人口超过百万以外,绝大部分县级城市人口都处于百万以下,介于几万至几十万之间,属于中小型城市。

(1) 城市人口空间分布进一步集聚、区域不均衡态势加剧

2022 年,中国城镇人口数量为 92 071 万人,常住人口城镇化率超过60%。但中国人口分布很不均衡,东部沿海地区人口密集,每平方公里超过400 人,中部地区每平方公里为 200 多人,而西部高原地区人口稀少,每平方公里不足 10 人。

(2) 大城市地区和省会等国家中心城市、区域中心城市增长迅速

2011—2021 年,人口增量前 20 位的城市中,超过一半位于东南沿海地区,但可以明显看出,以成都、重庆、西安、武汉等为代表的中西部区域中心城市,在过去十年中人口数量得到快速增长,这和这些区域经济的高速增长、相关地方政策以及农村人口流向城市有密切关系。

(3) 城市经济发展水平存在显著的地域差异

在中国 2011—2021 十年间 GDP 增长率排名前十的地级市中,除福州市与厦门市外,其他城市均地处中西部地区,这主要受益于中部崛起、西部大开发等经济政策。自 2011 年以来,中国城市的经济发展水平整体上呈现地区收

---

① 国家统计局[EB/OL]. stats. gov. cn/xxgk/jd/sjjd2020/202209/t20220929_1888803. html.

② 江苏省统计局. 江苏统计年鉴－2021[EB/OL]. http://stats. jiangsu. gov. cn/2022/index. html.

敛的基本趋势，传统的经济强市近十年的 GDP 增速已逐渐变缓，传统上发展水平较低的地区开始加速。但也有一些经济发展速度相对落后的地区，东北就是最典型的代表。沈阳、大连、哈尔滨和长春曾经也都是工业重镇，但最近十年 GDP 增长处于垫底位置。

### （二）文化资本对城市人口规模的影响

近年来，在国家的大力支持下，我国文化产业发展非常迅速，文化资本的积累越来越丰富，文化资本在城市发展中的重要性也越来越突出。在城市吸引力的评价与测度中，除了经济、就业、住房等传统因素外，文化、教育以及人文环境等因素逐渐在城市人口流动中扮演更重要的角色。"帝都"北京、"魔都"上海、"雾都"重庆等别称被越来越多人所接受并广泛传播，城市文化形象与品牌成为城市的重要吸引力，吸引了一大批年轻人前往。因此，文化资本的积累对城市人口规模发展具有较为重要的影响。

城市人口分布是指城市人口在一定时间内的空间存在形式、分布状况，城市人口分布是受自然、社会、经济和政治等多种因素作用的结果。在一定时期内，城市人口按照年龄、性别、职业、家庭、民族、文化等因素的构成状况就是指城市人口结构。近年来随着我国文化产业的快速发展，文化产业逐渐成为我国国民经济的支柱型产业，文化资本也越来越受到重视，属于社会和经济范畴的文化资本对城市人口分布的影响也显得尤为明显。文化资本的积累能够促使城市的人口分布更加合理，文化资本丰富的区域人口分布就会较为密集，文化资本相对匮乏的区域人口分布就会较为稀疏。下面从理论分析和实证分析两个角度阐述文化资本对城市人口规模的影响。

文化资本对城市人口规模的影响主要体现在对城市人口分布、城市人口集聚和城市人口结构等三方面的影响。

文化资本对城市人口集聚的效用相当明显。随着经济不断发展，除了北上广深等一线城市，像杭州、南京、武汉、成都、重庆等众多中心城市在城市建设、公共设施等硬件设施上也赶上了一线城市的步伐，各类产业、企业在这些城市也高速发展并提供了众多工作岗位，经济因素在年轻人选择城市时已不是唯一标准,城市的文化内涵与文化资本储备为更多人所关注。另外,互联网技术的不断进步,使得远程办公、线上学习等云上活动更为普遍,大量的工作不再需要人们亲自聚集到同一个地方也可完成,因此许多企业会考虑转移至租房成本更低的城市以减少成本,许多年轻人也会考虑去房价较低的城市以减轻工作压力。在这样的情况下,城市对人口的吸引力中文化所扮演的角色会愈发重要,因为文化是城市的灵魂,也是城市的品牌,是由城市中的历史、建筑、文化设施、艺术、各类活动以及城市中居住的市民等所共同组成的,无法轻易转移,只有切身融入其中,才可以感受到城市的文化。因此,在不远的将来,更多的人做出前往某一个城市的决定,可能更多的是被这个城市的文化内涵和其所具备的文化资本所吸引。以上海为例,上海作为我国的经济中心,经济实力自然不容置疑,2022年底,上海市常住人口规模超过2 475万,上海这座城市拥有丰富的内涵化、具体化和制度化的文化资本,丰富的文化资本积淀使得整个城市的创新能力较强,给整个城市的发展带来了强劲的活力,吸引了全国各地大量的人口流入,虽然人口的增长更多的是依赖于机械式的人口增长,但也促进了整个城市的人口集聚。反过来,城市人口集聚也有利于整个城市文化资本的积累,两者之间形成了良性互促式的发展。与现代化企业生产不同,文化难以复制,城市文化是软实力,是城市内在的精神与灵魂,相比于经济与硬件条件,文化资本更具力量,文化内涵更长久,文化产业更具潜力,城市独特文化或是吸引人才资金的根本力量。

佛罗里达的著作《创意阶层的崛起》使城市研究关注到城市文化及其他非经济类因素。他发现城市的文化可以吸引创意阶层的迁入,而这一部分人群在一定程度上能够带动城市经济的发展。城市文化氛围代表城市对于文化多样性的开发度和包容度。该研究通过明确的方法分析了文化氛围的形成因素,及其对于区域间人口迁移率的影响。研究包含区域的经济因素和文化因素对于人口流动的影响分析①。研究数据中,文化价值数据来自欧洲五次社会研究成果,该研究从个体的角度出发,发现个体迁移更倾向于选择具有享乐主义和利己主义精神的地区,这说明一个城市的文化形象与理念对人口流动产生了显著的影响。文化资本对城市人口规模的影响主要可以分为以下几个部分。

1. 智力化文化资本对城市人口规模的影响

教育实力是一座城市培养人才、吸引人才、留住人才的重要因素,也是影响人才深造、子女教育的重要因素。世界各国的大城市均采取了发展教育的政策,例如,自实行"教育先行"战略以来,日本政府实现了大学教育与科研机构技术研发、企业创新实践人才需求的有机结合,为城市培养出大量科技研发人员;法国注重跨学科培养方式,在巴黎成立研究所,通过将数据科学与人文社会科学相结合的跨学科方式培养人工智能领域人才。

首先,高校对人口有着直接的吸引作用。因为高等教育学校大多位于城市之中,因此为了追求学业,会有很多农村人口向城市迁移,高校对于人口产生了集聚的作用,大量具有创造力的年轻人进入城市。同时,在众多高等教育学府之中,代表最优秀最精英人才教育培养的双一流高校,绝大多数都位于一线城市与区域中心城市之中,这些学校不仅培养本科生,还有大量的研究生及科研人员。通常这些高校与当地企业、事业单位、政府及各类机构有紧密联系,共同分享人才,这就与高校一起形成了学习到工作再到定居的一条完整且成熟的吸引人才的机制。

高校是一座城市创新与研发的重要基地,高校数量对于一座城市的发展具有较强的推动力。以美国为例,一座城市的高新技术公司分布密度与高校数量呈现较明显的正相关性。如被喻为全美智商最高的地区——波士顿地区有着世界上密度最高的大学,包括哈佛大学、麻省理工学院等,同时这里也是

---

① HIRSCHLE J, KLEINER T M,董博. 区域文化吸引区域间移民[J]. 城市规划学刊,2015 (1):120.

全美"世界 500 强"的集中地。就国内而言,国家级高新区分布集中的地区亦是高校聚集的区域,包括北京、上海、杭州、武汉、深圳、广州、成都、重庆、天津、苏州等。

从分析数据看①,截至 2018 年底,全国的高等学校数量为 2 663 所(含独立学院 265 所),全国高校在校生人数为 3 104.16 万人,全国高校毕业生人数为 820 万人,上述 10 座城市的毕业生总量为 156.75 万人,占比为 19.26%。值得注意的是,上述占比与这 10 座城市 GDP 占全国的比重相似——2019 年末这 10 座城市 GDP 达 22.96 万亿,占 2019 年全国 GDP 总量的 23.17%。这从一个侧面表明了高校资源与城市经济发展的正相关性②。同时,以上述 10 座城市为样本及 2000 年—2018 年这些城市的高校发展情况,分析这些城市的发展与高校之间的关系。2000 年—2018 年,高校数量增长最快的城市为深圳,从 2000 年的 2 所发展到 2018 年的 13 所,增速达到 550%。尽管与其他城市相比,深圳的高校数量依然偏低,但深圳各类科技业、金融业的产业聚集优势,毗邻香港的地理优势,薪资待遇优势,使得深圳得以持续从其他城市中获得基础人才。不过,截至 2019 年末,深圳高校毕业生数量占常住人口数量仅1%,远低于其他城市,在国内其他城市陆续出台"人才新政",以留住人才的背景下,深圳如何在未来持续显现人才吸引力,将成为推动这座城市发展的关键。除继续保持丰富、有竞争力的岗位外,深圳亦需要在控制房价上涨方面继续有所表现。如成都和重庆两座西部城市,近几年正是得益于房价与房租的比较优势,吸引了大量的人才落户和创业团队的整体迁入。除深圳外,2000年—2018 年的 18 年中,高校数量增长较快的城市有苏州、成都、天津。其中苏州普通高校数量从 2000 年的 7 所增长到 2018 年的 26 所,增速达 271.43%;成都和天津分别达到 185% 和 166%。2000 年—2018 年,高校在校生人数增长较

---

① 数据来源:EPS 数据库.

② 李果,谭琪齐.高校资源"头部"城市比拼:武汉、广州、成都、杭州基础人才获得优势明显[N/OL].21 世纪经济报道.2020 - 07 - 07.https://m.21jingji.com/article/20200707/4e6a34a0a547e06b618a6762e97a101e.html.

快的城市有重庆、广州、苏州,其在校生人数的增幅分别为:524.83%、486.93%和 393.92%。快速增长的高校在校生人数,不仅体现了一座城市在高等教育方面的发展实力,亦对改善当地的劳动力结构、产业结构有推动作用①。

2. 形象化文化资本对城市人口规模的影响

形象化城市文化资本在城市的发展过程中,扮演着逐渐重要的角色,特别是当工业化发展对城市自然与空气环境造成较大破坏时,形象化城市文化资本对人口具有更强的吸引力。越来越明显的迹象表明,生态环境优异的城市,往往既是经济强市,又是人口大市。近期,中国工程院发布《生态文明建设若干战略问题研究》,首次披露了目前我国各省市生态文明指数(ECC)。具体评估指标包括空气、水资源、绿化、排放等 11 项环境类指标和 6 项经济类指标(城乡差距、居民收入和城镇化等)。结果显示,除了旅游类城市外,排名靠前的都是东南沿海和内陆经济强市和人口大市。排名靠后的基本上是经济相对弱、人口外流的城市。这意味着,经济发达固然有巨大的吸引力,但生态环境突出,同样是人口流入的重要考量。根据统计,随着城市人口规模的增加,城市人均污染物排放量呈"先增后降"的"倒 U 型"关系。无论是二氧化硫排放量降幅,还是生活垃圾处理率、绿化覆盖面积,人口 500 万级以上城市,要比中小城市高出 2 个百分点左右②。因为经济强市和人口大市往往产业集聚,单位治污成本下降。

另外,大城市有业务关联的企业和上下游产业在空间上高度集聚,通过生产运营的集中化、规模化以及要素资源、基础设施等的共享,促进了生产技术的改进及生产效率的提高,从而提高了能源利用效率,促进了节能减排。由于城市规模偏小,中小城市难以成为产业聚集地,从而充分享受集聚带来的规模效益。一方面,在完善市政建设、基础设施和公共服务设施的投资及运营上,

---

① 李果,谭琪齐.高校资源"头部"城市比拼:武汉、广州、成都、杭州基础人才获得优势明显[N/OL].21 世纪经济报道.2020 - 07 - 07. https://m.21jingji.com/article/20200707/4e6a34a0a547e06b618a6762e97a101e.html.

② 数据来源:EPS数据库.

如城市垃圾及污水处理等,中小城市要比大城市支付更高的人均成本和维护成本①。所以,生态文明指数(ECC)单项指标显示,很多城市在绿色设施上并不落后于大城市,但绿色环境、绿色生产和生活三项指数都处于一般水平。这是由于,环保设施使用和维护成本太大,不仅需要较强财政实力,还需更密集的人口和产业集聚分摊成本。显然,经济弱市或人口小市并不具备这样的基础。现实调研发现,中小城市的环境污染问题更突出。从这个角度看,人口密集尽管会加重资源环境的承载力度,但同时也能创造出美化环境的人口和经济基础。

在我国经济由高速增长阶段转向高质量发展阶段的过程中,污染防治和环境治理是需要跨越的一道重要关卡。人口存量博弈时代,都市圈、经济及人口规模都大、都强的城市或将胜出。在这个逻辑下,只有生态环境、营商条件、产业升级、宜居性等都尚佳的复合城市,才是综合竞争力最大的城市。那些过去一味地强调经济增长,牺牲环境导致生态"自净能力"差,而人口和产业集聚不够,导致无法修复或无法满足新一代城市居民对生态要求的,自然会被居民"用脚投票",而宜居建设上的城市,将吸引更多人口迁入。

3. 制度化文化资本对城市人口规模的影响

制度化文化资本中包含城市文化基础设施,其中图书馆、博物馆以及剧场等艺术表演场所均是城市居民文化生活的重要场所。图书馆、博物馆、展览中心、书店等文化设施既塑造着城市形象,也彰显着城市品位,是文化基础设施建设的重点项目。基础性文化设施的建设,是一个城市文化发展繁荣的根本。以图书馆为例,城市化建设对公共图书馆发展而言,既是机遇,也是挑战。城市化是人口集聚的过程,大量农村人口转化为城市人口,并适应城市化的生活方式。城市化,是基本公共文化服务的均等化。公共图书馆是公共服务体系中最重要的基础设施之一,承担着促进人口城市化的历史使命。在人口城市

---

① 文雯,王奇.城市人口规模与环境污染之间的关系——基于中国 285 个城市面板数据的分析[J].城市问题,2017(9):32-38.

化的进程中,公共图书馆应抓住机遇,充分发挥图书馆的职能,更好地促进人的城市化。

公共文化设施为市民提供了文化休闲场所,打造了城市精神家园。其充分发挥第三空间的职能,成为现代城市人身心休闲的港湾。奥登伯格(Oldenburge)首先提出"第三空间"的概念。家和工作场所以外的活动空间被称为"第三空间",是非正式的公共生活得以开展的地方。图书馆、博物馆等文化设施作为城市的"第三空间",为人们提供了暂时逃避家庭生活和工作压力的场所。在人口城市化进程中,新市民脱离了原有的生活方式,在心理上和精神上需要一个缓冲的空间以及一个心灵交流的平台。公共文化设施作为一个自由平等开放的场所,完全可以发挥"第三空间"的职能,让新市民能够在这里提升内涵,放松身心,找到归属感。新市民不仅需要在物质生活方式上融入城市生活,更需要在精神生活上真正融入城市。公共文化设施是开放的文化交流的场所,利用各种手段打造高端的休闲文化空间,为新市民营造一个精神家园。尽管在过去的时间里,文化设施建设多由公共部门承担,获得了大量投资的艺术类建筑经常要支持城市重建,吸引外来投资,发展旅游业,但同时这一领域的私人力量也正在崛起。对许多赞助商而言,文化设施亦可打造成独具特色的商业"品牌"。在私人投资下,公共文化设施的表现形式也越来越丰富。

4. 社会化文化资本对城市人口规模的影响

社会化城市文化资本主要体现在城市的社会网络资本,包括通信、交通、互联网等,这也是组成城市社会生活与运行的重要保证。2023 年由中国互联网络信息中心发布的第 51 次《中国互联网络发展状况统计报告》显示,截至 2022 年 12 月,中国网民规模达 10.67 亿,较 2021 年 12 月增长 3 549 万,互联网普及率达 75.6%。在网络覆盖方面,贫困地区通信"最后一公里"被打通,截至 2020 年 11 月,贫困村通光纤比例达 98%。电子商务进农村实现对 832 个贫困县全覆盖,支持贫困地区发展"互联网＋"新业态新模式,增强贫困地区的造血功能。在网络扶智方面,学校联网加快、在线教育加速推广,全国中小学(含教学点)互联网接入率达 99.7%①。截至 2023 年 12 月,我国网民规模达 10.92 亿人,网民使用手机上网的比例高达 99.8%。特别是 5G 技术的成熟与商业化运营,城市社会网络资本对城市起到了更大的作用。

5G 网络技术传输数据快,一次传输的数据更多,极低的网络延迟和更高品质的数据传输对于日常生活的改变尤为明显。低网络延迟给生活带来的改变不仅体现在先上网浏览电影等资源上,高效数据传输效率促进基于 4K/8K 超高清视频、AR/VR 等沉浸式交互模式的逐步成熟,更主要的是 5G 技术体现在智能家居、安防、停车、交通、医疗、教育等和家庭生活、社区生活以及城市生活相关的场景中。与 4G 相比,5G 的连接能力将增强至百亿级,带来海量的机器类通信及连接的深度融合,之前一直处于低谷期的社区门禁、梯控和共享停车等物联网项目迎来新一轮的蓬勃发展。极低的网络延迟带来的是智慧城市更快的反应速度,因此在智慧城市中遇到突然情况,如火灾、犯罪、车祸等突发事件时,城市将会更快地制定合理方案,并快速刺激城市中公安、交通、医疗、消防等部门,最大程度地减少损失。由 5G 带来的低延迟效果,配合智慧城市大数据平台强大的分析管理能力,完全可以针对大部分潜在安全隐患制定解决方案,使城市的运行和管理更加合理。5G 网络建设成功后,能够提高单位面积的终端覆盖数量,这对于旅游景区来说,意味着可以架构基于 5G 网络上旅游景区的人群峰值监测、安全应急管理等重要服务功能,进而实现实时监控、实时反馈、实时处理,极大提升景区服务接待能力。元宵节晚间,成都"夜游锦江"航段,实现 5G 网络对航线和附近片区的全覆盖,成功实现 5G＋8K 远程直播视频连线。据了解,此次在成都率先实现的 5G＋8K 全球首航,不仅让人们可身临其境感受锦江河畔的乘船夜游,欣赏古乐,重温"古代东方音乐之都"的独特人文魅力,同时也迈出了 5G＋8K 融入城市文化旅游产业的新步伐②。

---

① 新政策·新动向[J].网信军民融合,2022(Z2):57 - 63.

② 许小燕.成都:打造 5G＋超高清产业生态圈[N/OL]》.中国电子报.2019 - 09 - 17.

### 5. 市场化文化资本对城市人口规模的影响

以市场化方式运作的文化资本最主要的形式就是城市中文化产业的发展，自十八大以来，文化与科技融合发展，为传统文化企业转型升级注入新的动力，在科技发展下成长起来的"互联网＋"新型文化业态成为文化产业发展的新动力和新增长点，文化产业发展格局焕然一新，稳步向国民经济支柱性产业迈进。城市与文化产业二者的关系是共生的，彼此依存的。在愈加重视文化发展的当下，每个城市都在寻求转型，全力以赴发展文化产业成为各个城市的目标之一。一方面文化产业的发展要以当地文化资源、文化资本、人力资源、科技实力等作为支撑，这就要求文化产业要最大限度地与城市定位和城市形象等要素相匹配；另一方面，良性的产业结构和布局对于城市的发展及口碑至关重要，这就要求文化产业要主动与其他产业互动与融合。文化产业是城市新的经济增长点。早在 20 世纪 30 年代，美国爆发金融危机时就有学者提出"文化逆向"的现象，即越是在第一、第二产业不景气的阶段，文化消费越是繁荣。近年来虽然我国传统经济增长逐渐趋向缓和，但是文化产业的发展带动了城市新的经济增长。如新媒体、在线旅游、现象级影视节目、互动性广告等。文化产业不仅创造了巨大的增加值，还使传统产业有效升级，促进了经济的可持续发展。文化产业发展需要城市提供良好的生存空间。文化产业在城市这个"容器"中实现孵化和快速发展，而城市中的环境、建筑、文化、风俗等要素就是文化产业创新发展的孵化器。城市是文化产业的根基，除了为其提供发展空间之外，也提供着人才、资金、思想、社交网络等资源。文化产业赋予"形象经济"实现的可能。"形象"在这个时代有着特定的经济属性，对人们的影响和意义是全方位的，变更着人们的消费方式和消费观念。文化产业在享受城市所提供的一切便利与资源的同时，也在促进城市"形象经济"的发展。可以说，文化产业已经在深刻改变城市。

城市是一个动态的系统，它兴盛、停滞、衰退，这些都是公众、企业、旅游者、投资者四大城市活动主体相互运作的结果。随着城市的经济基础从生产型向知识集中型发展，城市的定位需要再次改变，需要重点关注如何通过知识集中型的城市服务产品来吸引更多的投资和经济行为。文化产业当之无愧将在这个变革中发挥重要的作用,文化产品代表了当地独特的"地方色彩",通过曲目、展品、沟通交流方式的选择,就算是音乐会和展览等全球文化产品也能反映出主办地的文化特色。因此,城市文化项目建设是城市确定国际竞争地位的重要举措之一,城市文化形象是城市活动者吸引更多人力物力资本的主要手段。同时,文化产业中的创意文化产业,为工商业产品添加新的文化象征元素。文化也是城市旅游发展的重要驱动力。而且,文化产业有利于城市经济的多元化发展。当传统工业受到重创或停滞发展时,文化工作的非常规性和灵活性能够使城市在一定程度上缓解传统产业经济危机带来的压力。总之,文化产业能够给城市带来潜在的巨大发展力。随着人均可支配收入的增长和人们生活方式的改变,人们对文化产品和服务的需求越来越多。文化是创建以生活质量、愉悦、创意和和谐为基础的新城市的一大驱动力,城市需要对文化项目和文化产业进行投资,如保护文化遗产、鼓励文化产品生产、创办艺术节、建设文化基础设施、支持文化艺术教育等①。

## 第二节 文化资本对城市规模影响的实证检验

上一节我们对城市规模的概念、演变和影响因素,以及文化资本与城市经济增长、人口规模的关系等展开了分析,本部分将从实证角度对文化资本影响城市规模的具体效果进行检验。具体研究问题如下:

(1)在城市经济发展的层面上,基于现有数据,从国民经济核算、国内外贸易和人口等方面构建起城市规模指标的测算体系,并将文化资本水平、城市规模水平、人均工资、道路面积等变量纳入模型中,从而对文化资本影响城市规模水平的效果进行多方面分析。

---

① 冯翔.文化产业:城市经济可持续发展的驱动力[J].中国文化产业评论,2008,7(1):221-235.

（2）根据实证回归结果，探究文化资本综合指数对城市规模增长的影响，并开展分区域检验、文化资本指标体系分维度检验，以研究这种影响是否存在区域、维度异质性，并采用稳健性检验来检验实证结果的可靠性。

## 一、模型构建与变量选取

### （一）模型构建

本节研究的是文化资本对城市规模的影响。近年来，文化资本和城市规模都呈现出不断增长的态势。本节通过建立文化资本与产业结构之间的实证模型，估算两者之间的线性系数，从而研究文化资本对城市规模提升的影响效应以及区域差异。主要模型如下：

$$Y1_{it} = \alpha_0 + \alpha_1 \ln M_{it} + \beta X_{it} + \varepsilon_{it} \qquad (4-1)$$

（4-1）式中，$i$ 表示城市，$t$ 表示时间；$Y1_{it}$ 表示城市规模，$\ln M_{it}$ 表示文化资本指标体系综合系数的对数，$X_{it}$ 表示控制变量的集合，用来反映除文化资本以外其他因素对城市规模的影响，以保证研究结论的准确性。此外，$\varepsilon_{it}$ 表示误差项。

### （二）变量选取

1. 被解释变量

本章节被解释变量为城市规模（$Y1_{it}$），已在第二章进行了解释说明。由于此综合指标采用的原始数据较多，为避免部分异常值可能对指标测算造成误差，在得到各城市规模数据后，本节又用缩尾法对指标结果进行了处理，剔除了 1% 的离群值。

2. 核心解释变量

本章节核心解释变量为文化资本指标体系综合系数的对数 $\ln M_{it}$。指数的具体构造及测算结果已在前几章进行了说明。

3. 控制变量

（1）工资水平（$\ln$ wage），单位为万/人。本节采用城镇非私营单位从业人员年平均工资数据来反映城市工资水平。关于工资水平与城市人口集聚的关系,Baumsnow 和 Pavan 通过实证检验发现,劳动力在都市区的汇聚会提高工资水平,同时城市间的收入差距会反过来促使劳动力进一步流向大城市,这种效应被称作城市规模的"工资溢价"[①];蔡之兵的研究指出,劳动力工资会对经济活动的转移和集聚产生直接影响[②]。(2)道路面积(road),单位为万平方米。关于城市基础设施对城市规模的影响,学者们在不同维度展开过研究。这其中相当一部分研究是围绕城市交通设施展开的。在城市经济增长层面,王雨飞和倪鹏飞以全国 284 个地级及以上城市为样本,采用空间计量模型证明了高铁高通对城市经济发展具有增长效应[③];在人口增长方面,韩峰和李玉双在其研究中指出,公共服务供给的增加会同时提高本市和周边城市人口规模,而且能够在城市人口增长中与产业集聚形成协同效应[④]。(3)卫生机构数(perhealth),单位为个/万人。本节采用卫生机构数以反映城市医疗资源的多少。与道路面积相似,城市医疗资源的丰富度也是影响城市宜居性与城市经济发展的重要基础设施。"用脚投票"理论认为大城市会通过提供优质的公共教育资源、先进的医疗卫生水平、多样化的文化服务条件、发达的交通网络以及良好的自然环境等来影响城市居民的生活质量,进而作用于人口的迁移决策和城市间的人口分布[⑤]。(4)第三产业占比(structure0),单位为%。于斌斌利用 2003—2012 年中国 285 个地级及以上城市的统计数据,运用动态空间面板模型对产业结构调整和生产率提升的经济增长效应进行了实证检验,发现处于城市化阶段的地区经济增长可以从产业结构的合理化调整中获得较

①　BAUMSNOW N, PAVAN R. Understanding the city size wage gap[J]. The review of economic studies, 2012, 79(1): 88 - 127.

②　蔡之兵.区域协调发展下的空间重构模式研究——以京津冀为例[M].北京:人民出版社,2020.

③　王雨飞,倪鹏飞.高速铁路影响下的经济增长溢出与区域空间优化[J].中国工业经济,2016(2):21 - 36.

④　韩峰,李玉双.产业集聚、公共服务供给与城市规模扩张[J].经济研究,2019,54(11):149 - 164.

⑤　COSTA D S F, ELHORST J P, SILVEIRA NETO R M. Urban and rural population growth in a spatial panel of municipalities[J]. Regional studies, 2017, 51(6): 894 - 908.

为明显的"结构红利",而工业化阶段的地区经济增长更多地依赖于全要素生产率的增长[①]。

　　所有控制变量的数据均来源于 2014—2021 年《中国城市统计年鉴》《中国统计年鉴》《中国文化及相关产业统计年鉴》《中国环境统计年鉴》《中国旅游年鉴》《中国区域经济统计年鉴》以及各市统计公报。考虑到个别变量的数据统计信息仍然存在部分遗漏,本节综合采取了内插法和外插法对缺失变量进行插值补充,以减少缺失值的数量,确保更多的样本参与回归。

表 4 - 1　变量描述性统计

| 变量 | 均值 | 标准差 | 最小值 | 最大值 |
| --- | --- | --- | --- | --- |
| $Y1$ | 2.618 9 | 2.636 4 | 0.679 3 | 17.142 0 |
| $\ln M$ | 1.082 9 | 0.950 9 | −0.694 7 | 4.319 7 |
| road | 19.201 3 | 7.691 2 | 2.25 | 60.07 |
| ln wage | 11.076 7 | 0.256 2 | 10.316 7 | 11.941 2 |
| perhealth | 6.304 1 | 3.093 2 | 1.494 6 | 16.948 5 |
| structure0 | 45.366 6 | 8.943 1 | 19.76 | 80.499 9 |

## 二、回归分析

### (一) 全样本回归

　　$F$ 检验和 Hausman 检验的结果表明本节适合用固定效应模型。因此,这里采用固定效应模型进行回归分析。表 4 - 2 中展示了全样本回归的结果。在这里我们采用逐步回归法,先将因变量 $Y1$ 与核心解释变量 $\ln M$ 纳入回归模型,得到模型(1);之后依次纳入其他控制变量,对应模型(2)—模型(5);最后得到全部变量参与回归的模型(6)。从表 4 - 2 可以看出,当模型中只包含因变量 $Y1$ 和核心解释变量 $\ln M$ 时,$\ln M$ 的回归系数为 0.912 且在 99% 的置

---

　　① 于斌斌.产业结构调整与生产率提升的经济增长效应——基于中国城市动态空间面板模型的分析[J].中国工业经济,2015(12):83 - 98.

信度下显著；随着控制变量的加入，$\ln M$ 的回归系数有所降低，但依旧显著为正；当纳入全部控制变量后，$\ln M$ 的回归系数降为 0.295，但依旧在 99% 的置信度下显著。这表明，文化资本水平的提升可以有效带动城市规模的增长，文化资本对数值提高 1 单位，对应着城市规模提高 0.295 个单位。文化资本的积累不仅对应着城市经济发展水平的提升，同时也在提升着城市的吸引力、软实力水平。正如前文所言，文化、教育等要素正在逐渐成为影响人口流动、吸引人口集聚的重要因素。同时，集聚带来的人才和创新活力又为城市发展提供着不竭动力，推动着城市经济增长。

在其他变量的影响效果回归中，人均工资水平对城市规模的增长起正向影响作用。在模型（6）的所有控制变量中，lnwage 变量的回归系数显著为正，且值最高，为 1.264，表明人均工资水平的对数每提高 1 单位，可以带动城市规模提升 1.264 个单位。本节所选取的城镇非私营单位从业人员平均工资虽然未涵盖城市所有在岗职工的工资水平，但也能通过与其他城市的横向对比，反映出该市平均经济发展水平及人员工资待遇。已有许多学者研究证明，劳动力在城市的集聚会提高其工资水平，这种城市间的收入差距会反过来促使劳动力进一步流向大城市，这种效应被称为城市规模的"工资溢价"。"工资溢价"是吸引个体迁移的重要动机，城市人口规模与工资水平呈正相关[1]。同时，较高的劳动力市场工资水平补偿了高住房价格，这可能使得大城市具有更强的吸引力，不断提升城市规模。变量 perhealth 的系数也在 99% 的置信度下显著为正，这表明人均医疗卫生机构数每提高 1 单位，对应着城市规模提高 0.108 个单位。医疗卫生机构数反映了城市公共服务水平，这可能是除工资外吸引人口集聚的另一关键因素。高春亮等人将健康、教育等公共服务视为人力资本积累的投入，将工资收入视为人力资本变现的结果。而人力资本的积累不仅提高变现水平，还通过提高产出效率、促进技术吸收、扩大知识溢出

---

① 何鸣，柯善咨.中国转型期城市空间规模的决定因素——统一的单中心城市模型的理论研究与实证[J].财经研究，2009，35(12)：4-15.

等途径促进城市经济增长[①]。

表 4-2　文化资本影响城市规模的全样本回归模型

| 变量 | (1) | (2) | (3) | (4) | (5) |
|---|---|---|---|---|---|
| | $Y1$ | $Y1$ | $Y1$ | $Y1$ | $Y1$ |
| $\ln M$ | 0.912*** (8.65) | 0.812*** (7.49) | 0.307*** (2.63) | 0.293** (2.52) | 0.295** (2.53) |
| road | | 0.022*** (3.66) | −0.004 (−0.67) | −0.006 (−0.88) | −0.005 (−0.87) |
| ln wage | | | 1.290*** (10.16) | 1.218*** (9.48) | 1.264*** (7.68) |
| perhealth | | | | 0.108*** (3.37) | 0.108*** (3.36) |
| structure0 | | | | | −0.003 (−0.45) |
| 常数项 | 1.681*** (14.48) | 1.372*** (9.57) | −11.878*** (−9.06) | −11.710*** (−8.95) | −12.091*** (−7.74) |
| 样本 | 2 112 | 2 112 | 2 112 | 2 112 | 2 112 |
| $F$ 值 | 35.04 | 35.20 | 37.34 | 37.35 | 37.33 |
| $R^2$ | 0.039 | 0.046 | 0.096 | 0.102 | 0.102 |

注：***、**、*分别表示在 1%、5% 以及 10% 的水平下显著,括号内为标准误,本章下同。

### (二) 分区域检验

接下来,考虑到文化资本水平对不同地域城市规模的重要性上可能存在差异,本节将 264 个城市共 2112 个样本按城市所在区域划分为东、中、西三部分,东、中、西部分别为 768、744、600 个样本,并再次使用固定效应模型分别对这三个区域文化资本影响城市规模的效应进行回归分析,得到表 4-3。

---

① 高春亮,毛丰付,余晖.激励机制、财政负担与中国医疗保障制度演变——基于建国后医疗制度相关文件的解读[J].管理世界,2009 (4):66-74.

表 4-3 中的回归结果显示,不同地域的文化资本水平对其城市规模的影响存在差异。模型(6)至模型(8)中 $\ln M$ 的回归系数均为正数,但只在东部、西部地区显著。西部地区文化资本水平的回归系数值最高,为 1.070;东部地区文化资本水平的回归系数值为 0.311,均高于全样本回归时的回归系数值。再看平均工资水平 lnwage 的系数,东、中、西部的 lnwage 变量系数均为正,且东部地区变量系数最高,为 1.365;西部地区变量系数最低,为 0.880。再来对比 perhealth 的系数,只有东部和中部地区的系数显著为正值,西部并不显著,且东部地区的系数值最高。由此可以看出,影响东、中、西部城市规模的因素并不同。对于较为发达的东部城市,收入水平以及发达的基础设施、便捷的公共服务是吸引人口集聚、提升城市规模的关键因素,而对于西部地区来说,其具备独特的文化资源禀赋与宗教信仰习俗,由此形成的文化资本是带动当地经济发展与人员集聚的重要因素。

表 4-3 文化资本影响城市规模的分区域检验

| 变量 | (6) | (7) | (8) |
| --- | --- | --- | --- |
| | 东部 | 中部 | 西部 |
| $\ln M$ | 0.311*** <br> (2.62) | 0.163 <br> (0.64) | 1.070*** <br> (3.38) |
| road | −0.005 <br> (−0.62) | 0.003 <br> (0.17) | −0.010* <br> (−1.68) |
| ln wage | 1.365*** <br> (7.13) | 1.174*** <br> (2.75) | 0.880*** <br> (4.35) |
| perhealth | 0.217*** <br> (3.52) | 0.193*** <br> (2.71) | 0.025 <br> (0.86) |
| structure0 | 0.008 <br> (0.78) | −0.018 <br> (−1.18) | 0.008 <br> (1.37) |
| 常数项 | −14.193*** <br> (−7.96) | −10.763*** <br> (−2.66) | −8.850*** <br> (−4.65) |
| 样本 | 768 | 744 | 600 |
| $F$ 值 | 80.61 | 17.98 | 57.68 |
| $R^2$ | 0.234 | 0.047 | 0.241 |

### （三）分维度检验

在本节中，我们将文化资本指标体系进行拆分，并将其一级指标智力化水平、形象化水平、物质化水平、市场化水平、制度化水平分别代入原模型中进行回归，从而得到表 4-4 中文化资本各组成部分对城市规模的回归结果。由表 4-4 可知，文化资本各组成要素均对城市规模的提升起着正向作用。而其中，文化资本市场化对城市规模的提升效应最明显，系数值为 1.602。其次是文化资本智力化、物质化，分别为 0.835、0.829。如前文所述，以市场化方式运作的文化资本最主要的形式就是城市中文化产业的发展，而随着文化产业体制改革的不断深入，文化产业所涵盖的领域将持续扩大，准入门槛将不断降低，市场竞争性的增强将吸引大量的国内外资金流入，文化产业完全能够担当起区域支柱产业的重任。

表 4-4　文化资本各组成要素影响城市规模的实证检验

| 变量 | (9) | (10) | (11) | (12) | (13) |
|---|---|---|---|---|---|
| | $Y1$ | $Y1$ | $Y1$ | $Y1$ | $Y1$ |
| $M_i$ ($i=1\ 2\ 3\ 4\ 5$) | 0.835*** (11.07) | 0.299 (0.90) | 0.829*** (10.86) | 1.602*** (12.79) | 0.040*** (5.33) |
| road | −0.006 (−1.02) | −0.005 (−0.71) | −0.007 (−1.09) | −0.004 (−0.67) | −0.005 (−0.81) |
| ln wage | 0.951*** (6.04) | 1.375*** (8.71) | 1.187*** (7.73) | 0.798*** (5.06) | 1.338*** (8.56) |
| perhealth | 0.072** (2.29) | 0.112*** (3.49) | 0.108*** (3.45) | 0.083*** (2.70) | 0.106*** (3.32) |
| structure0 | −0.005 (−0.79) | −0.003 (−0.48) | −0.001 (−0.21) | −0.008 (−1.34) | −0.003 (−0.43) |
| 常数项 | −9.909*** (−6.68) | −13.137*** (−8.74) | −11.422*** (−7.80) | −7.322*** (−4.85) | −12.673*** (−8.49) |
| 样本 | 2 112 | 2 112 | 2 112 | 2 112 | 2 112 |
| $R^2$ | 0.155 | 0.10 | 0.153 | 0.172 | 0.113 |
| F 值 | 42.04 | 31.99 | 30.74 | 46.48 | 62.27 |

### (四) 稳健性检验

考虑到文化资本水平的提升对城市规模的影响可能存在一定的时滞效应,本节在稳健性检验中选择将核心解释变量 $\ln M$ 的滞后一期项 $L.\ln M$ 纳入回归,得到表4-5。在表4-5中,模型(6)是表4-2中的全样本回归模型;模型(14)将滞后一期项作为核心解释变量进行回归;而在模型(15)中,同时纳入了文化资本水平及其滞后项。回归结果表明,当单独将文化资本水平滞后一期项纳入回归时,滞后项的回归系数为0.153,且仅在90%的置信水平上显著。这一回归系数在数值和置信度上均小于模型(6)中原回归的数据。而当我们将文化资本水平及其滞后项同时纳入回归时,文化资本水平的回归系数为0.22,此时滞后项的系数则变为负值。这表明,原模型回归有效,文化资本水平对当期城市规模的提升有显著的正向效应,证明了前文结果的稳健性。

**表4-5　文化资本滞后一期对城市规模影响的实证检验**

| 变量 | (6) | (14) | (15) |
| --- | --- | --- | --- |
| | $Y1$ | $Y1$ | $Y1$ |
| $\ln M$ | 0.295** (2.53) | | 0.220** (2.34) |
| $L.\ln M$ | | 0.153* (1.80) | −0.015 (−0.13) |
| road | −0.005 (−0.87) | −0.003 (−0.73) | −0.003 (−0.74) |
| $\ln$ wage | 1.264*** (7.68) | 1.249*** (11.28) | 1.248*** (11.34) |
| perhealth | 0.108*** (3.36) | 0.110*** (5.28) | 0.109*** (5.23) |
| structure0 | −0.003 (−0.45) | 0.003 (0.65) | 0.043 (0.25) |
| 常数项 | −12.091*** (−7.74) | −12.143*** (−11.35) | −12.233*** (−12.72) |
| 样本 | 2 112 | 1 848 | 1 848 |
| $F$ 值 | 37.33 | 75.97 | 75.76 |
| $R^2$ | 0.102 | 0.206 | 0.209 |

**(五) 实证小结**

在本节中,围绕文化资本影响城市规模的效果以及这种效果是否存在异质性,我们开展了一系列实证分析。首先,选取了一组可能对城市规模产生较大影响的控制变量,并最终采用经检验后的固定效应模型进行分析。本节先进行全样本回归,结果显示文化资本变量的系数值为 0.295,且在 99% 的置信度下显著。此外,控制变量中人均工资水平、卫生机构数系数也显著为正,这表明本节控制变量的选取是合理的。全样本的回归结果支持了文化资本水平对城市规模的提升效果。在此基础上,本节又开展了异质性检验,并分别进行了分区域检验、文化资本指标体系分维度检验以及稳健性检验。分区域检验显示了不同地域的文化资本水平对其城市规模的提升效果存在差异,且西部地区的提升效果最显著。分维度检验和稳健性检验均支持全样本回归的结果,即文化资本各组成要素均对城市规模的提升起着正向作用,且这种提升效应是稳健的。

# 第三节　典型案例

文化与城市发展密不可分。文化不仅是塑造城市形象、重塑城市空间、激发城市经济发展、实现经济增长与创意城市的手段,同时也是城市发展追求的重要目标之一①。文化资本的形成过程也伴随着城市特色产业的形成和发展,特色文化产业集群与城市经济增长之间存在相互依赖和相互促进的关系。文化资本可以促进物质和人力资本的积累进而对经济增长有积极作用,而且不同区域文化资本存量水平的差异性对区域经济增长的作用也不尽相同。本节对文化资本影响城市规模的典型案例进行分析,从典型城市的实践案例中探寻文化创意、城市文化标识、艺术要素和区域文化特色等对城市规模的影响。

---

① 黄威.推动城市文化资本积累,繁荣发展文化事业和产业[J].中国发展观察,2023(3):47-51.

## 一、上海：创意文化资本的发展与城市崛起

上海作为中国最大的城市之一,拥有丰富的历史和文化底蕴。随着改革开放的深入推进,上海积极吸纳国内外先进文化理念与产业资源,大力发展文化创意产业。在此过程中,上海注重整合城市资源,鼓励创新和跨界合作,推动文化资本的发展。

上海作为中国的经济中心和文化重镇,一直以来都具有丰富的创意资源和创新能力。20 世纪 80 年代末 90 年代初,上海开始积极探索文化创意产业的发展。当时,上海政府引入了市场经济改革,推动了电影、出版、广播电视、音乐等行业的发展。上海电影制片厂、文化艺术电视中心等文化企业相继成立,为上海文化创意产业的崛起奠定了基础①。随着经济的快速发展和对文化创意产业的重视,20 世纪初成为上海创意产业的蓬勃发展时期。2002 年,上海成功申办了 2010 年世界博览会,这为上海文化创意产业的发展提供了巨大机遇。世博会期间,上海展示了丰富多样的文化创意产品和项目,吸引了全球的目光,加速了上海文化创意产业的发展。在世博会的推动下,上海创意产业进一步提升。政府出台了一系列政策措施,鼓励企业创新发展。上海自贸区的设立为文化创意产业提供了更多机遇和便利条件。近年来,上海创意产业在数字化、智能化和跨界融合方面取得了新的突破。随着互联网的普及和技术的发展,上海的文化创意企业开始利用数字技术来创造和传播内容。数字出版、数字媒体、数字艺术等领域迅速兴起;智能制造、智能设计、智能营销等智能化创意产业迅速发展;上海还将文化创意产业与科技、金融、旅游、体育等领域相结合,推动不同产业的交叉融合和协同发展。例如,上海创意科技园区的建设吸引了众多科技创新企业和文化创意企业的合作,推动了科技与文化的融合。

作为上海城市经济的重要支柱,文化创意产业为上海带来了巨大的经济效益。以影视产业为例,自上海市实施"电影产业专项发展规划"以来,上海的

---

① 荣跃明.上海创意产业发展的现状和前景[J].毛泽东邓小平理论研究,2005(1):70-76+54.

电影制作、发行和放映企业逐渐发展起来。2021 年,上海电影全年票房 25.44亿,占全国总票房的 5.4％,且影院数、银幕数和座位数持续位列全国城市第一①。这不仅直接带动了上海的相关产业链发展,还为城市带来了丰厚的财政收入。此外,上海的文化创意产业涉及广泛,包括设计、文化传媒、广告、艺术品等多个领域。这些产业的迅速崛起,促进了上海的产业结构升级和经济转型。上海的文化创意产业在提高产业附加值、创造就业岗位、推动技术创新方面发挥了重要作用。据统计,2022 年上海文化创意产业总产出达 1.64 万亿元,约占全市 GDP 的 13％②。

随着上海文化创意产业的快速发展,越来越多的人选择来上海发展和生活,进一步扩大了城市人口规模。上海的文化创意产业营造了有利于人才集聚的环境。上海与国内外著名高校及研究机构合作,培养了大批具备创意能力和专业技术的人才。吸引了许多具有高度创造力和创新精神的人才来上海工作和生活,形成了创意人才的聚集效应。另外,文化创意产业为各种类型的人提供了多样化的就业机会。无论是文化爱好者、艺术家,还是技术人员、金融经理,都可以在文化创意产业中找到发展机会。例如,在上海的文化传媒产业中,不仅需要编剧、导演、演员等艺术从业人员,还需要编辑、摄影师、平面设计师、市场营销人员等多种专业技术人员。这为各个行业的人才提供了更多的就业选择,吸引了大量人口来到上海发展。

上海文化创意产业的快速发展还体现在国内外的影响力和竞争力上。上海举办了一系列具有国际影响力的活动,如上海国际电影节、上海书展、上海时装周等。这些活动吸引了世界各地的观众和专业人士,提升了上海的城市形象和文化地位。

---

① 上海市委宣传部.上海文化产业发展报告(2021)[N/OL].2022－08－04.http://www.sfa.org.cn/zxzx/detail.asp? id＝1741.

② 中央广播电视总台上海总站.2022 年文创产业占上海全市生产总值约 13％产业发展长期向好[N/OL].2023－03－31.https://sh.cctv.com/2023/03/31/ARTIHFP21pDrepkwiin5Of 74230331.shtml.

在未来，上海文化创意产业仍然有着巨大的发展潜力。上海市政府将继续加大对文化创意产业的支持力度，加强政策引导和项目扶持，为文化创意企业提供更好的发展环境。同时，上海还将鼓励文化创意产业与科技、金融、教育等其他产业融合，促进创新驱动发展。

## 二、成都：特色文化标识打造"网红"城市

根据中国旅游研究院和携程旅游大数据联合实验室发布的《2018 年中国游客出境游大数据报告："新一线"崛起，文化旅游走红》显示，成都开始成为出境游旅游市场的贡献大户[①]。该报告发布的"2018 年前 20 大出境游出发城市"中，成都排名第四，排名前五的分别为上海、北京、广州、成都、重庆。值得关注的是，这前五名中位于西南的城市有两个。在前十名中有成都、西安、重庆、北京、上海等 10 座重点旅游城市，根据公布的数据发现，重庆市以 4 725.98 万人次的数量，高居榜首，但以旅游总消费来看，成都以 206.9 亿元排在 10 座旅游城市的首位，"网红城市"的魅力可见一斑。

成都的走红，离不开其丰富的历史文化遗产、文化创意产业以及特色美食等文化资本。首先，作为古蜀文化的发源地之一，成都保留了许多古代建筑、遗址和文物，如三星堆遗址、金沙遗址等。这些历史文化遗产展示了古蜀文化的丰富内涵和独特魅力，吸引了大量游客和文化爱好者。根据成都市统计局的数据，2019 年，成都市接待旅游总人数达 2.8 亿人次，总收入突破 4 663.5 亿元，成为经济增长的重要引擎[②]。

其次，作为中国西南地区的文化中心，成都拥有丰富多样的文化活动和创意产业。成都市政府积极推动文化创意产业的发展，成立了成都文化创意产业发展基金，支持文化创意企业的创新发展。成都的文化创意企业在音乐、电

① 环球旅讯.2018 中国游客出境游大数据："新一线"崛起，文化旅游走红[N/OL].环球旅讯，2019 - 03 - 13. https://www.traveldaily.cn/article/127991.

② 成都市统计局.成都统计年鉴 2023[N/OL].成都市统计局，2023 - 03 - 10. https://cdstats.chengdu.gov.cn/cdstjj/c155009/2023 - 03/10/content_55e834f929054755931293fde6d64cba.shtml.

影、设计等领域崭露头角。例如,成都独立音乐节在国内外具有很高的声誉,吸引了大量乐迷和媒体的关注。此外,成都的电影产业也迅速崛起,成为中国电影的重要摇篮之一。据国家电影专资办报告显示,2021 年四川成都电影总票房收入增长率排名全国第 4 位,且成都市电影票房收入排名全国第 5,电影产业成为成都文化创意产业的重要组成部分[①]。

　　另外,成都以其独特的美食文化而闻名于世。吃在中国,味在成都。成都的火锅、串串香、夫妻肺片等美食在全国乃至全球范围内享有盛誉。成都的美食文化成为网红经济的重要组成部分。越来越多的美食博主和网红纷纷到成都品尝当地美食,并通过社交媒体将其推广出去。如今的成都,正以美食为媒,在保护传承中塑造独特美食文化,在开放传播中打响川味美食品牌,打造享誉内外的美食之都。

　　网红成都凭借漂亮的"面子"和独特的"里子"获得了极大的关注度,吸引了大量游客前来,并对人口规模起到了正向影响。作为一个充满活力和魅力的城市,成都吸引了大量年轻人的关注和迁徙。此外,成都文化创意产业的蓬勃发展也吸引了大量的创意人才和企业进驻成都,促进了城市的创新和创业氛围。据成都市统计局数据显示,2020 年,文创产业增加值达 1 805.9 亿元,较 2017 年增长 127.8%,文化创意产业从业人员广泛分布在设计、音乐、电影等行业[②]。这些人员的就业和创业活动为城市经济增长提供了重要动力。随着成都继续加大对文化产业的投资和推广力度,相信成都将继续在网红城市的行列中保持领先地位,并为城市经济增长和人口集聚作出更大的贡献。

### 三、SOHO 区:探索艺术元素与城市的交融

　　SOHO 指代的是一个地方,处于美国纽约下城 houston 街南,英文是

---

　　①　中国文明网. 国家电影专资办发布《2021 年度中国电影市场数据报告》[N/OL]. 中国文明网,2022 - 02 - 18. http://www.wenming.cn/zg/yyhc/202202/t20220218_6298379.shtml.

　　②　每日经济新闻. 成都文创:在顺逆境中三年"创"出一条新路[N/OL]. 中国网,2021 - 04 - 21. http://travel.china.com.cn/txt/2021 - 04/12/content_77398501.html.

South of Houston,英语缩写成了 SOHO。很多人对 SOHO 区的第一个感觉为,这里是个时髦与艺术感并存的地方。虽然说纽约的地标是第五大道、时代广场等,但长时间以来,最受时尚人士欢迎的地方,却是建筑老旧但个性十足的 SOHO 区。这个地方几乎成了自由、艺术、前卫的代名词。在其全盛时期,面积不足纽约市区 1%的 SOHO 区内,居住了全纽约 30%以上的艺术家①。

SOHO 的历史发展沿革可以概括为从一个工业区到艺术家聚集地,再到时尚和文化的中心。19 世纪中叶,SOHO 开始作为一个工业区出现。当时,这个区域主要是制造业和工厂的集中地,尤其以纺织和制鞋业为主。这个时期 SOHO 的建筑由低矮的砖石建筑组成,大多数工厂和工坊都设在这里。随着移民潮的涌入,SOHO 的工厂逐渐扩大,并吸引了大量的劳动力。然而,随着工业化的深入,纽约市的制造业开始向外部地区转移,导致 SOHO 的工业活动逐渐减少。20 世纪中叶,SOHO 逐渐从一个工业区转变为一个住宅区。由于纽约市其他地区的租金上涨,艺术家和文化人士开始涌入 SOHO,并将其转变为艺术家聚集的地方。这一时期,SOHO 的建筑开始重塑,许多老旧的工厂和工坊被改建为艺术家的住宅和工作室。独具特色的铸铁建筑开始在 SOHO 出现,成为该地区的标志之一。20 世纪 70 年代后期,SOHO 成为全国范围内文化资本的集聚地。当地艺术家和艺术组织开始租赁工业建筑,并将其转变为艺廊和展览空间②。这一时期的 SOHO 被广泛认为是先锋艺术和新兴文化的中心,吸引了大量的艺术家、作家、音乐家和知识分子。艺术家们在 SOHO 的咖啡馆、画廊和工作室里交流创意,共同推动着当代艺术的发展。随着文化资本的集聚,SOHO 逐渐成为一个时尚和潮流的中心。20 世纪80—90 年代,时尚设计师、摄影师、模特和名人开始在 SOHO 建立自己的工

---

① 前瞻产业研究院.全球五大创意产业园区"争奇斗艳"[EB/OL].(2018 - 09 - 12).https://f. qianzhan.com/yuanqu/detail/180912 - 05d9ad3d.html.

② Culture trip. SoHo's Journey from Hell's Hundred Acres to an Artistic Haven[EB/OL]. (2019 - 03 - 14).https://theculturetrip.com/north-america/usa/new-york/articles/sohos journey from hells hundred acres to an artistic haven.

作室和店铺，使该地区成为时尚产业的重要聚集地。许多高档品牌和小众品牌纷纷在 SOHO 开设店铺，形成了浓厚的购物场所，SOHO 也成为餐饮和夜生活的热点地区。

细究 SOHO 成功的原因，除了纽约本身的开放包容外，文化资本的集聚也发挥了重要影响。一是带来经济发展活力。随着艺术家、时尚设计师和其他创意产业人士的涌入，该地区的经济活动得到了极大的推动。艺廊、画廊、时尚店铺、咖啡馆和餐厅等各种商业场所相继开设，为当地经济带来了繁荣。这些商铺不仅为当地居民和游客提供了各种消费选择，还为当地就业创造了大量机会。二是以人才吸引人才，地处纽约的 SOHO 自然地成为艺术人才高地，各类人才的大量汇聚又带动了更多的社会交往和文化交流，激发城市建构创意资本的能力，进而为 SOHO 的发展打下基础。三是对周边城市形成溢出效应。由于 SOHO 的文化魅力和商业繁荣，许多游客驻留在 SOHO 旁边的地区，提升了整个纽约城市的知名度和吸引力。由此可见，SOHO 区不断积累的文化资本逐渐成为其形象、名片及核心竞争力，不断吸引创意、艺术、商业等各类人才向这里聚集，促进城市的繁荣和发展。

## 四、鹿特丹港：区域港口文化的催生与城市繁荣

鹿特丹是荷兰的第二大城市，也是一个重要的海港城市，拥有世界上最繁忙的港口之一。在城市规划和发展过程中，鹿特丹注重保留和提升其海洋文化的特色，从而形成独特的城市风貌和经济发展模式。

鹿特丹的特色海洋文化体现在以下方面。首先，鹿特丹在城市规划中充分利用海洋元素。鹿特丹的建筑设计中常常融入船舶和港口的形象，如建筑物的外形、立面的设计以及色彩的选择。著名的例子包括鹿特丹机械象征建筑"埃尔米特吊车"，它模仿了港口装卸作业中使用的巨型起重机；此外，鹿特丹还拥有多个与港口相关的博物馆和文化中心，如鹿特丹港口博物馆和世界博物馆。这些独特的建筑物不仅使鹿特丹的城市风貌独具特色，也向人们展示了海洋文化的重要性。其次，海洋资源的分布也影响着鹿特丹的城市空间

规划。鹿特丹将河流作为城市空间规划的核心要素。例如,鹿特丹对市中心的沿河区域进行了更新和开发,建设了公园、步行道和餐饮区,为居民和游客提供了一个亲近水域的休闲空间。此外,鹿特丹还鼓励海洋相关的活动和事件,从而加强了海洋文化的传播和交流。例如,鹿特丹每年举办一系列的海洋节庆活动,吸引了来自世界各地的游客和参与者。这些活动包括海洋竞赛、艺术展览、音乐演出等,使鹿特丹成了一个国际性的海洋文化中心①。

通过海洋文化与城市建设的融合,鹿特丹形成了独特的经济发展模式。一是发展港口经济。港口是鹿特丹的重要经济支柱,为城市带来了大量的贸易、物流和制造业等就业机会。鹿特丹港口是欧洲最大的集装箱港口和石化港口,是全球最大的煤炭进口港口。据鹿特丹港官网数据显示,2021年鹿特丹港口的货物总吞吐量达4.687亿吨,港口收入达7.727亿欧元②。港口的业务发展吸引了大量的国际贸易商和跨国公司,使鹿特丹港成为欧洲的贸易和物流中心,同时为城市创造了丰富的税收和经济效益。此外,港口的运营需要大量的港口工人和相关行业的从业人员,这进一步为当地创造了大量就业机会。二是促进海洋科技与创新的发展。作为一个拥有先进海洋技术的城市,鹿特丹吸引了许多海洋科技公司和研究机构的设立。同时,港口致力于采用先进的技术和智能化系统来提高港口的效率和可持续性。鹿特丹港拥有欧洲高效和完整的智能供应链。例如,港口引入了自动化的集装箱码头操作系统,使用智能传感器来监测和优化货物运输流程。此外它也是数字创新领域的标杆,港口的数字化加速了现有运输和物流行业的转型。这些技术创新不仅提高了港口的竞争力,也带动了相关行业的科技研发和创新。

在经济发展外,鹿特丹海洋文化也对其人口构成产生了深远影响。一是

① 睿途旅创.城市更新典范,鹿特丹是如何从"港口城市"变为"文化之都"的?［EB/OL］.(2019-07-17).http://www.retourism-cn.com/newsinfo/43-46-458.html.

② 鹿特丹港.鹿特丹港在2021年已恢复至新冠疫情前的运营水平［EB/OL］.(2022-02-25).https://www.portofrotterdam.com/cn/xin-wen/lutedangangzai2021nianyihuifuzhixinguanyiqingqiandeyunyingshuiping.

在文化的多元性上,鹿特丹港口的国际化特点和多元文化的影响吸引了大量的国际移民。鹿特丹是荷兰最国际化的城市之一,这种人口集聚带来了不同文化、语言和经验的交流,丰富了城市的多元性和社会融合。二是在教育特色上,港口的发展带来了丰富的教育和研究机会。港口相关的行业和大学合作推动了相关专业的培养和研究项目的开展,不少知名的鹿特丹院校都开设了海上经济与物流管理专业,并提供了实践机会和研究资源,为学生和研究者提供了宝贵的学习和发展机会。

总而言之,鹿特丹的海洋文化使得鹿特丹成了一个重要的商业中心和国际交流枢纽,为城市带来了更多的人口流入和发展机会,使得鹿特丹成为一个具有活力和可持续性的城市。

# 第四节　本章小结

近年来,我国城市化水平不断提高,城市化进程不断加快。未来城市群和都市圈仍将是推动城市经济增长的重要引擎。本章共分为三节,从理论、实证到实践,就"文化资本与城市规模"问题进行了完整研究。第一节是文化资本影响城市规模的理论机制研究;第二节是文化资本对城市规模影响的实证检验;第三节通过典型案例分析,从实践层面探索文化资本提升城市规模的启示。

本章第一节首先从文化资本的角度出发,从理论机制层面分析了城市规模的影响因素,以及文化资本影响城市规模的机制,探索实现最佳城市规模水平的路径,促进城市的可持续发展。城市规模的主客观影响因素主要包括:城市的自然资源、性质和功能、区域的承载能力、地理位置、规模经济、科技创新、经济状况、生产力和人力资本等。从城市规模的发展演变来看,大致可以归纳为前工业社会时期、工业社会时期、后工业社会时期和信息时代。从文化资本影响经济增长的机制来看,文化资本既可以作为生产投入直接影响城市经济增长;也可以以物质资本、人力资本、知识资本和制度资本等作为中间变量,来间接影响城市经济增长。文化资本对城市规模的影响除了体现在对城市经济规模的影响外，还体现在对城市人口规模的影响。本节分别论述了智力化文化资本、形象化文化资本、制度化文化资本、社会化文化资本和市场化文化资本对城市人口规模的影响。

本章第二节从实证角度对文化资本影响城市规模的具体效果进行检验。研究的具体问题是：第一，在城市经济发展的层面上，基于现有数据，从国民经济核算、国内外贸易和人口等方面对城市规模的演变和分布特征进行多方面分析。第二，根据实证回归结果，探究文化资本综合指数对城市规模增长的影响，并开展分区域检验等，以研究这种影响是否存在区域异质性。在实证研究环节，本研究选取 2014—2021 年中国城市层面的文化资本、城市规模以及各控制变量的数据。考虑到数据的可得性，选取了中国大陆 31 个省级行政区共264 个地级及以上城市的数据（港澳台除外）。所有数据均来源于《中国城市统计年鉴》《中国统计年鉴》《中国文化及相关产业统计年鉴》《中国环境统计年鉴》《中国旅游年鉴》《中国区域经济统计年鉴》以及各市统计公报。考虑到个别变量的数据统计信息仍然存在小部分遗漏，这部分研究综合采取了内插法和外插法对缺失变量进行插值补充，以减少缺失值的数量，确保更多的样本参与回归。

在对文化资本影响城市规模的全样本回归分析中发现，文化资本的积累不仅对应着城市经济发展水平的提升，同时也在提升着城市的吸引力、软实力水平。文化、教育等要素正在逐渐成为影响人口流动、吸引人口集聚的重要因素。同时，集聚带来的人才和创新活力又为城市发展提供着不竭动力，推动着城市经济增长。

在对文化资本影响城市规模的分区域检验中发现，影响东、中、西部城市规模的因素并不同。对于较为发达的东部城市，收入水平以及发达的基础设施、便捷的公共服务是吸引人口集聚、提升城市规模的关键因素，而对于西部地区来说，许多城市具备独特的文化资源禀赋与宗教信仰习俗，由此形成的文化资本是带动当地经济发展与人员集聚的重要因素。

在对文化资本各组成要素影响城市规模的实证检验中得出结论,以市场化方式运作的文化资本最主要的形式就是城市中文化产业的发展,而随着文化产业体制改革的不断深入,文化产业所涵盖的领域将持续扩大,准入门槛将不断降低,市场竞争性的增强将吸引大量的国内外资金涉入,文化产业完全能够担当起区域支柱产业的重任。

本章第三节通过对"创意之城"上海、"网红"成都、"艺术之都"纽约SOHO区、"现代海港"鹿特丹等典型案例的分析,探寻文化资本影响城市规模的实践启示。上海通过对城市文化资本的开发和利用,经济效益非常显著,城市人口规模的集聚效应日趋明显,促进了上海城市规模的发展;网红城市成都凭借漂亮的"面子"在短时间内获得了极大的关注度,吸引了大量游客,并对人口规模起到了正向的影响,但同时,这些城市也需要在文化资本、政策、产业及人才等各方面进行储备,推动整体平衡和可持续的发展;纽约SOHO区不断积累的文化资本逐渐成为其形象、名片及核心竞争力,吸引创意、艺术、商业等各类人才向这里聚集,文化资本强大的人口吸引力得以显著体现;鹿特丹通过港口主体城市文化聚合了各种社会形态、经济形态以及文化形态,通过海洋文化与城市建设的融合,使其形成了其独特的经济发展模式。

# 第五章　文化资本与城市品牌

城市品牌是城市的灵魂,是城市无形资产的积累。城市品牌标志城市的核心竞争力,具有世界城市品牌的城市,就具有独一无二的世界第一价值,因此也就具有全球竞争力①。如威尼斯的城市品牌是"世界著名水上之都",维也纳是"世界音乐之都",巴黎既是法国首都又是"世界时尚之都",中国潍坊的城市品牌是"国际风筝之都"。城市品牌代表着城市的身份地位,是城市身份地位的象征。城市品牌形象是国家形象的缩影,良好的城市品牌形象已然成为一种重要的国家软实力,蕴涵着无形的财富,不但会提升市民生活质量,使其居之乐之、好之爱之,而且有助于吸引域外资源,促使其更好地融入全球化进程,加速经济的增长,促进地区的安定和繁荣。近年来,随着城市之间在招揽人才、招商引资、旅游营销、活动举办等方面竞争的日益激烈,城市品牌形象在提升知名度、吸引力等方面的作用日益凸显,随之也迫使城市品牌形象研究必须不断发展提升②。城市的竞争与发展涉及诸多方面,而城市品牌是一个重要维度③。城市品牌能促进城市居民形成积极的身份认同,培育共建共享的可持续发展氛围。城市品牌的内涵已远超其地理概念,像其他有形产品那样成为全球市场竞争中可被塑造和营销、富含意义的标识④。随着我国经济的高速发展,我国的城市品牌研究也逐步发展,随着研究的不断深入,城市品

---

① 黄蔚.论城市品牌[J].城市发展研究,2005(3):76-80.

② 宋欢迎,张旭阳.中国城市品牌形象受众感知评价研究——基于全国36座城市的实证调查分析[J].新闻界,2017(3):33-41.

③ 郑晨予,范红.中国三大城市的品牌影响力及其差异化研究[J].江西社会科学,2020,40(10):199-209.

④ 董宇澜,张蕾,陈涛.杭州城市品牌战略的大数据分析[J].宏观经济管理,2018(7):79-85.

牌研究也出现了不断融合的趋势,城市品牌理论开始逐步与城市规划、城市经济、传播学等理论学科相互关联,在研究内容上对城市品牌的基本理念、构成要素以及城市品牌形象、城市品牌营销、城市品牌与城市发展的关系都进行了研究。文化资本是城市文化经济发展的核心,其对城市品牌的形成和塑造、品牌知名度提升等发挥着重要作用,本章将从实证的角度重点分析文化资本对城市品牌的影响,以探寻城市品牌提升的可行路径。

# 第一节　文化资本对城市品牌影响的理论机制

城市品牌价值提升对于城市经济发展具有不可估量的推动作用,文化资本是城市文化经济发展的基础,研究城市品牌并分析文化资本对城市品牌的影响成为探究城市品牌提升的重要方面。本节将通过系统梳理城市品牌理论、文化资本与城市品牌塑造、文化资本与城市品牌提升之间的相互作用关系,探究文化资本对城市品牌影响的内在机制。

## 一、城市品牌理论

### (一) 概念界定

目前我国城市品牌理论仍没有较为确定的内涵定义,概念仍有较多争议。城市品牌从字面含义分开来看,是城市与形象的结合。我们首先从城市的定义来看,《不列颠百科全书》中将城市定义为:"一个相对永久性的和高度组织起来的人口集中的地方,比城镇和村庄的规模大,也更为重要"。这说明了城市是一个人口密集的中心区域,并且这种区域具有组织性和永久性,同时人才是城市的核心。进一步参考《现代汉语词典》,城市的定义是"人口集中、工商业发达,居民以非农业人口为主的地区,通常是周围地区的政治、经济、文化中心"。这说明城市不仅仅是人口集中,而且不能仅是耕种和劳作等基本的农业活动且需要政治、经济、文化等因素组成。根据《辞海》,品牌指的是"企业对其提供的货物或服务锁定的名称、术语、记号、象征、设计,或其组合"①。这即是说,所谓"品牌",指的是企业对其自身形象的命名与包装。事实上,"品牌"的含义远不止于此。在汉语语境中,"企业"指的是以营利为目的,向市场提供商品和服务,实行自主经营、自负盈亏、自我发展独立核算的法人实体和经济组织②,而"品牌"并非只有营利性组织才可以拥有,"非营利性组织"甚至某个国家、地区、城市,都可以拥有自己的品牌。此外,品牌所包含的也并非仅是名称、术语、记号、象征、设计等形式方面的内容,还应该包括社会价值、文化属性、个性特征等内涵方面的因素③。从字源意义上看,"品牌"这一概念并非源自本土文化,而是地道的舶来品,对应的英文 Brand 有两个主要义项:a mark made or burned on an animal's skin that shows who it belongs to(动物身上标明其归属的烙印); a type of product made by a particular company(特定公司之特定产品)④。第一个义项应当是 Brand 的本义,第二个才是我们今天所说"品牌"的含义,指的"公司之产品",虽没有强调其"商品"属性,但也没有说明其具体内涵⑤。

关于品牌,一般是用于产品或企业,对于城市品牌的定义也更多是从产品品牌与企业品牌衍生而来⑥。不同于营销学与管理学对品牌的定义,孙日瑶将品牌定义为是与目标顾客达成长期利益均衡,从而降低其选择成本的排他性品类符号⑦。潘胜利和徐瑞平⑧、张远为也指出在信息不对称的条件下,品牌可以向消费者传递产品自身质量和服务等信号信息,从而便于消费者做出

---

① 辞海编辑委员会编.辞海(缩印本)[M].上海:上海辞书出版社,2000,891.
② 辞海编辑委员会编.辞海(缩印本)[M].上海:上海辞书出版社,2000,391.
③ 高迎刚,丛晓煜.城市文化品牌塑造原则与路径探析[J].艺术百家,2019,35(6):58-62.
④ 朗文出版公司.朗文当代英语辞典[M].北京:外语教学与研究出版社,1997,149.
⑤ 高迎刚,丛晓煜.城市文化品牌塑造原则与路径探析[J].艺术百家,2019,35(6):58-62.
⑥ 马亚华,胡少廷,管光扬.城市品牌对工业企业绩效影响的研究——基于工业品质量信息传递的视角[J].城市发展研究,2016,23(1):116-124.
⑦ 孙日瑶.征信管理应注重加强品牌建设[J].济南金融,2006:30-32.
⑧ 潘胜利,徐瑞平.信号传递与品牌的形成机制[J].技术经济与管理研究,2002(6):60.

选择,降低其选择成本①。曹琳认为在信息不对称的市场中,品牌具有优良的信号特征,可以有效传递商品的质量信号,降低消费者搜寻质量信息所支付的交易成本,从而提高消费者的福利状况②。城市品牌这一概念最早为凯文·莱恩·凯勒(Kavin Lane Keller)所提出,其认为"与产品相同,地理位置或某一空间区域也可能成为一种品牌,城市品牌化的力量就是让人们知道并了解某一区域,并将某种形象和联想与这个城市自然地联系在一起"。从其定义可看出,凯勒教授只是指出了城市可以与产品一样进行品牌化,而城市品牌的作用也只是体现城市的某种形象,其眼中的城市品牌只是一种"商标"。但事实上,城市品牌并不只是简单的某种形象"标识",更是一个城市的历史、文化、地理资源、经济、技术等各种因素的高度浓缩。国内学者杜青龙和袁光才将城市品牌定义为管理者根据城市特有的要素禀赋、历史文化、产业优势等差异化要素,向目标受众提供的持续、关联并值得信赖的某种承诺,以提高目标受众对城市的反应效用,以此增强城市的规模、聚集和辐射效应③。因此,与在市场经济中企业品牌对消费者提供的产品品质、服务方面的承诺相仿,可将城市品牌理解为这个城市被社会公众接受并广泛认可,进而可以提供某种保证或承诺的一种无形资产。

一般而言,城市品牌的概念来源于商品品牌的概念,并且在品牌这一概念的基础上进行延伸④。城市品牌的影响因素包括城市的地理特征、文化底蕴、产业优势、城市环境、政府能力与规划等多种要素,以及城市在大众心中的形象和大众对其评价构成,是城市性质、功能和文明的外在表现⑤。城市品牌是城市在公众中的形象认知与情感认同,它是城市最重要的无形资产,是城市内

①　张远为.不完全信息情况下品牌的作用[J].当代经济,2005(3):65-66.
②　曹琳.品牌的质量信号特征及信息传递模型[J].西安财经学院学报,2010,23(6):43-47.
③　杜青龙,袁光才.城市品牌定位理论与实证分析[J].西南交通大学学报(社会科学版),2004(6):105-108.
④　魏铭泽,袁雷.大型体育赛事对城市品牌的促进分析——以奥运会为例[J].体育文化导刊,2019(5):18-22.
⑤　赵水清.城市品牌的塑造与传播路线[J].企业改革与管理,2011(1):18-19.

在文化底蕴与外在城市品牌的综合体现,是城市魅力的体现①。城市品牌是城市多维形象的合意浓缩,是将经济性、政治性与文化性多向功能为一体的超意象呈现,也是城市精神与城市个性的可感知可认同性存在②。张薇和黄世晴认为城市品牌是指城市独有的自然要素禀赋和人文历史文化积淀所综合反映出的区域性文化差异③。

近年来,其他学科的加入丰富了城市品牌研究的内涵。首先,城市品牌实质上是城市治理的组成部分之一,应当将广泛的利益主体纳入城市品牌定位、塑造与营销过程中④。有关城市品牌的决策不能完全由地方政府所掌控,而是需要当地企业、地方利益团体等公私利益主体共同参与的复杂政治过程⑤。其次,越来越多研究发现,城市品牌本身具有复杂且无法完全控制的特质,城市品牌更多是在有机且混乱的一系列信息过程中形成的,而非城市品牌管理的结果⑥。尽管有城市品牌管理团队的精心设计,许多有关城市品牌的文化内涵仍是由小企业、创意企业家、非正式网络以及非营利组织自发创造和升华⑦。再者,一些研究已经对城市品牌的各意义维度之间的内在联系展开分析。如安霍尔特以现状、区位、动力、居民、潜力和发展条件等 6 个维度对城市

———————————

　　① 廖秉宜.中国城市品牌传播的战略与路径——以武汉城市品牌传播为例[J].品牌研究,2017(2):86-91.

　　② 甄巍然,荣佳琦."反身性"视阈下城市品牌传播的价值冲突与反思[J].城市发展研究,2019,26(11):74-79.

　　③ 张薇,黄世晴.基于SoLoMo理念的城市品牌整合传播策略研究——以哈尔滨市为例[J].传媒,2019(2):87-90.

　　④ 董宇澜,张蕾,陈涛.杭州城市品牌战略的大数据分析[J].宏观经济管理,2018(7):79-85.

　　⑤ SIMON A. Place branding:is it marketing, or isn't it? [J]. Place branding and public diplomacy, 2008, 4(1):1-6.

　　⑥ BRENDA P. From schlock to hot:shifting perceptions of Brooklyn[J]. Place branding and public diplomacy, 2007, 3(4):263-267.

　　⑦ GRAEME E. Rethinking place branding and place making through creative and cultural quarters[A]. In rethinking the measurement of place brands. The Netherlands:Springer, 2015:135-158.

品牌形象进行测量①。总体上看,城市品牌的定位与塑造是一个缓慢推进的过程。它既依赖于社会互动与协商进程,也需要景观、名人、媒体、艺术等多样化地域身份元素,更需要多元利益主体、内在文化和既有认知的共同参与②,因此,城市品牌定位不仅是单一的营销策划过程,更需要以城市中长期发展与目标定位为基础,使城市品牌的谋划与塑造更实至名归。回顾近 20 年来理论与实践的发展,城市品牌定位从营销导向逐渐向融合发展导向转变③。

基于以上理解,本书认为城市品牌实际上是城市与品牌高度结合的产物,不仅是城市和品牌概念的简单合作,也是城市内在历史文化底蕴、经济、政治情况以及城市外在建筑等特征的综合印象,这种印象离不开城市的主体人的存在。通过城市内在历史文化和精神以及外在的建筑等双重作用形成城市意象,使之成为城市品牌的一部分,表现为城市客体在行为人主体的心理映射,即主体对客体的感应程度。城市品牌既是一种客观的社会存在,又是一种主观的社会评价。

**(二) 城市品牌的构成**

从内外部构成因素来看,城市品牌可以分为软件和硬件。其中软件是城市的内在精神,落实到具体事物上也就是城市的历史文化、现代文化、民间文化、地域文化、政府形象、企业形象、市民形象等各方面综合而成的一种城市的精神力量。而硬件则主要是指城市的建设和基本设施,具体包括城市标识、城市规划、城市建筑、城市景观、城市市容等要素。我们可以将其总结为城市理念、城市行为以及城市视觉三个方面。

1. 城市理念

城市理念也就是一个城市带给人的感觉,是城市居民所特有的价值观和

---

① SIMON A. The anholt-GMI city brands index: how the world sees the world's cities[J]. Place branding, 2006, 2(1): 18 - 31.

② AMELIA G, DEBRA G, HELEN P. City branding research and practice: an integrative review[J]. Journal of brand management, 2016, 23(3): 252 - 272.

③ 董宇澜,张蕾,陈涛.杭州城市品牌战略的大数据分析[J].宏观经济管理,2018 (7):79 - 85.

历史文化底蕴等带来的软实力，它是城市品牌内在的最重要的部分，也是每个城市之间的最大区别。城市理念沟通凝聚了城市居民的思想认识，融合了文化形象、城市定位、社会经济发展等内容。其中城市历史文化主要是指城市的思想、文化和艺术在发展过程中所积累传承的特色文化，是一个城市特有的文化印记。一个城市的文化是一个不断传承，不断继承和创新的过程，因此一个城市的理念也会与历史一脉相承。一个城市的形象塑造中必须有城市文化传承，基于城市文化理论的现代发展基础上进行城市价值观、城市规划的具体建设，突出城市的文化特色。

2. 城市行为

城市行为是在城市基本理念的基础上的表现，是一个城市的日常行为，即城市做过什么、在做什么和要做什么的集合。这包括城市的政府行为、市民的行为习惯等，是这个城市的所有行为的总和。政府行为指政府领导班子、工作人员的行为在公民头脑中的群体印象。市民行为则是一个城市行为的重要组成部分，一个城市的市民行为可以直接反映出城市文明程度和城市的具体形象。市民行为既包括市民的精神面貌，也包括城市的综合素质和市民道德自律意识、文明意识、法律意识、维护城市品牌意识以及言行所表现出来的素质。

3. 城市视觉

城市视觉是城市的外在表现，是城市品牌最直接、最有形的反映，是一座城市与别的城市不同的直观体现。城市视觉主要包括以下内容：城市标识、城市景观和城市市容等。城市标识指在城市中以文字、图形、符号等形式构成的具有区别作用的视觉图像系统。城市标识既包括城市的市名、城市市花等标志系统，也包括城市的交通指挥系统、定位标识、文明提示系统等。城市建筑，主要指城市一切用土、石、木、钢、玻璃、芦苇、塑料、冰块等材料建造的构筑物，这既包括房屋，也包括桥梁、碑、塔等。城市建筑的存在不仅仅是一个实物体现，也是城市精神文化乃至城市理念的体现。它能体现一定时期城市的发展情况和历史文化传承情况，是技术和文化的遗存。城市景观则是由城市街道、建筑物、园林建筑等各种形成的环境。城市市容则是指城市整体面貌，这既指城市整洁程度和城市规划等,也指城市市民的综合素质水平,是两者的综合反映。

## 二、文化资本与城市品牌塑造

### (一) 城市品牌的塑造

对于每一个城市来说,城市品牌的塑造,在改变自己的同时,当然,也可以改变周围城市对于自身的认识,从而达到提高城市社会经济价值的目的。城市品牌如何,最直接地会影响到人们对于城市的认同感和优劣评价,这关系到城市经济的发展。"物有价而名无价",一个城市的名片相当重要,随着时间的流逝,良好的城市品牌被人知晓,也越来越多地提升城市价值,因而现代城市相当重视自身的形象打造。对比中国城市的发展,越来越多的群体意识到,良好的形象对于一座城市可持续发展的重要意义。

具体而言,城市品牌塑造者通过对城市品牌各个维度建构相应的城市品牌识别系统(city brandidentity),包括认知识别(cognitive identity)和情感识别(affective identity)等,继而依托相关媒介将城市品牌识别投射到传播受众的主观感知当中,以产生相应的城市品牌形象(city brand image),包括认知形象(cognitive image)和情感形象(affective image)等,最终形成相应的城市品牌。正如品牌通过增强消费者的满足感(satisfaction)、自尊(self esteem)和颜面(prestige)从而促进消费行为一样,城市品牌也沿着类似的道路,以其关联的特性(attributes)和益处(benefits)促进着公众、居民和决策者等产生对城市的各种正面行为,从而不断提升城市对全球资源的竞争优势[1]。

与普通产品形态的品牌一样,城市品牌的实现离不开城市品牌的定位、塑造与传播。对于城市建设者和管理者来说,在城市化进程不断加快的新形势下,需要充分分析论证现有城市品牌建设的现状与不足,然后基于城市内涵和

---

① 郑晨予,范红.长江中游省会城市品牌特征研究——基于全球新闻报道大数据的判别[J].江西社会科学,2019,39(10):213-222.

文化的特征重塑城市品牌①。

### 1. 市民受益先行

城市品牌主要来源于社会公众对于城市总体特征的评价,因此城市品牌的塑造,从规划起就应该考虑方方面面的关系,如城市是否可以满足市民的正常生活、生产,能不能被广大市民认可,市民们从中获得了哪些受益。如果不首先抓住城市作为人口集聚地的生产、生活属性而去追求城市的美化和形象塑造,便有如"削足适履",忽略了市民生活和城市品牌的和谐统一。

"城市让生活更美好",这是 2010 年上海世博会的主题,中国的城市化进程越来越快,在城市改造和城市品牌雕刻、塑造的初始,就要把"以人为本"放在第一位,做到尊重当地民众生活习惯,兼顾当地历史条件和自然文化制约,合理、合度、合适地进行城市建设规划,始终把市民利益放在第一位。

### 2. 定位清晰准确

城市向来是自然、历史、地缘政治的产物。在自然资源方面,我国东西跨经度有 60 多度,南北跨纬度 50 多度,幅员辽阔,自然资源极其丰富,地貌气候属性参差不齐。依托着各个城市不同的自然资源,城市发展大不相同,城市品牌定位由此不一;广袤的中国大地资源分布的不同造就了中国各地区发展的历史轨迹大相径庭,历史条件的不同造就了不同地域居民的文化差异极大,本着"以人为本"的城市建设思路,城市品牌定位更应该因地制宜,取长补短;地缘政治更是定位中不可或缺的一部分,省会城市对周边城市的辐射,经济区域划分对城市定位的发展,经济政策的差别对每一个地方政府在发展城市的规划制定中都起着相当大的作用。

综合考量多方面的因素,在城市品牌的定位这一步"扣第一粒扣子"的环节,就要避免出现"扣错扣子"的尴尬局面。并且,准确的城市品牌定位对城市品牌塑造具有十分重要的意义:首先,城市的知名度会得到提高,在城市的发

---

① 张薇,黄世晴.基于 SoLoMo 理念的城市品牌整合传播策略研究——以哈尔滨市为例[J].传媒,2019(2):87-90.

展中,这是赢得经济政策支持的重要筹码;其次,这有助于市民凝聚力和向心力的提升,使得市民在城市的建设中更多地发挥自身的聪明才智;再次,通过个性化的城市定位和形象塑造,使得一个鲜活的具有人格化的城市呈现在市民眼前,这容易引起市民的联想、认可与支持。

3. 目光着眼长远

地方政府规划过程中很重要的一点就是避免规划决策的"短视性"。城市品牌的塑造绝不是简单地把原有的建筑拆除,重新建立高楼大厦,也不是简单地喊出一个响亮的口号,更不是盲目、胡乱地扩建城市规模,而是要紧扣当地的城市文化特色与历史传统,从全盘的角度出发,从战略的高度去规划城市的形象。因此应当从历史和现代、空间与时间、人文与自然的多方面,全方位立体地构建现代城市。规划原理上应当遵从整体发展和持续发展的二元理论;规划内容上,对城市的硬件系统(基础设施)和软件系统(内在人文精神)应当同步推进,正确处理好城市综合治理、城市总体规划中出现的问题。

另外,也要建立科学的城市品牌规划执行程序,以保证城市规划发挥它的作用。科学的城市规划程序有很多方面,城市规划的统一管理就是很重要的一方面,城市建设应当按照统一的规划进行,城市的各个部门应当在城市规划当中扮演好自身的角色,对于城市规划的主导和审批以及相关部门的协调和同步应当采取科学的手段保证各个环节的落实,责任到位。对于违反城市规划的个体使用高效的手段进行打击,保证城市的整体统一。

4. 提炼城市精神

从哲学角度看,"城市精神"就是城市整体存在的社会意义,"城市精神"集中的表现形式是城市中生活的广大市民的"集体意识",也就是市民的集体价值观取向,这是城市在精神层面上的最高哲学。在精神的体系建设中,有城市存在的意义、发展的价值,还有城市战略的终极定位,城市顶层概念的设计与底层实践的实施,这在城市发展的不同阶段对城市的阶段性目标设立有着重要的参考价值。城市建设的先驱者给当代城市的建设者留下了很多历史、文化遗产,这些都是无形资产,要经营一个城市的新形象,一定要以这个无形资产作为起点，而提炼城市精神就是无形资产的再创造、再发展过程。

提炼城市精神的主要内容应包含四个元素：一是公德，其中包括职业道德、交易道德、市场秩序的方方面面，是一种契约精神的体现；二是公民精神，这在现代文明中是十分重要的，随着中国经济社会的不断发展，公民意识的发展十分迅速，这是政治文明和精神文明的交汇；三是时代印记，城市是历史的城市，有着深刻的历史印记，改革开放以来，人们思想的变迁，价值的多元化构成了每一个时代的印记，正是这些生活在城市当中的人的时代印记让城市有了历史；四是人文精神，每个人都有自身的审美情趣，艺术品位和个性魅力，人文精神的凸显既是浪漫主义的情怀，也是理性主义的克制。前三个层面是城市在广义层面上的各种共性，人文精神才是城市的个性，没有了人文精神，城市就好像无源之水、无本之木，发展不长久。

城市精神不光要概括出城市的价值取向，还展示出城市的风貌，拥有自己独特的个性。当下的城市品牌建设，竞争的大多是鲜明的城市主题，鲜活的城市品牌，这就要求城市精神形成时不仅有灵魂，更要有一个"与众不同"的"活"的灵魂。

5. 营销组合推广

在"互联网＋"的信息时代，对于城市品牌的外部宣传，营销推广是城市品牌建设阶段性成效检验的最好标准。

善用互联网是新媒体时代营销的不二法门。当下的大众如果想去某个城市，首先第一反应就是接入互联网，搜索城市的相关信息，城市发生的新闻热点事件，社会民生百态都会一一展现在信息取用人眼前，一览无余。善用互联网这把"双刃剑"是形象塑造者要考虑的一个重要问题。

除此以外，传统媒体、大众传媒的运用也需要得到重视。便于传播的城市标志在设计过程中就要得到重视，和企业标志一样，城市品牌标志起到识别、烘托、传播城市品牌的作用，这在城市对外文化印象中充当着一个重要的文化符号。城市品牌的传播渠道是全方位的，除了形象广告外，城市广场、城市绿化、城市道路、市民、企业等可以接触到的这个城市的方方面面，都应视为城市品牌的传播渠道。

### （二）文化资本在城市品牌塑造中的作用

#### 1. 城市定位的战略意义

城市的形象定位，也即城市功能与产业定位，实际上是一座城市的基础定位，即缔造什么类型、什么特色、什么品级的城市品牌。提升城市品牌，打造独特优异的旅游城市品牌，至关重要的就是城市功能、城市文化与城市产业的定位。所谓"城市定位"即基于城市的属性、特质、个性、文化、理念、资源，提炼出真正具有唯一性、排他性、权威性的（而且真正有价值的）定位——城市品牌。这一意义上的定位，具有鲜明的个性/差异性，富有独特的经济文化内涵，拥有不可替代的优势资源和不可移易的专属功能。

城市自然资源与人文资源的精华，经创意性的高度凝练，明晰出一座城市的典范意义与权威地位，即城市的形象定位。"定位"是一种至为重要的"表现战略"，定位的创意实质上就是"创异"。在一定意义上，旅游城市的形象定位，也是城市/区域间的一种战略思想与创意智商的"同业竞争"。

#### 2. 文化资本与城市定位

结合城市发展中积淀下来的文化资本、历史条件，在原有的基础上进行城市品牌规划定位，是城市定位的不二法门。城市品牌定位所传达的必须是有历史进步意义的城市整体形象信息，这是城市品牌科学所规定和要求的。如大连定位为"北方香港"；广东的梅州定位为"世界客都"。这些描述，都从一个侧面和一定意义上创造了城市的特点和形象传播的核心内容。

苏州是丝绸的故乡，苏州所属的太湖流域保留了新、旧石器时代的遗址，隋唐时期，苏州的丝绸就是进献的贡品，这充分展现了苏州丝绸的悠久历史。讲到苏州，映入眼帘的是如诗如画般的园林，以及精致秀美的丝绸，丝绸文化不仅记录着中国悠久的历史文化，也记录着苏州这座千年古城的历史变迁，因此，丝绸文化对苏州城市品牌的影响至关重要。苏州在文化资本运作与城市品牌的定位中成功地运用了丝绸元素进行形象塑造，以苏州丝绸文化作为人们认识苏州城市的连接点，形成了具有较强识别性的城市意象以及具有城市品牌代表性的物质文化,承载着苏州这座千年古城所独有的城市文化内涵,因此也成为苏州市政府推广城市品牌的策略及理论界所关注的焦点。

我们不难理解北京的故宫、景德镇的青花瓷、巴黎的埃菲尔铁塔、纽约的百老汇等城市品牌标志物被人们所熟悉的原因。正是这种文化属性的事物被人们所熟知,城市文化发展以这类文化资本为基础进行形象定位,才使得其在城市发展中起到重要的作用。

**(三) 文化资本与城市人文精神提炼**

1. 城市的人文精神

城市人文精神是城市文化的灵魂,是一个城市在向世界展示其自然风貌的同时,所展现出来的独特的历史底蕴、现实风貌和未来愿景。它就像城市的名片,镌刻着这个城市的精神品格和文化渊源。

当今时代,精神不仅是一种意识形态,更是一种文化战略资源。一个城市的独特魅力,主要体现在一座城市的文化特质上,而城市人文精神则是文化特质的核心,是城市软实力的核心,是城市先进文化的核心。城市人文精神是城市文化的重要元素,是城市文化的灵魂,是一个城市品格的外显特征,它是从一个城市的历史沉积中和城市居民共有的性格、气质、风貌、行为倾向、价值取向中升华出来的,是一个城市的历史人文传统以及不断丰富和发展着的市民素养、价值观念、行为方式、精神气质等的综合展示。它在久远的历史演进中逐渐形成、烙印着清晰的地域特点,是地区的社会发展水平和文明程度的真实反映,对城市未来发展具有牵引、推动作用,是城市的无形资产和软实力。

在城市人文精神塑造中,文化起着至关重要的作用。城市的发展离不开物质和精神两个层面的支撑。文化作为精神层面的东西,体现为一种发展软实力,不仅是推动社会和谐进步的重要力量,更集中表现为一种城市品格和城市精神。因此,在当前的城市建设中,迫切需要深入挖掘、提炼和涵养城市人文精神,并使之成为提升城市文化品位、彰显城市个性魅力的内力及拉动城市经济发展的新引擎。

一座城市的发展史,就是一座城市文化底蕴生成和人文精神凝结的进步史。城市文化和人文精神汇聚了一座城市的历史记忆,更集中体现了一座城市改革创新发展进步的时代精神。没有精神和文化的城市是缺少灵性的,更谈不上魅力。在新时代日新月异的城市建设中,无论在形式上如何求变求奇,最终决定一座城市影响力和凝聚力的,还是它所具有的文化底蕴和人文精神。城市精神就是一座城市的人们在长期的生产生活中所积淀的一种积极向上的文化。提炼新时期城市精神,必须谨记优秀传统文化与富有新时代特征的先进文化的一脉相承,因为一个城市不可以没有昨天,但同样不能忘记今天。提升城市文化品位,提高市民文明素质,提供必备物质基础,理应成为新时期城市精神培育过程中的着力点。

2. 城市文化资本与人文精神提炼的内在关系

城市精神关乎城市品牌的塑造,是创造城市核心竞争力的"城市文化资本"构成体系。世界上所有城市品牌良好、文化活力强的城市,无不具有独特的人文精神。如巴黎是"世界服装之都""世界浪漫之都";维也纳是"世界音乐之乡"……这些城市的整体形象为城市文化创造了无穷魅力,所蕴含的城市精神,已成为历史与时代的精神主题,不断得以传承和发展。国内的一些著名城市,如帝都特色的北京、海派风格的上海、汉唐风韵的西安等地,也都因其鲜明的文化特色而名扬四海。城市精神反映在外在的物质结构和形态及市民内在的文化素养、气质、性格及文化技艺等方面。城市外在形象建设可以跨越经济增长,也可以求美、求新、求变,但城市文化精神的培养是需要用心涵养的。

**(四) 文化资本与城市品牌的组合营销**

城市品牌结合本身具有的文化资本,在营销手段和模式上,有很多变化的方式,但根本的,都是着眼城市的内在文化,利用"硬件""软件"的组合拳,锤炼塑造出生动的城市品牌,完美利用城市文化资本,以求达到事半功倍的效果。

1. 城市建设的广告效应

城市建筑是可视的或有形的城市文化。城市建筑不仅有它的外貌,而且在它的背后又蕴藏着城市社会、经济和精神的力量。一方面,城市建筑与城市社会的全部生活(物质生活、政治生活和精神生活)有着密切联系。自古至今,都市人的一切生产和生活、娱乐、消费活动,没有一样离得开建筑。城市建筑既然建立在如此广阔的城市社会的土壤之上,就必然会深深地打上都市人政治的、经济的、文化的生活烙印。

另一方面,城市建筑之所以具有深刻的精神文化品格,也由于城市建筑与城市文化具有同构对应的关系,它是特定地域、特定历史阶段城市文化环境中的群体心态的反映。可以说城市建筑物在一定程度上表现为特定建筑家的奇思妙想、聪明才智、理想信念,但在更大的程度上则体现了一定时期城市社会的精神文化特点乃至市民心态。也就是说,城市建筑师无论如何发挥自己的创造性和个性,都无法摆脱城市文明发展的必然性或总趋势的制约。古罗马、北京、巴黎的建筑和城市布局都是由独特的建筑师设计的,虽然它们也体现了设计师的智慧和个性,但更多、更主要地则反映了罗马、北京、巴黎的城市精神文化风貌和市民心理状态。而不同城市文化的差异形成了城市建筑风格等方面的不同。如北京的四合院与上海的里弄,就是不同风格的民居;美国纽约的摩天大楼与中国上海的摩天大楼,虽然都是现代化建筑,但也具有不同的文化韵味。因此,可以说,一个城市建筑的气质,既由特定地域、特定历史阶段的城市文化所塑造,同时也呈现出这个城市文化的内涵和特点。

澳大利亚的悉尼市花了近二十年的时间和几乎相当于预算二十倍的费用才建成了悉尼歌剧院。而悉尼歌剧院每年在无形中大幅提升了悉尼的城市品牌,使得悉尼的知名度大大提升,而同时,这种提升了的城市品牌的确为悉尼带来了巨大的文化和经济效益。时至今日,人们提到悉尼,首先会想到的就是歌剧院。悉尼的城市品牌就是以这座歌剧院为标志。诸如此类的城市品牌标志还有巴黎的凯旋门和埃菲尔铁塔、纽约的自由女神塑像和世界贸易中心大厦双塔、莫斯科的克里姆林宫、北京的天安门等。这些实实在在的建筑物使得一个城市的形象变得鲜明具体,给人留下了难以磨灭的印象。

但这只是城市品牌的"硬件"部分,即视觉感觉部分。而城市品牌的动态的、富于活力的"软件",听觉、体觉、味觉、触觉、感觉部分,即城市中的人文氛围更加重要。有学者在讲到梅特涅时代的维也纳时这样写道:在任何一个认真的旁观者看来,维也纳人似乎永远沉溺在狂欢畅饮之中。吃、喝和寻欢作乐是维也纳人的三种基本的德行和快乐。他们永远在过周末,永远在过狂欢节。这里所描述出来的维也纳,完全一副颓废的形象,而这个形象的形成不是它的建筑或其他"硬件"条件的变化,而是人文氛围起了变化。维也纳城市建筑的风貌也许很多年都不会有根本性的变化,而这座城市的整体形象却会随着人文氛围的变化而变化。再比如中国古代宋元时期的杭州,马可·波罗对杭州的描写是:"行在(按指杭州)之大,举世无匹。一个人可以在那里寻到这么多的乐子,简直恍若步入天堂。"这个形象与人的活动密切相关,它的魅力绝不仅在于自然的湖光山色,更重要的是南宋以来商业的繁荣所带给这个城市的消费文化形象,"水光潋滟晴方好,山色空蒙雨亦奇"是杭州形象的不变的底色,而真正的城市品牌却是在人文氛围的变迁中形成和发展变化的。所谓"淡妆浓抹总相宜",只有从人文环境的变化方面才能够显示出城市品牌变化的意义。因此,城市品牌的构建和提升就是要通过改变城市品牌所存在的一些问题,达到整体感知系统的统一,即视、听、体、味、触等感觉的全面协调,增强城市凝聚力和竞争力,以促进城市的发展。

2. 城市宣传口号与城市品牌

城市品牌宣传语是一个城市的文化符号。宣传语不仅要能够突显其自然风貌,显示出一个城市的人文内涵,而且要能够体现一个城市的文化理念,代表这个城市的文化水准。单从语言的表现形式这个角度去看,不仅要平易朴实,使大众能在短时间内理解透彻,而且要口语化,易于上口。这对设计者对于城市文化理解的深度和语言的运用熟练程度有着很高的要求,用词要雅而不俗,整句要有意境。

城市宣传口号的要求,一是客观描述,不做任何自我夸赞性的评论;二是要高度概括,能够最大限度地表现出一个城市的文化内涵和自然风貌;三是要着眼于城市当前的实际,不能把未实现的"蓝图"作为卖点。

洛阳是中国著名的古都之一,有4 000年的建城史,1 500年的建都史,自夏朝开始先后有13个王朝在此建都,这是其人文之美。洛阳牡丹自宋以来就久负盛名，素有"洛阳牡丹甲天下"之誉，这是洛阳的自然之美。基于这两大"亮点"，洛阳市的形象宣传语定为"千年帝都，洛阳花城"，不仅突出了这个城市的悠久历史，而且凸现了这个城市的自然风貌，内容既高度概括，又客观具体。

　　宣传口号能在短时间内将一个城市积淀的文化资本通过语言的方式传达出去，对某个城市有第一时间大体的印象，在组合营销手段中非常简便快捷且高效。以下是中国城市、省份的一些成功宣传口号案例。

　　　　成都：一座来了就不想走的城市。

　　　　贵阳：城中有山，山中有城。

　　　　郑州：黄河之都。

　　　　昆明：昆明天天是春天。

　　　　常熟：常来常熟。

　　　　桂林：桂林山水甲天下。

　　　　丹东：太阳升起的地方。

　　　　乐山：乐山乐水乐在其中。

　　　　峨眉：云上金顶，天下峨眉。

　　　　都江堰：拜水都江堰，问道青城山。

　　　　吴中：醒来，又在吴中。

　　　　山西：晋善晋美。

　　　　重庆：非去不可。

### 三、文化资本与城市品牌提升

#### （一）城市品牌提升

　　如果说城市品牌塑造是建设规划的一个过程，那城市品牌的提升就是一个城市在实际运转过程中经营、管理城市品牌的过程。这个过程中，城市文化资本积淀在其中运用得也十分广泛。城市经营中城市品牌的经营，公共服务的供给，市政基础设施的维护，绿化生态设施的完善，在实践中都能和文化资本结合,以此提升整个城市的对内对外形象,以达到加快城市发展,更加宜居的目的。

### 1. 基础设施建设

基础设施主要包括交通运输、港口、通信、桥梁、机场、水利及城市供排水供气、供电设施和提供无形产品或服务于科教文卫等部门所需的固定资产,这些是所有一切的单位、企业、居民们从事生产生活日常经营的共同的基础类设施,指一个城市作为一个有机的整体在最根本的层面上得以存在的物质基础,它保证了一个城市主体的正常运转,是一个城市生产生活的物质条件,也是一个城市劳动力再生产的不可或缺的一部分。

基础设施的建设是城市经营的基石,是一座城市的"脊梁",也是城市品牌提升的基础,它是城市能够"起飞"的关键,也是制约城市发展的"瓶颈"。对于城市中生活的市民来说,城市基础设施是否完善,城市道路交通是否顺畅,城区是否整洁,市容市貌是否美观是影响日常工作生活的"大事"。对城市内部市民来讲,城市的形象很大程度上取决于城市管理的秩序和基础设施的完善;对外来游客而言,市容市貌是对一个城市的"初体验";因此,城市品牌的提升第一步要做的就是完善基础设施建设,加大对于城市中违章违规建设与占用的整治力度,在为市民生活提供便利、保障与保证城市整洁、干净中找到平衡点,提升城市品牌。

### 2. 自然环境保护

城市是人类在自然界生活和社会化生活的权衡中,平衡人的自然属性和社会属性的一个产物。人有自然属性,是自然界存在的人,人更是一切社会关系的总和,是社会化的人。城市作为社会与自然的平衡点,在经营中更要重视城市自然环境的保护和提升。

环境是生产力,更是竞争力。在构成发展环境的诸因素中,生态环境无疑是越来越重要的一个因素。生态环境既是资源,也是资本。优美的生态环境,已经成为一个地区最闪亮、最引人注目的"名片",对于提升城市品牌、聚集资源要素至关重要。"既要金山银山,更要绿水青山",作为城市中的绿水青山,城市绿化建设便显得尤为重要：

（1）城市绿化承担着为特定区域空间的人们提供良好的自然环境和人文环境的职责。作为城市"市肺"的城市绿化可以吸收有害气体、粉尘，调节温度和湿度，消减噪声，改善城市的卫生条件，有效防治或减轻污染。

（2）城市绿化在人们的思想情绪、价值取向、行为模式等方面起着潜移默化的特殊作用。有鲜明的城市绿化风格特点是一个现代化城市的标志。良好的城市绿化所营造出的优美的自然景观和人文景观，使市民在潜移默化中受到影响和教育。富含人文、地域特点的城市绿化建设，使公园、游园、广场、绿地充满丰富多样、高品位的文化内涵，整座城市的格调和档次也得以提升。

（3）城市绿化对教育和培养人们与自然共生共荣的思想，促进区域经济社会的良性循环起着重要的推动作用。城市绿化与市民生活、工作息息相关，已成为市民不断提高生活质量必不可少的内容。小游园、广场、公园等城市绿化为市民创造了集生态、自然、文化艺术、休闲于一体的活动空间，是人们锻炼身体、消除疲劳、恢复精力、休憩游览的良好场所。

对于城市整体形象的提升，无论是对内与市民，或是对外与游客，绿化都是城市的"外衣"，是城市第一张对外的名片。辽宁大连一贯以来以环境优美、干净整洁获得全国游客的一致好评，"干净""整洁"两个印象给大连的城市品牌加分不少。大连先后获得"国际花园城市""中国最佳旅游城市""国家环保模范城市"等荣誉，其城市绿化和环境治理功不可没。

3. 市民素质提升

如果说绿化是城市的"外衣"，建筑是城市的"脊梁"，环境是城市的"容貌"，那么市民素质则是城市的"灵魂"，体现着城市的精神风貌和文明程度。一个城市的整体形象是多方面的，是一个优势互补的整体，决不能一枝独秀。除了经济的繁荣、优美的环境外，还要强调以人为本，加快社会文明进步的速度。不可否认，一个城市的市容环境固然重要，但对一座城市而言，千百万市民的道德规范、行为准则和个人素质，直接关系到一个城市的形象，影响一个城市的风采。在重视城市经济发展、市容建设和环境美化的同时，更要不断提升全体市民的整体素质,倡导文明进步。只有这样,才能为建设现代化文明城市奠定思想基础和提供基础保障。

市民素质高一分,城市品牌美十分。市民是城市的主体,市民文明素质的高低,直接决定着这座城市精神风貌的好坏,决定着这座城市文明程度的高低。同时,市民是城市的建设者,也是城市公共管理的参与者,他们文明素质的高低,直接关系着城市的整体形象。只有市民文明了,城市才会文明;只有不断提升市民的文明素质,才能不断提高城市的文明程度。

当然,提升市民文明素质是一项长期工作,是一个润物细无声的积累过程。对于市民素质的提升,基础教育、高等教育、法制教育、传统文化教育、社会公德教育都起到相当重要的作用。

**4. 经营城市品牌**

一座城市就像一个巨大的企业,企业有自身的品牌建设,城市也应当力求打造自身的品牌。城市品牌就是一个城市在推广自身城市品牌的过程中,根据城市的发展战略定位所传递给社会大众的核心概念,并得到社会的认可。品牌的打造对城市品牌的提升是一个阶段性的瓶颈,在塑造城市品牌进入一定时期后,城市品牌的打造成功与否决定了城市品牌提升是否能进入一个跨越式发展期。

**(1) 城市品牌与城市品牌二次定位**

与企业一样,城市品牌的打造第一步在于定位。与塑造城市品牌期间的定位不同,提升城市品牌的品牌定位建立在已经初具规模的城市品牌之上,在原先已经存在的一定基础之上,进行城市品牌的二轮创造。所谓二次城市定位,简单地说,就是充分挖掘城市的各种资源,按照唯一性、排他性和权威性的原则,找到城市的个性、灵魂与理念。二次定位是对城市品牌的灵魂更深一步挖掘的过程,城市品牌存在的价值来自它在市场上的定位和不可替代的个性,就如同产品品牌一样,著名品牌之所以屹立百年不倒,就因为它始终遵循着自己的定位和保持着与竞争对手的差异。与打基础时期的城市品牌塑造不同,对于城市品牌的打造,应该运用更先进的手段,更细分的理念进行,精耕细作,着重于第一次塑造过程中发现的具有"比较优势"的特色之处，深度挖掘，二次开发，力求在原有的形象中完成飞跃式的升华。

（2）城市品牌与城市核心价值

品牌的核心价值代表了一个产品或者一种服务能带给使用者的最根本的利益，城市作为人生活居住工作的地方，广义上是一种极大的商品。一个城市的品牌价值不仅反映了这座城市在社会中存在的理由，更为重要的是，它为生活在里面的市民以及外部的全体社会成员们，带来了利益，对于目标受众来说，这包含了自身的大量相关利益，对于投资者来说，意味着投资回报。

品牌核心价值的提升是一个城市品牌提升过程中自我发现的核心问题。环境、文化、资源、历史和城市中的人，这些意象在一定的空间下融合后的产物决定了一个城市品牌的价值，这些都是元素，代表的是城市的本质，推广一座城市本质上是对一座城市的精神的推广。

（3）城市品牌与城市产品

一个城市如果要将自身的品牌向目标受众推广，必须完成自身的"产品"的生产过程，在一系列复杂的实践活动过程之后，在项目开发、战略规划、环境改造等一系列硬件和软件的实施方面附着上自身的价值和定位。

2010年，"世博会"在上海成功举办，"品牌上海"形象借此时机向全世界传播和宣传。不但为上海新一轮发展提供了难得的历史机遇，同时也全面深刻地影响了人们对上海这座城市的总体印象和心理评价，成为"品牌上海"建设历程中的一座重要里程碑。自此，为了在世博会后形成一个城市品牌经营的长效机制，"上海品牌"的形象标志和标语在精心的策划下得以公布和亮相——陆家嘴、东方明珠多种色块的勾勒和"喜欢上海的理由"主题语已等同于上海。

上海的实践证明，一座城市的魅力，来自它对自身的期许，更来自它对自身的设计。在加快推进"四个率先"、加快建设"四个中心"的宏伟航程中，上海乘大势、谋大局、创大业，为打造一个开放程度更高、辐射能力更强、创新能力更足的社会主义现代化"国际大都市"而蓄势进击。在这个宏伟愿景下，通过富有个性化的城市理念和城市文化的传播,塑造出独具魅力的"品牌上海"形象。

整合"品牌上海"的传播策略,在不同的传播渠道进行统一的视觉和理念传播。作为中国最大城市的东方明珠——陆家嘴、东方明珠塔已经与上海联系在一起,家喻户晓,并深入人心。

合适的城市活动产品和城市的文化内核相结合,推动整个城市的品牌建设与核心价值建设,为城市品牌的发展和提升带来了巨大的机会,带动整个城市的跨越式发展。

**(二) 文化资本在品牌提升中的应用**

1. 文化型城市:文化基建与城市品牌提升

公共文化基础设施,是指由各级政府或者社会力量举办的,向公众开放用于开展文化活动的公益性场所。公共文化设施是公共文化服务体系建设的基础平台和首要任务,是展示文化建设成果、开展群众文化活动的重要阵地。公共文化基础设施建设主要包括电影院、剧院、文化城、博物馆、音乐厅、美术馆、书城、文化馆、公共图书馆、文化艺术中心、文化体育广场、体育馆、游泳健身中心、公园、社区文化宫、社区阅览室、综合文化站、广播电视站、村落文化宫、农家书屋等建设。

文化基建的大力发展对于文化型城市的建设是至关重要的一个环节,文化基础设施的建设对于整个城市市民的文化素养和文化氛围的营造起着最基本的作用。以广州为例,建设世界文化名城离不开世界级文化设施,建城2 200多年的国家历史文化名城广州,广州博物馆、广州美术馆、广州科学馆齐聚在中轴线之上,广州美术馆和广州科学馆位于中轴线东侧,广州博物馆新馆位于中轴线西侧,文化馆选址海珠湖北侧,与园林、湖景相结合,体现了岭南文化特色。四大馆将在中轴线南段形成"3+1"的格局。众多文化设施围绕广州塔形成"众星捧月"的布局。从广州塔上北眺南望皆是焦点景观,在近期实现新城市中轴线南延,打造世界上最长的城市中轴线。

以城市标志建筑为城市符号,是目前城市品牌建设的一个常用手段。城市标志性建筑的文化符号功能既表现为城市整体建筑群落,也表现在个体性的、标志性的城市建筑设施上。如北京国贸三期、上海世博会建筑就是以群体建筑充当城市的文化符号,而以个体的标志建筑作为城市文化符号更是数不胜数。一座建筑或一组建筑能否担负传达城市文化的功能,不是只凭着其高度、体量、投资数额,而是看它是否可以承载这个城市的经济、科技、文化的发展水平。伦敦的瑞士再保险塔(The Swiss Re Tower)在建造之前备受争议,但它完成后的建筑结构及外形恰到好处地体现了城市雄厚的经济实力、技术力量和城市人群的精神状态,其建筑精神比建筑形式更引人注目。西班牙毕尔巴鄂市的古根海姆美术馆,就是一座建筑拯救一个城市的最佳案例,现在全世界当代艺术圣地已经落到了这个原来并没有人关注的小城。我们到北京看鸟巢、看水立方,自古至今几乎最直观的城市文化感知,一定来自城市建筑①。

文化是一座城市的软实力,而文化基础设施是文化软实力中的“硬骨头”,文化基础设施建设也要坚持多样化,品类齐全,功能全面,兼顾各方,这是文化事业坚定向前发展的保障和底子。文化基础设施作为城市文化产业发展和城市品牌提升的“脊梁”,要竖直、要硬朗,经得住风雨考验,能创造出实际价值,这样才能提升城市的形象。

2. 城市软实力:带文化味儿的环境艺术设计

文化创意产业是城市形象的最佳代言及推手,促进文化创意产业可帮助城市提升文化底蕴,为城市形象加分。以艺术设计作为城市形象的品牌,其营销目标定位在改善人民生活质量,提升文化广度、厚度及深度,并在全世界众多竞争者中突显自我。当然一个创意城市形象的建立,首先取决于城市民众的渴望、需求与相连性,民众主动地参与和其相对性产生的能量,以及整个方案执行的态度,并具多元开放性、潜在的延续性,才是品牌的保证。其最终目

---

① 闫云霄,朱亚利.城市品牌的文化基础[J].现代传播(中国传媒大学学报),2014,36(12):161-162.

标乃为增进城市居民的福祉、美感的养成、创意的发挥①。

　　环境艺术设计作为一个城市的软实力,越来越被人们重视。作为丰富城市品牌建设的重要内容,它让人们的生活变得更为多姿多彩,满足了人们的审美情趣及愉悦心情等精神层次的追求,保证了城市可持续和谐发展。"文化味儿"的艺术景观设计在城市品牌建设中更是令人瞩目的"点睛之笔",现代城市绿化已从早期重视面积的绿化阶段、看重视觉的美化阶段,逐渐走向追求地区特点、具有文化内涵并联合生态理念的景观文化新阶段。景观文化就是通过绿化发明一种人与自然、现代与历史、自然与人文相协调的环境,展现城乡绿化的内在魅力,提升绿化品位。

　　中国传统文化是在传统农业社会基础上发展而来的,"天人合一""崇尚自然、师法自然"是其文化生存和发展的基本。从城市建设的角度,景观文化的最高境界是协调,即人与自然、人与社会、现实与历史协调等。实现这些协调,绿化是基本,通过绿化营造协调景观大环境,城市文脉的特色和独有的风貌特点才能得到完善的体现。城乡绿化与文脉的关系是:绿化要顺应该地风土的文脉,成为文脉展现的环境基本;文脉元素依托绿地体系,城市文化的内涵才能得到完善展现。所以,城乡绿化景观文化建设必须维护好自然环境资源,在生态环境、视觉效果等方面保证其完全性,既要维护城乡山水相依、人与自然协调共融共生的生态大环境;又要看重维护古宅、古亭、古路、古树、名木等体现地区特点的人文小环境。

　　与城市建设融为一体的城市景观设计,给在城市中生活作息的人以美的享受,打造了一张人与自然和谐相处的城市名片,提升了城市的文化气息和城市品牌。

　　3. 城市文化活动:文化积淀与市民教化

　　文化的本质是观念形态,属于精神领域,但文化的作用并不限于观念形态、精神领域,人们的经济活动、制度设计、行为方式、日常生活都具有特定的

---

① 白银锋.城市文化品牌的营销模式探究[J].统计与决策,2014(20):58-60.

文化内涵，体现着文化的作用。

城市文化活动通常是指根据某一主题在某一城市举办的具有相当规模和影响的阶段性公众事件。如成都大运会、上海世博会、戛纳电影节、奥斯卡电影颁奖、格莱美音乐颁奖等诸如此类的盛事、节庆、会展、论坛活动不胜枚举。无论哪个城市举办文化活动，必然是这座城市的集体参与，它能最大限度地动员城市市民，以特定的行为方式介入，统筹城市各种元素，调剂城市各个层面，在这一阶段，城市的组织秩序、管理协调、经济实力、文化修养、生活水准以及市民素质等都得到充分体现，这是城市能力的检验和释放，也是城市个性的丰富和张扬，文化活动的袒露和开放，毫无疑问会打上这座城市的烙印。在提升城市知名度和附加值的同时，会催化和推进城市的某种特质，形成城市空间新的表现形式和形象特征。如巴黎举办世博会留下了埃菲尔铁塔，北京举办奥运会留下了鸟巢，上海举办世博会留下了中华艺术宫，这些大型文化活动的遗留物，日后都成为城市的地标性建筑，为城市的特色文化增添浓重的一笔。

文化是种积淀、接纳和传承，但同时更是种嬗变、创造和颠覆。文化强调差异性和多元化，这是文化的根和基础元素，当这种元素被注入大型活动之中，会爆发出色彩斑斓的火花。这也就是我们看到并赞叹的悉尼、雅典、北京和伦敦奥运会开幕的差异，而这些奥运会开幕式则充分张扬了举办城市的文化个性。接纳和举办大型活动的城市通过活动亮出自己的独特品格与优势，并把这种独特品格和优势沉淀成城市的文化品质。

当然，城市除了有大型文化活动外，日常的文化活动作为市民素质提升的重要手段是必不可少的。作为中国文化的重镇，成都每周都有众多异彩纷呈的文化活动，这些活动在丰富市民文化生活的同时，也培育了大批"文化赶场族"。除了艺术展览、文博活动外，成都文化讲座也大井喷：每个周末，在市文化馆、成都图书馆、成都画院以及宽窄巷子等景区景点，都会举行丰富多彩的文化讲座。这些文化讲座形式多样、内容互补、受众甚广、影响巨大，不仅极大地丰富了蓉城百姓的文化生活，也在"润物细无声"中悄然提升了市民素质和城市品位。

对一个城市魅力的评价不仅是美学判断,也是对这座城市居民生活方式的道德判断和哲学判断。而一座城市通过举办文化活动,将提升市民对城市的认同感和自豪感,振奋城市精神,从而强化与优化城市气质。

### 4. 城市核心竞争力:文化资本和城市品牌打造

城市的经营当中,"文化资本"观念的树立对于打造城市的文化品牌,在不久的将来会成为城市竞争力的核心所在。当今世界经济全球化趋势势不可挡,城市品牌的重要性愈发凸显。如若城市缺乏独特品牌,将难以吸引各类优质资源,进而影响城市的快速发展。因此,城市之间的竞争早在20世纪就已经从规模竞争和综合实力竞争转变为21世纪的魅力竞争,这与21世纪更强调人的个性化发展理念一脉相承。

#### (1) 文化资本参与城市品牌二次定位

城市在一次形象定位中考虑的大多是城市的现实条件,过去的历史条件和未来的发展方向,二次定位则是在城市发展阶段性成功的基础上,结合以往城市品牌塑造的经验,进一步发掘城市文化资本的潜力,运用新技术结合新理念,深耕细作,迎来城市发展的"第二个春天"。

作为一个成熟的城市,其个性特征大都表现为多重性和多元化发展。人们总有这样的经验:成熟的城市个性鲜明、强烈、丰富、稳定。这其中的"丰富"二字,即指城市个性具有多重性或多元性特征,丰富不是一次的形象塑造就能造就的,形象的塑造只能架构起城市品牌的轮廓,血肉填充还需要城市在之后的运营管理中打造出来。也就是说,一座成熟的城市,可以同时在文化形态、经济形态、空间形态等很多方面来突出自己的个性特征。对于城市的个性,还可以从城市与城市的关系方面来区分出不同种类的城市,比如中心城、卫星城、度假乡村等。对于城市的建筑风格和规划格局,更是千姿百态,各具特色。因此,现代城市一方面要有丰富的特征,在兼容并蓄中走向现代化,一方面又要发掘和展示自身的个性,突出城市特色。

#### (2) 城市文化与城市核心价值深度融合

一个伟大城市的人文特色是在长期的历史文化积淀和城市人文精神培育

的基础上逐渐形成的。新兴的、后起的城市可以"跨越"经济增长阶段,但无法"跨越"人文精神的培育和塑造。因此,在城市品牌的打造过程中,城市的核心价值与文化的深度融合就显得十分关键。因为一个城市自有的文化底蕴和历史渊源,是自身在发展中的无限财富,其与经济发展深度融合所彰显的独特魅力,深深地影响着这个城市当中人的价值观和行为准则,对于城市发展过程中出现的战略性抉择等问题,有着深刻而厚重的影响。

(3) 城市产品的"文化+"

"文化+"新业态凸显的是在互联网大数据背景下,行业间混搭、跨界、协作在文化产业的最新结合。随着社会政治经济的发展,人们对精神文化的需求日趋多元化,城市的功能并不能有效地满足需求。因此,我们迫切需要用"文化+"打造城市品牌,引导城市的全面健康发展。

城市品牌是一个城市的独特价值,通过某种形象、符号、理念等表现出来,形成对城市的认同认知的概念化事物,是对"文化+"的抽象解读。城市品牌不是无中生有、横空出世,是基于城市人文历史、地理因素、气候特征、资源优势、产业分布等文化内涵特点,结合城市整体发展愿景,通过综合、概况、比较、抽象及筛选出的城市精神符号。如强调人文风情的"浪漫之都"大连;强调气候资源的"春城"昆明;强调休闲宜居的"东方休闲之都,品质生活之城"杭州。

城市品牌是一个城市在推广自身形象的过程中,根据城市发展战略定位所传递给社会大众的核心概念。人们认同一个城市品牌,是对一种文化和文化品位的认同。在城市品牌建设中,城市文化必然渗透其中,并发挥着不可替代的作用。文化起着凝聚和催化的作用,使品牌更有内涵,是提升品牌附加值、竞争力的动力源。因此城市品牌的建设,主要是靠人、城市以及文化三者的多元互动,形成一个动态的多边体系。城市的相貌是人造城市、城市育人、人造文化、文化育人,城市造文化、文化育城市这六个互相作用、相互依存的不可分割的有机整体。在城市品牌的经营中,要牢牢树立起"文化+"的观念,打造以文化为核心的21世纪新型城市。

# 第二节　文化资本对城市品牌影响的实证检验

上文理论机制分析表明,文化资本与城市品牌提升具有密切关系,文化资本既是城市品牌的核心元素,也是城市品牌提升的内在促进机制。本节将从实证层面进一步探究文化资本对城市品牌的影响,考察其直接影响及异质性,为后续制定城市品牌发展战略提供实证参考。

## 一、相关研究假设

2009 年以来,《中国城市营销发展报告》课题组提出城市营销指数(City Marketing Index, CMI),并对中国 100 个地级以上城市进行了测评。在此基础上,课题组进一步聚焦城市营销发展的核心领域——城市品牌,为城市营销与城市品牌化的发展提供更加聚焦的研究参考。

与企业品牌研究的三大路径——企业取向、企业与顾客兼顾、顾客取向类似[1],城市品牌的研究和测评也存在城市取向、城市与受众兼顾及受众取向的研究视角分野。关于地区品牌评估,迄今影响较大的有安霍尔特(Anholt)提出的城市品牌指数(CBI),包括城市声望地位、城市环境素质、城市发展机会、城市活力、市民素质及城市基本条件 6 项指标,也即"城市品牌六边形"[2],而且这一方法一直沿用至今。塞佛伦(Saffron)品牌顾问公司发布的"欧洲城市品牌晴雨表"(european city brand barometer)榜单也产生了较大影响,该指数采用"城市资产优势"和"城市品牌优势"两类指标。其中,城市资产优势包括文化因素(含景观、历史文化、美食餐饮、购物等)和宜居因素(含综合成本、步行便利性和公交便利性等),城市品牌优势包括形象认知、美誉度、口碑价值

---

① 何佳讯,吴漪,丁利剑,等.文化认同、国货意识与中国城市市场细分战略——来自中国六城市的证据[J].管理世界,2017,(7):120-128.

② SIMON A. The anholt-GMI city brands index: how the world's cities[J]. Place branding, 2006, 2(1): 18-31.

和媒体认知等测度指标。就上述两类指标的比值,计算出每个城市的品牌和利用度。2014 年,瓦若阿斯(Wrass)等人提出了一个新的评价路径,他们认为单独考察城市品牌的方法是不够的,应该同时兼顾地区战略、组织战略和民主治理战略三个维度来关注城市利益相关者及城市品牌化的执行过程,其视角独特而深刻①。国内的研究也日趋活跃,如刘彦平等提出城市营销发展指数,就城市品牌、营销推广、营销治理和营销绩效四个维度构建了包括 42 个三级指标在内的城市营销评测体系,并就中国 100 个城市进行了评测②③。上海交通大学舆情研究实验室社会调查中心对中国 36 个主要城市的生态形象、经济形象、文化形象、政府形象、居民形象以及城市形象推广进行受众抽样调查,并形成相关评价报告④。

　　对单个城市品牌的实证分析。王伟等以上海世博会为例,展开实证研究,通过对事件和数据的组合分析,试图发现作为典型大型城市事件的世博会影响城市品牌塑造的机理和规律,最后提出大型城市事件对城市品牌塑造影响效用长期化的相关建议⑤。董宇澜等基于国家发展和改革委员会互联网大数据分析杭州分中心平台,从“城市、产业、企业”品牌层级,“生活、生态”品牌指数,全方位、多角度描绘杭州城市品牌建设的现状和发展方向⑥。分析表明,打造“独特韵味、别样精彩”的世界名城,需积极构建具有杭州特色城市品牌体系。施益军等以国内第一个国际慢城——桠溪为例,介绍其在慢城品牌分析定位、特色品牌环境和文化设计、产业实体品牌打造和慢城品牌推介过程中的

　　①　WRASS A, BJRN H, MOLDENS T. Place, organization, democracy: three strategies for municipal branding[J]. Public management review, 2015, 17(9): 1282 - 1304.
　　②　刘彦平,许峰,钱明辉,等.中国城市营销发展报告(2009—2010):通往和谐与繁荣[M].北京:中国社会科学出版社,2009.
　　③　刘彦平.中国城市营销发展报告 2018:创新推动高质量发展[M].北京:中国社会科学出版社,2019.
　　④　谢耘耕,宋欢迎,涂怀姗,等.计划单列市形象调查报告[J].新媒体与社会,2014(4):64 - 88.
　　⑤　王伟,杨婷,罗磊.大型城市事件对城市品牌影响效用的测度与挖掘——以上海世博会为例[J].城市发展研究,2014,21(7):64 - 73.
　　⑥　董宇澜,张蕾,陈涛.杭州城市品牌战略的大数据分析[J].宏观经济管理,2018(7):79 - 85.

具体做法①。同时,从品牌忠诚度、品牌认知度、品牌知名度和品牌畅销度 4
个维度构建品牌化评估的框架体系,并对桠溪国际慢城品牌化的成效进行了
评估。杨一翁等使用问卷调查法,分析北京在多方利益相关者眼中的认知、情
感和意动城市品牌形象;使用网络民族志方法与访谈法,分析北京城市品牌的
16 个维度的相对重要性;运用结构方程模型与中介效应分析法,探索认知、情
感和意动城市品牌形象之间的影响关系②。

　　基于经验数据的测度。高翔和吕庆华从消费者行为视角切入,运用结构
方程的定量研究方法,通过"消费者-品牌"关系分析了利益相关者(居民、潜在
迁入者、旅游者、投资者等)城市品牌依恋对其城市品牌忠诚的影响机理。实
证结果表明,城市品牌个性、城市品牌享乐主义价值、怀旧情感、城市品牌涉入
度对利益相关者城市品牌依恋的形成具有直接影响③。王小燕和周建波使用
灰色关联分析方法,选择广东省珠三角地区的广州、深圳、佛山、东莞、中山、珠
海和惠州 7 个城市作为样本,并采集数据进行实证研究。研究结果表明,在影
响深圳、佛山、东莞和中山的环境因素中排位第一的是企业环境,次之的分别
是开放环境、人才环境、科学技术环境和制度环境④。在影响广州城市品牌经
济的环境因素中排位第一的是文化环境,次之的分别为企业环境和资本环境。
许峰等选取山东省会都市圈城市旅游品牌体系为实证研究对象,设计了城
市品牌生态位强度评价的指标体系,测算品牌间生态重叠度和生态位强度,明
确单体旅游品牌的竞争力及其主要竞争对手,提炼出品牌体系中承担关键作
用的城市旅游品牌,梳理单体品牌在体系中的地位,并重构层次分明的区域城

---

① 施益军,瞿国方,周姝天,等.慢城理念下的特色小镇品牌创建及效应评估——以桠溪国际慢
城为例[J].世界农业,2019(1):33-40.

② 杨一翁,孙国辉,陶晓波.北京的认知、情感和意动城市品牌形象测度[J].城市问题,2019
(5):34-45.

③ 高翔,吕庆华.城市品牌依恋影响机理研究——基于上海、泉州、兰州、岳阳的实证分析[J].中
国流通经济,2012,26(7):83-88.

④ 王小燕,周建波.城市品牌经济与市场环境的耦合状态评价——以广东城市为例的灰色关联
分析[J].管理学报,2012,9(1):151-156.

市旅游品牌合作体系①。马亚华等以城市品牌的产品质量信息传递功能为例,构建了一套城市品牌评价指标体系,并对我国 54 个主要城市的品牌指数进行了测算;最后采用分层回归法,利用这 54 个城市 7 998 家工业企业的财务数据,实证检验了城市品牌与企业绩效之间的关系②。计量结果表明:城市品牌及其两大构成系统、八大要素对企业绩效均有正向作用,其中城市品牌整体能够在 0.1 或以上的显著水平上解释企业绩效 ROA 的 18.53%、ROE 的 11.32% 和 ROS 的 4.31%。王荣等在《中国城市品牌影响力报告》的基础上构建了包含宜创特征的城市品牌价值体系,以中国 35 个大中城市 2006—2014 年各指标数据为样本,通过熵权法计算各因素的权重,利用空间计量分析手段研究了包含宜创特征的城市品牌价值对房价的影响作用③。研究表明城市品牌价值体系中宜业、宜居、宜学、宜创和宜游特征依次显著影响房价,并且宜创特征指数每增加 1 个单位,将给城市的商品房房价带来 3.6% 的增幅,而宜商特征对商品房房价的影响作用不明显。

据此,提出假设:

假设 1:文化资本对城市品牌具有正向促进效应。

不同群体对城市品牌的认知存在差异,较多研究基于问卷调查进行了测度。吴喜雁通过对中国三亚市 756 位居民进行样本分析,着重研究特定城市居民对品牌持有的态度,以及影响城市品牌态度的关键问题,结果表明主要前提为社会联系、"天涯海角"个性品牌和商业创新,安全、自然和文化活动也是有影响力的特性因素④。祁明德构建了包括人居发展成就、旅游发展成就、投资发展成就和综合发展成就四大类反映城市建设成就的客观指标体系,以广

---

① 许峰,秦晓楠,张明伟,等.生态位理论视角下区域城市旅游品牌系统构建研究——以山东省会都市圈为例[J].旅游学刊,2013,28(9):43-52.

② 马亚华,胡少廷,管光扬.城市品牌对工业企业绩效影响的研究——基于工业品质量信息传递的视角[J].城市发展研究,2016,23(1):116-124.

③ 王宋,张所地,赵华平.基于宜创特征的城市品牌价值至房价的影响研究[J].福建论坛(人文社会科学版)2017(1):34-39.

④ 吴喜雁.基于旅游城市品牌认知的居民行为研究[J].商业研究,2012(1):152-157.

东省 21 个地级以上城市为对象,结合调查问卷进行实证分析。研究结果表明:综合来看,城市发展成就,尤其与人们的生活和工作较密切的,一般会使公众对城市品牌的感知产生明显的正向影响。同时,公众对城市品牌的感知是一个比较复杂的过程,受诸多因素影响,因而某些城市建设成就与城市品牌之间的相互影响关系并不明确①。胡梅和苏杰以天津市为例,对 545 名具有不同利益诉求的城市顾客进行了问卷调研,通过实证分析研究发现,城市品牌的两个构成维度——城市基本功能和城市情感认同,都会对顾客的城市品牌感知产生促进作用,整体而言,城市情感认同维度比城市基本功能维度更能对城市品牌感知产生积极影响②。宋欢迎和张旭阳采用计算机辅助电话调查法,从全国 36 个主要城市随机抽取 3600 名受访者展开实证研究发现:受访者对全国 36 个主要城市品牌形象感知评价总体良好,对一线城市、二线城市以及一些东部沿海城市品牌形象的感知高于其他城市;不同人口学因素的受访者对各个城市品牌形象的感知存在差异③。

基于以上分析,提出研究假设:

假设 2:文化资本对城市品牌的影响具有区域异质性。

## 二、模型构建

本部分以城市品牌发展指数为核心解释变量,以城市文化资本为被解释变量,并控制部分相关变量,基准模型设定为式(5 - 1):

$$\text{brand}_{it} = \alpha_0 + \alpha_1 \text{capital}_{it} + \alpha_2 \ln \text{pgdp}_{it} + \alpha_3 \ln \text{internet}_{it} +$$

$$\alpha_4 \ln \text{social}_{it} + \alpha_5 \text{third}_{it} + \varepsilon_{it} \qquad (5 - 1)$$

其中,$\text{brand}_{it}$ 是城市品牌,$\text{capital}_{it}$ 是文化资本,$\ln \text{pgdp}_{it}$ 表示经济发展水平,

---

① 祁明德.城市发展成就与城市品牌感知实证研究——来自广东省 21 个城市的实证经验[J].系统工程,2013,31(6):22 - 29.

② 胡梅,苏杰.基于顾客价值视角的城市品牌感知影响因素研究[J].北京交通大学学报(社会科学版),2014,13(2):58 - 64.

③ 宋欢迎,张旭阳.中国城市品牌形象受众感知评价研究——基于全国 36 座城市的实证调查分析[J].新闻界,2017(3):33 - 41.

ln internet$_{it}$ 表示互联网发展水平，ln social$_{it}$ 表示社会保障水平，third$_{it}$ 表示第三产业发展水平，$\alpha_0$ 为截距项，$\alpha_1,\alpha_2,\cdots,\alpha_5$ 为变量系数，$\varepsilon_{it}$ 为随机误差项，$i$ 表示城市，$t$ 表示时间。

　　其次，本节以城市文化品牌指数作为被解释变量，进行稳健性检验，模型如式（5-2）：

$$\text{brand}_{it}=\beta_0+\beta_1\,\text{capital}_{it}+\beta_2\ln\text{pgdp}_{it}+\beta_3\ln\text{internet}_{it}+$$
$$\beta_4\ln\text{social}_{it}+\beta_5\,\text{third}_{it}+\varepsilon_{it} \tag{5-2}$$

　　再次，本部分替换解释变量，进行稳健性检验，模型如式（5-3）：

$$\text{brand}_{it}=\gamma_0+\gamma_1\ln\text{capital}_{it}+\gamma_2\ln\text{pgdp}_{it}+\gamma_3\ln\text{internet}_{it}+$$
$$\gamma_4\ln\text{social}_{it}+\gamma_5\,\text{third}_{it}+\varepsilon_{it} \tag{5-3}$$

　　本部分样本的选择为我国可获得数据的主要城市，包括：北京、天津、石家庄、呼和浩特、太原、沈阳、大连、长春、哈尔滨、上海、南京、杭州、宁波、合肥、福州、厦门、南昌、济南、青岛、郑州、武汉、长沙、广州、深圳、南宁、海口、重庆、成都、贵阳、昆明、西安、兰州、西宁、银川、乌鲁木齐及可获取数据的所有城市，共264个。基于城市品牌数据的可得性，本部分样本的时间范围是2014—2021年。

## 三、变量说明

### （一）被解释变量

　　城市品牌（brand$_{it}$）。选择《中国城市营销发展报告》中的中国城市品牌发展指数（CBDI）来表示。中国城市品牌发展指数由5个主题层（一级指标）构成，分别为城市文化品牌指数、城市旅游品牌指数、城市投资品牌指数、城市宜居品牌指数和城市品牌传播指数。5个主题层又包含24个次主题层（二级指标）和68个具体指标（三级指标）。其中每项指标由单一或多项数据合成。在这一指标体系中，城市品牌的总体表现即城市品牌发展指数，表现为5个一级指标的互动关系。其中城市文化品牌是特征指数、城市旅游品牌和城市投资品牌是基础指数，城市宜居品牌是趋势指数，城市传播品牌是推动指数，组成一个渐次递进又相互作用的系统结构。

**（二）解释变量**

文化资本（cultural_capital$_{it}$）。通过文化、体育和娱乐业从业人员占总人口的比重来衡量。文体娱从业人员在总人口中的比例能够从侧面反映城市的文化供给和文化消费氛围，一般来说，某地区的文化资本积累比较丰厚，则该地区的文化供给和文化消费环境较为良好，故本部分使用该指标作为文化资本的替代变量。智力化文化资本（intelligence$_{it}$）、形象化文化资本（visualization$_{it}$）、物质化文化资本（materialization$_{it}$）、市场化文化资本（marketization$_{it}$）、制度化文化资本（institutionalization$_{it}$）。

**（三）控制变量**

1. 经济发展水平（ln pgdp$_{it}$），用人均 GDP 来衡量。

2. 互联网发展水平（ln internet$_{it}$），用国际互联网用户数来衡量。

3. 社会保障水平（ln social$_{it}$），用医院、卫生院床位数来衡量。

4. 第三产业发展水平（third$_{it}$），用第三产业占 GDP 的比重来衡量。

表 5-1　变量描述性统计

| 变量 | 样本量 | 平均值 | 标准差 | 最小值 | 最大值 |
|---|---|---|---|---|---|
| brand | 2 112 | 1.868 | 0.734 | 0.114 | 4.663 |
| cultural_capital | 2 112 | 5.703 | 10.603 | 0.499 | 75.171 |
| intelligence | 2 112 | 2.321 | 3.802 | 0.134 | 26.686 |
| visualization | 2 112 | 0.321 | 0.149 | 0.060 | 1.532 |
| materialization | 2 112 | 0.551 | 0.933 | 0.043 | 15.499 |
| marketization | 2 112 | 0.671 | 0.724 | 0.024 | 5.434 |
| institutionalization | 2 112 | 1.839 | 7.730 | 0 | 42.100 |
| ln pgdp | 2 112 | 10.858 | 0.514 | 9.227 | 12.293 |
| ln social | 2 112 | 9.740 | 0.686 | 7.331 | 11.819 |
| third | 2 112 | 3.786 | 0.201 | 2.984 | 4.388 |
| ln internet | 2 112 | 14.476 | 1.899 | 9.210 | 21.795 |

## 四、实证检验

### (一) 全样本检验

经 Hausman 检验,本部分使用固定效应模型进行检验,表 5-2 为全样本检验结果。由检验结果可知,文化资本对城市品牌具有显著的正向影响,随着文化资本的不断积累,能够显著提升城市品牌。首先,文化资本的积累有助于城市品牌塑造。第一,城市文化通过与市民的互动,不断塑造着城市的文化品牌。居民受到城市环境文化的影响,会逐渐形成具有地域特色的文化,从而深刻影响着城市品牌的塑造。第二,城市文化资本关系到城市的定位,基于城市的属性、特质、个性、文化、理念、资源,提炼出真正具有唯一性、排他性、权威性的(而且真正有价值的)定位——城市品牌。第三,文化资本凝结了城市人文精神,城市精神关乎城市品牌的塑造,是创造城市核心竞争力的"城市文化资本"的构成体系。第四,城市文化资本影响着城市品牌营销。城市品牌结合本身具有的文化资本,在营销手段和模式上,有很多变化的方式,但根本的,都是着眼城市的内在文化,利用"硬件""软件"的组合拳,锤炼塑造出生动的城市品牌,完美利用城市文化资本,以求达到事半功倍的效果。其次,文化资本有助于城市品牌提升。第一,文化基建的大力发展对于文化型城市的建设是至关重要的一个环节,文化基础设施的建设对于整个城市市民的文化素养和文化氛围的营造起着最基本的作用。第二,环境艺术设计作为丰富城市品牌建设的重要内容,它让人们的生活变得更为多姿多彩,保证了城市可持续和谐发展。与城市建设融为一体的城市景观设计,打造了一张人与自然和谐相处的城市名片,提升了城市的文化气息和城市品牌。第三,对一个城市魅力的评价不仅是美学判断,也是对这座城市居民生活方式的道德判断和哲学判断。而一座城市通过举办文化活动,将提升市民对城市的认同感和自豪感,振奋城市精神,从而强化与优化城市气质。

经济发展水平对城市品牌的影响显著为正。首先,经济发展水平较高的地区往往有着完善的城市基础设施和优美的城市环境,城市形象良好。其次,经济发展水平较高的地区往往具有较高的社会治理水平,从而营造出良好的城市品牌形象。互联网发展水平对城市品牌具有显著的正向影响。现代社会的信息传播以互联网为主,较高的互联网发展水平以及庞大的互联网用户有助于更加高效地传播城市文化,提高城市知名度,有助于城市品牌的塑造。

社会保障水平对城市品牌的影响显著为正。一方面,良好的社会保障水平有助于营造社会整体温馨和谐的氛围,使整个城市气质更为平和与包容,有助于增强城市吸引力。另一方面,良好的社会保障水平会减少居民文化消费的后顾之忧,提升居民文化消费倾向,有助于社会资本的进一步积累。第三产业发展水平对城市品牌具有显著的正向影响。较高的第三产业发展水平意味着该地区逐渐进入服务型社会,服务业发展较为充分,人民安居乐业,社会生活丰富多彩,有助于形成良好的城市品牌形象。

表 5-2　全样本检验结果

| 变量 | (1) | (2) | (3) | (4) | (5) | |
|---|---|---|---|---|---|---|
| | 城市品牌 brand | | | | | |
| cultural_capital | 0.002**<br>(0.001) | | | | | |
| intelligence | | 0.058***<br>(0.013) | | | | |
| visualization | | | 0.157***<br>(0.049) | | | |
| materialization | | | | 0.017<br>(0.016) | | |
| marketization | | | | | 0.096***<br>(0.017) | |
| institutionalization | | | | | | 0.001<br>(0.001) |
| ln pgdp | 0.119***<br>(0.039) | 0.118***<br>(0.038) | 0.103***<br>(0.038) | 0.118***<br>(0.038) | 0.102***<br>(0.038) | 0.117***<br>(0.039) |
| ln social | 0.108***<br>(.033) | 0.094***<br>(.033) | 0.102***<br>(.033) | 0.107***<br>(.034) | 0.077**<br>(.033) | 0.111***<br>(0.033) |

| 变量 | （1） | （2） | （3） | （4） | （5） | |
|---|---|---|---|---|---|---|
| | 城市品牌 brand | | | | | |
| third | 0. 091<br>(0. 077) | 0. 097<br>(0. 075) | 0. 083<br>(0. 077) | 0. 095<br>(0. 078) | 0. 104<br>(0. 077) | 0. 089<br>(0. 077) |
| ln internet | 0. 002<br>(0. 005) | 0. 002<br>(0. 005) | 0. 004<br>(0. 005) | 0. 003<br>(0. 005) | 0. 002<br>(0. 005) | 0. 003<br>(0. 005) |
| _cons | −2. 184 ***<br>(0. 611) | −2. 183 ***<br>(0. 599) | −1. 977 ***<br>(0. 604) | −2. 179 ***<br>(0. 610) | −1. 801 ***<br>(0. 584) | −2. 184 ***<br>(0. 613) |
| 地区固定效应 | YES | YES | YES | YES | YES | YES |
| 年份固定效应 | YES | YES | YES | YES | YES | YES |
| $N$ | 2 112 | 2 112 | 2 112 | 2 112 | 2 112 | 2 112 |
| $R^2$ | 0. 956 | 0. 957 | 0. 956 | 0. 956 | 0. 957 | 0. 956 |
| adj-$R^2$ | 0. 949 | 0. 951 | 0. 949 | 0. 949 | 0. 950 | 0. 949 |

注：***、**、*分别表示在1％、5％以及10％的水平下显著，括号内为标准误，Adj-$R^2$表示调整后的$R^2$，下同。

## （二）分区域检验

我国东部、中部和西部地区经济发展水平差距较大，历史文化底蕴和自然生态环境各异，文化资本对城市品牌的影响存在差异，故本部分将样本分为东部、中部以及西部三个部分进行检验，实证检验结果如表5－3所示。从检验结果来看，东部地区文化资本对城市品牌的影响显著为正，而中部和西部地区文化资本对城市品牌的影响为正，但不显著。东部地区经济发展较为充分，居民收入水平较高，社会文化生活相对更加丰富，整体文化资本积累要高于中部和西部地区。而中部和西部地区尚处于大力发展经济的阶段，居民的整体文化需求尚没有东部地区高，整体的文化消费倾向也相对较低，从而不利于文化资本的积累以及城市品牌的进一步提升。

表 5-3　东中西部地区异质性检验

| 变量 | (1)<br>东部 | (2)<br>中部 | (3)<br>西部 |
|---|---|---|---|
| cultural_capital | 0.001**<br>(0.001) | 0.002<br>(0.001) | 0.024<br>(0.011) |
| intelligence | 0.044***<br>(0.012) | 0.052**<br>(0.021) | 0.086***<br>(0.023) |
| visualization | 0.099*<br>(0.054) | 0.310***<br>(0.113) | 0.180**<br>(0.085) |
| materialization | 0.048**<br>(0.020) | 0.200**<br>(0.089) | 0.002<br>(0.012) |
| marketization | 0.108***<br>(0.021) | 0.105***<br>(0.026) | 0.067*<br>(0.037) |
| institutionalization | 0.000<br>(0.001) | 0.002<br>(0.001) | 0.742***<br>(0.220) |
| 控制变量 | 控制 | 控制 | 控制 |
| 地区固定效应 | YES | YES | YES |
| 年份固定效应 | YES | YES | YES |
| N | 768 | 744 | 600 |

注：\*\*\*、\*\*、\*分别表示在 1%、5% 以及 10% 的水平下显著，括号内为标准误。

### （三）稳健性检验

本部分为稳健性检验，检验结果如表 5-4 所示。首先，以城市文化品牌指数替代城市品牌指数作为被解释变量，第一列为检验结果，文化资本对城市品牌的影响依然显著为正，其他各控制变量的影响系数和显著性依然变化不大。其次，以公共图书馆图书藏量作为文化资本的替代变量进行检验，第二列为检验结果，文化资本对城市品牌仍具有显著的正向影响，其他各变量回归结果亦无显著变化。最后，用随机效应模型和混合回归模型进行检验，第三列和第四列为检验结果，解释变量与各控制变量的系数和显著性均无明显变化。本部分的实证检验是稳健的。

表 5–4 稳健性检验

| 变量 | 文化品牌指数 | 替换解释变量 | 随机效应 | 混合回归 |
| --- | --- | --- | --- | --- |
| | (1) | (2) | (3) | (4) |
| cultural_capital | 0.035*** | | 0.004*** | 0.003*** |
| | (0.013) | | (0.001) | (0.001) |
| cultural_capital1 | | 0.026*** | | |
| | | (0.009) | | |
| ln pgdp | 0.056 | 0.059 | 0.048*** | 0.326*** |
| | (0.037) | (0.037) | (0.017) | (0.012) |
| ln social | −0.046 | −0.044 | 0.269*** | 0.344*** |
| | (0.078) | (0.078) | (0.017) | (0.010) |
| third | 0.057 | 0.060 | −0.278*** | 0.203*** |
| | (0.074) | (0.075) | (0.026) | (0.032) |
| ln internet | 0.012** | 0.012** | −0.031*** | −0.049*** |
| | (0.005) | (0.005) | (0.002) | (0.004) |
| 常数项 | 2.521*** | 2.536*** | −1.120*** | −6.409*** |
| | (0.810) | (0.812) | (0.226) | (0.181) |
| N | 2 112 | 2 112 | 2 112 | 2 112 |
| $R^2$ | 0.924 | 0.923 | | 0.590 |
| 调整后的 $R^2$ | 0.911 | 0.911 | | 0.580 |

注：***、**、*分别表示在1%、5%以及10%的水平下显著,括号内为标准误。

## 五、小结

本节在上文理论分析及文化资本、城市品牌相关指数测度的基础上,重点分析文化资本对城市品牌影响的相关研究并提出研究假设,通过构建文化资本对城市品牌影响的理论模型,实证检验了文化资本对城市品牌的影响及其区域异质性。研究发现文化资本对城市品牌提升具有显著正向促进效应,文化资本各维度对城市品牌提升的正向影响效应同样显著,但由于我国东中西部地区的文化、经济等的差异性,文化资本对城市品牌提升的影响存在区域异质性,东部地区文化资本对城市品牌提升的影响显著为正,中西部地区尚有进一步促进文化资本积累以及基于文化资本积累的城市品牌塑造空间。

# 第三节　典型案例

## 一、苏州：梳理形象化文化资本，打造独具特色的江南文化品牌

"上有天堂下有苏杭。"苏州的形象化文化资本在品牌建设上发挥了重要作用。苏州文化源远流长，苏州城始建于公元前 514 年，目前已有两千五百多年历史。经过快速发展，现代苏州的形象是"均衡兼美"，用四点概括是："小却大""古与今""软兼硬""快又慢"。"小却大"是指苏州城市规格虽小但实力成就大。"古与今"是指苏州历史文化与现代风貌相融，这体现了有形的形象文化资本在视觉上的统一。"软兼硬"是指苏州兼具文化软实力和经济硬实力。"快又慢"则指苏州在快速发展中依然保持了悠闲的生活节奏，这体现了苏州无形的文化形象氛围。

### （一）有形的形象化文化资本：城建规划与"黑白江南"城市品牌

春秋阖闾元年，命伍子胥筑阖闾城，以为国都，这便是中国现今最古老的城市之一——苏州城。一直到 2012 年 9 月，苏州市重新调整城区，撤销平江区、沧浪区、金阊区新设立姑苏区。现在的苏州市新调整为姑苏区、吴中区、相城区、苏州工业园区、苏州新区和吴江区以及常熟、张家港、太仓、昆山 4 个县级市。

苏州市规划布局采用"四面建新城"的模式，即城市中心为历史文化名城保护区，简单说就是"一核四城"。苏州古城位于江苏省苏州市姑苏区，高度限制，道路不能拓宽，河道不能填平。而高楼大厦为主的新区围绕在古城四周建设。以古城为中心，东、西两侧分别为苏州工业园区和高新区。

在外围地区快速发展的同时，中心区域则在相对"静止"的状态下，保有苏州江南文化的根脉。苏州古城面积 14.2 平方公里，有十三处全国重点文物保护单位、五十七处江苏省文物保护单位、一百七十八处苏州市文物保护单位。现古城区基本上保持着古代城市格局——水路并行、河街相邻。古城区，整体古城水乡风貌得到保持。苏州出土过一块宋代的《平江图》碑，碑上刻画了宋

代平江府的城市格局。古代的江南水道纵横、桥梁密布,人们"以舟为车,以楫为马",城市格局水陆并行,房屋临水而建,船可以停到自家门口。而现代除了干将路、人民路一纵一横主干道是拓宽形成的六车道,苏州城市格局和平江图还能几乎一致,大量的小巷子只能通行自行车,一路旁边常有一河,水路并行。房子是七层以下的楼房,古城内最高点是北寺塔。为打造统一的有形视觉形象标识,在色彩上粉墙黛瓦,仍以黑白灰为主色调;形式上仿古建筑为主,不设高建筑,小桥流水,观前街、平江路等贯穿其中;内容上保持园林特色,庭院众多,商业发达,文化产品、小吃众多。苏州古城传统的民居建筑多是黑、白、灰三个基本色调。这些"粉墙黛瓦"的建筑再加上水域环绕的环境渲染出了黑白水墨画的意境,充分彰显了"黑白江南"的魅力。

苏州工业园区是苏州成长最为迅速的片区,是中国和新加坡合作建设的一座新城。1994年2月26日,李岚清和李光耀分别代表中新两国政府,签署文件启动园区建设。国家赋予苏州工业园区"不特有特,特中有特"的优惠政策,各国投资者在园区可以享有沿海开放城市经济技术开发区的各项优惠政策,并享有一些类似特区的优惠政策,堪称是国内整体规划最好的新型城区。园区的规划不仅是九通一平,还包括大量的雕塑品,所有建筑不准在主干道上开门等细节。金鸡湖周边月光码头、博览中心、李公堤、东方之门错落有致,被评为中国的5A级景区。

苏州还提出"四角山水"的概念,城市四角分别是阳澄湖、独墅湖、石湖、三角嘴湿地,然后沟通护城河和古城水系,遥望京杭大运河和太湖,完美的水乡江南城市。苏州古城区延续着传统的城市肌理、历史风韵和地域特色。保持了粉墙黛瓦,过一人的小巷;苏州有人文有山水,古城区人文冠绝江南,太湖烟波浩渺,壮丽无比。融合了城市与乡村,自然与人文,国内与国外,古代与现代,城市布局错落有致,对自然景观和城市规划的结合达到了较好的状态。

**(二)无形的形象化文化资本:江南文化与"精致的苏式生活"城市品牌**

苏州整体城市品牌的形成与它的地理、历史、文化背景有着密切的关系。首先是南北文化的碰撞与融合。从西晋末年大批贵族与知识分子南下开始,随之中原主流文化与吴越文化发生碰撞、融合，进而促进了江南文化的发展。从晋末到隋朝统一期间，北方为争得中原连年混战，人才继续流失至相对稳定的江南，为江南文化提供了发展的契机。南宋时都城南移，文人南下数量继续增多，元、清时少数民族当权执政，儒家文化继续南移，主流文化的南移使得苏州地区人文鼎盛。文学艺术、佛教、道教一度十分繁荣。除了历史上南北文化的交融之外，苏州地区还是各时期著名的粮仓①。

苏州丝绸文化承载着厚重的文化内涵，历来受到大家的喜爱，苏州多年来一直通过政策保障、要素集聚、品牌打造等内容，积极推动丝绸产业转型升级和高质量发展。苏州的丝绸文化历史悠久，有着上千年的桑蚕养殖历史。在这漫长的历史进程中，苏州不仅培育了"桑植蚕养"的文化，同时还发展了大量的丝织技术，推动了中华文明中纺织业的极大发展。这些丝绸都是苏州在文化建设中的丰富宝藏，苏绣、宋锦之类的非物质文化遗产，更是在苏州人心目中形成了一种故乡意象，形成了饱含深情的故乡思绪。

园林文化为苏州带来了巨大的文化资本，"灵秀江南"的城市品牌跃然眼前。苏州园林是古城的底蕴和魅力，是城市灵魂，也是古城明珠，非常能够体现苏州这座城市的底蕴，它自然又精致，还有深刻的人文。"江南园林甲天下，苏州园林甲江南"。苏州因园林数量众多，园林质量上乘，在全国一直独占鳌头。世界遗产委员会如此评价苏州园林："没有哪些园林比历史名城苏州的四大园林更能体现出中国古典园林设计的理想品质。咫尺之内再造乾坤，苏州园林被公认是实现这一设计思想的典范。这些建造于16—18世纪的园林，以其精雕细琢的设计，折射出中国文化中取法自然而又超越自然的深邃意境"。苏州园林文化，融文学、哲学、美学、神话传说、雕刻、建筑、绘画、书法等多种文化艺术于一炉，形成了独特的综合艺术体系，作为东方文明的瑰宝，堪称是中国文明的精粹。园林文化对于苏州休闲城市的形象塑造十分关键，作为苏州这座城市灵魂一般的存在，园林穿插于苏州城区的各处，游览其中让人深深地

---

① 许超.苏州城市形象视觉识别系统研究[D].苏州：苏州大学，2013.

被江南的园林文化所折服。

"茶文化"为苏州打造了"慢生活"的现代城市品牌。苏州茶文化发端于西汉，发展于东晋南朝，极盛于唐宋，明清独领风骚。茶文化涵盖了选茶、蓄水、煮茶、茶具、环境、情趣等饮茶的全过程。茶道则是体现在茶事实践中的情趣、意境和精神。在苏州，茶从未与文化割裂过。品茶看茶道表演、品茶听评弹、品茶看昆曲，苏州的"茶道"文化深深地植入了苏州的市民性格之中，优雅而闲适的生活方式在江南水城苏州身上体现得淋漓尽致。

苏州这座城市在文化的层面上，拥有极其丰富的内涵，理解江南文化也是理解苏州文化乃至苏州城市精神的一个重要的切入点。苏州的城市品牌在很多方面，都能非常直观地解读为江南文化，无论是山水环境、茶道丝绸、工业设计、城市建筑风格、民风民俗、日常情趣，都在不同维度上体现着苏州这座城市的人文精神魅力。不论是苏式生活、苏州实力还是姑苏文化，其反映的苏州城市品牌本质是"精致"。"精"体现了苏州的文化和城市精神的本质，苏州人喜欢把事情做精做细，喜欢精雕细刻，"致"这个字来源于"精"，这是苏州人把事情认真做好的外在表现。绵延千年的苏州历史无论是在城市的建设，人文的培育还是对于生活的态度方面，无不体现着"精致"二字，"精致"发展理念就是对苏州城市品牌提升阶段关于苏州文化的高度提炼和概括，是对江南水乡气息的凝练表达。

一方面，形象化文化资本通过品牌机制凝练为城市专属的无形资产，在城市品牌的运营中创造价值，提升城市综合竞争力，为城市带来长期持久收益和无限发展潜力。苏州将城市品牌由原来强调经济与文化的"双面绣的苏州"，转变为涵盖经济、文化与生活的"3D立体新锐苏州"。另一方面，形象化文化资本运用于产品的区域品牌塑造中，能够提升产品附加值，获得垄断收益。其次，形象化文化资本作为城市的外在展示，有形的城市景观与无形的文化氛围都是吸引人才集聚，尤其是创意阶层集聚的重要因素。苏州的城市新形象构造，从苏式生活入手结合苏州在经济领域的实力以及姑苏文化，全新立体地吸收了苏州原有的两大资产，又在此基础上体现了现代都市中江南水乡的独特魅力,在苏州的城市品牌打造和提升中,将生活、经济、文化有机融合,全面展示了苏州的城市魅力。

## 二、淄博: 烧烤火出圈,彰显市场化文化资本优势

烧烤作为传统烹饪方式之一,不仅形式多样,还展示着各民族饮食深厚的文化底蕴和对悠久历史的完美传承。近年来,淄博市持续打造"淄博烧烤"品牌,彰显市场化文化资本优势,带动淄博旅游持续火热。市场化文化资本是文化资本实现经济价值的结果,往往在文化消费的过程中得以实现。在 2023 年"五一"假期期间,淄博站客运累计接送旅客 24 万人次,较 2019 年同期增长 8.5 万人次,增幅 55%。美团数据显示,淄博市酒店 2023 年住宿预订量较 2019 年上涨 865%,增幅位居山东省第一。

淄博市通过挖掘和推广城市的文化资源和品牌元素,将城市的文化形象与商业活动有机结合,提升城市的知名度和美誉度。当下传播的一个重要手段是视频作品。淄博烧烤的视频作品,不但登上央视、山东卫视,还在年轻人喜欢的视频网站广泛播放。在这个过程中,淄博有效发挥了网络名人的作用。他们纷纷来淄打卡,为淄博烧烤宣传代言。

### (一)加强统筹谋划,优化烧烤行业营业环境

淄博市政府就开设烧烤行业"一件事"一次办专区,优化企业审批流程,提升审批效率,为商户创造良好的经营环境,从而助力淄博烧烤行业的发展。截至 2023 年 5 月,淄博市注册登记烧烤经营主体 3 325 户,烧烤餐饮单位 1 702 家,肉类供应商 345 家,小饼生产单位 23 家。

为了推动"淄博烧烤"迈向一个新高度,他们曾北上锦州、唐山、正定,西进成都、兰州,南下海口等地学习取经。在推进治理行动中,各部门统筹谋划,超前布局,疏堵结合,综合施策,现场式推进、说法式交流,既有临淄建设烧烤大院的观摩,也有博山推进烧烤摊点进店经营的切磋;既有整治达标后张店马尚啤酒城现场颁发规范经营点的培训,还有与高新区示范经营业户的沉浸式体验。

为了更好地发挥市场化文化资本的优势,淄博市商务局联合多部门举办了首届淄博烧烤名店"金炉奖"推荐活动,引导烧烤店规范经营,为淄博市内外消费者提供能够代表淄博水准、品质可靠的消费供给,助力提升"淄博烧烤"在全国的知名度和影响力。淄博市 80 余家烧烤店踊跃报名参加,针对参与活动的烧烤店,淄博市商务局定向发放烧烤消费券 25 万元。通过线上投票、视频展播、专业评审＋线下评审等方式,推荐出 20 家淄博烧烤名店"金炉奖"颁奖授牌。

### (二) 规范行业发展准则,全方位保障游客利益

市场化的文化资本具有商业价值和市场影响力,可以成为城市品牌的重要组成部分。各行业非但没有抬高价格、压榨游客,反而坚持诚信为本的经营理念,规范行业发展准则,全方位保障游客利益。2023 年 4 月 16 日,山东淄博市市场监督管理局官微发布了《关于规范经营者价格行为提醒告诫书》,提醒各大监管部门加大对旅游景点、烧烤商户、酒店住宿等企业的价格监测,明确了严格自律、依法经营、诚信为本、杜绝欺诈等行业准则。面对节假日游客增多,有可能出现经营服务乱涨价等问题,市场监管部门对批发市场烧烤原材料价格、酒店宾馆价格、企业小饼出厂价进行监测,及时解决哄抬价格等侵犯消费者权益的问题。

市场化文化资本提供大量文化消费场景、业态与模式,一方面成为吸引创意阶层和外来人口的重要因素,另一方面有助于产业融合发展和促进产业结构升级,优化城市产业结构,转换城市发展动力。淄博市烧烤协会,成立于2023 年,目前以规范的烧烤店为主发展会员,后期计划扩充烧烤器具、食材等产业链企业加入,逐步扩大协会覆盖面和引领力。主要工作内容为定期进行协会领导机构改选,召开会员会议,研究部署烧烤行业相关重大事项,组织参加各类重大活动,研究制定淄博烧烤团体标准。淄博市烧烤协会成立后,由其组织各会员单位开展调研、讨论、交流,接续开展淄博烧烤标准制定探索,积极争取省级餐饮协会、专家支持,组织社会征求意见,吸纳各方面建议,于2023年 7 月正式发布了淄博烧烤团体标准,文件规定了淄博烧烤技术服务规范的

经营场所、环境保护和安全卫生条件、餐厅、厨房、公共区域、原料及要求、制作工艺、服务人员要求、服务质量要求、服务监督与改进等内容。

**（三）软件硬件两手抓，统筹安排市场供应**

市场化文化资本的提升促进了文化消费的发展和文化市场的繁荣。除了"烧烤"本身，淄博市还在满足游客出行、游玩、住宿等其他需求上下了功夫。在跨市交通上为满足各地旅客周末往返打卡淄博小烧烤的需求，2023 年 3 月 31 日，中国铁路济南局集团有限公司（国铁济南局）开行了首列济南到淄博的"烧烤游"周末专线列车，最快 40 分钟左右就可由济南到达淄博。在市内交通方面，淄博市政府对途经烧烤店的常规线路进行重新摸排，主城区 42 条常规公交线路覆盖 33 家烧烤店；专门新增了 21 条定制专线，同时加强公交、出租车及网约车管理，提升公共交通出行品质。为了方便游客前往热门旅游景点八大局，淄博市政府在 72 小时内完成了路面施工改造。在住宿方面，随着来淄博旅游的大学生人数的不断增加，共青团淄博市委适时开放 38 处青年驿站，为符合条件的来淄求职、就业的青年学生提供每年 3 次、每次 2 晚的免费入住，来淄实习、游玩、访友的市外高校在校大学生可享受每年 4 次、每次 5 天的半价入住。同时，在火车站设立青年志愿服务岗为青年游客提供驿站导航、发放入住手册等服务。2023 年 4 月 24 日，市城市管理委员会办公室发文要求具备开放条件的市直及各区县党政机关事业单位免费向社会开放停车场和厕所，本次全市共开放 207 家，其中市直 34 家、各区县 173 家。2023 年"五一"期间，对每天 23 时后仍未找到住处的游客进行妥善安置；外地车辆轻微交通违法，只纠正、不处罚。

硬件的提升只能引来客户，而软件的提升才可能留住顾客，形成"口碑效应"，引发二次消费。淄博市各行各业积极参与，百姓自律，礼让客人，是淄博打出品牌的关键。营销专家菲利普·科特勒曾指出，消费者的行为可以分为三个阶段：量的消费、质的消费、情感的消费。情感消费的切入点主要有情感环境、情感商标、情感价格、情感服务等，而此次淄博烧烤正是利用情感服务这一视角，通过政府牵头带动的全行业暖心温情的服务拉近了淄博与消费者之间的距离。7月份，淄博成功创建为全国社会信用体系建设示范区。节假日期间游客爆棚，市民自愿把自家房子贡献出来让游客免费住。出租车忙不过来，私家车免费接送。市委书记骑单车轻车简从上街调研。市文明办、文旅局发文深情款款，触及心灵。

市场化文化资本的提升推动了淄博市城市品牌的塑造与推广。淄博烧烤火出圈最重要的原因之一是淄博从城市层面抓住了机会，借用市场化文化资本向外界展示了自己的文明好客、诚信、热情。良好的城市品牌将为淄博市吸引更多的投资、人才和游客，推动城市的发展和繁荣。

## 第四节　本章小结

近年来，城市之间的竞争越来越激烈，品牌竞争成为主要战场。本章共分为三节，从理论机制、实证检验到实践案例，就"文化资本与城市品牌"问题进行了完整研究。第一节是文化资本对城市品牌影响的理论机制；第二节是文化资本对城市品牌影响的实证检验；第三节通过典型案例分析，从实践层面探索文化资本提升城市品牌的启示。

本章第一节首先从城市品牌的角度出发，从理论层面分析了城市品牌的构成以及文化资本影响城市品牌的机制，探索文化资本在城市品牌提升中的应用路径。具体来讲，本节首先阐明了城市品牌的定义和构成。城市品牌实际上是城市与品牌高度结合的产物，不仅是城市和品牌概念的简单合作，也是城市内在历史文化底蕴、经济、政治情况以及城市外在建筑等特征的综合印象，这种印象离不开城市的主体人的存在。城市品牌的构成主要有城市理念、城市行为以及城市视觉三个方面。其次，结合文化资本的概念探讨了文化资本在城市品牌塑造中的首次运用，强调了在城市品牌的起初构建和描绘中，文化资本起到的作用和发挥的职能，如何在城市规划硬实力和市民素质软实力等方面深刻影响城市对外的形象。再而探讨在城市品牌初体验形成后，如何基于现有的城市文化资源，深度挖掘和开发城市的新功能，在现代背景下通过赋予城市原有文化资本以新内涵,探索城市品牌提升的路径,达到二次重塑城市品牌的效果。

本章第二节从实证角度对文化资本影响城市品牌的具体效果进行检验。研究的具体问题是:第一,使用固定效应模型进行检验,文化资本对城市品牌是否具有正向促进效应。第二,使用分区域检验探究文化资本对城市品牌的影响是否具有区域异质性。

在对文化资本影响城市品牌的全样本回归分析中发现,文化资本对城市品牌的塑造和提升都具有显著的正向影响,文化资本各维度对城市品牌提升的正向影响效应同样显著。具体有以下结论:首先,文化资本的积累有助于城市品牌塑造。第一,城市文化通过与市民的互动,不断塑造着城市的文化品牌。第二,城市文化资本关系到城市的定位。其次,文化资本有助于城市品牌提升。第一,文化基建的大力发展对于文化型城市的建设是至关重要的一个环节,文化基础设施的建设对整个城市市民的文化素养和文化氛围的营造起着最基本的作用。第二,环境艺术设计作为丰富城市品牌建设的重要内容,让人们的生活变得更为多姿多彩,保证了城市可持续和谐发展。第三,对一个城市魅力的评价不仅是美学判断,也是对这座城市居民生活方式的道德判断和哲学判断。除此之外,本研究还发现经济发展水平、互联网发展水平、社会保障水平对城市品牌的影响显著为正。

在对文化资本影响城市品牌的分区域检验中发现,东部地区文化资本对城市品牌的影响显著为正,而中部和西部地区文化资本对城市品牌的影响为正,但不显著。东部地区经济发展较为充分,居民收入水平较高,社会文化生活相对更加丰富,整体文化资本积累要高于中部和西部地区。而中部和西部地区尚处于大力发展经济的阶段,居民的整体文化需求尚没有东部地区高,整体的文化消费倾向也相对较低,从而不利于文化资本的积累以及城市品牌的进一步提升。

基于以上,本研究认为:文化资本的不断积累能够显著提升城市品牌,具体可以从以下方面入手:第一,大力发展文化基建,尤其是标志性建筑。文化基础设施作为城市文化产业发展和城市品牌提升的"脊梁"，要竖直，要硬朗，经得住风雨考验，能创造出实际价值，这样才能提升城市的形象。第二，"文化味儿"的艺术景观设计在城市品牌建设中更是令人瞩目的"点睛之笔"。第三，进一步发掘城市文化资本的潜力，运用新技术结合新理念，深耕细作，为城市进行品牌的二次定位。当然，要特别注意的是，在城市品牌的打造过程中，城市的核心价值与文化的深度融合十分关键。

　　本章第三节通过对苏州、淄博典型案例的分析，探寻形象化文化资本和市场化文化资本影响城市品牌的实践启示。苏州的形象化文化资本在品牌建设上发挥了重要作用，在有形的形象化文化资本上，通过城建规划的特别设计，凸显"黑白江南"城市品牌；在无形的形象化文化资本上，通过梳理苏州特有的丝绸文化、园林文化、茶文化等江南文化，成功打造"精致的苏式生活"城市品牌。在淄博的案例中分析了淄博"烧烤"火爆出圈，带动淄博旅游持续火热的重要原因是通过挖掘和推广烧烤的文化资源和品牌元素，彰显了市场化文化资本的优势，通过加强统筹谋划，优化烧烤行业营业环境；规范行业发展准则，全方位保障游客的利益；软件硬件两手抓，统筹安排市场供应，将城市的文化形象与商业活动有机结合，推动了淄博市城市品牌的塑造与推广。

# 第六章　文化资本与城市创意阶层

## 第一节　创意阶层的产生与发展

创意阶层是文化资本的创造者和承载者。物质性的文化产品是历代创意阶层创造的劳动成果，而无形的文化资本蕴藏在创意阶层个体之中。本章从创意阶层的定义与发展开始，探讨创意阶层与文化资本之间的关系。

### 一、创意阶层概念解析

创意阶层(creative class)是由美国社会学家理查德·佛罗里达(Richard Florida)提出的一个概念，用于描述在经济中起重要作用的群体。创意阶层是指那些从事知识型、创意型和创新型工作的人群，他们主要从事艺术、设计、媒体、科学、技术和创业等领域的工作。佛罗里达认为，创意阶层是当代知识经济的核心力量，对城市的发展和经济增长具有重要影响，他指出，创意阶层的成员具有创造力、创新能力和高度的专业知识，他们的工作要求不仅仅是简单的重复劳动，还需要独立思考、解决问题和产生新创意。创意阶层的特点包括高学历、高技能、高收入和强烈的求知欲，他们通常在大城市和文化中心聚集，这些地方具有丰富的文化资源、创新环境和吸引力。创意阶层的成员更注重自我实现、创造性工作和个人价值的追求，不仅仅是物质利益的追求。佛罗里达认为，吸引和留住创意阶层人才对城市的发展至关重要。因此，城市应该提供良好的教育、文化和创新环境，鼓励创意产业的发展，提供多样化的工作和生活方式选择，以及保护和提升城市的宜居性。

对于城市的发展来说，吸引和培养创意阶层的人才至关重要。创意阶层是一个描述知识经济中具有创造力和创新能力人群的概念，是指从事创造新行业以及新企业的阶层，其中包括核心创意阶层和专业创意阶层。核心创意阶层涵盖高级知识分子（如大学教授、科学家、建筑师等）、艺术创作者（如作家、艺术家、演员等），除此之外，核心创意阶层还包括公共知识分子、"意见领袖"等。核心创意阶层制造的产品是可以被市场广泛接受、生产销售的产品，构建的理论是可以被社会广泛实施认可的理论，创作的作品是可以被反复欣赏的作品。专业创意阶层则往往具备专业技术知识，负责解决专业的技术问题，如金融从业人员、法律从业人员和企业管理人员等。

创意阶层以高级知识分子、艺术创作者为核心，也涵盖了思想领袖阶层（如分析家、评论家、咨询研究人员、社会意见制定者等）。这个核心创意阶层生产的设计产品能被广泛地使用，并且转换成为新的形式。在核心创意阶层的外围，创意阶层还包括了从事金融领域、法律领域、医疗领域以及企业管理领域的职业创意人员。表 6-1 展示了创意阶层的分布。

表 6-1　创意阶层的行业分布

| 产业类别 | 从业人员 |
| --- | --- |
| 广告 | 设计师 |
| 建筑 | 建筑师、设计师、工程师、咨询师 |
| 录像、电影和摄影 | 设计师、作家、艺术家、演员 |
| 音乐、视觉 | 设计师、文学家、文化人士、艺术家 |
| 表演艺术 | 演员、作家、编辑 |
| 出版 | 作家、咨询分析师、编辑 |
| 软件、电脑游戏和电子出版 | 科学家、工程师、编辑、设计师、大学教授 |
| 广播和电视 | 作家、艺术家、演员、编辑 |
| 艺术和古玩 | 艺术家、大学教授、咨询分析师 |
| 时尚设计 | 设计师、文化人士、编辑 |
| 工艺品 | 文化人士、设计师、咨询分析师 |

资源来源：作者整理。

## 二、创意阶层的诞生及发展的原因

从 20 世纪 50 年代起，人类的生产生活方式被相继发生的科技革命与信息革命所改变。高新技术的带动、社会分工的细化促使第三产业的比重不断上升，发达国家逐步从工业型功能向服务型功能转变，精神生产领域呈现出全新的态势：文化的创造成为社会的一种发展力，在社会中起到越来越重要的作用，这也就为创意阶层的产生提供了契机。同时，当一个国家的国民收入水平发展到中等水平以上后，人们的精神需求会相对增长，对于教育、艺术、文化、旅游等内在的、文化上的、精神上的、心理上的需求增长会加快。这时候在这些消费需求的拉动下，为创意文化市场的建立奠定了供求关系中重要的一极——需求极。同时各国政府看到了创意文化市场的巨大潜力，纷纷制定了鼓励建立创意工业市场的各种扶持政策，为创意工业市场的建立提供了政策支持。

### （一）经济因素

#### 1. 经济结构转型

随着一个国家经济结构的调整与产业的转型升级，创意工业往往会获得优厚的资源、资金与良好的环境，从而逐步发展起来。20 世纪中后期以来，工业，特别是煤炭、钢铁等大工业逐步走向衰落。20 世纪 50 年代起，全球经济快速发展，产业结构向下游转移。20 世纪末，由于工业经济下滑趋势明显，大量工业人口失业，全球经济结构面临转型。因此，从 20 世纪 90 年代起，全球产业结构调整呈现出新趋势，即制造业在空间上向发展中国家转移，而服务业则进行了产业融合，产业规模实现了扩大。整体来看，农业工业的地位下降，商业的地位上升，金融经济取代实体经济成为现代经济的核心，服务业地位上升，吸纳了大量从业人员，吸引了大量资金流入，行业利润大幅上升。

随着世界经济结构的转型，一些老工业城市为了克服落后制造业能耗大、污染大、附加值低而提出建立创意产业。其深层次的原因是这些城市有限的土地资源无法满足制造业大量用地的需要，制造业的用地成本不断上升，制造业企业逐渐离开城市，选择较为低廉的生产用地，这为占用土地资源较少的服务业提供了空间。同时,由于城市用地具有交易市场近、基础设施全、信息充分能吸引人才等优势,因此企业会将生产销售的用地留在城市,而将加工制造的用地搬离城市以降低用地成本。于是,新产生的空间使产业结构进一步分化升级,技术和人才逐步流向服务行业。

因此认为后工业社会是人类社会发展变化最深刻、最全面的时代,也是知识经济全面兴起的时代,由于经济和产业结构的转型,使知识上升到社会经济发展的基础地位。知识经济即指新经济,其基础是发达的信息技术和优厚的人才资本,而对于新经济和网络经济来说,创意经济的发展增强了它们的实力。在 1912 年,著名德国经济学家熊彼特指出,现代经济发展的原动力是创新,而创新的关键就是知识和信息的生产、传播、使用。继农业经济以土地、工业经济以资本和矿产为重要资源之后,创意经济使技术创新和创意、知识生产和人才资源作为经济资源获得了空前重要的战略地位,越来越多的国家和地区开始认识到在创意经济时代,推动经济增长的主要因素不再是技术和信息,而是创意和创新。

创意经济可以作为知识经济的核心,是信息经济和知识经济发展到最高阶段必然产生的一种经济形式。即在经济全球化的大背景下,以高科技和知识为主要的基础条件,以高知识型人才为从业人群,以创新为主要经济增长点。经济增长(发展)的原动力是创造力资本和创意人力资本,以创意人力资本作为主要经济增长投入要素,而不是以传统的劳动力、资本为主要要素的增长模式。这种后工业社会的增长模式使得制造业实现了产业内部升级,从制造业的生产中脱离出来的创意工业形成了一种新产业。原来从制造业分离出来从事创意产业的人逐渐从时间上、空间上聚集,形成以社区、群落等形式的聚集,使得这些创意从业人员从经济上、社会地位上得到社会的承认,最终形成创意阶层。从这个意义上看,创意阶层是知识经济时代社会生产又一次分工的产物。

全球化和信息技术革命推动了经济结构的变革,创造了更多的创意型产业和就业机会。全球化加速了资本、技术和人才的流动,使得创意产业能够跨越地域和国界进行合作和交流。跨国公司的兴起和全球供应链的建立为创意阶层提供了更广阔的市场和创作机会。信息技术的快速发展和普及使得创意阶层可以利用互联网和数字工具进行创作、创新和传播,加速了创意产业的发展。全球范围内的数字平台和社交媒体也为创意阶层提供了广泛的展示和推广渠道。另一方面,新兴市场的崛起和发展提供了更广阔的市场和创业环境,为创意阶层的成长提供了机遇。随着新兴市场国家经济的快速增长,消费者需求的变化和对创新产品的追求扩展了创意产业的市场需求。这些新兴市场国家为创意阶层提供了更多的就业和创业机会。此外,新兴市场的开放政策和创业环境的改善吸引了大量的创意人才和创意企业,促进了创意阶层的形成。

2. 技术进步与知识经济

随着科技的发展,信息技术的普及以及互联网的兴起,知识经济逐渐成为主导经济发展的力量。知识经济对创意阶层的诞生起到了重要的推动作用。创意产业需要高度专业化的知识和技能,而知识经济提供了广泛的知识获取和传播平台,使得人们更容易获取创意产业所需的知识和技能。

技术进步与知识经济是创意阶层诞生及发展的重要推动因素之一。在当代社会,技术的快速发展和应用对经济结构及社会变革产生了深远影响,而知识经济作为技术进步的产物,成为推动经济增长和社会发展的新引擎。第一,技术进步为创意阶层提供了创新的基础。随着科学技术的进步和突破,新的工具、设备和软件不断涌现,为创意产业的发展提供了更广阔的可能性。例如,数字化技术的快速发展催生了新的创意领域,如虚拟现实、增强现实和人工智能等,这些技术创新为创意阶层的成长和创造力的释放提供了新的平台和机遇。第二,知识经济的兴起为创意阶层提供了更广阔的市场空间。知识经济强调的是知识和信息的生产、传播和应用,而创意产业正是依托于知识和创意的生产与运用。知识经济的特点在于高附加值、高技术含量和高创新性,这与创意产业的核心要素高度契合。随着知识经济的崛起,人们对于知识和创意产品的需求日益增长,这促使了创意阶层的兴起和发展。创意阶层通过创作和提供创意产品及服务,满足了人民日益增长的文化、艺术和娱乐需求,进而推动了创意产业的繁荣。第三,知识经济的发展改变了劳动力市场的需求结构,为创意阶层提供了更多的机会。传统经济中,劳动力主要从事物质产品的生产和制造,而知识经济的兴起推动了劳动力的结构性转变。创意阶层所需的专业知识、创造力和创新能力成为市场对劳动力的新要求。在知识经济时代,人们不再仅仅追求物质财富,更注重个性化、创新化的产品和服务,这对创意阶层的发展形成了有力的支持。第四,技术进步改变了创意阶层的工作方式和生产方式。随着信息技术的发展,远程办公、云计算和协作工具等成为可能,创意阶层可以更加灵活地组织工作,跨越时空限制,实现远程合作和协同创作。这为创意阶层提供了更多的自由度和创作空间,也为其创意产出和创新提供了更多机会。第五,技术进步加速了创意产业的数字化转型。数字化技术的广泛应用使得创意产品和服务更易于制作、传播和消费。数字化媒体平台和在线市场的兴起为创意阶层提供了更广泛的展示和销售渠道,降低了创意产品进入市场的门槛。同时,数字技术的发展也提供了创意阶层与受众互动和参与的新方式,增强了创意产业与用户之间的联系和共创机会。第六,技术进步也对创意产业的生态系统产生了深远影响。例如,大数据和人工智能的应用为创意阶层提供了更全面的市场洞察和消费者行为分析,帮助他们更好地了解市场需求和受众喜好,从而优化创作和创意的方向。同时,技术进步也推动了创意产业与其他领域的融合,如文化创意与科技创新的结合,使得创意阶层能够探索更多的交叉领域合作与创新。

3. 市场需求与文化消费升级

随着社会经济的发展和居民收入的增加,人们对于文化和艺术产品的需求逐渐提升。消费者更加注重个性化和创新性的产品及服务,这就为创意产业提供了广阔的市场空间。市场需求的变化促使了创意阶层的兴起,他们能够满足消费者对于创新和个性化产品的需求。一方面,市场需求的变化是创意阶层诞生的重要原因之一。随着经济的发展和社会进步,消费者对产品和服务的需求逐渐从物质层面转向文化层面,传统的大众消费模式已经不能满足人们对独特、个性化、精神层面的需求,消费者追求个性化和独特性的需求催生了创意产业的兴起。另一方面,文化消费升级是创意阶层发展的重要推动力。随着社会的发展,人们的文化消费需求逐渐升级,对于文化产品的质量和体验提出了更高的要求,创意阶层通过提供创新、有内涵和独特的文化产品来满足这种需求,他们通过独特的创意和表达方式,为消费者带来全新的文化体验,满足了人们对于个性化、深度参与和精神满足的追求。

第一,市场需求的变化反映了消费者对文化产品的需求逐渐从物质层面转向精神层面。随着物质生活水平的提高和基本物质需求的满足,人们对精神层面的需求日益增长,他们追求个性化、独特性和内涵的消费体验,渴望通过文化产品获得情感共鸣、精神满足和认同感,例如,传统的大众消费模式注重规模效益和标准化生产,导致产品同质化以及缺乏个性化,而现代消费者对于独特、富有创意和独立思考的产品越来越感兴趣。因此,市场需求的变化推动了创意阶层的崛起,他们能够提供独特、个性化和具有创意的文化产品,满足消费者在精神层面的需求。

第二,市场需求的变化体现了消费者对个性化和定制化的追求。随着社会的发展,人们的需求日益多元化,消费者不再满足于传统的标准化产品,相反,他们更加注重与产品的情感连接和个性化定制,这种个性化需求的兴起促使创意阶层能够通过创造性的设计和独特的创意思维,提供定制化的文化产品。创意阶层能够根据消费者的需求和偏好,设计并制作独特的艺术品、手工制品、艺术品、装饰品等,这种个性化和定制化的趋势反映了消费者对于个人身份认同和表达的需求,同时也为创意阶层的发展提供了机遇。

第三,市场需求的变化体现了消费者对深度体验和参与的追求。传统的消费模式注重产品的购买和消费过程,而现代消费者越来越倾向与产品进行互动、参与和创造,他们追求更加丰富、多样和有意义的消费体验,希望通过参与其中获得更多的满足感,这种消费者行为的转变对创意阶层的诞生起到了推动作用。创意阶层能够通过创造性的产品设计、互动体验和参与性的活动,为消费者提供更加丰富的消费体验,例如,创意阶层的音乐人、艺术家和设计师通过举办音乐会、艺术展览和设计工作坊等活动,让消费者有机会与创意过程互动并获得更多参与感和满足感。

第四,市场需求的变化体现了消费者对情感共鸣和社会价值的追求。随着社会的发展,人们对于产品背后的故事、情感连接和社会价值的关注逐渐增加,他们希望通过购买和消费文化产品来表达自己的价值观和情感认同,这种情感共鸣和社会价值的追求对创意阶层的崛起具有重要影响。创意阶层的从业者往往将自己的创作和设计与社会问题、文化传承、环境保护等相关联,通过表达自己的观点和情感连接,引发消费者的共鸣和认同,这种与消费者情感共鸣和社会价值相契合的文化产品更容易受到市场的认可和青睐。

### 4. 各国政府创意产业的扶持政策

创意阶层的诞生必然造就了创意产业的大力发展。由于创意产业的类型多样,不同的国家根据各自创意产业的发展方向和阶段制定了不同的扶持政策,具体政策如下:

### (1) 美国的创意产业扶持政策

美国是美洲的创意工业第一强国,为数千万的从业人员提供了大量就业岗位,为创意阶层奠定了坚实的基础。但是这离不开美国的"创意扶持政策"。该政策的主要目的是宣传美国的价值观。对内的手段主要是扶持创意阶层的发展,增强产权保护,促进创意工业发展,增强主流价值观的统治地位。对外是进行文化输出,使本国的形象得到美化和提升,促进美国与其他国家的相互理解,另外,促进文化产品自由贸易也是美国创意产业政策的重要方面。在这一层上,创意文化政策和经济政策、贸易政策结合在一起。在行政体制上,美国政府不像其他国家的政府那样,通常设有专门的机构来监督管理创意文化领域。由于美国并没有设立文化和旅游部,其各级州政府承担了核心的协调职能,使创意产业在各州的发展获得了良好的环境,创意产业可以结合自身的发展规律与特点获得较好的鼓励政策,同时融资渠道多元化、经营方式多种化。众所周知,纽约是美国的创意中心,从创意环境的塑造、资金的扶持等方面积极促进创意文化产业发展。而且纽约作为高等艺术教育研究的中心,为创意阶层的培养和产生提供了合适的土壤。如朱莉亚学院为舞蹈家、音乐家和演员提供世界上最好的培训,纽约大学帝势艺术学院和帕洛特研究中心、时尚科技研究中心以及帕森斯设计学院是时尚设计者们的诞生处,这些学校连同大量的职业培训机构为创意人员提供了大量的培训和深造项目。教育机构是创意工作者的训练基地和新的艺术形式、艺术产品的检测基地,学校提供了足够的学习场所,如画廊、剧院、礼堂和视觉艺术工作室。尤为重要的是,艺术和创意领域的高等教育工程是非营利的。不管是对创意产业还是对新企业的创意者,这些学校还有一些其他功能,如允许新想法在投放于市场前加以检测。而且纽约有一系列的艺术服务组织、培训个体艺术家、创意工作者的贸易协会和有不同研究方向的艺术组织及公司。另外,隶属于纽约公共系统的小学和中学都开设了广泛的艺术课程,这种方式不仅创造了未来的创意阶层,而且培养了未来的创意产品消费者。

　　(2) 加拿大的创意产业扶持政策

　　加拿大的创意产业政策发起于 1971 年,时任加拿大总理特鲁多宣布,加拿大实行多元文化主义。他提出加拿大政府出于民族多样性的考虑,应当制定一种多元的文化政策。1988 年,加拿大多元化法获得通过,指出所有加拿大国民都应成为社会的参与者,倡导了文化多元主义。该法案肯定了加拿大文化的多元性以及多元文化的贡献,认为政府应当引导民众提高公民意识,促进公民社会的发展和全面参与。加拿大正是基于对多元化政策的需要,采取了一系列措施以及建立了相应的机构来执行和促进创意文化发展的政策。如政府制定了一些直接补助计划:《分类财政补贴计划》和加拿大遗产部的《图书出版业发展计划》。这些补贴帮助加拿大人拥有产权和控股的企业发展,使他们能够从事出版和发行作者图书的主要活动。为了保护本国创意产业的成长,在《加拿大投资法》中明确规定了"不允许非加拿大人收购现有的加拿大人控股企业,在非常情况下,政府可以考虑这一方针的例外"。所以在加拿大政府图书产业政策、电影产业政策到广播电视产业政策以及版权期刊产业政策和新兴媒体产业政策的支持下,加拿大整个社会逐渐形成了产生创意阶层的土壤,不仅解决了社会就业的问题,还为加拿大的经济转型指明了方向。

(3)日本的创意产业扶持政策

日本的国家产业政策长期以制造业为核心,这使得日本的制造业长期在世界中名列前茅。但自从 20 世纪 90 年代起,由于经济泡沫化,日本经济陷入低谷,制造业衰落。为了经济的重新复兴,日本的动漫、游戏等创意类行业迅速发展崛起,获得了世界的关注。因此近年来日本政府调整政策,立法发展创意文化产业,保护和开发创意文化产品。特别是该国的创意文化政策主要从两个方面对创意阶层的产生进行了剖析。一是从创意企业的角度,二是从培养创意人才的角度。从企业角度的层面来看,日本政府主要是提供良好的资金和环境。在《知识产权推进计划》中集中体现了日本政府创意产业的创造、保护和促进流通的政策,具体表现如下:电影筹资采取电影基金的形式,融资渠道多元化;保证对文化领域和创意领域的投资可以受到保护。构建良好的企业经营环境,确保专利发明者的利益,对于专利和专有技术加大保护力度;加大产权保护力度,提高公民的版权意识,完善版权法。完善产品的流通环境,促进流通系统的改善,提高产品的安全性,使生产者和国际合作者之间建立起有效的流通渠道,促进结构改革,推动业界内贸易的发展,使创意产品更多更好地产生。由此可以看出,日本政府为了创意企业的生存提供了十分良好的政策环境,同时也为以此作为赖以生存的创意阶层提供了平台。同时在该计划中特别强调了创意人才的培养问题。人才对于创意产品的作用十分重要,而由于当时日本的主要大学中没有动漫、游戏制作等学科,因此政府加大力度培养本土人才的同时,也注重从国外引进相关创作人才。在 2004 年出台的《内容产业振兴政策—软实力时代的国家战略》中特别强调了"发掘和鼓励创意文化产业人才,充实教育和加大启蒙力度,使内容产业能够引领社会"。

(4)法国的创意产业扶持政策

法国是一个拥有悠久文化传统的国家。艺术和文化的财富超越于政治制度和这一部门的管理模式之上,被看作是实现民族团结和同一性的强有力的保证,因此得到了历届政府的不懈支持。法国从第四个五年计划(1961—

1965)开始,正式将文化列入五年计划中。第五个五年计划(1976—1985)开始
兴建各种设备、硬件和场馆;第六个五年计划在强调中央政府的作用外,还强
调了地方政府和企业以及团体的作用,并且积极鼓励企业参与进来。其中在
此次计划中最为重要的是强调了学校在文化中的首要地位,并在学校里开设
了艺术课程。"九五"期间,法国出台了四个重要的政策,其中一条就是让青少
年掌握一定的文化概念,以便其终身能够从中得益。与此同时,法国右派政府
上台,他们认为不排斥政府的敢于行动,但是在文化事业中引入市场机制,希
望通过市场经济规律,鼓励私人企业投资文化事业,繁荣法国文化市场。这不
仅为日后的创意企业提供了源源不断的创意人才,而且也为将来创意产品市
场提供了消费创意产品的人群。具体到政府对创意产业中的企业扶持和保
护,我们可以从其对电影产业、舞蹈团体和文化遗产的扶持和保护中"窥一斑
而见全豹"。为了扶持和保护本国的电影业发展,提高国产影片的竞争力,法
国从 1948 年便颁布了政府令,规定国家对电影业的生产、发行和放映等各环
节给予扶持新资助,即在财政法中有一项特别支出款项:电影产业资助账户。
近几年来法国电影扶持资金的总额一直保持在 4 亿到 7 亿欧元之间,为法国
的电影企业提供了资金上的充足保证。从 1998 年开始,国家对舞蹈团的补贴
采取"分散"的原则,共有 6 个地区的评审委员负责考察申请补贴的团体,主要
是甄别出那些具有独特艺术活力并且有志于达到国家甚至国际水平的舞蹈从
业人员,其报告作为确定补贴人选的重要依据。法国政府对文化遗产上的扶
持也是不遗余力的,1993 年,文化预算在法国财政总预算中的比例开始超过
1%,而其中的 15%用来扶持和保护文化遗产。这些产业政策为创意企业的
生存奠定了必要的基础,也为创意阶层赖以生存的平台提供了必要的政策
基础。

**(二) 社会因素**

1. 教育水平的提高

随着教育的普及和教育质量的提高,更多的人接受高等教育,具备了更多
的知识和技能。高等教育培养了创意阶层所需的专业知识和创造力,提高了

人们从事创意产业的能力和机会。教育水平的提高为创意阶层的培养和发展提供了重要的人才基础。第一，教育水平的提高为创意阶层的诞生提供了良好的土壤。随着教育系统的不断发展，更多的人能够接受高等教育，并获得专业知识和技能，高等教育的普及使得更多的人有机会接触到广泛的学科领域，培养了他们的思维能力和创造力，教育系统的发展也强调培养学生的创新思维和解决问题的能力，这对于创意阶层的培养起到了积极的作用。第二，教育的改革和创新激发了学生的创造潜力。现代教育注重培养学生的创新和创造能力，鼓励他们在学习中展示独特的思维和想法，学生们在创造性思维的培养过程中，更容易形成独特的观点和见解，从而为创意阶层的发展提供源源不断的人才。第三，教育机构和产业界之间的合作促进了创意阶层的发展。越来越多的高等教育机构与企业、行业协会等合作，建立起产学研结合的平台，这种合作关系为学生提供了更多的实践机会和行业资源，使他们能够将创意转化为实际的产品或服务，通过与产业界的合作，教育机构还能够更好地了解市场需求，调整教学内容和方法，进一步培养适应创新需求的人才。第四，教育水平的提高改变了人们对创意工作的认知和价值观念。过去，很多人更倾向于传统的职业和稳定的工作，而创意工作常常被视为边缘或非主流的选择，然而，随着教育水平的提高，人们开始更加重视个人的创造力和创意表达能力，对创意工作需求也逐渐增加，这种心态的转变为创意阶层的发展提供了社会认可和支持。随着创意工作受到重视，越来越多的人开始选择从事与创意相关的职业，形成了一个专门从事创意工作的人群，即创意阶层，教育水平的提高让更多的人意识到创意工作的重要性，并将其视为一种有价值的职业选择，从而促进了创意阶层的诞生和发展。第五，教育水平的提高为创意阶层提供了更广阔的交流和合作平台。随着信息技术的飞速发展和全球化进程，人们能够更加便捷地获取和交流各种知识及信息，教育系统的改革和发展使得学生具备了跨学科的能力和全球视野，他们能够与来自不同背景和领域的人进行深入的交流与合作，这种多元化的交流及合作为创意阶层的发展提供了更广阔的机会，促进了创意思维的碰撞和融合，激发了更多的创新和创造力。

教育水平的提高在创意阶层的诞生和发展中扮演着重要的角色。高等教育的普及、教育改革的推动、教育机构与产业界的合作以及人们对创意工作的认知转变等方面的因素相互作用，为创意阶层提供了培养人才、创造机会、社会认可和支持的环境，教育水平的提高不仅为个体的创意能力和创造力的培养提供了基础，也为创意阶层在社会中的地位和作用的提升提供了条件。因此，继续加强教育水平的提高，将进一步促进创意阶层的蓬勃发展，为社会创新和进步作出积极贡献。

### 2. 文化环境的培育

文化环境对于创意阶层的诞生和发展起到了重要的作用。鼓励创新和创造力的文化氛围能够激发人们的创意潜力。在这样的文化环境中，人们更加乐于从事创意产业，并且创意阶层的成就也得到了更多的认可和赞赏。同时，文化环境也提供了丰富的创意素材和灵感，为创意阶层的创作提供了源源不断的动力。

一方面，文化环境塑造创意价值观和创造性思维。文化环境是一个社会共同认可的价值观、信仰体系和行为准则的集合，它对个体的思维方式和行为模式产生深远影响，尤其在创意阶层的诞生和发展过程中起着重要作用。首先，文化环境中的价值观对创意阶层的诞生和发展产生直接影响。价值观是人们对于什么是重要的、有意义的和有价值的事物的看法和评价，在一个鼓励创新和尊重个体创造力的文化环境中，人们更容易培养创造性思维和对创意的追求。创造性思维是指能够独立、灵活地生成新的想法和解决问题的思维方式，文化环境中鼓励创意和创新的氛围可以培养人们的创造性思维，例如，在一些充满活力和创新精神的城市，如硅谷、柏林和东京等，创意阶层蓬勃发展，这些地区的文化环境鼓励人们不断尝试、接受失败并从中吸取教训，激发了他们的创造力，同时，这些地区也提供了丰富的资源和机会，例如，创业支持、创意产业集群等，有助于创意阶层的培养和发展。

另一方面，文化传统与创意阶层的互动与融合。文化传统是一个社会的历史、价值观和艺术表达的积淀，它在塑造创意阶层的诞生和发展中扮演着重要角色,文化传统既为创意阶层提供了丰富的创作素材和参照,又为文化的多样性和创意阶层的繁荣注入了新的活力。首先,文化传统为创意阶层提供了丰富的创作素材。传统的艺术形式、民俗习惯、历史故事等都是创意阶层从中获取灵感和创作内容的重要源泉,这些传统元素不仅承载着丰富的文化内涵,还反映了社会的价值观和生活方式,创意阶层通过对传统的重新解读、创新和表达,将其赋予新的时代内涵和审美观,例如,在音乐创作中,许多创意阶层艺术家将传统音乐元素与现代音乐风格相结合,创作出独具个性和时代特色的作品。其次,文化传统与创意阶层相互融合,促进了文化的多样性和创意阶层的繁荣。文化传统的保护和传承是社会对历史及文化遗产的重视和尊重,然而,传统文化不是僵化的,它是随着时代演变和社会发展而不断更新和发展的。创意阶层通过对传统的重新诠释和创新,为传统文化注入了新的活力和时代内涵,这种融合使得文化传统得以延续,并丰富了创意阶层的表达方式,例如,中国的京剧作为一种传统的戏曲艺术形式,在当代创意阶层的艺术实践中得到了全新的演绎和创新,保留了传统的美学元素,同时融入了现代舞台艺术的表现形式和观众的审美需求。再次,创意阶层的作品也为文化传统注入了新的活力和时代内涵。创意阶层的艺术作品往往具有突破传统边界、创新表达形式的特点,这些作品不仅延续了文化传统的基因,还通过创新的方式传递了时代的思潮和价值观,例如,当代艺术家在绘画、雕塑、摄影等艺术领域中,运用了新的材料、技术和表现手法,创作出与传统艺术形式迥然不同的作品。这些作品既保留了传统文化的精髓,又与当代社会和观众产生了共鸣,通过创意阶层的创作实践,文化传统得以更新和延续,使其与时俱进,适应了社会的变化和发展。最后,文化传统与创意阶层之间的互动也推动了文化的多样性发展。创意阶层的成员往往来自不同的文化背景和传统,他们将自己独特的经验和视角融入创作中,从而丰富了文化的多样性,通过与文化传统的相互融合,创意阶层激发了文化的创新和变革,这种多元化的文化表达和交流,不仅促进了不同文化间的相互理解和交流,也为创意阶层提供了更广阔的创作空间和机会。

### 3. 城市化与创意聚集效应

城市化进程加速了人口流动和资源集聚,形成了繁荣的创意产业聚集地。大城市通常具有更多的机会和资源,包括艺术机构、文化场馆、媒体平台等,这些都为创意阶层提供了更多的发展机会和创作空间。创意阶层的成员也更倾向于聚集在这些城市,因此形成了创意产业的集群效应,相互之间的交流和合作进一步推动了创意阶层的发展。首先,城市化对创意产业具有较强的吸引力。城市作为经济和文化中心,拥有丰富的资源和机会,吸引了大量创意产业的发展,在城市中,人们可以更容易地获得信息和交流资源,创意从业者可以通过与其他专业人士的互动及合作,不断推动创意产业的创新和发展。此外,城市化还提供了更广泛的市场和消费者群体,为创意产业的商业化和市场化提供了良好的条件,因此,城市化为创意产业提供了更为广阔的舞台和机遇。其次,城市环境对创意人才的培养至关重要。城市的多样化和多元化特征为创意人才的培养提供了丰富的资源和机会,城市中存在着各类高等教育机构、研究机构和创意产业组织,为创意人才的学习和培训提供了丰富的选择,创意人才可以通过接触多元文化、艺术表演、展览和文化活动等方式,汲取灵感并激发创作动力。此外,城市中的创意产业集群也为创意人才提供了就业和创业的机会,刺激了创意人才的成长和发展,因此,城市环境为创意人才的培养提供了有利条件。最后,城市化与创意产业之间存在着相互促进的关系。城市化为创意产业提供了市场和消费者需求,促进了创意产业的发展和壮大,与此同时,创意产业的发展也为城市化提供了经济增长和文化繁荣的动力,创意产业在城市中的集聚形成了创意聚集效应,不同领域的创意从业者相互交流和合作,形成了良性循环。创意人才的聚集又进一步吸引了更多的创意产业和相关机构进驻城市,形成了创意产业集群,如艺术区、设计区、创意园区等,这些区域集群提供了专门的场所和设施,为创意人才提供了交流和合作的空间。同时,这些集群还形成了城市的独特文化地标和吸引力,吸引了更多的创意人才和创意企业进驻,进一步加强了创意产业的聚集效应和发展。

### （三）技术因素

#### 1. 数字化技术的发展

数字化技术的迅猛发展改变了传统产业的形态，为创意阶层的崛起提供了契机。数字化技术催生了新的创意产业，如游戏开发、动漫制作、虚拟现实等。创意阶层借助数字化技术可以更方便地创作、宣传和推广作品，进一步扩大了创意产业的规模和影响力。

科技的进步在很大程度上影响着创意阶层的产生。首先，科技进步为创意阶层的诞生提供了创作、创新和交流的工具及平台。随着信息技术的快速发展，创意阶层可以利用数字工具和软件来进行创作与创新，例如，图形设计师可以使用先进的图像处理软件进行创作，音乐家可以利用数字音频工作站进行音乐制作，作家可以使用电子出版工具进行写作和出版，这些技术工具的发展使得创意阶层能够更加高效地表达自己的创意，并将其传达给更广泛的受众。其次，科技进步推动了创意产业的发展，为创意阶层提供了丰富的就业机会和创业环境。科技的快速发展催生了新的产业和就业机会，其中包括数字媒体、游戏设计、虚拟现实、人工智能等领域，这些领域对创意阶层的专业知识和创意能力提出了需求，并提供了广泛的就业和创业机会。科技进步还推动了创意产业的全球化和数字化，使得创意阶层可以跨越地域和国界，与全球范围内的合作伙伴进行创作和交流。最后，科技进步改变了创意阶层的工作方式和生活方式，提升了他们的工作效率和生活品质。通过互联网和移动通信技术，创意阶层可以在任何时间及地点进行工作和交流，他们可以远程协作，共享创意和资源，这为他们提供了更大的灵活性和自由度。

在当今世界，科学技术快速发展，人们的生产生活方式和消费习惯得到了极大改变，创意产品获得了极大的发展空间。创新是信息科技时代获得商机的核心，网络经济的大背景下，知识与创意是经济活动取得成功的关键。科学技术的发展，使创意产品获得了坚实的技术支撑，高科技技术在提高产品技术含量的同时，也使得产品的生产程序不再烦琐，产业链得到了延长。例如，一本纸质书的出版，往往需要编辑、印刷、复制、包装、运输等诸多环节，但是一本电子书的出版则可以将部分环节省去。传统行业的就业人口由于科技进步退出原行业,从事新的工作,由此创意阶层崛起。创意产业的产业链,由于科技的进步,以及互联网数字化的发展而得到了延长,原先存在于行业之间的壁垒逐渐被打破,产业间的融合加速。以版权产业为例,传统上来讲,版权产业只包括书籍和软件的出版,但在信息化时代来临后,电子书的出版,电子读物的复制与发行,广告的设计与软件的开发,以及信息数据库的应用统统被纳入版权产业的范畴。产业链在纵向上的延长使原有传统行业中的就业者有了更多的选择,逐步地,围绕着选择新兴创意产业就业的人群,形成了创意阶层。科技还大量构建了新的艺术形式,使创意产业领域更加广阔。因此,从这个角度来说,科技的进步并不是在淘汰传统行业的就业者,而是在为这些人创造新的就业机会。

2. 社交媒体和网络平台的兴起

社交媒体和网络平台的兴起为创意阶层提供了广阔的展示和交流平台。创意阶层可以通过社交媒体分享作品,获得更多的关注和支持。网络平台也为创意阶层提供了创作和销售作品的途径,降低了市场准入门槛,促进了创意阶层的发展。

第一,社交媒体和网络平台扩大了创意阶层的受众范围。传统上,创意作品通常受到地理和时间的限制,只能在特定的地区或时间内被观众欣赏,然而,社交媒体和网络平台的出现打破了这一限制,使得创意作品可以随时随地被无数观众发现和欣赏,通过上传作品到社交媒体平台,创意者能够与来自世界各地的用户分享他们的作品,获得全球范围内的关注和认可,这种广泛的传播渠道大大增加了创意作品被发现的机会,同时也为创意者带来了更多的机遇。第二,社交媒体和网络平台提供了创意阶层之间交流和合作的平台。在过去,创意者之间的交流与合作主要依赖于面对面的会议和传统媒体的发布,社交媒体和网络平台的兴起改变了这种情况,创意者们可以通过社交媒体平台建立个人或团队的专页,展示他们的作品和创意,吸引其他创意者的注意,这种在线的交流与合作方式不仅可以节省时间和成本,还能够促进不同创意者之间的思想碰撞和跨领域合作，推动创新的发展。第三，社交媒体和网络平台为创意阶层提供了个人品牌建设的机会。创意作品的成功不仅依赖于作品本身的质量，还取决于创意者的知名度和个人品牌价值，社交媒体和网络平台提供了一个广泛的平台，使创意者能够通过展示自己的作品、分享创作过程、与观众互动等方式塑造自己的个人品牌形象，通过积极参与社交媒体平台的互动和推广，创意者可以提高自己的知名度和影响力，这种个人品牌建设对于创意阶层的诞生和发展至关重要，它可以为创意者提供更多的机会和资源，吸引更多的合作伙伴和赞助商，进而推动其创意事业的发展。第四，社交媒体和网络平台为创意阶层提供了实时反馈和市场测试的机会。在传统媒体时代，创意者通常需要等待较长时间才能收到观众或市场的反馈，而这种反馈对于创意作品的改进和调整至关重要，社交媒体和网络平台的出现使得创意者能够即时获得观众的反馈和评论，创意者可以通过观察和分析社交媒体上的用户互动及意见，了解观众对作品的喜好和需求，从而及时调整和改进自己的创意作品，这种实时的反馈和市场测试能够帮助创意者提高作品的质量和市场竞争力。第五，社交媒体和网络平台为创意阶层提供了创收和商业化的机会。通过社交媒体平台，创意者可以将自己的作品与商业机会相结合，实现经济收益，例如，创意者可以通过与品牌合作、赞助或销售自己的创意产品等方式获得收入，社交媒体平台为创意者提供了直接接触潜在客户和合作伙伴的渠道，打破了传统的中介和渠道限制，使创意者能够更加自主地经营和推广自己的创意事业。

## 第二节　文化资本与创意阶层分布

创意阶层是文化资本的缔造者和使用者。通常来说一个地区文化资本越丰富，创意阶层的集聚度就越高，而文化资本的分布和特征也对创意阶层的分布形成了重要影响。创意阶层往往向经济发达地区集中，而创意阶层集中的地方，往往也是经济较为发达、基础设施较为完善的地方。这些地区由于集聚了创意阶层,因此也产生了较大的创意经济产出,带动了地区经济的发展和就业人口的增长。一个地区的创意中心之所以能够发展起来,其主要决定原因并不是靠近资源集聚地、交通便利等传统原因,也不是由于政府的支持带来的一系列财政优惠政策,而是决定于创意中心的主要就业人群,即创意阶层喜欢在某处选址居住和就业。与传统就业观念中的人才追随企业流动不同,创意产业引领了企业追随人才流动的潮流。创意中心重新整合了附近的资源,构建了新的经济生态系统,对艺术文化等领域发挥了关键作用,影响创意阶层分布的因素如下。

## 一、经济环境的影响

经济环境对于文化资本和创意阶层的分布具有重要影响。在现代社会中,经济资源的分配不平等常常导致文化资本和创意机会的不均衡分布。第一,经济条件影响着个体对文化活动和资源的接触。高收入个体通常有更多的经济资源来购买艺术品、参加文化活动、购买音乐和图书等,相比之下,低收入个体可能面临经济限制,无法承担高昂的文化消费支出,这导致了文化资本的不平等积累,从而影响了创意阶层的形成。第二,经济条件对于接受高质量教育的机会产生重要影响。教育是获取文化资本和创意能力的重要途径,教育资源的分配不平等常与经济条件密切相关。在一些发达国家,优质教育往往与高昂的学费相关联,这使得低收入家庭的子女面临更大的教育机会不平等,缺乏高质量教育的个体可能无法获得良好的文化资本积累和创意能力培养,从而限制了他们进入创意阶层的机会。第三,经济条件还对于文化产业和创意行业的就业机会产生重要影响。文化产业和创意行业往往需要相应的经济支持才能繁荣发展,例如,艺术机构、出版社、电影制片厂等需要投入大量的经济资源来支持艺术家、作家、导演等创意从业者的工作。经济条件较好的地区通常能提供更多的就业机会和创意发展平台,吸引创意人才聚集,相反,经济困难的地区可能缺乏相应的经济投入和创意产业支持,限制了创意阶层的形成和发展。第四,经济条件还对于创意项目的资金支持和创业机会的发展产生重要影响。创意项目的实施通常需要资金投入，包括研究开发、制作、宣传和推广等方面的费用，经济条件较好的个体或机构更有可能获得资金支持，从而有更大的机会将创意转化为实际项目。此外，创意人才在创业过程中也需要经济支持，包括初创资金、市场营销费用、设备和资源等，由于经济条件限制，许多具有创意才能的个体无法承担创业的风险和成本，从而限制了他们进入创意行业和创意阶层的机会。第五，经济条件还与社会经济地位和社会认可相关联，这对文化资本和创意阶层的分布产生影响。在市场经济中，经济成功往往被认为是一种社会认可和地位的象征，具有经济资源和财富的个体更容易获得社会的认可和赞誉，而这种认可和赞誉进一步增加了他们在创意领域的影响力和机会，相反，经济困难的个体可能面临社会认可的挑战，导致他们在文化资本和创意阶层中的地位受到限制。

需要注意的是，经济条件对于文化资本和创意阶层的影响并不是单一的，还受到其他因素的交互作用。例如，教育机会、社会网络和地理位置等因素与经济条件密切相关，共同塑造了文化资本和创意阶层的分布，此外，文化资本和创意能力本身也会影响经济条件，创造出经济价值和经济机会，因此，经济条件与文化资本和创意阶层的关系是复杂而相互依存的。

## 二、社会网络的影响

社会网络是指由个体之间的社会关系和连接构成的一种关系结构。它包括个体与其他个体之间的互动、信息流动和资源交换等。在文化领域，社会网络对于文化资本的积累和创意阶层的形成起着重要作用。第一，社会网络提供了获取文化资本和创意机会的渠道。个体通过社会网络获得文化知识、经验和资源，进而积累文化资本和发展创意能力，社会网络包括亲朋好友、同行业专业人士、艺术家、学者和文化组织等，这些社会联系可以为个体提供信息和资源，例如，艺术展览、文化活动、培训机会等，通过与社会网络中的其他成员互动和交流，个体可以获取行业内部的动态信息、专业知识和创意启发，从而提升自身的文化资本和创意能力。第二，社会网络对于个体的职业发展和就业机会具有重要影响。在文化领域,许多就业机会和创意项目往往通过社会网络进行传播和获取,个体在社会网络中的关系和连接使得他们具有获得就业机会、合作伙伴和项目合作的可能,例如,一个艺术家通过与艺术界的专业人士建立联系,可能获得展览机会、合作创作项目等,通过社会网络的支持,个体可以扩大自己在文化领域的影响力,进而在创意阶层中获得更多的认可和成功。第三,社会网络还能够提供支持、反馈和合作的机会,对个体的创意过程和创作能力产生积极影响。在文化创意过程中,个体往往需要他人的支持和反馈来促进自身的创意发展,社会网络中的朋友、同事或专业导师可以提供专业意见、建议和鼓励,帮助个体克服创意难题和提升创意质量。此外,社会网络还可以促进个体之间的合作与协作,共同创作艺术作品、研究项目或文化活动,合作关系可以为个体提供更广阔的资源、技能和视野,拓展创意领域中的可能性和影响力。第四,社会网络对于个体的声誉和社会认可也具有重要作用。在文化领域,个体的声誉和社会认可度对于其在创意阶层中的地位和成功至关重要,社会网络中的连接和关系可以影响他人对个体的评价和认可,当个体与知名艺术家、专家学者或权威人士建立联系时,他们的声誉和社会认可度可能会得到提升,这种认可能够为个体带来更多的展示机会、合作邀约和资源支持,从而促进其在文化领域中的发展和成就。第五,社会网络还可以为个体提供情感支持和社会资本的积累。在创意领域,个体面临着挑战和压力,需要社会网络中的支持和理解,社会网络中的亲密关系和友好关系可以提供情感支持、鼓励和理解,帮助个体克服困难并保持创意的积极状态,同时,社会网络也是个体社会资本的来源之一。社会资本是指通过社会关系和网络所获得的资源、支持和机会。在文化领域,个体通过社会网络的参与和建立,可以积累社会资本,例如,信任、合作关系和互惠关系,这些资本可以为个体带来更多的文化资源和创意机会。需要注意的是,社会网络在文化领域中也可能存在一些问题和不平等现象。社会网络的形成和发展可能受到个体的社会背景、文化资本和资源的影响,因此,一些群体可能面临社会网络资源的不平等分配,此外,社会网络中的某些圈子和群体可能形成封闭和排他性的文化圈,导致文化多样性和包容性的不足,社会网络在文化领域中对于文化资本的积累和创意阶层的形成具有重要作用,社会网络提供了获取文化资本和创意机会的渠道,影响个体的职业发展和就业机会,并为个体的创意过程和创作能力提供了支持及合作的机会。

人力资本理论认为,高学历者在选择就业时在某地的密集聚集与该地的经济发展有着紧密的联系。但是人力资本理论并没有更多地关注创意阶层的集聚和高新技术产业之间存在的联系。佛罗里达在对美国 49 个大城市以及206 个中等规模城市进行研究后发现,美国人才指数排名高的城市,往往都是美国著名的技术中心,而一些规模较小的城市,人才指数同样可以跃居美国的前几位。该学者在名为《人才的经济地理》一文中指出,美国具有人才高度集中的地理特征,人才的聚集与产品的多样性、产品的科技含量以及产品的产出之间存在着紧密的联系。一个地区风格的多样,往往可以吸引大量的人才,而人才的集中,带来的是高科技产业选址的相对集中。产出由于人才和高新技术产业的集中而增加,人才是拉动一个地方区域产出增加的重要因素。由以上分析可以看出,区域的创新环境与创意阶层之间有互相促进的作用。高新技术密集的区域对创意阶层的吸引力较大,而创意阶层的集聚又提升了一个地区的创新水平。地区高新技术的密度可以用高科技产业产值占地区总产值的比重来衡量。随着创意阶层的不断集聚,区域的创意环境不断改善,创意产出水平也会不断增加。由此,形成向螺旋促进效应。

## 三、人文环境的影响

创意阶层集聚的动因不仅取决于物质因素,地区的人文环境也发挥了重要作用。相对其他阶层而言,创意阶层更加注重精神生活的追求,城市自身的人文特质也是创意阶层在选择就业和居住空间时影响决策的重要变量。创意阶层更关注一个地区的开放度和包容度,包括佛罗里达、霍金斯等一批创意经济学家在各个国家和地区的研究实证表明,创意阶层正由工人阶层集聚的相对封闭和单一的空间,向开放、多样、包容的创意中心地区迁移。

　　一直以来经济学家都认为经济绩效和多样性之间存在强烈的正相关关系。经济学家对多样性的研究多以产业多样性为切入点。城市学家对于多样性的研究不仅停留在中观的产业层面，对于微观的人的多样性也做了深入考察。如 Jacobs 所言，城市的规模越大，对于多样化人群的包容度越大。同时，也鼓励城市中的所有成员平等的创造财富享受城市服务。例如，在一项对于硅谷的研究中发现硅谷对于人的包容度极大。硅谷中有三分之一的企业拥有外籍员工。可以说，硅谷的高创新性与本地的高开放度和包容度不无关系。由以上的例证可以推论，拥有低进入门槛、开放、包容的地区比保守封闭的地区更具有创新性已经成为一种共识。这些地区的创新能力来自其宽松的城市人文环境，不仅吸引了创意人才的集聚，同时也鼓励了新思想的产生。由于人的多样性使得人与人之间的知识结构有较大的差异，而知识结构不同个体间的交流恰恰就是创新的萌芽。因此，城市的人文因素对于吸引创意人才同样具有重要的作用。

　　社会认同和文化价值观是影响文化资本和创意阶层分布的重要因素之一。社会认同指个体对自身所属社会群体的认同程度，而文化价值观则是对于文化和艺术价值的理解和评价，这两个因素相互交织，共同塑造了个体在文化领域的行为、选择和成就。第一，社会认同对于个体在文化领域的选择和投入起着重要作用。个体的社会认同决定了他们对特定文化形式和艺术表达的偏好和兴趣，不同的社会群体可能对不同类型的文化活动和艺术形式有着不同的偏好和关注点，例如，某些群体可能更偏好传统艺术形式，如古典音乐或传统绘画，而另一些群体可能更青睐当代流行音乐或新兴媒体艺术，个体的社会认同与特定文化群体的联系程度越强，他们越有可能在该文化领域中积累更多的文化资本以及参与创意活动。第二，文化价值观对于个体对文化资本和创意阶层的评价和追求产生影响。文化价值观涉及艺术、创造力和创新的理解及评价，不同的文化价值观可能具有不同类型的文化表达，例如，某些文化价值观强调传统和经典的艺术形式，将其视为高雅和优质的文化资本，从而影响了个体在这些领域中的努力和追求，而其他文化价值观可能更注重新颖和前卫的艺术形式,将其视为具有创新和独特性的文化资本,个体的文化价值观与所处社会环境和群体的影响紧密相关,它们共同塑造了个体对文化资本和创意阶层的追求及评价标准。第三,社会认同和文化价值观还与社会机会和资源分配相关联。特定社会群体或文化群体的认同和价值观往往与社会资源、权力和机会的分配紧密相关,在某些情况下,特定的社会认同和文化价值观可能受到社会主流认可和赞誉,从而获得更多的资源和机会,例如,某些文化群体的独特艺术表达方式可能被视为具有创新性和独特性,从而受到更多的关注和支持,这种社会认同和文化价值观的认可可以为个体提供更广阔的创意平台和资源,促进其在文化领域的发展和成就。第四,社会认同和文化价值观也与社会群体的社会资本和社会网络联系相关。社会认同和文化价值观常常是社会群体共同体验和认同的产物,它们在一定程度上塑造了社会群体的社会资本和社会网络,社会资本是指通过社会关系和网络所获得的资源、支持和机会,拥有广泛和多样化的社会网络可以为个体提供更多的文化资本和创意机会,社会认同和文化价值观的共同体验可能使社会群体更容易建立起互相支持和合作的社会网络,进而为个体在文化领域的参与和发展提供更多的机会及资源。

社会认同和文化价值观在影响文化资本和创意阶层分布中起着重要作用。个体的社会认同决定了他们对特定文化形式和艺术表达的偏好和兴趣,而文化价值观影响了个体对文化资本和创意阶层的评价和追求。同时,社会认同和文化价值观也与社会机会和资源分配以及社会资本和社会网络联系相关。深入理解社会认同和文化价值观与文化资本和创意阶层之间的相互关系,有助于我们更好地认识和应对文化领域中的不平等现象,推动创意阶层的多样性和包容性发展。

## 第三节　文化资本与创意阶层迁移

创意阶层的迁移分为地域和人际两个方面。地域迁移主要指由于区域间文化资本的变动从而吸引创意阶层从的集聚从一个区域转移到另一个区域，而人际间的迁移指的是一些原本并非从事创意工作的人通过文化资本的获得而成为创意阶层。

## 一、中国创意阶层迁移的特征

### （一）地域迁移

地域迁移是指创意阶层（creative class）从一个地域转移到另一个地域的现象。这种迁移主要是由于区域间文化资本的变动引起的，其中文化资本包括教育、艺术、创造力等方面的资源和机会，地域迁移对于创意阶层的集聚和分散具有重要影响，它涉及地域发展、城市竞争以及人才流动等方面的问题。

地域迁移的原因是多方面的。首先，一些地域可能通过提供更好的教育资源、艺术机构和文化活动来吸引创意阶层的迁移，这些地域创造了一个支持创意工作和创新的环境，从而吸引了大量的创意人才。其次，一些地域可能通过政策和经济手段来吸引创意阶层的迁移，例如，提供税收优惠、创业支持和研究资助等措施，这些政策可以激励创意人才选择迁移到这些地域。此外，一些地域的发展潜力和机会也可能成为吸引创意阶层迁移的因素，例如，新兴产业和创新型企业的集聚可以吸引创意人才寻求更多的发展机会。

地域迁移对于源地和目的地地域都会产生一系列的影响。在源地方面，创意阶层的迁移可能导致人才流失和创意资源减少，从而对经济和文化发展产生负面影响，源地可能面临竞争压力，需要采取措施来吸引和留住创意人才。在目的地方面，创意阶层的迁移可以带来经济增长和文化繁荣。创意人才的集聚可以促进创新和创业活动，并带动相关产业的发展，创意阶层的迁移还可以改变目的地的社会结构和文化特征，从而带来新的社会动态和多元化。

为了促进地域迁移的可持续发展，政府和地方机构可以采取一系列的政策和措施。首先，提供良好的教育和文化资源，这是吸引创意阶层迁移的基础。投资于教育、艺术和创造力的培养，建设高水平的学校、艺术机构和文化设施，能够吸引更多的创意人才。其次，建立创业和创新的支持体系也是关键。提供创业培训、资金支持和创业孵化器等创业支持机制，能够激发创意人才的创新活力，并为他们提供创业的机会和平台。此外，建立开放和包容的社会环境也非常重要。吸引创意人才需要提供多元化、包容性和创新性的社会氛围，鼓励不同文化背景及观念的交流和碰撞，促进创意的融合与创新。政府可以采取激励措施来吸引创意阶层的地域迁移，例如，提供税收优惠、创意产业发展基金和研究资助等经济激励，可以吸引创意人才选择迁移到特定地域。同时，政府还应加强与企业、学术机构和社区的合作，形成创意产业的良好生态系统。通过建立产业集群和创新网络，促进不同领域的合作与交流，提高地域的吸引力和竞争力。

需要注意的是，地域迁移并非一种单向的流动过程，而是一个动态的互动过程。源地和目的地之间的联系和互动对于创意阶层的迁移具有重要影响，因此，政府和地方机构需要注重源地和目的地之间的合作与交流，共同推动创意阶层的可持续发展和地域迁移的良性循环。总之，地域迁移是创意阶层从一个地域转移到另一个地域的现象，主要受到区域间文化资本的变动影响。政府和地方机构可以通过提供良好的教育和文化资源、建立创业和创新的支持体系，以及采取经济激励措施和加强合作与交流，来促进地域迁移的可持续发展，实现创意阶层的集聚和地域发展的良性互动。

### （二）人际迁移

人际迁移是指一些原本并非从事创意工作的人通过获得文化资本而成为创意阶层的现象。在人际迁移中，个人通过积极的学习、培养和社交等方式，获取与创意工作相关的知识、技能和人际关系，从而改变自身的身份和职业方向，进入创意阶层。人际迁移的过程通常涉及以下几个方面。首先，个人需要具备一定的教育背景和学习能力。通过接受高等教育、专业培训以及自主学习等方式，个人可以获取与创意工作相关的知识和技能，培养创造力和创新能力，教育的角色在人际迁移中至关重要，它为个人提供了理论基础和实践机会，帮助他们逐步转变为创意阶层的一员。其次，人际迁移需要通过社交和人际关系来实现。个人通过参与创意领域的社交活动、加入专业组织和网络，与其他创意从业者建立联系和合作，这种社交互动可以帮助个人获取行业内的信息、资源和机会，从而加强自身在创意领域的认同感和专业形象，同时，与其他创意人才的交流及合作也能够激发创造力和创新思维，推动个人在创意阶层的发展。最后，个人在人际迁移中还需要具备一定的文化资本。文化资本包括对艺术、文学、音乐、设计等方面的兴趣和理解，以及对创意产业和市场的了解，个人可以通过参观艺术展览、音乐演出、阅读相关书籍和媒体报道等方式，增加对创意领域的认知和理解，这种文化资本的积累可以提升个人在创意领域的竞争力，促使其实现人际迁移。

　　人际迁移对于个人和创意领域都带来了一系列的影响。对于个人来说，人际迁移可以带来职业发展的机会和成就感。个人通过获得文化资本和人际关系，得以进入创意阶层并参与创意工作，实现自身的价值和梦想。对于创意领域来说，人际迁移可以带来更多的创新力量。人际迁移促使原本非创意领域的人才进入创意领域，带来新的思维方式、观点和创意表达方式，丰富了创意产业的内容和形式，这种多元化的人才流动有助于创意领域的创新和进步。

　　为促进人际迁移的发展和创意阶层的形成，政府、教育机构和社会组织可以采取一系列的措施。首先，提供广泛而丰富的教育资源和培训机会，让更多的人有机会接触和学习创意领域的知识和技能。这包括开设创意相关的课程和专业，提供创意培训项目，鼓励学生和社会成人参与到创意活动中。其次，建立和完善创意产业的社交网络和合作平台，提供交流和合作的机会。政府可以支持和扶持创意组织、协会和平台的发展，组织创意相关的活动和展览，激发人们的创意潜力和兴趣，鼓励创意从业者之间的交流和合作，促进资源共享和创新合作。此外，政府可以通过资助和奖励创意项目和创意人才，鼓励更多的人参与创意工作和创新实践。提供创意产业的基金和支持，为创意人才提供创作、研究和创业的机会，帮助他们实现人际迁移和创意阶层的发展。

　　需要注意的是，人际迁移并非一种简单的过程，它需要个人的努力和条件支持。个人需要有持续的学习和自我提升的意识，积极参与创意领域的学习和实践，发展自身的文化资本和人际关系，同时，社会和文化环境也需要给予足够的支持和机会,打破传统的职业壁垒和观念,为人际迁移创造良好的条件和机制。综上所述,人际迁移是通过获得文化资本和人际关系,原本非创意领域的人进入创意阶层的过程,它对个人的职业发展和创意领域的创新及多样性具有积极的影响,为促进人际迁移和创意阶层的形成,政府、教育机构和社会组织需要共同努力,提供教育资源和培训机会,建立创意产业的社交网络和合作平台,资助并奖励创意项目和创意人才。同时,个人也需要积极参与创意领域的学习和实践,发展自身的文化资本和人际关系,推动创意阶层的形成,为创意产业的创新和多样性提供有力支持。

当前中国的社会结构正处在艰难地从金字塔型向菱形的转变过程中。其艰难的一个重要原因,是产业升级遭遇到瓶颈,从劳动力密集到资本技术密集的转型以及第三产业的扩展比原先的预想更为困难,这使得经济发展持续不断提供民众向上流动机会的能力在减弱。特别是在高等教育扩张的背景下,经济发展未能新增足够的管理和技术岗位,大学生就业难,就凸显了社会结构变迁的滞后对流动机会的制约作用。

## 二、文化资本对创意阶层迁移的影响

创意阶层的迁移是一个涉及多重因素的复杂过程,其中文化资本扮演着关键角色。文化资本,作为一种社会资源的积累,不仅塑造个体的认知结构,还对职业发展、社会地位以及创意能力的形成产生深远的影响。在创意领域中,文化资本不仅是一个促使迁移的动力,也是一个塑造迁移路径的导向因素。本部分将探讨文化资本对创意阶层迁移的影响,从教育、社交关系以及创意能力的角度进行分析。

### (一)教育背景与职业迁移

文化资本在创意阶层迁移中的影响首先体现在教育背景方面。受过高水平教育的个体往往拥有更多的知识和思维工具,这有助于他们在创意领域中更好地把握机会和挑战。高等教育不仅为创意从业者提供了专业技能,还培养了他们的创新能力和跨领域思维。例如,设计师通过接受专业设计教育,不仅能够掌握实际技能,还能够理解设计背后的文化与历史背景,从而更好地将创意融入作品中。教育背景不仅丰富了创意阶层的思维方式,也提升了他们在迁移过程中的竞争力。

在创意阶层的迁移过程中,教育背景被认为是一个至关重要的因素,它不仅影响着个体的职业选择,还塑造了他们的创意能力和专业视角。教育,作为文化资本的重要组成部分,不仅是知识和技能的传递,更是塑造个体社会认知结构和职业身份认同的重要途径。教育在创意阶层的迁移中发挥着关键作用,因为它赋予个体所需的知识和技能,使其能够在创意领域中更加熟练地运用创意工具。高等教育不仅是一种技术性的培训,更是一种思维方式的培养。例如,艺术学院培养的学生不仅学习绘画和雕塑技巧,更注重对艺术历史、文化传承的理解,这种跨时间和空间的视野有助于他们在创作中融入更多的元素和深度。此外,教育背景还培养了创意阶层的创新能力和解决问题的能力。在高等教育的培养下,个体被鼓励思考抽象问题、摆脱传统模式,这些能力对于创意阶层在迁移过程中的适应和创新至关重要。例如,在科技与艺术交叉领域,那些接受科学与工程教育的创意从业者,往往能够将不同领域的思维融合,产生出颇具前瞻性的创意作品。然而,需要强调的是,教育的影响并不是单向的。个体的背景、家庭环境和文化资本也在一定程度上影响着他们的教育选择和受教育体验。从社会学的角度来看,家庭的社会地位和文化背景往往影响着个体获得高等教育的机会。家庭的文化资本,包括家庭成员的受教育程度、文化活动的参与等,会影响个体对教育的态度和价值观。

这种文化资本与教育的交互作用可能在创意阶层的迁移中带来不平等。那些拥有更高文化资本的个体,由于其家庭背景和教育资源的优势,更容易获得优质的教育机会。而这种教育不平等会进一步影响他们在创意领域的迁移和发展。在迁移的过程中,有更高教育背景的个体往往更容易在新领域中找到适合自己的机会和资源,能够更好地适应新环境的要求。教育背景也塑造了创意阶层个体的专业认同和社会地位。那些接受过高等教育的创意从业者通过接受系统的教育培训,获得了在特定领域内的专业知识和技能。这种专业认同不仅影响着个体的职业选择,也在一定程度上决定了他们在创意领域的地位和影响力。然而,教育背景所带来的专业认同也可能导致一些固化的观念和界限。那些在高等院校接受过教育的创意从业者,可能会更倾向于在特定领域内深耕,而在其他领域中较难展现自己。这种"专业盲区"可能导致创意阶层的迁移受限,使得个体难以跨足到其他领域,限制了他们的创意表达和多元发展。

**（二）社交关系与职业网络**

除了教育,文化资本在创意阶层迁移中的另一个关键作用是塑造了他们的社交关系。社交关系对于职业发展和创意领域的迁移具有重要影响。在创意领域,个体之间的合作与交流常常能够催生创新。文化资本积累的个体更容易获得与其他专业人士的接触,从而有机会跨领域合作,创造出更具前瞻性和独特性的作品。例如,在电影制作领域,导演、编剧、演员等来自不同背景的人汇聚在一起,通过交流创造出多元化的电影作品。而这种合作往往依赖于彼此的文化资本,以促进跨领域的创意流动。然而,社交关系也可能带来某种程度的限制和排斥。这可能导致创意阶层内部的不平等,使得某些人的创意受到限制,进而影响他们的迁移和发展。

在创意阶层的迁移过程中,社交关系和职业网络被认为是决定个体成功与否的重要因素之一。社交关系不仅是信息传递和资源共享的桥梁,还是创意合作和交流的平台。在现代社会,人际关系的质量和广度对于个体的职业发展和创新能力的发挥具有显著影响。在创意领域,合作和交流是推动创新的核心动力。文化资本丰富的个体通常能够建立更广泛和深入的社交关系,这为他们提供了更多的合作机会和创意资源。创意合作不仅仅是为了资源共享,更是在不同的创意视角和经验交流中培养出更丰富的想法和创新。例如,艺术家与设计师之间的合作可能会产生跨界的艺术作品,为观众带来全新的审美体验。此外,社交关系还为创意阶层提供了在迁移过程中的支持和帮助。一个强大的社交网络可以为个体提供资源、建议和鼓励,减轻迁移的风险和压力。在新的环境中,一个良好的社交网络可以帮助个体更快地适应,找到适合自己的资源和机会。这种社交支持不仅有助于个体的职业发展，也为他们在创意领域的创新提供了动力。然而，需要认识到社交关系并不是一个完全公平的因素。社交网络往往是建立在共同的兴趣、背景和资源之上，因此，那些已经拥有丰富资源和文化资本的个体更容易在社交网络中获得优势。这种社交不平等可能在创意阶层的迁移中带来问题，使得一些个体因缺乏适当的社交资源而难以融入新的环境。

社交网络的不平等可能导致社交隔离的问题，使得某些个体无法获得资源和信息，限制了他们在创意领域的迁移和发展。例如，在艺术领域，与重要人士建立起联系的个体更有可能获得展示和推广的机会，而那些缺乏这种社交资源的个体可能会较难被关注到。尽管社交不平等可能存在，但个体可以通过积极拓展社交网络来获取更多的创新机会。这种主动拓展社交网络的努力有助于突破社交壁垒，获得更多跨领域合作的机会，从而在迁移中实现更广阔的发展空间。同时，现代社交媒体和互联网的兴起也为个体提供了全新的社交平台。通过在线社交平台，个体可以跨足地域和文化边界，与来自世界各地的创意从业者交流合作。这种虚拟社交网络使得信息传递更加迅速，创意合作更加灵活。在创意阶层的迁移中，个体可以通过利用网络社交资源，更好地跨足不同领域，获得全球范围内的合作机会。

### （三）创意能力的塑造与迁移

文化资本也在一定程度上影响着个体的创意能力，从而在创意阶层迁移中发挥作用。文化资本不仅丰富了个体的知识库，还塑造了他们的审美观、创意思维方式和创作风格。这种独特的创意个性不仅为创意从业者在原有领域中赢得声誉，也可能在迁移到新领域时发挥一定的优势。然而，这种创意个性也可能在迁移过程中遭遇困境。当个体迁移到另一个文化环境时，其独特的创意风格可能会与新环境产生冲突。例如，一个艺术家在迁移到不同的艺术市场时，其作品的审美特点可能与当地的文化偏好不符，从而影响其在新环境中的认可和市场价值。因此，尽管文化资本塑造了个体的创意能力，但在迁移中仍需要适应和调整。

　　创意能力是创意阶层的核心素质,它是在创意产业中取得成功的关键因素。然而,创意能力受到个体的教育背景、文化经验以及创意环境的影响和塑造。在创意阶层的迁移过程中,创意能力既是个体的宝贵财富,又可能面临适应新环境的挑战。个体的创意能力不仅是个体智力的体现,更是他们在文化积淀基础上的产物。文化资本的积累和教育背景的影响,共同塑造了个体的创意视野和创新思维方式。不同的文化背景、艺术传统以及社会价值观会在个体的创意过程中发挥作用。例如,一个来自东方文化背景的艺术家可能会在作品中体现出独特的哲学思考和审美特点,而一个来自西方文化的艺术家可能会更注重表达个人情感和观念。创意能力的培养和塑造需要时间和经验的积累。个体通过接触不同领域的知识、参与创意项目以及实践创作,逐渐形成自己的创意风格和独特性。这种创意积淀不仅是技术和技能的堆积,更是个体思维、情感和审美的融合。在创意阶层的迁移过程中,这种文化积淀会成为个体的宝贵财富,为他们在新环境中发挥创意提供支持。

　　随着信息技术的发展,创意作品能够轻松地跨足国界,但不同文化之间的差异和障碍仍然存在。在迁移的过程中,个体需要审慎考虑如何在新的文化环境中传达自己的创意,同时又能够与当地的文化背景产生共鸣。这可能需要个体积极学习新的文化,了解当地的审美趣味和创意需求,以便在跨文化创意中找到平衡点。尽管创意能力的迁移可能会受到文化差异的限制,但个体也可以通过创意能力的转化和创新来适应新的环境。此外,个体还可以通过创新来应对跨文化创意的挑战。创新不仅仅是技术和方法的创新,更是思维的创新。个体可以尝试将不同文化元素融入创意作品中,以产生出独特的文化交融效果。这种跨文化创新不仅可以丰富创意作品的内涵,也为个体在新环境中的创意发展带来了更多可能性。在创意阶层的迁移过程中,个体还需要进行创意能力的自我认知和培养。个体需要深入了解自己的创意特点、优势和局限性,以便更好地适应新环境的需求。同时,个体还需要不断地培养自己的创意能力,不断地进行创意实践和探索。这种自我认知和培养能够帮助个体更好地在创意阶层的迁移中找到定位和方向。

# 第四节　文化资本对创意阶层影响的实证检验

创意阶层活动及其集聚的影响因素研究是文化创意产业研究的重要内容与前沿问题。创意阶层在城市间流动是城市竞争力博弈的结果，受城市"软环境"的影响。解琦指出，法国黎马黑区在非规划规制下，工人阶级社区转型为创意阶层社区、创意产业自发集聚的原因就是对创意阶层的吸纳①。林颖将研究焦点从发达地区、城区转向城郊、农村等边缘地区，并研究空间区位条件对创意阶层流动的影响②。

创意阶层理论是研究文化创意产业从业人员空间集聚、产业协作和行为偏好的重要分析框架。近年来在互联网影响下，创意阶层的来源、性质、集聚形态和产业协作方式及其与消费者的关系都发生了巨大变化。首先，多元化的业余创意者大量涌现，其中一部分在"干中学"中逐步向专业创意者转变，并带动了边缘创新和跨界创新；其次，内容生产商和专业人士通过互联网寻找创意者的成本降低，有助于形成更加广泛的、包含创意和生产的创意者网络，进而深化创意产业分工，提高创意专业化程度；最后，消费者社群与创意者网络的交互机制又强化了创意认同，明确了创意需求，部分消费者甚至转变为创意者，进一步扩大了创意来源。

## 一、研究问题

研究问题如下：

1. 在城市经济发展的层面上，基于现有数据，对中国创意阶层和地方政府治理效率的地理分布特征进行分析。

---

① 解琦.城市宽容度促进创意产业集聚——以巴黎玛黑区为例[J].天津大学学报(社会科学版),2014,16(2):138-141.

② 林颖.西方文化创意产业研究前沿述评[J].福建师范大学学报(哲学社会科学版),2014(4):154-161.

2. 以中国创意阶层对经济发展质量贡献为视角,探究中国地方文化资本是否促进创意阶层的创新力。

## 二、模型设定

为了检验文化资本对高质量发展中创意阶层的影响,本节构建了如下模型用于基准回归检验:

$$\ln Y3_{i,t} = \alpha_0 + \alpha_1 \ln M_{i,t} + \sum \text{Controls} + \sum \text{City} + \sum \text{Year} + \varepsilon_{i,t}$$

$$(6-1)$$

其中,$i$ 表示城市,$t$ 表示时间,$\varepsilon_{i,t}$ 是随机误差项。$Y3$ 为各城市的创意阶层水平,$M$ 表示各城市的文化资本水平,Controls 表示控制变量的集合,City 和 Year 分别表示城市、年度层面的固定效应。$\alpha_0$ 是常数项,$\alpha_1$ 是待估参数。

## 三、变量解释及数据来源

### (一)变量选取

控制变量:考虑到其他因素对实证结果稳健性带来的潜在影响,本节选取了一系列控制变量(Controls),数据来源为《中国城市统计年鉴》。

城市 GDP($\ln \text{pgdp}$):用人均 GDP 的对数来衡量。

第三产业 GDP 占比($\ln \text{ind}$):用第三产业 GDP 与城市 GDP 比重的对数来衡量。

工资水平($\ln \text{wage}$):用职工平均工资水平的对数来衡量。

城镇化率($\ln \text{urban}$):用城市人口密度的对数来衡量。

道路密度($\ln \text{road}$):用城市人均道路面积的对数来衡量。

此外,为了控制城市因素、时间趋势可能带来的影响,本节在回归分析中控制了城市效应(City)、年度效应(Year)。

### (二)数据说明

基于创意阶层理论模型常用指标,本节实证模型旨在探索城市文化资本与创意阶层水平的转变,为了减轻极端值的影响,对连续型变量进行了1‰的缩尾处理,主要变量的描述性统计结果如表6-2所示。由表6-2可知,文化资本代表变量$M$的最大值为60.529,最小值为0.707,标准差为10.379,说明在本节观察的样本中,中国各区域间文化资本发展存在不平衡。创意阶层代表变量$Y3$的标准差为0.901,说明中国各地区间创意阶层水平的差距不大。

表6-2　变量的描述性统计

| 变量 | 观测值 | 均值 | 标准差 | 最小值 | 最大值 |
|------|--------|------|--------|--------|--------|
| $Y3$ | 2 112 | 1.226 | 0.901 | 0.229 | 5.743 |
| $M$ | 2 112 | 5.664 | 10.379 | 0.707 | 60.529 |
| pgdp | 2 112 | 2 704.803 | 3 019.416 | 231.000 | 17 502.860 |
| ind | 2 112 | 44.973 | 8.899 | 26.760 | 71.560 |
| urban | 2112 | 3 721.077 | 2 436.797 | 617.000 | 10 622.000 |
| road | 2112 | 19.148 | 7.358 | 6.540 | 42.569 |
| wage | 2 112 | 62 081.560 | 23 362.690 | 6.648 | 118 256.000 |

## 四、回归结果

### (一) 基准回归检验

本节经过$F$检验与Hausman检验,最终选取固定效应模型进行回归分析。为了避免异方差的影响,这里对相关变量采用自然对数。表6-3报告了多元回归模型的回归结果。列(1)为未加入控制变量、未控制城市和年份固定效应得出的回归结果,列(2)为加入了控制变量、未控制城市和年份固定效应得出的回归结果。由表6-3的列(1)和列(2),可以看出城市文化资本水平对城市创意阶层具有显著稳健的正向影响。随后本节通过双向固定效应模型,控制时间与城市带来的影响,回归结果如表6-3的列(3)所示。

表6-3中的列(1)回归结果显示,文化资本的估计系数显著为正且都通过了1‰的显著性检验。列(2)在列(1)的基础上加入了控制变量,从回归结

果看,文化资本的估计系数并没有发生正负变化,且通过了 1% 的显著性检验。接下来着重分析表 6-3 中的双向固定效应报告结果。双向固定效用的使用不仅能够将随着时间变化一些不可测的异质性考虑进来,还能够对各市层面发展异质性进行控制,得到市级层面面板数据回归较为稳健的结果。在回归系数上,文化资本的积累对城市创意阶层创新能力的发展具有较好的促进效应,即文化资本每变动 1%,将使得创意阶层创新能力提高 0.149%,且回归模型通过了固定效应检验。由此看出一个城市的文化资本积累,通常能够对城市的文化底蕴与文化内涵赋予力量,同时还能够吸引其他城市的创意人才在此处聚集,形成一个在空间上集聚的创意阶层主体,这类创意阶层的汇聚将使得创新创意得到很好的转化。

在其他变量的影响效果回归中,第三产业的发展实力对城市创意阶层的创新能力产生正向影响作用,即城市第三产业发展越快,说明城市以先进技术与高科技等要素密集型发展为主,而落后的无创意的产品与服务会逐渐被淘汰,因此带来市场上企业竞争激烈,企业内员工发展竞争激烈等现象,这就促进创意阶层此时发挥出自身的创意能力以在企业中谋得发展,并带动企业在产业间占有一定市场空间。在城市 GDP 方面,GDP 水平反映的往往是一个城市的经济实力问题,经济实力越雄厚,城市的各项资源禀赋越丰富,例如,国家及省级政策扶持等资源的发放往往倾向于经济实力较高的城市,此时丰厚的资源禀赋不仅能够有效吸引创意人才在此地区集聚,还能激发创意人才在创新方面发挥潜力,以此提高创意阶层对城市发展的创新贡献力度。城镇化水平也会提高城市创意阶层的创新动力,城镇化水平一定程度上反映了该城市的生活质量,城镇化水平越高,城市人口越密集,其物质文明和精神文明越丰富。城市的工资水平与城市的道路面积同样能够促进城市创意阶层创新能力的提升。因此,可以看出,城市创意阶层创新能力的发挥不仅与城市经济发展水平、城市劳动力市场、城市服务业发展程度等相关,文化资本的积累同样是发挥创意阶层能力的一个重要因素。

表 6-3　基准回归检验

| 变量 | ln Y3 | ln Y3 | ln Y3 |
|---|---|---|---|
| | (1) | (2) | (3) |
| ln M | 0.470*** (−42.47) | 0.106*** (−7.69) | 0.149*** (−8.78) |
| ln pgdp | | 0.496*** (−35.93) | 0.364*** (−18.54) |
| ln ind | | 0.05 (−1.12) | 0.149*** (−6.75) |
| ln urban | | 0.070*** (−5.39) | 0.051*** (−3.79) |
| ln road | | −0.140*** (−6.47) | 0.046*** (−2.75) |
| ln wage | | 0.001 (−0.25) | −0.011*** (−5.30) |
| 常数项 | −0.514*** (−32.29) | −4.166*** (−19.37) | −3.870*** (−23.48) |
| 固定效应 | 否 | 是 | 是 |
| 样本量 | 2 112 | 2 111 | 2 111 |
| $R^2$ | 0.461 | 0.668 | 0.374 |

注：*** 表示结果在 1% 水平下显著；** 表示结果在 5% 水平下显著；* 表示结果在 10% 水平下显著，括号内为标准误，下文同。

### (二) 分区域检验

通过将全国 264 个地级市划分为东、中、西部三大区域[1]，同样利用双向固定效应模型对这三个区域文化资本带来的城市创新力发展效应进行回归分析，回归结果如表 6-4 所示。

由表 6-4 回归结果可以看出，文化资本对城市创意阶层水平的正向影响在东部地区 1% 的水平上显著，解释变量的系数为 0.075，中部地区在 5% 水

---

[1]　本章统计中所涉及东部、中部、西部的具体划分为：东部包括北京、天津、河北、上海、江苏、浙江、福建、山东、广东、辽宁、海南；中部包括山西、安徽、江西、河南、湖北、湖南、吉林和黑龙江；西部包括内蒙古、广西、重庆、四川、贵州、云南、西藏、陕西、甘肃、青海、宁夏和新疆。

平上显著,解释变量的系数为 0.071,而在西部地区的系数值为 0.006,但这一正向影响作用并不显著。这可能的原因是:(1)东部、中部地区吸引了更多的创意阶层集聚,且东部地区相较于中部地区对创意阶层的吸引能力更强。东部、中部地区因地理位置、经济发展水平等更有利于创意阶层发展,且能够有效留住创意阶层长期留在一个城市,创意人才的集聚与创意人才在同一城市多年的创意积淀有利于创新成果的快速转化。(2)西部地区经济实力较东部、中部地区弱一些,且西部地区因自然环境、交通基础设施等的影响,对创意人才的吸引力不够,不利于创意阶层集聚情况的出现,长期稳定高质量的创意阶层很难形成,因此带来了正向影响效应的不显著特征。

表 6 - 4  异质性检验结果

| 变量 | 东部 | 中部 | 西部 |
| --- | --- | --- | --- |
| | $\ln Y3$ | $\ln Y3$ | $\ln Y3$ |
| $\ln M$ | 0.075*** <br> (−3.34) | 0.071** <br> (−2.54) | 0.006 <br> (−0.18) |
| $\ln pgdp$ | 0.360*** <br> (−8.87) | 0.063* <br> (−1.79) | 0.140*** <br> (−4.13) |
| $\ln ind$ | 0.005 <br> (−0.18) | 0.008 <br> (−0.11) | −0.036 <br> (−0.99) |
| $\ln urban$ | 0.045** <br> −2.09 | 0.063*** <br> −2.64 | 0.015 <br> −1.13 |
| $\ln road$ | 0.061** <br> (−2.28) | 0.024 <br> (−0.72) | −0.033* <br> (−1.86) |
| $\ln wage$ | −0.024*** <br> (−8.20) | −0.399*** <br> (−6.96) | 0.000 <br> (−0.07) |
| 常数项 | −3.685*** <br> (−10.75) | 3.245*** <br> (−4.36) | −1.853*** <br> (−4.41) |
| $N$ | 767 | 744 | 599 |
| $R^2$ | 0.97 | 0.956 | 0.984 |

### (三)稳健性检验

上文的研究证明了文化资本水平能够有效促进城市创意阶层创新能力的

发挥,为进一步地验证上文研究结果是否可靠,接下来使用稳健性检验,以进一步证明研究结论的真实性。

为了排除变量 Y3 和 M 之间可能存在互为因果的情况,本节将核心解释变量 M 滞后一期,代入基准回归模型中,再次进行了回归。表 6-5 报告了稳健性检验回归结果。表中列(1)为当期的解释变量、被解释变量、控制变量的固定效应回归结果,表中列(2)是将解释变量 M 替换为滞后一期的 M 后的固定效应回归结果。从表中得知,替换解释变量后,$\ln Y3$ 的系数仍为正,且在 1% 水平上显著,与前文假设和结论一致,说明本节结论具有稳健性。

表 6-5　稳健性检验结果

| 变量 | $\ln Y3$ | $\ln Y3$ |
|---|---|---|
| | (1) | (2) |
| $\ln M$ | 0.149*** (−8.78) | 0.161*** (−8.32) |
| $\ln\mathrm{pgdp}$ | 0.364*** (−18.54) | 0.326*** (−15.63) |
| $\ln\mathrm{ind}$ | 0.149*** (−6.75) | 0.134*** (−6.04) |
| $\ln\mathrm{urban}$ | 0.051*** (−3.79) | 0.044*** (−3.12) |
| $\ln\mathrm{road}$ | 0.046*** (−2.75) | 0.045*** (−2.63) |
| $\ln\mathrm{wage}$ | −0.011*** (−5.30) | −0.004* (−1.74) |
| 常数项 | −3.870*** (−23.48) | −3.552*** (−20.23) |
| 观测值 | 2 111 | 1 847 |
| $R^2$ | 0.374 | 0.329 |

在分区域的研究中,表 6-6 报告的回归结果同样证明了表 6-3 回归结果的可靠性。由表中显示可知,将核心解释变量 M 滞后一期,文化资本对创意阶层的影响在东部地区 1% 的水平上有显著的正向影响,在中部地区 10%

的水平上存在显著的正向影响,在西部地区的影响效应并不明显,因此,分区域的回归结果通过了稳健性检验。

表 6 - 6　分区域异质性检验结果

| 变量 | 东部 | 中部 | 西部 |
|---|---|---|---|
| | ln Y3 | ln Y3 | ln Y3 |
| ln M | 0.074 *** <br>(−2.87) | 0.058 * <br>(−1.67) | 0.033 <br>(−1.08) |
| ln pgdp | 0.329 *** <br>(−7.36) | 0.057 <br>(−1.54) | 0.125 *** <br>(−3.45) |
| ln ind | 0.003 <br>(−0.13) | 0.083 <br>(−1.01) | 0.018 <br>(−0.48) |
| ln urban | 0.03 <br>(−1.43) | 0.061 ** <br>(−2.38) | 0.004 <br>(−0.3) |
| ln road | 0.018 <br>(−0.67) | 0.035 <br>(−0.99) | −0.021 <br>(−1.17) |
| ln wage | −0.010 *** <br>(−3.62) | −0.440 *** <br>(−7.55) | 0.000 <br>(−0.05) |
| 常数项 | −3.429 *** <br>(−9.58) | 1.900 *** <br>(−2.75) | −1.552 *** <br>(−5.05) |
| N | 672 | 651 | 524 |
| $R^2$ | 0.977 | 0.96 | 0.987 |

## 五、结论

本节级行政区探讨了文化资本对创意阶层的作用与影响。研究发现:第一,文化资本对创意阶层具有显著的正向影响。文化资本水平越高的城市,可以通过其现有的资源条件,为创意人才提供高质量的环境等,从而吸引人才集聚,并借助已有的文化基础,为创意人才的创意思维提供土壤,刺激其进行创新活动。第二,文化资本对创意阶层的影响存在区域异质性,对东部地区影响最大,中部地区次之,对西部地区的影响并不显著。以上海为例,其文化资本雄厚,拥有文化创意产业园,高校林立,文化展览活动云集,这些文化资本一方面为创意人才提供了成长环境,培养更多高端人才,同时吸引了更多外地人才在此定居发展,通过人才集聚的正外部性提高创新产出,推动上海市文化产业的发展。

# 第五节　典型案例

文化资本对城市创意阶层的影响是多方面的:一是文化资本的集聚为创意阶层提供了更多的创作和展示机会。艺术画廊、剧院、艺术节等文化设施和活动为艺术家和设计师提供了展示作品的平台,促进了他们的创意输出和交流。二是文化资本的存在为创意从业者提供了创业和商业发展的机会。创意园区、孵化器和文化产业聚集区提供了办公场所和支持服务,帮助创意企业家实现创业梦想,并促进了创意产业的发展。三是文化资本的积累吸引了大量的创意人才和投资。城市中丰富的文化场景和活动吸引了具有创意才华的人才前来发展和创作。同时,文化资本也吸引了国内外投资者的关注,推动了创意产业的增长。四是文化资本对城市形象的塑造具有重要影响。一个具有丰富文化资本的城市往往被认为富有创意和活力,吸引游客、居民和企业。这种城市形象的提升进一步促进了创意产业的发展和城市的经济繁荣。

## 一、伦敦：文化资本集聚为创意阶层提供了更多的创作和展示机会

伦敦是全球知名的文化中心之一,拥有丰富的文化资本。伦敦的艺术画廊、博物馆、剧院等文化设施林立,吸引了大量的艺术家、设计师和创意从业者聚集于此。伦敦的文化资本为城市的创意阶层提供了广阔的展示和交流平台,同时也吸引了全球的投资和合作伙伴。

首先,伦敦丰富的文化资本为创意阶层提供了广泛的创作和展示机会,对城市创意阶层的职业发展和国际影响力产生了正面影响。文化资本的存在为创意人才提供了灵感和创作的源泉。艺术、文化遗产、历史和多元文化的交

融,为创意阶层提供了广阔的素材和创意灵感。伦敦拥有众多博物馆、艺术画廊、剧院和音乐厅等文化设施,如大英博物馆、泰特现代美术馆、英国国家剧院和皇家阿尔伯特音乐厅等,这些机构不仅收藏和展示着世界级的艺术品和文化遗产,同时也定期举办展览、演出和活动,为艺术家、设计师和创意从业者提供了展示作品的机会。这些文化景观不仅仅是艺术表演的场所,更是激发创意灵感的源泉。艺术家、设计师和创意从业者可以通过参与伦敦的文化活动和节日,与国际艺术家和观众互动交流,拓宽视野并获得灵感启迪。伦敦还以其丰富多样的文化活动而闻名,如伦敦国际艺术节、伦敦电影节、伦敦音乐节等。这些活动吸引了来自世界各地的艺术家、制片人、音乐家和文化从业者前来参与以及展示他们的作品。通过参与伦敦的文化活动、展览和节日,创意人才可以和国际上的顶尖艺术家、设计师及文化界人士进行交流与合作,提高自身的专业水平和国际影响力,建立合作关系,获得专业的反馈和推广机会。例如,伦敦时装周和伦敦设计节等盛大的国际活动吸引了全球的设计师和创意人才,激发了众多创新的设计和创意作品的涌现。

其次,伦敦作为一个文化资本集聚地,为创意阶层提供了丰富的创业和商业机会。伦敦作为一个全球性的文化中心,吸引了来自世界各地的创意人才和国际性的文化机构。创意从业者可以在伦敦获得更多的职业机会和国际展示平台。伦敦的创意产业园区,如东伦敦的伦敦设计工厂、创意孵化器、艺术家工作室等为创意企业家和艺术家提供了办公场所与支持服务。这些创意园区不仅为创意产业提供了空间,还促进了创意人才之间的交流与合作,创意阶层可以在这种创意碰撞的环境中相互启发和借鉴,从而创造出更具创新性和独特性的作品。伦敦的文化资本也吸引了国内外投资者的关注,推动了创意产业的发展。例如,伦敦的数字娱乐和科技创业公司吸引了大量的风险投资和创业资金,为创意企业提供了发展的资本支持。

最后,伦敦的文化资本还塑造了城市的创意氛围和形象,吸引了大量的创意人才,对城市创意阶层的创新能力和创造力产生了积极影响。伦敦以其丰富的历史遗产、独特的建筑风格和充满活力的街头文化而著名,这些元素为创意人才提供了一个独特而有吸引力的创作环境。伦敦的文化资本也成为吸引游客、投资者和创意企业的关键因素之一。作为一个国际性的创意中心,伦敦吸引了世界各地的人们前来观光、学习和工作,进一步推动了城市的文化和经济发展。伦敦的文化资本集聚了各类艺术家、设计师、文化创意企业和创意从业者,形成了一个多元而繁荣的创意社群。这种社群的存在促进了创意产业的互动和合作,激发了创新和跨领域的交叉合作。伦敦的多元文化和国际化特点为创意阶层提供了广阔的创作和交流平台。伦敦的文化景观如皇家艺术学院、伦敦市政艺术中心和剑桥剧院等代表了伦敦丰富的文化资本,同时也成了创意人才聚集地。

## 二、柏林:文化资本的存在为创意从业者提供创业和商业发展机会

柏林被誉为欧洲的艺术之都,以其自由开放的氛围和丰富多样的文化场景而闻名。柏林的艺术区如克珀尼克(Kreuzberg)和普伦茨劳贝格(Prenzlauer Berg)吸引了大量的艺术家和创意人才。这种文化资本的集聚为柏林的创意阶层提供了创作和创业的机会,并形成了一个独特的文化生态系统。

首先,柏林的历史和文化遗产为城市创意阶层提供了丰富的创作和灵感来源。柏林作为一个具有悠久历史的城市,承载着丰富的文化遗产,如勃兰登堡门、柏林大教堂、博物馆岛等。这些历史建筑和景观不仅是城市的标志性象征,同时也为创意人才提供了一个创作背景和灵感源泉。创意从业者可以通过与柏林的历史和文化进行对话、互动,将传统元素与现代创新相结合,创造出独特而有深度的作品。

其次,柏林作为一个文化多元的城市,为创意阶层提供了广泛的创作和表达平台。柏林的街头艺术、音乐表演、独立电影等形式的文化表达,为创意人才提供了展示作品和与观众互动的机会。例如,柏林的克里斯托弗街艺术区和普伦茨劳贝格艺术空间等地区成为艺术家和创意人才的聚集地,促进了创新和创造力的蓬勃发展。柏林还以其丰富多样的文化活动和节日而闻名,如柏林电影节、柏林时装周、柏林艺术节等。这些活动吸引了来自世界各地的艺

术家、设计师和文化从业者前来参与和展示他们的作品。通过参与这些活动，创意阶层可以与业界顶尖人士互动交流，建立合作关系，获得专业的反馈和推广机会。同时，这些活动也为创意人才提供了一个展示作品、拓宽视野和吸引观众的平台，提高了他们的知名度和声誉。

最后，柏林作为一个文化创意产业中心，为创意阶层提供了广泛的创业和商业机会。柏林的创意产业园区和创意孵化器，如柏林城市科技园区和柏林创意学院，为创意创业者提供了办公空间、资源支持和网络平台。这些机构不仅为创意人才提供了创业的基础设施，还促进了创意人才之间的交流和合作。柏林的文化创意产业也受到政府的支持和投资，例如，设立创意产业基金、提供贷款和资助计划等，以鼓励创意企业的成长和发展。这些举措为创意阶层提供了更多的机会和资源，推动了创新和经济增长。作为一个具有独特文化特色和国际影响力的城市，柏林吸引了大量游客、投资者和创意人才。这进一步推动了城市的文化和经济发展，促进了创意产业的繁荣。柏林的文化资本也为城市营销和旅游业作出了重要贡献，吸引了更多的游客和文化消费者前来体验和探索柏林的独特魅力。

### 三、旧金山：文化资本为创意阶层提供互动的平台

旧金山是美国的创意中心之一，以其充满活力的科技和艺术文化而闻名。该城市拥有许多创业孵化器、艺术工作室和技术公司，为创意阶层提供了广泛的支持和资源。旧金山的文化资本还反映在其多样化的文化活动和节日中，如旧金山国际电影节和硅谷动画电影节，吸引了全球的创意人才和观众。

首先，旧金山拥有丰富多样的文化资本，其中最著名的是其充满活力的艺术和文化界。旧金山被誉为美国的文化中心之一，拥有众多的艺术机构、博物馆、剧院和音乐场所。例如，旧金山艺术博物馆、亚洲艺术博物馆和当代艺术博物馆等是全球知名的艺术机构，吸引了众多艺术家、设计师和文化从业者。这些机构提供了展示作品、举办艺术展览和文化活动的场所，为创意阶层提供了展示才华和互动交流的平台。旧金山还是一个充满活力的设计和时尚中

心。这座城市拥有众多的设计工作室、时尚品牌和设计学院。其设计行业涵盖室内设计、时装设计、平面设计和工业设计等领域。例如,旧金山艺术学院和加利福尼亚大学旧金山分校的设计学院为创意人才提供了专业的培训和教育。旧金山还举办了时装周和设计展览,如旧金山时装周和旧金山设计周,为设计师和时尚从业者提供了展示作品和交流经验的机会。旧金山的设计和时尚产业与城市的多元文化相结合,形成了独特的设计风格和时尚趋势,为创意人才提供了广阔的创作空间和市场机会。

其次,旧金山以其独特的创新氛围和科技产业而闻名。作为美国的科技创新中心之一,旧金山聚集了众多的科技企业、创业公司和初创企业。例如,硅谷地区就位于旧金山附近,是全球最重要的科技和创新中心之一。这为创意人才提供了与科技专业人士合作、获得技术支持和资源的机会。旧金山还举办了许多科技和创新相关的活动和会议,如 TechCrunch Disrupt 和 Dreamforce 等,吸引了全球范围内的科技创新者和投资者。这些活动为创意人才提供了展示和推广作品的机会,促进了创新和创意产业的发展。

再次,旧金山还以其丰富多样的音乐和表演艺术场景而著名。这座城市拥有众多的音乐厅、剧院和演出场所,如路易斯·M. 戴维斯交响乐厅、比尔·格雷厄姆舞台剧院和旧金山歌剧院等。这些场所举办了各种类型的音乐会、音乐节、舞蹈表演和戏剧演出,吸引了世界各地的艺术家和表演团体。旧金山还举办了知名的音乐节,如旧金山爵士音乐节和外滩音乐节等,这些音乐和表演艺术活动为创意阶层提供了展示才华和与其他艺术家互动的平台。创意人才可以通过参与演出、表演或与音乐界专业人士合作,展示自己的创作才能和艺术表达。

最后,旧金山还拥有活跃的文化创意产业和创业生态系统。这座城市鼓励创意创新和创业精神,为创意人才提供了许多支持和资源。旧金山的创业孵化器、创意产业园区和创业支持机构为创意从业者提供了办公空间、资金支持、导师指导和市场推广等服务。创意人才可以通过这些机构获得创业培训、商业计划指导和市场网络,实现他们的创业梦想和项目的可持续发展。

## 四、北京：文化资本的积累吸引了大量的创意人才和投资

北京作为中国的首都和文化中心，对城市创意阶层的发展和影响具有重要意义。首先，北京作为一个历史悠久的城市，拥有丰富多样的文化遗产和艺术资源。著名的故宫、颐和园、天坛等建筑和文化遗址吸引了众多艺术家、设计师和文化创意从业者。这些历史遗迹不仅提供了创作的灵感和文化积淀，也成为创意人才展示作品、举办文化活动和艺术展览的重要场所。北京还拥有众多的艺术机构和文化场馆。例如，中国美术馆、国家博物馆、中国国家大剧院等文化机构，为创意人才提供了展示作品和艺术交流的平台。北京还举办了许多艺术展览、文化节和演出活动，如北京国际设计周、北京国际电影节和北京现代音乐节等，吸引了全球范围内的艺术家和文化从业者。北京是中国的艺术教育中心之一，拥有一流的艺术学院和学府。北京电影学院、中央美术学院、中国传媒大学等知名院校培养了许多优秀的艺术家和设计师。这些学校为创意人才提供了专业的培训和教育，通过课程设置和实践项目的组织，培养学生的创造力、审美意识和技术能力。学生们有机会参与各类艺术展览、设计比赛和文化活动，与行业专业人士交流合作，为他们日后的职业发展奠定了坚实基础。

其次，在经济发展方面，北京作为中国的政治、经济和科技中心，拥有繁荣的创新创业环境。政府出台了一系列支持政策，鼓励文化创意企业的成立和发展。例如，北京市设立了文化创意产业发展专项资金，为创意企业提供财政支持和创业孵化服务。政府还在知识产权保护、市场准入和商务合作等方面提供支持，为创意人才创造了有利的发展环境。北京的科技园区和创业孵化器吸引了大量的创业者和科技创新团队，积极推动文化创意产业的发展和创新。例如，中关村科技园区是中国最大的科技园区之一，聚集了众多的科技企业、研究机构和高校科研院所。这为创意人才提供了与科技专业人士合作、获得技术支持和资源的机会。北京还举办了许多创业大赛和创新论坛，如北京创业大赛和中国国际创新创业大赛等，为创意人才提供了展示和推广项目的平台。北京的创意产业园区和艺术街区也为创意人才提供了良好的创作和交

流空间。例如,798艺术区、酒仙桥创意产业园等地聚集了众多的艺术家、设计师和文化创意企业。这些创意园区为创意人才提供了办公、展示和销售的场所,营造了良好的创作氛围和艺术交流平台。

最后,北京还拥有丰富多样的音乐和表演艺术场景。音乐厅、剧院和演出场所如国家大剧院、北京音乐厅和北京展览馆等是举办音乐会、戏剧演出和舞蹈表演的重要场所。北京还举办了许多音乐节和文化活动,如北京国际音乐节、北京国际电影节等。北京还注重保护和传承传统文化,并将其融入当代创意产业中。例如,北京的传统艺术和工艺品市场,如簋街、南锣鼓巷等保留了传统的建筑风貌和文化氛围,吸引了大量游客和购物者。同时,许多文化创意企业和设计师也将传统元素融入产品设计和创意表达中,推动了传统文化的创新发展。

## 五、上海:文化资本为创意人才提供了丰富的创作背景和灵感来源

上海是中国最具国际化和创意氛围的城市之一。上海拥有许多艺术区和创意园区,如蓝骑士艺术空间和马当路创意园,这些地方吸引了大量的设计师、艺术家和文化创意企业。上海的文化资本还体现在其丰富多样的文化活动和艺术展览中,如上海国际艺术节和上海电影节,为创意阶层提供了展示和交流的平台。

首先,上海的文化资本对城市创意阶层的影响体现在其独特的历史和文化遗产上。作为中国最重要的城市之一,上海融合了中西方文化的元素,形成了独特的文化景观。上海的历史建筑如外滩、豫园等,以及现代建筑如东方明珠广播电视塔、上海中心等,为创意人才提供了丰富的创作背景和灵感来源。创意从业者可以通过与上海的历史和文化进行对话及互动,将传统元素与现代创新相结合,创造出独特而富有时代感的作品。

其次,上海作为一个国际化的城市,吸引了大量的国内外创意人才和文化产业机构。上海的国际化程度和开放的市场环境为创意人才提供了广阔的发展平台。一方面,上海举办了许多国际级的文化活动和艺术展览,如上海国际

电影节、上海艺术博览会等，为创意人才提供了展示作品和与国际艺术界交流的机会。另一方面，上海的创意产业园区和创意孵化器，如上海滩创意园、上海文化创意产业园等，为创意创业者提供了办公空间、资源支持和创业培训，推动了创意产业和创新创业的蓬勃发展。

再次，上海作为一个商业中心，拥有繁荣的艺术市场和文化消费市场。上海的艺术品交易市场，如豪华艺术品拍卖、艺术品展览和艺术品交易中心等，吸引了众多的艺术收藏家和投资者，推动了艺术市场的繁荣。这为创意人才提供了销售作品、获得艺术品评估和市场反馈的机会。人们对音乐、电影、时尚和设计等方面的需求不断增长，为创意阶层提供了广阔的市场需求和商业机会。创意从业者可以通过参与文化消费市场，与观众和消费者进行互动及合作，推动自身作品的推广和商业化。

最后，上海还积极推动创意产业的政策支持和发展。政府通过出台一系列的政策和举措，鼓励创意产业的创新创业和发展。上海设立了文化创意产业发展基金，为创意企业提供资金支持和贷款服务。政府还鼓励文化企业与科技企业合作，推动文化创意与科技创新的结合，促进创意产业的升级和转型。此外，上海还加强了知识产权保护和法律法规的完善，提供了良好的创意环境和法律保障。

## 第六节　本章小结

创意阶层是文化资本的创造者和承载者，是从事创作型工作的专业人才的统称，是驱动创意产业发展的核心要素。物质性的文化产品是历代创意阶层创造的劳动成果，而无形的文化资本正是蕴藏在创意阶层个体之中。科技的进步是创意阶层诞生的基本物质条件，世界经济结构的调整是创意阶层诞生的宏观经济背景。本章共分为六节，从理论机制、实证检验到实践案例，就"文化资本与城市创意阶层"问题进行了完整研究。第一节是创意阶层的产生与发展；第二节是文化资本与创意阶层分布；第三节是文化资本与创意阶层迁移;第四节是文化资本对创意阶层影响的实证检验;第五节通过典型案例分析,从实践层面探讨文化资本与城市创意阶层;第六节是本章小结。

本章第一节主要介绍了创意阶层的产生与发展。首先对创意阶层概念进行解析,具体来说,创意阶层是指那些从事知识型、创意型和创新型工作的人群,他们主要从事艺术、设计、媒体、科学、技术和创业等领域的工作。其次分析了创意阶层的诞生及发展的原因,主要从经济因素、社会因素和技术因素这三方面进行分析,其中经济因素继续从经济结构转型、技术进步与知识经济、市场需求与文化消费升级和各国政府创意产业的扶持政策这四大块展开,社会因素继续从教育水平的提高、文化环境的培育和城市化与创意聚集效应这三大块展开,技术因素继续从数字化技术的发展、社交媒体和网络平台的兴起这两大块展开。

本章第二节主要介绍了文化资本与创意阶层分布。通常来说一个地区文化资本越丰富,创意阶层的集聚度就越高,而文化资本的分布和特征也对创意阶层的分布产生了重要影响。创意阶层集中的地方,往往是经济较为发达、基础设施较为完善的地方。这些地区由于集聚了创意阶层,因此也产生了较大的创意经济产出,带动了地区经济发展和就业人口的增长。一个地区的创意中心之所以能够发展起来,其主要决定原因并不是靠近资源集聚地、交通便利等传统原因,也不是由于政府的支持带来的一系列财政优惠政策,而是决定于创意中心的主要就业人群,即创意阶层喜欢在某处选址居住和就业。与传统就业观念中的人才追随企业流动不同,创意产业引领了企业追随人才流动的潮流,本节从经济环境的影响、社会环境的影响和人文环境的影响三方面展开分析。

本章第三节主要介绍了文化资本与创意阶层迁移。创意阶层的迁移分为地域和人际两个方面。地域迁移主要指由于区域间文化资本的变动从而吸引创意阶层从的集聚从一个区域转移到另一个区域,而人际间的迁移指的是一些原本并非从事创意工作的人通过文化资本的获得而成为创意阶层。本节首先从地域迁移和人际迁移两方面分析了中国创意阶层迁移的特征,从教育背景与职业迁移、社交关系与职业网络、创意能力的塑造与迁移三方面分析了文化资本对创意阶层迁移的影响。

本章第四节为文化资本对创意阶层影响的实证检验。本节以 2014—2021 年我国 31 个省级行政区为研究对象,探讨了文化资本对创意阶层的作用与影响。研究发现:我国的文化资本分布整体呈现东中西部递减趋势,创意阶层的分布与文化资本的分布形成了对应关系。随着中国经济和社会结构的调整,创意阶层呈现出和经济重心同向迁移的特征。通过实证分析的结果表明,文化资本对创意阶层具有显著的正向影响。文化资本水平越高的城市,能通过其现有的资源条件,为创意人才提供高质量的环境等,从而吸引人才集聚,并借助已有的文化基础,为创意人才的创意思维提供土壤,刺激其进行创新活动。

本章第五节为典型案例的分析。文化资本对城市创意阶层的影响是多方面的:一是文化资本的集聚为创意阶层提供了更多的创作和展示机会。艺术画廊、剧院、艺术节等文化设施和活动为艺术家和设计师提供了展示作品的平台,促进了他们的创意输出和交流。二是文化资本的存在为创意从业者提供了创业和商业发展的机会。创意园区、孵化器和文化产业聚集区提供了办公场所和支持服务,促进创意产业的发展。三是文化资本的积累吸引了大量的创意人才和投资。城市中丰富的文化场景和活动吸引了具有创意才华的人才前来发展和创作。同时,文化资本也吸引了国内外投资者的关注,推动了创意产业的增长。四是文化资本对城市形象的塑造具有重要影响。一个具有丰富文化资本的城市往往被认为富有创意和活力,吸引游客、居民和企业。这种城市形象的提升进一步促进了创意产业的发展和城市的经济繁荣。

# 第七章　文化资本与城市产业结构

城市是文化的载体,通过文化资源的开发、集聚、发展形成各具特色的城市文化资本。农业时代,文化资本更多以土地为中心进行创造和积累,因而拓印上深刻的农耕文化色彩,包括人、文、地、产、景等方面均是围绕农业生产而展开。进入工业时代后,文化资本在其演化进程中发挥了巨大作用,通过以人才集聚、培训、交流为主的人力资本和以创新发明、技术更新的知识资本在生产生活上的应用,极大地提升了社会生产力,推动了城市产业结构的更新与升级。进一步的发展过程中,文化资本与第三产业相互促进融合,让文化更深入地渗透进产业发展之中,实现了城市的产业结构向高级化迈进。整体而言,文化资本的积累和城市产业结构的变迁与升级密切相关,以文化资本的视角剖析产业的发展,能够充分考察文化产业和城市发展的内在联系。

## 第一节　城市产业结构演化

### 一、城市产业结构的含义

产业结构是指国民产业经济体系中,各产业的组成和分布情况,以及各产业之间相互依赖、相互制约的关系的总和。各产业的结构,主要用三种方式进行衡量。一是产业的总产值占整个国民收入的比重;二是产业的就业人数占总就业人数的比例;三是产业所聚集的资本额占整个经济体系中资本额的比例。

关于产业结构,配第一克拉克定理描述了在国民收入水平提升的促进下,劳动力从第一产业向第二产业流动,继而向第三产业流动的典型事实①②。在此之后,库兹涅茨又在这一理论的基础上作了进一步阐述。他将第一产业定义为"农业部门",第二产业定义为"工业部门",第三产业定义为"服务部门"。这样的定义不仅明确了劳动力在三大产业中的分布规律,而且还体现出了三大产业在国民经济中所占比例的变化情况。三大产业从一开始的第一产业为主,第二产业次之,第三产业为辅的结构,逐步演化为第二产业为主,第三产业次之,第一产业为辅,最终达到第三产业为主,第二产业次之,第一产业为辅的结构。

## 二、城市产业结构演化的含义

产业结构演化是指在经济发展的过程中,随着产业经济的发展和调整,最终实现国民经济各产业之间协调发展,人民物质生活水平大幅度提高的过程。这需要通过对产业进行一定的优化,并以产业的发展服务于国民经济增长和人民生活水平提升。产业结构优化没有绝对的标准,通常指产业结构的相对水平,是整个国民经济发展的最优解。一国在制定政策过程中,应该根据本国的经济、社会、人口、禀赋、外贸等特点,不断地进行产业结构的调整与优化,以求达到各类产业协调发展、国民收入水平提升、人民生活富足的状态。

产业结构演化的目标主要应该着力发展优秀产业,优秀产业通常是指具有较高的技术含量、较好的经济效益和较好的社会效益的产业,能够满足市场需求,促进经济增长和社会进步。进一步还需考虑产业优化的溢出作用,如环境保护、资源利用、社会就业等。只有在综合考虑多种因素的基础上,才能实现产业结构的合理化和高级化,促进经济的可持续发展和社会进步。从城市产业结构看,在城市发展的初级阶段,应该着力发展以重工业为主的劳动密集型产业,从而快速拉伸国民经济产值,提高就业。到工业化中期,城市主导产

---

① PETTY N. Political arithmetick[M]. Hamilton: McMaster University archive for the history of economic thought, 1690.

② CLARK C. The conditions of economic progress[M]. London: Macmillan, 1940.

业应该着力面向发展资本密集型产业,如钢铁、机械电力、石油化工和汽车等,从而进一步巩固国民经济的主体结构。在工业化发展中后期,城市主导产业应该以高技术密集型产业为主。

## 三、城市产业结构演化的进程

产业构成了城市经济发展的基础。城市产业发展一般是从手工业向工业进行升级发展,再由工业转向服务业。产业升级发展的过程是城市产业经济发展的必由之路,也是人们在产业经济发展中总结出的深刻经验,是每个城市的发展主线。

在国际大多数城市的发展历史过程中,工业化是促进城市产业结构发展的重要原因之一。欧美国家的发展大多都经历了工业化的过程,才使得国民经济得以迅速发展,人民生活水平得以大幅度提高。工业化在城市的发展,往往也会带动城市中相关产业的发展和原材料行业的繁荣。霍夫曼定理关于经济发展中工业内部结构的分析提到在整个工业化进程中,工业结构的演进有三个步骤,起步期、扩张期、成熟期[①]。工业化起步期的主导产业是纺织工业。随着工具的发展和生产力水平的提高,人们逐渐运用大生产的方式来代替原有小规模作坊的形式,形成了相关的工业部门。随着工业化的扩张,很多基础产业得到迅猛发展。原材料工业、建筑业和机电产业成为工业发展的主要力量之一,大大扩展了工业结构和产业结构的升级改造。此时出现了大规模的工厂和企业,大量的劳动力也被雇佣进来,进一步促进了国民财富的增加。在工业化扩张期后,工业化进入了成熟期,通常会表现出以下特征:地区内的工业技术水平迅速提高,逐渐接近国际先进水平,技术模仿的差距空间显著收敛;大规模投资建设使得基础设施显著改善,工业生产的配套能力明显增强,这一切都使工业在规模上、结构上和技术素质上越来越具有成熟特征。然而

---

① HOFFMANN W G. The growth of industrial economies [M]. Manchester: Manchester University Press, 1958.

在此过程中也会出现相关问题,产能过剩成为突出并具有普遍性的结构现象,由此也会导致在工业品市场供需关系上,传统工业品市场日益趋向饱和,市场供需关系从短缺向供应全面过剩转变。

## 第二节　文化资本与第一产业发展

文化资本与第一产业发展之间存在紧密关系,并呈现出互相促进的特征。一方面,文化资本的提升可以促进第一产业的创新与改善,通过传承和创新文化知识和技能,农民可以采用更高效的种植和养殖技术,提高农产品的质量和产量。同时,随着文化创意产业的兴起,农业旅游、农产品加工等新型产业不断涌现,为第一产业带来了更多的发展机遇。通过将文化资本与农业资源相结合,可以开拓新的市场需求,提高农产品附加值。尤为重要的是,注重培育和传承文化资本,对于实现农村振兴战略也至关重要,有助于增强农村的凝聚力和文化自信心,还能为农民提供更多的就业和创业机会,推动农村经济的蓬勃发展。另一方面,第一产业的发展也能够促进农业文化资本的积累和提升,在农业生产的过程之中,农民不断积累丰富的农业知识和经验,这些知识和经验构成了农业文化资本的一部分。随着种植业、养殖业等领域的不断发展,农业文化资本也得到了进一步的丰富和提升。农民们通过传承和创新农业技术,探索适应当地自然环境和资源特点的种植方式和养殖技术,这些技术的积累不仅提高了农产品的质量和产量,还有助于农业可持续发展。同时,农村地区的文化传统和乡土文化也是农业文化资本的重要组成部分,农村的传统节日、民俗文化以及与农业相关的技艺和手工艺等都承载着丰富的农业文化内涵,这些传统文化的传承和创新不仅增进了农民的自豪感和文化认同,也为农产品的品牌建设和市场推广提供了独特资源。

### 一、文化资本和第一产业融合发展的模式

文化资本和第一产业融合发展是指文化产业和农业在技术、资金、人才、

土地等方面进行深度融合,形成一种新的产业形态。这种融合可以推动产业结构优化和转型升级,提高农业的附加值和竞争力,促进农村经济发展和农民增收。作为新的产业发展模式,文化资本和第一产业融合发展的目标是通过整合文化产业和农业的资源,推动文化产业和农业深度融合,实现农业现代化和文化产业高端化。文化资本和第一产业融合发展的产业领域非常广泛,并形成了文旅消费、文化创意和科技农业的三类主要模式。

### (一) 文旅消费模式

农业文旅消费模式主要依赖于农村特色的文旅资源,形成文化、旅游以及农业之间的互动与融合关系。农村拥有丰富的文化资源,在人文方面,包括历史建筑、民俗文化、传统节日、手工艺品等。在自然景观方面,农村拥有得天独厚的自然景观,如山川、河流、森林、草原等。在农业旅游产品方面,包括农作物种植和收成体验、文化体验游、乡村休闲游、生态旅游、农业观光游等,并且这些旅游产品可以根据当地的文化资源和自然景观进行设计和开发,满足不同游客的需求。农村文旅消费模式注重将文化与农业相结合,通过开展丰富多样的文化旅游活动,将农村独特的自然风光、传统建筑、农田景观等文化元素展示给游客。不仅让游客享受到了乡村田园的美好,同时也传递了农村地区的历史、民俗和文化内涵。游客们通过参观农家乐、品尝农产品、参与农耕体验等活动,亲身感受并体验当地的文化和乡土生活。农村文旅消费模式推动了农产品的深加工与创新,提升了农产品的附加值。农村地区可以根据本地的农产品资源和文化特色,创新产品开发和加工。例如,利用特色农产品制作特色美食、手工艺品、农产品土特产等,打造独特的文化农产品品牌。这样一来,不仅可以提高农产品的附加值,也为游客提供了更多选择和购买的机会,促进了农产品的销售和市场发展。农村文旅消费模式也为农村地区带来了就业机会和经济增长,随着农村文旅的兴起,需要更多的人力资源投入相关产业中,如旅游服务、餐饮业、旅游商品制作等。这将促使农村地区创造更多的就业机会,提高居民的收入水平,改善他们的生活质量。而业态的发展将为地区的经济发展提供助力,就业的增长也会带来消费、投资、生产等连锁的经济发展效应。

### (二) 文化创意模式

文化创意模式是利用农村文化资源,开发文化创意产品,如特色农产品包装设计、农业文化遗产旅游线路等,以拓展农业产业链,提高农业附加值。在此模式下,农村地区可以充分利用自身的文化资源和农业优势,开展各种文创活动,提升农村的经济和社会发展。首先,农村地区可以挖掘本土的传统文化元素,包括戏曲、音乐、绘画、手工艺等,通过文创产品的设计与推广,将这些文化元素融入产品中,如农民可以通过制作具有地方特色的手工艺品,打造文创产品,提升农产品的附加值和品牌形象。其次,可以开展农家乐、农耕体验等活动,让游客亲身参与其中,感受农村的文化魅力和田园生活的美好。最后,农村地区可以建立文化产业园区,吸引文化创业者、艺术家、设计师等人才前来创业和工作。通过提供良好的产业环境和政策支持,鼓励文化创意企业的发展,培育一批有特色、有竞争力的文化企业。这些企业进一步与农村地区的农业产业形成合作关系,共同推动文化和农业的协同发展。

### (三) 科技农业模式

科技农业模式利用新技术手段提高农业效率,推动农业现代化和文化产业高端化。通过引入先进的科技手段和创新的农业技术,农村地区逐步提高农产品的质量和产量,同时达到保护农田环境,实现可持续发展的目标。科技农业模式可以促进农村地区的文化传承与创新。利用现代科技手段,可以对传统农耕技术进行数字化记录和保护,使得农民的智慧和经验得到传承。同时,可以引入新的农业科技,如无人机、人工智能、物联网等,提高农业生产的效率和质量。这样既保留了农村地区的传统文化与工艺,又注入了创新元素,让文化与农业更好地融合。科技农业模式推动了农村地区的农业产业多元化发展,培育文化创意农业。通过引进高科技农业设备和技术,农民根据市场需求和消费者偏好,选择适宜的农产品种植,打造个性化农业品牌。举例来说,农村地区发展特色农产品,如有机农产品、绿色农产品、地理标志农产品等,将文化元素与农业产品相结合,提高产品附加值,促进农村经济的繁荣和发展。

科技农业模式还能够促进农村地区的数字文化发展。通过建立农村互联网基础设施和电子商务平台，推广农产品的电子商务销售模式，不断扩大农产品的市场覆盖面，提高销售效率。

综合而言，在不同模式形成和发展的基础上，文化资本和第一产业融合发展表现出如下特征。创新性，文化资本和第一产业融合发展需要创新思维和创新手段，不断推出具有文化特色的农业产品和服务，满足市场需求。多元性，文化资本和第一产业融合发展的形式是多种多样的，包括文化旅游、文化创意、科技农业等，呈现出多元化的特点。共赢性，文化资本和第一产业融合发展可以实现文化产业和农业的双赢，既提高了农业的附加值和竞争力，又推动了农村经济发展和农民增收。可持续性，文化资本和第一产业融合发展需要遵循可持续发展的原则，注重环境保护和资源节约，实现经济、社会和环境的协调发展。

## 二、文化资本和第一产业融合发展的实现形式

文化资本与第一产业融合发展的实现形式，根据主要农业文化产品及服务不同的特质，可以划分为以下类型：现代农业文化景观、乡土文化特产、农业文化遗产与美丽乡村建设。

### (一) 现代农业文化景观

文化景观最早起源于 16 世纪的欧洲风景画，直至 20 世纪二三十年代，德国地理学家施昌特尔才将其作为正式的术语引入学界。之后，地理学家索尔在 1925 年发表的著作《景观的形态》中将其定义为由文化群体在自然景观中创建的结果。文化景观是人文地理学中文化地理学分支的研究对象。"文化景观"这一词自 20 世纪 20 年代起已普遍应用。在《保护世界文化和自然遗产公约》中文化景观被定义为"自然与人类的共同作品"，包括风光、田野、建筑、村落、厂矿、城市、交通工具和道路以及人物和服饰等所构成的文化现象的复合体。文化景观是人类活动所造成的景观，它反映文化体系的特征和一个地区的地理特征。文化景观又分为物质文化和精神文化层面。物质文化是指与

人类生活和生产活动相关的文化要素,即反映生产力发展水平的各种器用型文化要素,如生产、生活用具和设施,以及制造和建造它们的生产技术等。物质文化不仅是指具有物质形态的文化要素,也是指创造和使用这些物质文化要素的文化现象。精神文化则是指人们为了满足某种需要,利用自然物质加以创造,并通常附加在自然景观上的人类活动形态,包括社会型文化要素、规范型文化要素、认知型文化要素、艺术型文化要素等。社会型文化要素指各种社会型的活动,包括经济活动、政治活动、科教文卫体等公益活动,它是各种精神文化的主体;规范型文化要素指各类礼仪、习俗、禁忌、宗教、艺术等行为规范和意识形态;认知型文化要素指各种哲学、宗教、科学、文化等;艺术型文化要素指各类艺术及艺术表现形式,如音乐、舞蹈、曲艺、戏剧、美术等。

现代农业文化景观是指在现代农业生产中形成的文化景观现象。现代农业文化景观将传统农业文化与现代科技相结合,突出农业、农村和农民的文化主题,它通过将农业与文化、科技、生态等要素相结合,打造出具有地方特色和现代气息的农业文化景观。现代农业文化景观的设计手法多样,如利用当地特色果树、蔬菜等农作物,打造出具有生产、观赏、体验等多种功能的农业园区;结合当地民俗文化、生活方式等因素,打造出具有浓郁地方特色的农业文化小镇;利用现代科技手段,如物联网、大数据等,实现精准种植、智能管理等现代化农业生产方式。

现代农业文化景观的类型也十分丰富,包括农业主题公园、农业体验园、农业科技园、农业博物馆等。这些景观不仅可以展示现代农业的科技成果和文化内涵,还可以为游客提供农业生产、休闲旅游等多种服务,随着农业技术的快速发展,农业文化元素包括新型的园艺景观、观光农业、生态农业和休闲农业等,符合了人们对于传统农村生活的向往。在国家城市化的发展进程中,生态农业文化景观的发展,不仅满足了人们的精神文化需求,还对农村经济的发展起到了积极的作用,政府、消费者和经营者从中可以获得巨大的收益。

我国是一个人口大国和农业大国,发展这种现代农业文化景观势在必行。具体而言有以下几个方面的必要性。农业文化景观的发展可以保护和传承传统的农耕文化,保留地方特色文化,避免文化流失。农业文化景观的发展可以改善农村生活环境,提高农民生活质量,促进农村社区建设。农业文化景观的发展还可以提高农业生产效率和质量,推动农业现代化。

农业文化景观的发展前景也非常广阔,随着人们对传统农耕文化的关注和现代农业发展的需要,农业文化景观将在未来的发展中扮演更加重要的角色。同时,随着科技的不断进步和创新,农业文化景观也将不断推陈出新,展现出更加多样化的特色和更加现代化的面貌。

### (二)乡土文化特产

乡土文化特产是指一个地方独特的文化产品或文化表现形式,反映了当地的历史、地理、气候、民俗等多种文化要素,通常是地方民众在特定地域的生产和生活实践中发展出来的,蕴含着地方的人文生活特征,并可从中窥见先辈们的生活遗迹,是历史沉淀的产物。中国地域广阔,不同地区拥有不同的乡土文化特产,由此组成了浩如烟海的中华文化,也显示出了不同的地域特征和民间特色。较为典型的,中国以秦岭-淮河为分界线,划分为南北两个区域,在不断地发展进程中,形成了各具特色的文化系统,由此也衍生了不同样式和风格的乡土文化特产,分别从特色饮食、传统手工艺品、地方特产、民宿文化等四个方面对中国南北地区的乡土文化特产差异进行介绍。

南方特色饮食:南方地区饮食文化丰富多样,如广东的粤菜、福建的闽菜、江西的赣菜等。这些菜系以清淡、鲜美、滑嫩、香辣等不同的口感和独特的烹饪技巧著称,如粤菜的蒸、炸、炖、烤,闽菜的鲜、嫩、脆、爽,赣菜的辣、香、咸、鲜等。南方传统手工艺品:南方地区有许多传统手工艺品,如广东的陶瓷、福建的木雕、江西的织锦等。这些手工艺品以精湛的技艺和独特的艺术风格著称,如广东石湾陶塑技艺、福建龙岩木雕技艺、江西景德镇瓷器制作技艺等。南方地方特产:南方地区有许多著名的特产,如广东的荔枝、龙眼、潮汕柑橘,福建的武夷山岩茶、福州寿山石,江西的景德镇瓷器、瑞金脐橙等。这些特产具有地方特色和品牌价值,展示了南方地区的自然资源和人文遗产。南方民俗文化:南方地区有许多独特的民俗文化,如广东的舞狮、福建的客家民歌、江西的采茶戏等。这些民俗文化反映了当地人民的风俗习惯和传统文化。

北方特色饮食：北方地区饮食文化同样丰富多样，如北京的京菜、山东的鲁菜、河南的豫菜等。这些菜系以鲜、香、咸、甜等不同的口味和独特的烹饪技巧著称，如京菜的烤、炸、炖，鲁菜的鲜、香、脆、嫩，豫菜的鲜、香、咸、甜等。北方传统手工艺品：北方地区有许多传统手工艺品，如北京的景泰蓝、山东的年画、河南的汴绣等。这些手工艺品以精湛的技艺和独特的艺术风格著称，如北京景泰蓝制作技艺、山东杨家埠木版年画制作技艺、河南汴绣制作技艺等。北方地方特产：北方地区有许多著名的特产，如山东的泰山石、烟台苹果等。这些特产具有地方特色和品牌价值，展示了北方地区的自然资源和人文遗产。北方民俗文化：北方地区有许多独特的民俗文化，如北京的京剧、河北的皮影戏、河南的豫剧等。这些民俗文化反映了当地人民的风俗习惯和传统文化。

**（三）农业文化遗产**

农业文化遗产是一种典型的社会—经济—自然复合生态系统，具有自然与文化结合、历史积淀、稳定性和动态性相结合、多功能性、活态性、地域性、动态保护性等特点。在发展过程中，农业文化遗产逐渐形成了其独特的生产、生态和文化等多种功能。它不仅可以提供食品保障和原料供给，还可以保障就业，增加农民收入，保护和改善农村生态环境，传承和弘扬乡土文化，提高农产品的市场竞争力，促进农业可持续发展和农村生态文明建设。农业文化遗产往往是在特定的历史、地理和气候条件下形成的，因此具有明显的地域性。同时，随着时间的推移，自然和人文因素的变化也会影响农业文化遗产的演变和发展。农业文化遗产具有活态性，它不仅是历史文化的见证，也是至今仍在当地发挥重要作用的生存方式和生产方式。因此，对于农业文化遗产的保护应该是动态的，既要保护其历史和文化的价值，也要关注其现实功能和未来发展的潜力。总的来说，农业文化遗产是一种综合性的文化遗产，具有多种功能和价值。在当今社会，保护和发展农业文化遗产已经成为重要的公共事务，需要政府、学术界和社会各界的共同努力。

截至 2022 年，我国已有 18 个传统农业系统被联合国粮食及农业组织认定为全球重要农业文化遗产（GIAHS），总数量、覆盖类型均居世界之首，成为点亮世界农业文明的璀璨明珠，也为全球生态农业的发展贡献了中国智慧。这些来自中国遗产所在地的丝绸制品、桑叶茶、生态稻米和特色农业文化再次展现了中华农业文明，折射出了中国生态文明的魅力。

中国农业文化遗产强调文明与自然的和谐。传统农业在生产实践中注重与自然环境的和谐共处，倡导守望相助、人地和谐的价值观念。这体现在农民的节气观念、生态农业的传承、农耕文化的宗教信仰等方面。在未来，中国农业文化遗产有着广阔的前景。首先，保护和传承农业文化遗产能够促进乡村旅游的发展，越来越多的人民对于乡村的自然环境和传统文化表达兴趣，通过开展农耕体验、农事活动、传统节庆等形式，可以吸引更多的游客，推动乡村经济的繁荣。其次，挖掘农业文化遗产有利于促进农产品品牌建设，通过弘扬农业文化的独特价值，加强农产品的品牌营销和推广，能够提升农产品的知名度和竞争力。以地域特色农产品为例，通过与农业文化故事相结合，打造独特的品牌形象，进一步开拓市场需求。最后，农业文化遗产的传承与创新带动农村经济的发展。通过培养农民的文化意识和创业能力，引导农民将农业文化与现代科技相结合，创新农产品加工、农旅融合、农业科技等领域，打造乡村一二三产融合发展的新模式。

表 7 - 1　18 项全球重要农业文化遗产（GIAHS）

| 序号 | 名称 | 入选年份 |
|:---:|:---:|:---:|
| 1 | 浙江青田稻鱼共生系统 | 2005 年 |
| 2 | 云南红河哈尼稻作梯田系统 | 2010 年 |
| 3 | 江西万年稻作文化系统 | 2010 年 |
| 4 | 贵州从江侗乡稻鱼鸭系统 | 2011 年 |
| 5 | 云南普洱古茶园与茶文化系统 | 2012 年 |
| 6 | 内蒙古敖汉旱作农业系统 | 2012 年 |
| 7 | 河北宣化城市传统葡萄园 | 2013 年 |

| 序号 | 名称 | 入选年份 |
| --- | --- | --- |
| 8 | 浙江绍兴会稽山古香榧群 | 2013 年 |
| 9 | 陕西佳县古枣园 | 2014 年 |
| 10 | 福州茉莉花与茶文化系统 | 2014 年 |
| 11 | 江苏兴化垛田传统农业系统 | 2014 年 |
| 12 | 甘肃迭部扎尕那农林牧复合系统 | 2018 年 |
| 13 | 浙江湖州桑基鱼塘系统 | 2018 年 |
| 14 | 山东夏津黄河故道古桑树群 | 2018 年 |
| 15 | 中国南方山地稻作梯田系统（福建尤溪联合梯田、江西崇义客家梯田、湖南新化紫鹊界梯田、广西龙胜龙脊梯田） | 2018 年 |
| 16 | 福建安溪铁观音茶文化系统 | 2022 年 |
| 17 | 内蒙古阿鲁科尔沁草原游牧系统 | 2022 年 |
| 18 | 河北涉县旱作石堰梯田系统 | 2022 年 |

### （四）美丽乡村建设

美丽乡村建设是指通过推进生态文明建设,实现农业生态环境改善、农村生产生活条件优化、农民生活质量提高的目标。其内涵包括外在表现和内在涵义两个方面。外在表现主要是指农村环境的改善,包括农村基础设施的完善、环境的整洁、生态的修复和保护等。这需要加强农村公共设施的建设,提高农村的生产生活水平,同时也需要加强对农村环境的监督和管理,防止污染和破坏。内在涵义则包括多个方面。文化建设,美丽乡村建设需要加强对农村文化的传承和弘扬,保留农村的传统文化和价值观念,同时也需要加强对农村文化的创新和发展,以适应现代社会的发展需求。人才建设,美丽乡村建设需要培养和引进各类人才,包括农业技术人才、管理人才、营销人才等,以提高农村的生产力和市场竞争力。环境建设,美丽乡村建设需要加强对农村环境的保护和治理,包括土地、水资源、空气质量等,以保障农民的健康和生活质量。产业建设,美丽乡村建设需要加强对农业产业的扶持和发展,包括农业科技、农业旅游等,以提高农业的附加值和竞争力,促进农民的增收致富。

美丽乡村建设的意义重大。是中国乡村振兴战略下的实践措施与发展路径,有利于推进生态文明建设和实现可持续发展,提高农民的生活水平和幸福感,促进农村的稳定和发展,也能够推动农业产业的发展,提高农业的竞争力和附加值,为国家的经济发展作出贡献。文化资本与美丽乡村建设密切相关,一方面文化资本的积累和运用在乡村建设中具有关键作用。独特的乡村文化是重要的资源,通过对当地文化资本的挖掘和打造,可以提升乡村的特色和魅力,从而吸引更多的游客和投资,推动乡村的经济社会发展。另一方面文化资本还可以与自然景观等特色资源结合,形成独特的乡村品牌形象,提升乡村的知名度和美誉度,除自然景观外,文化资本还能够通过教育、培训等方式,提高农村公共文化服务效能[①],从而提高乡村居民的文化素质和环保意识,使乡村文化资本得以传承和持续利用。总的来说,文化资本与美丽乡村建设具有积极的相互促进关系,通过合理利用和保护文化资本,可以实现乡村的可持续发展和提升乡村居民的生活质量。

## 第三节　文化资本与第二产业发展

文化资本对于第二产业的发展具有重要的推动作用。文化资本中的创新和创造力能够激发第二产业的技术创新和产品创新,从而推动产业的发展。文化资本与人力资本协同发展能够为第二产业提供具备专业知识和技能的人才,从而提升产业的整体竞争力。文化资本中的社会资本能够为第二产业提供良好的社会环境和公共设施,从而推动产业的发展。文化资本中的品牌和形象能够为第二产业的产品和服务提供有力的支撑,从而提升产业的知名度和市场占有率。同时,也应考虑到第二产业的发展对于文化资本的积累和促

---

① 崔娜.文化资本视角下的农村公共文化服务效能提升理论模型构建研究[J].宁夏社会科学,2022(6):125-131.

进作用。如提供就业机会,第二产业的发展通常伴随着大规模的制造业和工业活动,为社会提供了大量就业机会。这有助于提高人们的经济收入和生活水平,也为文化资本的积累奠定了基础。技术与创新转化,第二产业通常涉及技术和创新的应用,如生产工艺、制造技术等方面的突破。这种技术与创新转化可以为文化资本的积累和发展提供支持,促进文化产业的创新和繁荣。资金投资,第二产业通常需要大量的资金投入,包括设备、生产线、原材料等方面的投资。这种资金投资可以为文化产业提供资金流入和支持,促进文化项目的发展。市场需求与消费习惯,第二产业的发展带来了更多的物质财富和消费需求,推动了市场的繁荣。这为文化资本的积累和发展提供了市场机会,如文化产品、娱乐活动等方面的需求增长。因而需要注意第二产业发展与文化资本的积累并非一定要相互排斥,而是应该在平衡中进行。保护传统文化、鼓励文化创新、加强教育与文化交流等都是重要的措施,以确保第二产业发展与文化资本的协调共存。总体而言,通过平衡第二产业的发展与文化资本的积累,可以实现经济繁荣和文化繁荣的双赢局面,从而推动国家的整体发展。

## 一、文化资本与城市工业发展互动形式

在城市文化资本丰富的地区,更容易引起产业的集聚。《"十四五"国家高新技术产业开发区发展规划》提出到"十四五"末,我国国家高新区数量将达到220 家左右,国家高新区都是人力资本与技术资本最为丰富的地区。1979 年我国第一个工业园区深圳蛇口工业园区的建立,以 10 多平方公里的土地面积创造了 4% 的 GDP 增加值,成为我国改革开放中的一个亮点。像深圳、苏州等地工业园区比较密集的城市,其园区的工业增加值已经占到地方经济的30% 以上。另外,我国还有大大小小各类的省级、市级工业园区,并且有些地区的工业园区都已经建立到镇一级政府,在这其中文化资本都发挥着十分重要的推动作用。不过受制于地理区位、文化环境、城市发展规模以及发展基础等条件的影响,再加上受产业园区的目标定位及功能的差异,无论在我国还是在世界其他地区,工业发展和工业园区都有着不同的发展模式。

不过总体上来说,文化资本与城市的第二产业的互动可依据工业发展的四个阶段而发挥不同的特点。工业发展可以分为初期、中期、后期和末期四个阶段。初期阶段通常指的是工业化起步阶段,在这个阶段,国家经济仍然以农业为主导,工业规模较小,并且技术水平相对较低。初期阶段的工业发展主要依赖于自然资源的开发和初级加工,例如,矿产资源的开采和冶炼、手工制造业等。中期阶段是工业化发展的快速增长阶段,在这个阶段,工业规模和技术水平逐渐扩大,工业化的成果开始显现。技术进步、科学研究和创新成为推动工业发展的关键因素。在中期阶段,国家会逐渐形成一定规模的重工业和轻工业,制造业在国民经济中占据重要地位,出现了大规模的工厂和企业。后期阶段是工业化发展进入成熟阶段的时期。在这个阶段,国家的经济结构已经明显转型,工业部门的比重逐渐下降,服务业的比重增加。工业发展进入技术改进和提升效率的阶段,注重资源的合理利用和环境保护。此时,先进制造业、高新技术产业成为经济增长的主要驱动力。末期阶段是指工业发展进入后工业化时代的阶段。在这个阶段,传统工业的重要性进一步下降,新兴产业和知识经济开始崛起,数字化、自动化和智能化成为工业发展的新趋势,末期阶段的工业发展注重绿色可持续发展和创新。

**(一) 工业发展初期:文化资本刺激制度变迁**

地区文化资本的发展,会对一个地区第二产业发展的制度创新产生影响。布迪厄认为文化资本即是包括文化制度等各类文化资源的总和,可通过多种方式进行表现[①]。首先,在市场条件一定的情况下,文化资本越高的地方越有可能进行制度创新,进而作用于交易效率和制度变迁,以此来推动一个地区的经济发展。工业发展是一个高度依赖资本、资源和人力条件的产业,相比于农业社会以土地为主要生产要素,其在工业发展中的文化资本累计速度也就越快。具体来看,制度包括正式制度和非正式制度,正式制度层面,城市传统的文化和新兴的市场文化都会影响城市工业企业的正式制度的建立,如我国长

---

① BOURDIEU P. The forms of capital[M]. Connecticut: Greenword Press, 1989.

三角地区和广东等地，历史上均是商业气息较为浓厚的区域，在世界产业转移浪潮中，积极利用优势，通过大力发展工业，实现工业化，率先进入小康社会，同时也建立了相对完善和市场发育程度较高的市场经济制度。非正式制度层面，更多表现为传统的文化资本和市场化新兴文化资本影响到企业个体的行为，进而影响到企业内员工群体行为的转变。对非正式制度的关注，可以优先降低交易费用，实现制度变迁。改革开放以来，公平竞争、法治精神等开始深入人心，加快了以市场为特色的文化资本的积累，也增加了企业积极发展市场经济的积极性和创造性，为我国经济的崛起增添了动力。

**（二）工业发展中期：文化资本优化要素配置**

第一，文化资本促进技术创新，提高工业企业生产效率。科技创新离不开个体的自主创新意识和能力，文化资本的扩张发挥着重要作用，是个体解放思想的重要来源。具有冒险精神的个体更容易具备首创精神，从而提升其创新能力及综合素质。由此可见，表现为冒险精神、创新精神的文化资本为科技创新提供了精神支撑，是科技创新的精神动力。在一个城市第二产业的发展过程中，起初企业家精神会以爆发式增长出现，企业家、劳动者的主观参与意识和自身能力水平的提升，特别是在生产过程中的"干中学"，会使企业员工的劳动效率得到提升，并基于此增强其学习和接收知识的能力，使工业企业的人力资本总量得到大幅度提升，降低企业的生产成本，生产效率也得到有效提升。

第二，开放包容的文化资本有利于技术的引进。区域习惯风俗等形成的思维模式直接决定了居民对外来技术的态度和吸收能力，技术引进不同于技术的创新，需要与本土文化进行有机融合，最终转变为可以为当地所接受的方式融入产业链体系中，参与生产活动，实现从技术向现实生产力的转化。如果某些固有的思想观念对引进的科技创新产生排斥心理，必然会阻碍新技术、新方法的引进。

第三，文化资本对人力资本的积累具有正向影响。布迪厄等经济学家将文化因素视为人力资本的核心要素，两者在某种范畴上甚至可以画等号。区域文化资本决定了人力资本水平，而区域工业的发展水平又依托该地区的人力资本状况,人力资本积累又决定地区行业结构,是否以发展技术和资本密集型产业为主。当一个地区劳动力综合素质水平越高,区域的支柱产业更偏向以资本密集型产业为主,反之,区域的行业结构则更偏向于以劳动密集型产业为主。一方面,文化资本其本身是一种特殊的生产要素,文化资本以知识注入的形式改变其他生产要素的投入量,从而替代物质资本并显著提升生产效率。另一方面,人力资本水平提高是文化资本与劳动相结合的必然产物,将高素质的劳动要素投入经济活动的各个环节,较之以往可以达到同样时间产出更高的效果。

第四,文化资本影响资金流向。首先,从企业发展层面,文化资本影响投资行为,投资人所受教育,包括家庭因素影响下的思想观念和成长过程中面对的环境,以及文化程度、对传统文化的认知和态度都会对投资决策和投资行为产生直接影响。其次,从家庭层面,文化资本影响储蓄行为,传统的儒家文化留下的节约克制的无形文化资本,使我国居民具有高储蓄率的倾向。高储蓄率转化为高投资,对我国生产要素供给结构产生影响,高储蓄转化的高投资更多体现为工业品。这在一定程度上阻碍了服务业的发展,这是因为,高储蓄导致的低消费使得恩格尔效应无法发挥作用,阻碍产业结构的升级。因此,身体化的文化资本对居民储蓄行为产生影响导致高储蓄率、低消费率,能够推动工业部门的发展,而会对于服务业的发展产生潜在的抑制作用。

### (三) 工业发展后期:文化资本承接产业转移

在当前产业发展中,文化资本往往成为特定区域承接产业转移、形成"植根性"产业集群的重要因素。在工业发展后期,随着经济结构的转变和产业升级的推进,许多地区开始将注意力转向文化资本在产业转移中的作用。产业转移是指将原有的产业向其他地区或者国家转移,以实现资源的优化配置和经济的可持续发展。在这个过程中,文化资本的作用逐渐得到了重视。文化资本在产业转移中的承接作用主要体现在以下几个方面。促进产业升级,随着消费者对于文化消费的需求不断增加,文化资本成为推动产业升级的重要力量,文化产业的发展可以带动相关产业的发展,如旅游、餐饮、艺术等,从而促进经济的持续增长。增强产业竞争力,文化资本的积累可以增强产业的竞争力,使得产品和服务更具特色和吸引力。例如,制造业可以通过引入文化元素,增加产品的附加值和市场竞争力。推动产业转移,文化资本的形成和发展可以为产业转移提供有力的支撑。在产业转移的过程中,文化资本的积累可以促进地区文化的传承和创新,为地区经济发展提供新的动力。提高产业效益,文化资本的积累可以提高产业的效益。例如,文化产业的发展可以带动就业的增长,为社会创造更多的财富。

**(四) 工业发展末期:工业遗产反哺文化资本**

城市产业结构调整的过程中,由老工业企业搬迁倒闭遗留下的废弃工业用地,成为城市特色工业遗产,具备了特殊的文化价值,并通过开发利用反哺城市文化资本,实现经济价值。工业遗产是一个地区发展历史与社会活动的重要实物见证,不仅反映地区工业发展情况与技术生产水平和能力,更反映出人们物质生活和精神生活的发展变化,具有重要的历史价值。保存完好的老工厂的艺术审美价值是对其特定时期的建筑形式、风格流派、产业风貌的展现,能够激发创作灵感,将艺术与工业结合,打造创意空间。城市文化资本包括了城市重要的文化遗存及其拥有的文化象征与文化符号,工业遗产的文化属性与其天然相配。工业遗产所形成的特色城市文化具有极强的区域性、异质性,是城市文化的个性名片,进一步通过对工业遗产的保护与开发,形成旅游园区、创意产业园等,则反映出工业遗产的经济属性。由此,工业发展末期遗留的文化遗产反哺城市文化,在"落后"与"现代"、"破旧"与"崭新"的强烈反差中,形成新的文化资本。

---

## 北京 798 工厂

798 工厂,原为北京第三无线电器材厂,中国第一颗原子弹和人造卫星的零部件就在这里生产,现又以 798 艺术区被知晓,位于北京市朝阳区大山子地区,由苏联、民主德国援助建立,因此有典型的东德的包豪斯风格。20 世纪 80 年代至 20 世纪 90 年代，北京第三无线电器材厂逐渐衰落，从 2002 年开始，由于租金低廉，来自北京周边和北京以外的艺术家开始聚集于此，逐渐形成了一个艺术群落。斑驳的红砖瓦墙，错落有致的工业厂房，纵横交错的管道墙壁还保留着各个时代的标语。新与旧、光明与静谧，都在不停地穿插交融；旧的空间被穿越，新空间正在被重新界定，历史与现实、工业与艺术完美契合，这一切都潜移默化影响着艺术。

798 艺术区是典型的创意阶层利用工业文明遗产"自下而上"形成的文化创意产业集聚区。初期，创意阶层被厂区内宽敞明亮的空间、低廉的租金和远离世俗的创作氛围所吸引，自发集聚。发展中期，旧工厂在创意阶层的重塑下逐渐充斥人文精神和创作氛围，潜在商业价值被发掘。后北京市政府颁布新规划，给予 798 街区一系列政策扶持。在此过程中，798 艺术区的业态经历了从艺术工作室，到艺术机构，再到集艺术创作、展示交易、文化交流、高端旅游、餐饮娱乐为一体的综合性文化创意产业集聚区。单一业态向复杂多元方向转变的过程反映了文化重塑工业园区，工业遗产反哺文化产业的发展过程。受 798 艺术区影响，在其周围形成了以 798 艺术区为中心，包括酒厂国际艺术园区、一号地艺术区、草场地艺术区、索家村和费家村艺术村落等十余个文化艺术园区。

## 南京晨光 1865 创意园

金陵机器制造局位于南京东南部秦淮河畔，始建于 1865 年，原为清朝洋务运动期间，时任两江总督的李鸿章在此创建的金陵机器制造局。它开创了我国近代工业和兵器工业发展的先河，拥有当时最先进的设备，所生产的新式枪炮的产量和质量均占当时全国之首，是国内目前最大的近现代工业建筑群。

晨光 1865 科技创意产业园由江苏省南京市秦淮区政府和晨光集团创

办,2007年9月正式开园。园区占地面积21万平方米,有9幢清代建筑、19幢民国建筑,总建筑面积10万平方米,犹如一座工业建筑的历史博物馆。按照"近代工业发展"和"历史到现在"两条景观轴线,制作了文化小景、文化小品、晨光发展文化长廊、养虎巷历史文化长廊等,展现了浓厚的历史文化气息。园区分为时尚生活休闲、科技创意研发、工艺美术创作、酒店商务和科技创意博览五个功能区,致力于建成国内知名的融科技、文化、旅游、商业为一体的综合性生活地标和创意产业中心。

秦淮区委、区政府高度重视1865园区的发展工作,紧扣打造"三中心、一高地"建设现代化国际性人文绿都核心区目标任务,从规划、建设、选资、服务、资金等各个方面全力支持园区的建设和发展,指导和支持园区发挥好带头示范作用,推动在文化产业、品牌效应、经济和社会效益上做出新的贡献。通过在园区成立1865园区管委会和服务中心,搭建"企业—园区—政府"协作平台,形成高效协作机制,进一步规范园区管理,为企业提供全方位服务。同时1865园区"客户服务三原则"深入企业、深入人心,运行有效,园区服务能力、服务质量、服务水平都得到了大幅提升,并得到客户广泛认可。

## 二、基于文化资本的不同工业园区发展模式

文化资本与第二产业的互动,在我国更多以工业园区的表现形式,根据文化资本的属性,可以将工业园区分为不同类型。

### (一) 基于知识密集型的工业园区模式

基于知识密集型的更多是依赖于大学、科研机构相对集中的地方,依托高校等,进行产学研一体化运作,最终形成以科技成果产业化为目标、以市场化为导向的科技工业园区。这几类适合于不同的地方发展环境和产业发展要求,基于各自的历史环境、知识密集度,也有发展较为成功的地方。这类模式具体有:

### 1. 科学园模式

科学园模式是一种科技园区的发展模式,主要是依托科研机构和高等学校的科技资源及人才优势,建立一个集科研、开发、孵化、生产、服务为一体的综合性科技园区。这种模式旨在推动科技创新和经济发展,提高园区的整体竞争力和综合实力。文化资本的积累和传承对于科学园的发展具有重要作用,同时,科学园也是一个文化创新的重要场所。科学园内的科研机构、企业和个人在科技创新的过程中,也会创造出新的文化成果。这些文化成果可以通过各种形式传播和推广,进一步丰富和拓展文化资本的积累和传承。这些园区一般位于大学、科研院所比较密集的地方或中心城市,如我国的北京、上海、南京、武汉、西安等地,将科技成果产业化、产学研相结合作为主要的发展目标与任务。

### 2. 科学城模式

科学城模式是一种以文化资本为主要资源的城市发展模式。这种模式将科学、文化和创新相结合,来推动城市的经济和社会发展。科学城模式的特点包括:高度集中,科学城通常是一个高度集中的区域,其中包含了大量的科研机构、高等教育机构、创新企业和相关的服务机构。创新驱动,科学城以创新为驱动力,鼓励科研机构、企业和个人之间的合作和创新活动,推动技术进步和经济发展。文化多元,科学城通常具有丰富的文化资源,包括博物馆、艺术馆、图书馆、音乐厅等,这些文化机构的存在为城市带来了多元的文化氛围。良好的生态环境,科学城通常注重生态环境保护,拥有优美的公园、花园和绿色建筑,为居民提供良好的生活环境。高效便捷的交通,科学城通常拥有发达的交通网络,包括地铁、公交、高速公路等,方便居民出行和商务活动。科学城模式的成功案例包括美国硅谷、英国剑桥和法国索菲亚等,也如我国合肥的科学岛等地,这些地区通过发展科学、技术和创新产业,吸引了大量的人才和投资,成为全球知名的科技创新中心。

### 3. 技术城模式

技术城一般是指在一定范围的土地上平衡尖端高科技产业、研究机构以及居住区域所形成的城区。技术城模式的发展一般从如下路径出发,建立文化科技园区,将文化机构、科技企业和相关服务机构集中在一起,形成集中的创新区域。这样的园区能够促进不同领域的人才交流和合作,推动文化和技术创新的发展。组织各种文化科技活动,如科技展览、艺术表演、音乐会等,这些活动可以吸引更多的人才参与,促进文化和技术创新的交流与合作。提供丰富的文化教育资源,包括图书馆、博物馆、艺术馆等,促进居民提高文化素养和技能水平,推进文化和技术创新的融合。建立完善的创新生态体系,包括良好的创新环境、有效的创新机制和健全的创新服务等,从而推动文化和技术创新的良性循环。世界各国的航天、宇航发射以及核试验等基地,一般都是这种模式。也如美国的硅谷、英国的伦敦和中国的北京等,这些地区通过发展科技和信息技术,吸引大量的人才和投资,成为全球知名的科技创新中心。

4. 产业带模式

产业带模式发展是一种结合文化资源和产业发展的新型经济发展模式。这种模式通过将文化资本与区域经济发展相结合,以文化产业的发展带动区域经济的增长,推动文化与经济的深度融合和相互促进。文化与产业带模式通过推动文化产业与其他产业的联动,形成文化、旅游、商业、制造业等多元化产业共同发展的格局,促进区域经济的协调发展。产业带模式的成功案例包括美国的纽约文化产业带、英国的伦敦文化产业带等。这些地区通过将文化资源与经济发展相结合,形成了具有全球竞争力的文化产业带,推动了区域经济的繁荣和发展。

**(二) 管理体制主导型工业园区发展模式**

按照管理体制的不同,工业园区的成功发展模式可以分为三种。

1. 非政府主导模式

非政府主导模式,主要以高校或相关机构为主导,多为科技城类的园区。这种模式多是依赖高校、研究院等基础的管理体系,并使其管理机构扁平化,不像企业具有较为复杂的管理层级,如英国的剑桥科学园就由三一学院的两名专职管理人员进行管理。这种管理模式淡化了固定式管理,鼓励了个人资质的发展,并对属于个人研究的知识产权持宽容态度,能有效减轻来自政府的行政干预,个体自由发展的空间较大,对于初创型的企业、创意设计类的企业很有吸引力。其优点在于消除了来自政府的一些不必要的行政干预,实行自主管理,发展自由度较大,对中小型投资者有较大的吸引力。不足就是由于入驻企业规模都较小,因此政府的扶持力度也不大,同时由于初创型的企业较多,因此各个企业的业务交集较少,导致彼此间的协同效应较弱,另外政府没有系统地投入园区建设,科学园与政府的区域开发政策有时会互相掣肘甚至是直接冲突。

## 2. 政府主导模式

政府主导型的园区在我国占绝大多数,由政府统一规划、组织、协调,并给予大量的优惠政策,政府对高科技园区的建设和发展起着主导作用,给园区发展提供大量投资、土地和其他资源。同时,也主管着园区的日常运营和维护,负责园区的基础设施建设和公共服务,提供平台资源等,制定一系列的税收、土地、人才等优惠政策以吸引企业到园区来投资和发展。这种园区的优势在于,政府可以很好地利用当地的文化资本,通过园区的建设打造一个集聚的平台,为企业的发展提供了较为宽松的外部环境,特别是园区的优惠政策一般力度很大。但其不足便是行政色彩较为浓厚,很多企业都是被其优惠政策所吸引,缺少从产业、资本等角度的考虑,因此对政府的扶持政策依赖性强,可能导致企业的文化资本弱化,不利于长期发展。

## 3. 政府、大学、企业联合管理模式

这类混合共建的园区在国外比较常见,在我国也逐渐开始增加。这类园区通过政府、大学、企业联合管理与建设,政府提供土地与政策,高校提供智力和人力资源,企业将高校的成果以最快的速度产业化,是一种较快适应市场并发挥各方最大优势的模式。如美国的北卡罗来纳三角研究院,就是该类的典型,三方成立共同的基金会,基金会负责园区的规划和建设,政府帮助高校科研院所设立科研机构,因此,这种"政、学、产"共同管理的模式,有效地利用政府的支撑弥补了企业发展中的不足,同时有稳定的智力和人力资源保障,为企

业发展提供了良性的互动条件。

### （三）功能定位驱动型工业园区发展模式

按照功能定位,科技园和工业园区的成功发展模式可以分为四种。

#### 1. 创新基地型园区

这种园区类似于科技城或科技园区,其主要功能是依托丰富的知识资源进行技术创新和突破,并形成正向溢出效应,向周边地区输出人才、技术和高端产品。这类园区与周边地区有着良好的互动,其文化资本的交流也非常频繁,因此既是基础设施相对完善和发达的地区,也是文化资本最活跃的地方。如日本的筑波科学城。

#### 2. 产业基地型园区

这类工业园区应该是目前我国园区的主要模式,主要是通过产业集聚的功能吸引相近或类似的企业,在某一区域形成地理集聚的现象,集聚区内集聚了各种类型的企业,有利于形成产业链的上下游配套结构,再加上知名公司和国际性公司的入驻,能有效改善产业链的水平和层次,具有一定的研发能力。直接为制造业企业进行工业生产而建设的产业园区,形态以标准厂房、多层厂房、为生产配套的基本办公,研发物业载体为主。

较为典型的产业基地型园区是苏州工业园区。苏州工业园区是我国和新加坡两国政府间合作的旗舰项目,行政区划面积 278 平方公里,其中,中新合作区 80 平方公里,下辖四个街道,常住人口约 80.78 万。近年来,园区大力发展高端高新产业,尤其是智能制造板块,推动制造工厂向企业总部转型。百度、华为、滴滴、科大讯飞、苹果、微软等都在园区内设立了人工智能相关领域研发或创新中心。

#### 3. 区域经济辐射型园区

区域经济辐射型园区一般以一个地方的经济高地为中心,利用交通等优势,形成一条产业带。区域经济辐射型园区在发展过程中,着力于如下的核心内容:第一,重视经济与文化的融合发展,并发挥示范和带动作用,经济与文化的融合发展有利于推动城市经济的转型升级,加快经济发展方式的转变。通过发展文化产业,促进文化与科技、旅游、金融等产业的融合,从而形成新的经济增长点,推动城市经济的持续发展。同时创新可以激发人们的创造力和创新思维,推动新技术、新业态和新模式的发展。第二,聚焦特定产业,接入全球产业生态网络,摆脱企业孵化概念做产业孵化,要站在世界和未来定位所孵化产业的坐标,引进或培育特定产业生态发展的平台型企业。第三,做好"物理空间、社交空间、虚拟空间"三位一体的空间服务,搭建并运营新一代园区基础设施,包括健康基础设施、数据基础设施、研发基础设施、智慧基础设施、智造基础设施、市场基础设施等,降低中小企业乃至个人创新创业的门槛,辐射带动区域经济转型,孵化培育产业经济腾飞。

## 改造提升,注重特色——武汉汉阳造广告创意产业园区

武汉汉阳造广告创意产业园区是在保留汉阳兵工厂工业遗址的基础上,通过对原标准厂房进行重新定义、设计、规划,采取"晴川园区"和"国博园区"的"一园两片"建设发展模式,将广告氛围的现代化与工业遗迹的历史感相融合,形成武汉汉阳造广告产业园的独特魅力。园区位于武汉中心城区汉阳、汉口、武昌三镇的交接点,地处两江交汇、三镇相接的内环核心区位,是武汉市地域版图"武汉之心"所在地,此外,武汉的高校资源和人才储备丰富,拥有武汉大学、华中科技大学等数十所高校,位居全国高校数量第三名,为园区发展提供了智力支持和人才保障。

园区的创意环境和创意氛围,舒适、个性的工作环境有利于广告创意人才灵感的迸发。武汉园区结合汉阳造遗址的特色,按照"整旧如旧、适度开发"的思路,引进广告企业入驻,完善咖啡厅等休闲配套服务设施,利用涂鸦艺术、创意雕塑等着重打造园区的创意氛围,在传承中注入"汉阳创造"的元素,喊出"造心造梦造未来"的口号,成功塑造和展示了武汉园区独特的"汉阳造"文化品牌形象,对外扩大了知名度和影响力,有利于园区的产业集聚和可持续发展。园区整旧如旧的建园宗旨决定其无与伦比的创

意环境。武汉汉阳造广告创意产业园以其深厚的历史底蕴和宜人的生态环境闻名,沧桑的工业遗存旧址为塑造广告产业园的创意氛围创造了得天独厚的有利条件。园区所在地原为晚清时期汉阳铁厂、汉阳兵工厂的一部分,毗邻伯牙子期知音千古、大禹治水疏导九川等历史遗迹,隔江相望"天下江山第一楼"的黄鹤楼,"晴川历历汉阳树,芳草萋萋鹦鹉洲"等传世千年的名句为这里增添了浓厚的人文气息。东临长江,西靠月湖,北面汉水,南枕龟山,山水环抱,环境宜人,绿化覆盖率高达60%,是武汉中心城区极为难得的一处闹中取静、环境清幽的创作净土,也是一片充满生机、充满活力的创意乐园。

## 三、文化资本与工业融合的经验启示

### (一)工业发展不应以丧失特色文化为代价

城镇化、工业化的过程不应伴随着地方特色传统文化的丧失,当下"千城一面""千村一面"等热议的话题,反映出工业化过程中造成的特色文化资本缺失。工业发展是社会进步的重要推动力之一,但这并不意味着我们应该以丧失特色文化为代价。特色文化是每个地方独一无二的象征,可以让我们感受到历史、传统和身份认同,能够让地区以及个体充分感受到文化的魅力。进一步地,文化是一个国家或地区独一无二的宝藏,它代表着人们的智慧、价值观和创造力。保护和传承特色文化对于维护社会多样性和人类精神世界的丰富性至关重要。在工业发展的过程中,保护和传承特色文化对于国家和社区的身份认同以及旅游业和文化产业的发展起到关键作用。而丧失特色文化,人们将失去与自己根源相扣的联结和对过去的理解。因此,在工业发展过程中,平衡经济利益与文化保护应放在天平的两端,需要制定合理的政策和措施来促进文化保护和经济发展保持平衡。唯此才能实现可持续的人类发展,并确保工业的繁荣与特色文化的传承共同蓬勃发展。具体而言这可以通过制定文化保护政策、开展教育和推广活动以及鼓励创意产业等方式来实现,只有这样,才能保留和传承我们的独特文化,并在工业发展的同时保持我们的身份认同和创造力。

### (二) 工业发展中文化资本与人力资本相伴而生

人力资本虽然与文化资本并不等同,但是二者之间存在着高度的关联性和协同性①。区域劳动力的综合素质,包括知识、技能、教养、品味及感情等,都是区域文化资本水平的重要表现,形成了人力资本与文化资本相互协同、共同发展的特征。人力资本的积累是工业化的关键因素,工业化进程中,劳动力需要具备更高的技能和知识,以适应新的生产方式。人力资本的积累可以通过教育、培训和实践经验来实现。通过提高工人的技能和知识水平,可以提高生产效率和质量,从而推动工业化的发展。

在工业发展中,文化与人才的共同增长呈现出相互促进的态势,良好的文化环境可以为人才提供广阔的发展空间,鼓励人才创新和成长。而人才在推动文化创新方面发挥着重要作用,通过创作、研究、实践等方式,推动工业文化资本的积累和演进,由此形成了文化资本与人力资本的融合与互动。

### (三) 旧工业园区文化复兴重焕生机

一个工业园区的诞生、繁荣、消沉直至没落,可以被称为一个小范围社会的真实写照。既是对于过往文化的追溯,也能够体悟新的发展动向,因而工业园区的文化复兴更新改造具有重要意义和价值。通过文化复兴,旧工业园区可以焕发新生机,成为社区独特的文化和艺术场所。文化复兴包括形式多样的活动,比如艺术展览、音乐演出、剧场表演等。这些活动不仅能够吸引当地居民参与,还能吸引外地游客前来探索。此外,将历史与现代相结合,以创新的方式呈现过去的工业遗迹,也能够为园区注入新的活力。对于旧工业园区的文化复兴,重点是要实现可持续发展。这意味着需要进行有效规划和管理,确保活动的多样性和质量,同时也要考虑到环境保护和社区的需求,通过与当

---

① 高波,张志鹏.文化资本:经济增长源泉的一种解释[J].南京大学学报(哲学.人文科学.社会科学版),2004 (5):102-112.

地居民和企业的合作,共同塑造出一个独特而具有活力的文化景观。

在实际的探索过程中,对于旧工业园区的文化改造,可从如下几个方面着手。创意产业孵化中心:将旧工业园区转型为创意产业孵化中心,吸引年轻创业者和创意企业入驻,为他们提供场地、资源和支持,促进创意产业的发展。文化创意与艺术空间:将旧工业园区转变为文化创意与艺术空间,为艺术家、设计师和创意人才提供创作和展示的平台,举办展览、演出和文化活动,推动艺术与文化的繁荣。生态环保科技园区:将旧工业园区进行生态环保改造,引入先进的科技企业和环保科技项目,推动绿色、可持续发展,并利用科技手段解决环境污染和资源浪费等问题。休闲商业综合体:将旧工业园区转型为休闲商业综合体,结合购物、餐饮、娱乐等元素,打造一个集休闲、娱乐、购物和文化体验于一体的现代城市空间。值得注意的是,具体的改造方案需要考虑当地的实际情况、需求和资源,并且在进行改造时,应充分考虑对环境的影响、历史文化的保护和社区居民的利益,确保改造过程中能够实现可持续发展和社会共享的目标。由此使旧的工业园区焕发新的文化生机,既将原有的优秀文化传承和发扬,也能够结合时代进步创新出新的文化养分。

## 第四节 文化资本与第三产业发展

文化资本与城市第三产业发展的关系越来越密切,对城市的转型与发展起到了重要作用。首先,文化资本越来越被看作为一种重要的经济现象,其文化深处的经济价值不断被发掘,文化资本是由文化价值积累带来的一种财富存量,且这种财富存量能带来文化价值和经济价值的双重收益[①]。当文化中的一些无形资本在服务领域流通时,就能获取经济价值。其次,文化资本可以作为经济生产中的资本要素之一,与劳动资本、物质资本、人力资本等享有同

---

① 封福育,李娟.文化资本积累与经济增长的多重均衡:理论与中国经验[J].统计与信息论坛,2020,35(2):32-37.

等的地位,能够参与到产业的发展和生产之中,并发挥出极其重要的作用。最后,文化资本可分为有形文化资本和无形文化资本两种类型①。有形文化资本以具象的形式进行呈现,不仅具有审美价值,还能通过与旅游、博物馆、艺术市场等第三产业结合,产生经济价值。无形文化资本则作用于人类的认知,同时还存在于各文化群体活动背后的文化网络与关系、文化生态系统及文化多样性中。这些无形的文化资本在第三产业中也有显著的影响,例如,音乐会、演唱会、艺术展览等文化活动,以及电影、电视剧等娱乐产业,都是基于这些无形文化资本的发展。

## 一、文化资本与城市消费空间构建

文化资本在城市消费空间的构建中起着至关重要的作用。城市消费空间不仅仅是供人们购物和消费的场所,也承载了丰富多样的文化表达和体验。文化资本可以通过艺术、音乐、电影、文学等形式,为城市消费空间注入独特的魅力和吸引力。

首先,文化资本丰富城市消费空间的内涵。文化活动、艺术展览、传统手工艺品等文化元素的融入,打破了传统商业空间的单调性,提供了更广泛的选择和体验。这不仅吸引了更多的消费者,还为城市带来了更多的创造力和想象力。

其次,文化资本推动城市消费空间的品质提升。城市越是具备丰富多样的文化资源,消费空间的品质就会越高。通过引入具有文化内涵的品牌和业态,打造更加独特和个性化的消费场所,能够吸引更多的游客和消费者,提升城市的影响力和竞争力。

最后,文化资本推动城市消费空间的可持续发展。保护和传承文化遗产,促进本土文化的创新和发展,可以实现文化与经济的良性互动。这不仅有利于城市的长远发展,也能使城市消费空间更加具有亲和力和社会认同感。

---

① THROSBY D. Cultural capital[J]. Journal of cultural economics, 1999, 23(2): 3-12.

## 二、文化资本与第三产业融合

第三产业的发展建立于城市的消费空间基础之上,进一步地,文化资本与第三产业实现共生与融合。在融合本质上,第三产业是指以服务业为主体的经济部门,包括旅游、娱乐、文化创意等领域,文化资本则指的是以文化为核心的资源和价值。第三产业与文化资本融合,意味着将文化元素和价值注入服务业中,丰富了服务业的内涵和形态。在特征上则具有创新性和多元性。通过将文化因素融入服务业中,可以打造独特而具有吸引力的产品和服务。比如,在旅游业中,可以开展文化主题旅游,将历史、传统和艺术融入旅游行程中,为游客提供更加丰富和深入的体验。第三产业与文化资本融合的意义在于推动经济转型升级和提升地区竞争力。文化资本作为一种独特的资源,可以为服务业注入创造力、想象力和文化认同,提升产品及服务的品质和差异化。这样的融合有助于丰富消费者的体验,吸引更多的人群参与,并促进消费水平的提升。同时,第三产业与文化资本融合还可以带来就业机会和创业发展。文化创意产业是一个充满潜力的领域,通过将文化元素融入服务业中,可以孕育出更多创新的企业和就业机会。这对于城市和社区的增长及发展具有重要意义。此外,第三产业与文化资本融合也能够增强地区的文化认同和凝聚力。通过将当地独特的文化要素应用于服务业中,可以打造具有地方特色和吸引力的产品及服务,增强人们对本地文化的自豪感和认同感。这对于提升地区形象,吸引游客和投资具有积极影响。

文化资本与第三产业融合发展意义重大,在实现路径方面,需要多方共同努力。具体表现在四个方面。政策引导,政府可以通过制定有利于文化资本和第三产业融合的政策,如税收优惠、财政补贴、融资支持等,来引导企业和投资者关注和参与这种融合。企业创新,企业需要不断创新产品和服务,探索文化资本和第三产业融合的新模式。这包括深入挖掘当地文化的独特价值,将其融入产品设计和品牌推广中,以及通过技术创新提升文化产业的附加值。社会参与,社会各界,包括公民、文化组织、媒体等,可以通过参与文化活动、推广文化产品、支持文化事业等方式,推动文化资本和第三产业的融合。人才培养，尤其是培养具有跨学科思维和文化敏感度的人才，他们可以成为文化资本和第三产业融合的重要推动力量。

## 三、旅游产业发展与文化资本实践

经济社会的发展和人民生活水平的提升，都使得第三产业在各国经济份额中所占的比例越来越大。一方面这是生产力发展和社会进步的必然结果，另一方面这也是衡量经济现代化和国家进步水平的主要标志，表明了国家经济产业结构的转型变化。第三产业在拉动社会经济发展的同时，也面临着由经济增长带来的人民需求的变化：人民在物质生活水平不断提高的基础上，对于精神文化的追求也随之增长。旅游是人们追求美好生活和精神享受的外化表现，通过对历史景观、人文景点、宗教建筑、自然风光等的参观和游览，能够获得身体上的缓释和心灵上的愉悦，实现中国古人所言的"行万里路"的社会知识获取和身心实践探索。

旅游产业的发展进程与文化资本的积累过程密不可分，可以说文化具有为旅游服务的功能，而旅游则反作用于文化资本的创造和功能深化。在第三产业的发展过程中，文化资本的作用不仅体现在理论层面，更是以一种重要的要素嵌入到实际的旅游活动中去，由此形成了重要的旅游产业发展与文化资本的互动实践。

### （一）旅游产业与文化资本的相互渗透

从资源角度而言，旅游产业发展的根基主要是两个方面，一是自然因素所塑造的旅游景点，如天然的山水风貌、花草林木、峡谷、河流等经过时间演变而形成的具有较高美学标准的自然景观；二是由人的活动，注入文化因素并形成文化资本的人文景观，如历史建筑、庙宇宗祠、名人故居、历史事件旧址等，不仅在物理形态上呈现出艺术特征，更为重要的是其内涵丰富，意蕴深远，具有深刻的文化印记。这两个方面并不是割裂的个体，而是统一的整体，在现实中，往往著名的旅游景点既具备秀丽的自然风景，也兼有深厚的历史文化底蕴，二者在发展过程中能够互为依托，互相促进。并且值得说明的是，即便是自然景观,也在历史的进程中沾染上文化的气息,经由文化名人、文化事件、文化作品以及人的宣传而使其产生较大的影响,如泰山是古代王朝的封禅之地,寒山寺以一首《枫桥夜泊》而成千古名胜,长江三峡以《水经注》中"巴东三峡巫峡长,猿鸣三声泪沾裳"和李白的"朝辞白帝彩云间,千里江陵一日还"而名留千古。这些例子无一不说明,在现代化的旅游景点中,无论是以何种模式形成的景观,都深刻地被文化资本的积累渗透其中,相应地,这些旅游景观也会积累新的文化资本,形成文化与旅游的相互渗透。

旅游产业与文化资本的相互渗透,文化资本能够有效推动旅游经济的发展[1],在现实的社会经济活动中以文旅融合发展作为最直观的展现和最主要的发展路径。文化产业与旅游产业两者的内涵外延、功能作用具有明显差异,但同时又具有不可分割的联系。在相同点上,文化产业与旅游产业都是为人们提供精神消费服务的,两者具有天然的耦合性。在联系点上,文化是旅游的灵魂,旅游是文化的载体;文化提升旅游内涵,旅游实现文化价值。文旅融合致使文化旅游活动成为一体,其本质是游客主体的文化体验与目的地客体的吸引力之间的互动性符号,消费文化形式变化为旅游体裁的价值符号,形成价值连接,这即是文化与旅游融合的外在形式。而文旅融合是旅游者主体与文化旅游的客体(旅游目的地、吸引物等)之间的互动关系建构,文化对旅游价值链的渗透和辐射,使旅游产业价值链延伸。文化产业与旅游产业融合发展,是促进个体文化认同从而产生互动消费的过程,是一个既有经济效益又有社会效益的过程,是一个优势互补、相得益彰、互惠共赢的过程。

文化旅游的融合发展不仅是产业寻求增长的结果,究其根本原因,更是供给端为满足需求端而不断谋求进步的体现。作为"幸福产业"的文化和旅游产业,首先应正确认识民众对于物质和精神生活的高质量追求,人们的消费需求不再是单一的、大众的,而是多元化、组合化的,原本边界模糊、属性相合的文

---

① 刘政芳,杨威,李亚茹.文化资本对地区旅游经济贡献的实证研究[J].东岳论丛,2017,38(2):127-134.

化和旅游产业在更高质量的文化旅游需求的驱动下,相互协作、优势互补是产业升级的必然选择。市场机制通过供给和需求的相互影响推动了供给端的转型升级,促进了文化旅游产业的融合,进一步地,文旅融合将推动文化和旅游产业进一步升级发展,完善供给端的产业结构,促进经济增长,由此形成了提高人民消费水平和消费结构的良性循环。

不仅如此,文旅融合的发展模式具有随社会技术发展而变化的特征。在早期,文旅产业的融合以物理空间为基准条件,以人和自然或文化景观的交互产生观赏、消费等行为。而随着数字技术的不断发展,文旅融合产生了新的发展模式,即依赖数字化的技术,打破时间和空间的限制,形成虚拟的文化资源集聚以及人与人之间、人与环境之间的互动。数字技术为文旅融合深刻赋能,具体表现在以下三个方面。第一,场景智能化,降本增效＋个性化需求双赢:赋能数字建设、智能导览等新场景,降低场景布置复杂度,有效降低运营迭代成本。精准满足游客个性化需求,提高服务质量。智能导游可以根据游客的需要,提供个性化的解说、推荐旅游路线、实时互动等服务,让游客更好地了解旅游地的文化背景、历史故事和自然风貌。第二,丰富文旅体验,拓宽收入来源:利用数字化场景,为传统文旅内容注入新活力,提升吸引力和复游率。数字技术保护和利用文物既促进文化的传承,又为游客提供多元化的文化体验和旅游产品。娱乐设施、新型数字文化产品的衍生品创造新收入来源。第三,文旅品牌化,文旅商业化模式优化数字科技创新带来的文旅新业态,可以实现运营方案、文化内容、品牌营销的效益最大化。通过使用现代化的媒介手段,拓宽展览受众,促进文旅业态的外延扩张。

数字技术将文化资本进行了数字化转换与打造,再将其嵌入至旅游场景之中,使得文旅融合的未来发展产生了新的趋势与动向,具体而言表现在如下方面。第一,虚拟——现实的场景呈现状态:数字技术通过拟像让艺术想象现实化和景观化,真实与想象的边界和矛盾逐渐消失,并且超越了“虚拟”和“真实”的二元结构,以一种真实的“沉浸式”体验让游客实现了自身和装置之间的交互感知,实现了“虚拟”与“现实”互嵌融合而形成的超真实。第二,动员——

参与的文化表达机制：数字文旅将更多动员和参与之间的良性互动引入，改变单向传播渠道。未来动员——参与的文化表达机制将促进良性互动，动员是指各级政府、社会组织和相关企业共同努力，通过宣传和组织活动来推动文化的传播和表达，尤其是通过数字化的传播方式，扩大宣传范围，提升宣传力度，提高文化知识的传递效果。参与是指将民众和游客纳入文化表达的过程中。这可以通过各种方式实现，比如提供参观、体验、互动的场所和项目，让他们能够亲身参与文化创造和传承的过程中。在动员和参与的文化表达机制中，强调的是民众的主体地位，提倡他们参与和创造。通过这种方式，不仅可以增加民众对文化的兴趣和认同感，还能够激发他们的创造力和创新能力。同时，文化的表达和传承也更加贴近民众的需求和利益，更具有生命力和吸引力。第三，全球——地方的文化交流平台：在数字化文旅融合的发展中，全球和地方的文化交流平台起到了重要的推动作用。这些平台通过数字技术的应用，将全球的文化资源与地方文化进行有效连接和交流，实现了跨越时空和地域的文化互动。首先，全球的文化交流平台为地方提供了一个窗口，使地方文化能够向全球观众展示并辐射出去。通过数字化媒介和在线平台，地方的文化活动、庙会、音乐会等能够以高清画质和流畅的网络传输形式呈现给全球用户。这样一来，不仅可以增加地方文化的知名度和影响力，也能够吸引更多的游客或文化爱好者前来体验和探索。其次，全球文化交流平台为地方提供了一个学习和借鉴的机会。地方可以通过观摩其他地区或国家的文化创意项目，获取灵感和启示，不断丰富自身的文化内涵和表现形式。同时，地方也可以在全球平台上分享自己的文化成果和经验，与其他地方进行交流与合作，促进文化创新和共同发展。此外，全球和地方文化交流平台还可以通过社交功能和互动性质的设计，激发用户的参与热情，打造一个文化创作和分享的社区。用户可以在平台上相互交流、评论和点赞，形成一个互动的文化氛围，促进文化内容的生产和传播。这样不仅加强了全球与地方之间的互动，也为用户提供了更多参与文化活动的机会。全球和地方的文化交流平台是数字化文旅融合发展中的重要支撑。通过这些平台，全球和地方文化得以有效对接和沟通，促进文化资源的共享与传承。

总体而言，文化资本与旅游景观有着密切的合作关系，二者相互渗透形成统一整体，在宏观层面表现为文旅融合的发展状态。文旅融合，既是文化资本的嵌入，也是一种再生产的过程，呈现为动态的发展过程，即文化资本的参与使得旅游景观不仅具备了自然的艺术美感，也体现出了文化的深刻内涵，而在此基础上，文旅融合的进程又会不断注入新的文化元素，生产新的文化资本，从而在旅游中深化文化创造，在文化中深化旅游发展。

### （二）旅游六要素中文化资本的作用

文化是旅游的灵魂，旅游全过程包括食、住、行、游、购、娱六个要素，对文化内涵的挖掘已经不仅仅局限于狭义的景区景点，对游客而言文化旅游的体验也不仅仅局限于"游"这一个要素，而在旅游的完整过程之中。文化资本几乎嵌入了旅游中的每个环节，使得日常中的寻常事情因为旅游活动而别有趣味，也使旅游活动因为文化资本而更加富有文化内涵。

在"食"方面，饮食本身就是一种文化，所体现的是地方独特的民情、习惯、地域特色以及禀赋情况。以四川为例，其独特的川菜文化就深刻地展现了这一地区的魅力。四川菜以其麻辣著称，这种独特的口味背后，是四川人民热情奔放、敢爱敢恨的性格写照。四川人善于利用辣椒和花椒等调料，将食材烹制得麻辣鲜香，让人一尝难忘。这种饮食习惯的形成，既与四川湿润的气候和丰富的食材资源有关，也反映了四川人民追求刺激、热爱生活的精神风貌。此外，四川还有众多的特色小吃，如串串香、龙抄手等，这些美食不仅丰富了四川的饮食文化，也成了吸引游客的一大亮点。通过品尝四川美食，人们可以感受到这个地区的独特魅力和文化底蕴。

在"住"方面，建筑的特色、蕴含的人文特征、所处的环境等都与地区的文化资本紧密关联。文化主题酒店、特色民宿是文化在具体物质层面的体现，文化元素的融入为游客提供了更具地域文化特色的环境。文化融入"住"的主要方式包括：一是依托现有资源直接打造，如利用地区文化特色所打造的文化主题酒店、民宿、客栈等，体现了地区的特色文化；二是基于地理位置优势打造，如依水而建的渔家特色客栈民宿，能够体现出水乡文化，而如山间民宿等则依托于山岭走势和交通情况，能够反映出山川的风貌；三是根据地区文化旅游投资建设的要求打造，如开发风情小镇、特色小镇需要发展特色酒店和民宿，文化内涵的挖掘与小镇的文化品牌相一致。

在"行"方面，"行"的动态特征能够与文化资本的多样性紧密结合。文化旅游与"行"的融合，一方面体现在"行"这一方式本身，游客在出行的同时也在体验文化和旅游的内涵与乐趣；另一方面在于"行"的空间打造，依托交通设施融入文化元素，包括高速公路服务区、地铁站、列车车厢等，从而形成新的旅游吸引物，这些吸引游客前往"打卡"的空间，正是"行"的文化魅力。

在"游"方面，文化资本所创造的文化内涵是游客最需要和最想要的旅途中的收获。城市的文化旅游资源是旅游业长期发展的基础，文化内涵的挖掘与文旅空间的打造是持续吸引游客的关键。文化与"游"的进一步融合，主要体现在：一是现有景点景区对文化特色的挖掘和与"游"的文化"包装"；二是以地区文化为线，将旅游景点和景区串联，如淮安里运河文化长廊；三是打造文化资源的载体空间，将之培育成新的旅游吸引物。

在"购"方面，从文化创意着手，旅游纪念品变身为能够被游客"带走"的文化。具有地域文化特色的商品既满足了游客的需求、提升了客户的文化旅游体验，同时也拉动了消费，产生了较好的经济效益，因此在文化旅游中逐渐被重视。一方面是在传承中创新，充分运用老字号、传统品牌推出面向新消费群体的产品，另一方面是文化旅游景点积极开发独具文化特色的文创产品。

在"娱"方面，"娱"的体验性能够给游客带来直观的感受，是文化展示与传播的有效途径。主要形式包括：一是景区活动与演艺项目；二是具有地区文化特色的相关节庆活动。对于游客而言，丰富的自然景观和人文遗迹资源使得各地的旅游吸引物能够呈现异质化发展，特别是直接利用现有遗产遗迹、园林建筑等资源作为旅游吸引物的地区，能够充分地嵌入地方的文化特色，从而满足游客多元化、高质量的旅游需求。

### （三）旅游与文化资本高质量融合发展的实践战略

第一，创新地区内部合作工作机制，搭建高效协同发展体系。要实现旅游与文化资本的高质量融合发展，需要创新地区内部合作工作机制，并搭建高效协同发展体系。首先，要深化政企合作，政府与企业之间建立更紧密的合作关系，通过相关政策措施，协同推动旅游和文化产业的发展。政府要积极提供优惠政策和项目支持，企业才能够通过创新技术和资源整合，实现产业链的深度融合。其次，加强跨部门协同，在地方政府内部，不同部门之间加强协调与合作，打破信息孤岛，形成统一的决策和执行机制。再次，要构建综合性平台，搭建一个集旅游、文化、科技于一体的平台，促进各行业间的交流与合作。同时该平台应包含在线互动、资源共享等功能，为旅游和文化从业者提供便捷的合作与发展机会。最后，强化人才培养和鼓励创新创业，加大人才培养力度，提升旅游和文化产业的专业化水平和人才质量。建立完善的培训体系，组织专业技能培训和实践交流活动，打造高素质人才队伍，在人才资源集聚的基础上，支持和鼓励创新型企业和创意性项目的发展，培育旅游和文化资本的创新引擎，吸引更多具有创新意识和创业热情的人才加入旅游和文化产业中。

第二，深挖地域特色文化内涵，助推文旅产业深度融合，文旅融合发展的前沿地带往往具有人文相亲、文旅资源丰富的特点，使得文旅资源有着很强的协同属性，但同时即便一个地区内部也拥有不同的特色资源和优势资源，从而形成文旅融合的不同样态。在此基础上，从如下几个方面出发，推进以文化资源特色带动文旅融合发展。保护与传承地方文化：在旅游开发中，要注重保护和传承地方的文化遗产及传统艺术形式。通过制定相关政策、加强文化遗产的保护工作、开展文化节庆等活动，确保地方独特的文化传统得到传承和发展。挖掘地域特色：深入研究地方的历史、传说、风土人情等特色元素，挖掘出与之相关的旅游资源和产品。例如，开发与地方文化相关的旅游线路、主题景点、文化体验项目等，提高旅游产品的独特性和吸引力。促进文化创意产业：通过支持和培育文化创意产业，将地方的文化资源转化为文化产品和文化体验，为旅游业提供丰富多样的内容。鼓励创意设计、手工艺品制作、传统工艺复兴等,使地方的文化内涵成为旅游产业发展的有力支撑。强化文旅融合推广:加强宣传推广,充分发挥新媒体、社交媒体等平台的作用,向公众传递地方的文化魅力和旅游资源。通过精准营销和个性化服务,吸引游客深度参与到地方的文化体验中去。加强地区间合作:地区间的合作可以让不同的地方互相借鉴和学习,实现共同发展。建立联盟、合作机制,推动地区间的旅游与文化产业深度融合。

第三,积极推进数字文旅建设,大力发展智慧文旅产业。搭建集信息发布、在线预订、导航导览等功能于一体的数字化平台,提供便捷的旅游和文化服务。通过移动应用、云服务等技术手段,创造更好的用户体验,提高旅游和文化消费的便利性。将地方的文化资源进行数字化存储和展示,建立完善的文化数字库,通过虚拟现实、增强现实等技术手段,使游客可以身临其境地感受地方的文化魅力,并进行互动体验。利用物联网、大数据分析等技术,构建智能化的景区管理体系。例如,通过智能导览系统、自助服务设施、智能停车管理等,提高游客的游览质量和服务体验。积极引入人工智能、区块链、无人机等新兴技术,为旅游和文化产业注入新动力。例如,利用人工智能技术提供个性化的旅游推荐和定制服务,利用区块链实现文化创意产品的溯源与保护。在推进数字化文旅建设的过程中,要注重保护用户的个人信息和数字安全。建立健全数据安全管理体系,加强与相关部门的合作,增强数字安全的防护能力。通过积极推进数字文旅建设和发展智慧文旅产业,旅游和文化资本可以更好地融合,实现互相促进、共同发展。

第四,创新文旅融合业态模式,引导实现同业协同发展。如文化体验旅游,通过打造独特的文化体验,如美食、手工艺、音乐、舞蹈等,吸引游客。文化遗产保护与旅游,通过保护和利用文化遗产,如古建筑、历史街区等,发展旅游产业。乡村旅游与文化传承,通过发展乡村旅游,将农村地区的传统文化、风俗习惯等与旅游业相结合。文化创意产业与旅游,通过发展文化创意产业,如影视、音乐、艺术等,将文化产业与旅游业相结合。同行业协同发展,通过同行业企业之间的合作,实现资源共享、优势互补,提高产业效率和竞争力。

## "水韵江苏·美丽中轴"——世界级运河文化遗产旅游廊道

为深入贯彻习近平总书记关于大运河文化保护传承利用的重要指示批示和重要讲话精神,认真落实中共中央、国务院关于大运河文化带和国家文化公园建设要求,"十四五"期间,江苏提出整体优化文化和旅游发展布局,推动江苏成为水韵人文魅力充分彰显的世界著名旅游目的地。围绕此目标,江苏设计文化和旅游发展"大棋盘",构建"两廊两带两区"文化和旅游空间体系,即培育打造世界级运河文化遗产旅游廊道、世界级滨海生态旅游廊道、扬子江世界级城市休闲旅游带、陆桥东部世界级丝路旅游带、沿太湖世界级生态文化旅游区、沿洪泽湖世界级生态文化旅游区。其中,"培育打造世界级运河文化遗产旅游廊道"是充分挖掘彰显千年运河文化底蕴和时代价值,围绕打造国际国内知名旅游目的地、持续提升"水韵江苏"文化和旅游品牌影响力,依托在大运河全线数量最多的世界文化遗产点段和类型最全、密度最高的文旅资源,通过文化遗产活化利用、文化展示载体搭建、旅游精品线路推介、特色节庆活动举办,展现沿线流蕴风物、亲水人居、漕运盐利、名人故事、市井生活、民间技艺,串点连线,把大运河江苏段建设成具有世界眼光、中国气派、江苏特色的文旅"美丽中轴",构建特色文旅空间,发挥运河遗产,赋能经济社会高质量发展作用。

1. 建设目标:形成具有世界眼光、中国气派、江苏特色的文旅"美丽中轴"。围绕推动江苏成为水韵人文魅力充分彰显的世界著名旅游目的地的愿景,营造以京杭大运河江苏段为主轴的遗产保护传承利用空间,将沿线的文化生态旅游资源"连点""成线""组网",促进自然与人文景观的整体保护、塑造和利用。到2025年,运河文化价值得到深入挖掘、阐释和弘扬,运河特色文旅业态产品更加丰富,"千年运河·水韵江苏"文旅品牌享誉海内外,全面推进世界级运河文化遗产旅游廊道建设。

2. 建设内容:形成多维联动的建设格局。建设的区域范围主要包括徐州窑湾古镇，中运河宿迁段、宿迁皂河龙王庙行宫，淮扬运河淮安段、淮安总督漕运公署遗址、清晏园、清江大闸，淮扬运河扬州段、高邮盂城驿、邵伯古堤、扬州瘦西湖、个园、运河三湾、天宁寺行宫、瓜洲古镇，镇江金山、焦山、北固山、金山湖、西津渡，江南运河常州城区段、常州老城厢，江南运河无锡城区段、无锡清名桥历史文化街区，江南运河苏州段、苏州盘门、宝带桥、山塘历史文化街区、平江历史文化街区。

3. 建设举措：以坚持活化传承、坚持文旅融合、坚持创新驱动、坚持全球视野、坚持统筹推进等基本原则遵循，强化建设规范。充分整合社会资源，强化政策、资金、智力等要素支撑。充分利用和落实好国家、省支持推动运河文化旅游发展的各项政策。用好专项资金，如省级文物保护、文化和旅游发展、现代服务业（新闻出版、广播电视）等专项资金，用好各级各类建设基金，如江苏艺术基金、江苏紫金文化产业发展基金、省旅游产业发展基金、大运河文化旅游发展基金等。至 2025 年，全面推进世界级运河文化遗产旅游廊道的建设，从价值弘扬到特色文旅业态产品、海内外品牌力等，明确建设的最终目标，即将中国大运河江苏段打造成令人向往的中国大运河旅游首选地，成为饱览华夏魅力、传递中国精神的重要窗口。

## 第五节　文化资本与城市产业结构升级

上文分析表明，文化资本与城市产业结构升级具有密切关系，通过充分利用和发展文化资本，城市能够推动产业结构升级，提升文化产业的影响力和竞争力，从而促进经济的可持续发展。本节将从实证层面进一步探究文化资本对城市产业结构升级的影响，考察其直接影响及异质性，为后续制定城市产业结构发展战略提供实证参考。

## 一、相关研究假设

### （一）文化资本对城市产业结构升级的影响

文化资本是指一座城市所积累的与文化相关的资源、能力和活力，包括历史遗产、艺术创意、文化产业、文化人才等，通过充分发挥文化资本的优势，城市可以吸引人才和创新，推动传统产业的转型升级，促进创新和创业活动的发展，带动旅游业的发展，从而实现城市产业结构的升级和转型。首先，文化资本是城市吸引人才和创新的重要因素之一。有丰富文化资本的城市通常具有独特的文化氛围和创意环境，这吸引了大量的文化人才和创意人才聚集于此。这些人才不仅能够推动文化产业的发展，还能够带动相关产业的升级，推动创意产业和科技产业的融合与发展。其次，文化资本可以推动传统产业的转型升级。许多城市拥有丰富的历史遗产和传统工艺，这些资源可以成为传统产业转型升级的重要支撑。通过挖掘和利用这些文化资本，城市可以将传统产业与文化元素相结合，获得新的思维和灵感，开发出更具创新性和差异化的产品和服务，打造更具吸引力和独特性的消费体验。第三，文化资本能够促进创新和创业活动的发展。一种文化背景富含创新、冒险和创业精神的价值观，能够激发个体主动追求变革、尝试新事物和承担风险的意愿，这种创新思维和创业精神是推动创新和创业活动的基础。文化资本丰富的城市容易孕育出创新的思维和创业的氛围。良好的文化环境和创意驱动的产业生态系统可以激发人们的创新潜力，并提供各种支持和资源，鼓励人们开展创新和创业活动。在一个重视合作、信任和互助的文化环境中，个体更容易建立起有益的人际关系和社会网络。这些关系和网络为创新及创业提供了资源、信息和支持，使得创新者和创业者能够更好地获取资源和机会。同时，当一个社会或群体重视教育，并且将知识和技能作为重要的文化资本进行传递和培养时，会有更多的人具备创新和创业所需的专业知识和实践技能，这有助于创新和创业活动的蓬勃发展。此外，文化资本还可以促进城市旅游业的发展，进而推动相关产业的升级。丰富的文化资本可以吸引更多的游客前来参观和体验，从而提升城市的知名度，这将为城市带来更多的旅游收入，并促进周边产业的发展。发展旅游业需要各种不同类型的人才,通过文化资本的推动,城市可以创造更多的就业机会,吸引年轻人留在城市工作,从而促进城市产业结构的升级。旅游业的兴起会催生如酒店业、餐饮业、零售业等一系列相关产业的发展,这些产业的发展将带动整个城市产业结构的升级和多元化。文化资本可以激发当地文化创意产业的发展,基于城市的历史、传统文化等特点,开展文化衍生品设计、艺术品制作、表演艺术等领域的创意产业,这些产业的兴起将为城市带来新的经济增长点,并提供更多高附加值的就业机会。为了满足游客的需求,城市需要改善和扩大相关的基础设施,这将推动城市基础设施的升级和改善,为其他产业的发展创造条件。因此,本部分提出如下研究假设:

假设 1:文化资本对城市产业结构升级具有积极作用。

### (二) 文化资本影响城市产业升级的异质性效应

由于我国各个地区资源禀赋和发展阶段的不同,地区经济发展水平差异较大,文化资本发展水平和城市产业结构发展水平都可能存在区域分布的异质性。一是区域发展基础差异。不同地区的经济发展基础和起点存在差异,东部地区由于历史原因和外部条件的优势,在经济发展和城市化进程上更早一步,积累了较高水平的经济和文化资源。相比之下,中部、西部和东北部地区在发展基础和资源禀赋上相对较弱,需要通过加强文化资本的积累来推动产业结构升级。二是投资力度不均衡。东部地区吸引了大量的国内外投资,特别是在文化创意产业方面,获得了更多的资源和资本支持,从而加速了其产业结构升级的过程。相比之下,中部、西部和东北部地区在吸引投资和文化产业发展方面相对较为困难,资金和资源的匮乏限制了其产业结构的升级速度。三是地域文化差异。中国各个地区拥有独特的地域文化特色,这也影响了文化资本对产业结构升级的影响力。东部地区相对更为国际化和现代化,具有较强的市场需求和消费能力,因此文化创意产业在该地区更容易发展壮大。而中部、西部和东北部地区传统文化底蕴深厚,更适合发展与本土文化相关的产业,如旅游、民俗文化等。四是政策导向差异。中国政府在不同地区实施的政策导向存在差异,这也会影响文化资本对产业结构升级的程度。东部地区由于经济发达,政府更加重视发展高新技术产业和现代服务业,因此对文化创意产业的支持和扶持力度相对较大。而中部、西部和东北部地区在政策引导上更注重扶持传统产业和基础设施建设,对文化产业的支持程度相对较低。因此,本部分提出如下研究假设:

假设 2:文化资本对城市产业结构升级的影响存在区域异质性。

## 二、研究设计

### (一) 实证模型构建

为验证上述的研究假设,首先针对文化资本对城市产业结构升级的直接传导机制进行检验,基本计量模型如下:

$$\text{Inds}_{i,t} = \alpha_0 + \alpha_1 \text{Capi}_{i,t} + \alpha_c \boldsymbol{Z}_{i,t} + \mu_i + \varepsilon_t + \epsilon_{i,t} \tag{7-1}$$

其中,$\text{Inds}_{i,t}$ 表示城市 $i$ 在第 $t$ 年的产业结构发展指数;$\text{Capi}_{i,t}$ 表示城市 $i$ 在第 $t$ 年的文化资本发展指数;向量 $\boldsymbol{Z}_{i,t}$ 表示可能影响产业结构发展的一系列控制变量;$\mu_i$ 表示城市 $i$ 不随时间变化的个体固定效应;$\delta_i$ 表示时间固定效应;$\epsilon_{i,t}$ 表示随机扰动项;$\alpha_0$ 表示模型截距项;$\alpha_1$ 表示文化资本变量系数。

### (二) 变量测度与说明

1. 被解释变量:城市产业结构升级

产业结构升级的内涵涉及各产业比例关系的递进,本节使用城市高质量发展指标体系中的产业结构作为被解释变量,由三次产业增加值和固定资产这 2 个二级指标和 6 个三级指标构成产业结构升级指标体系,运用熵权法对 2014—2021 年中国 264 个城市的产业结构发展水平进行测算,得到的产业结构发展指数,记为 Inds。

2. 核心解释变量:文化资本

本研究部分采用前文建立的城市文化资本指标体系,设定了由智力化、形象化、物质化、市场化、制度化 5 个一级指标,8 个二级指标,12 个三级指标构成的多维度文化资本评价体系,运用熵权法对 2014—2021 年中国 264 个城市的文化资本水平进行测算,得到的文化资本发展指数,记为 Capi。

表 7－2　中国城市层面文化资本发展评价指标体系

| 一级指标 | 二级指标 | 三级指标 | 指标属性 |
|---|---|---|---|
| 智力化 | 人力资本水平 | 学校总数 | ＋ |
| | | 教师总数 | ＋ |
| | | 在校学生总数 | ＋ |
| 形象化 | 城市的国内吸引力 | 国内旅游收入 | ＋ |
| | 城市的国际吸引力 | 旅游外汇收入 | ＋ |
| 物质化 | 文化基础设施建设 | 公共图书馆数 | ＋ |
| | | 公共图书馆总藏量 | ＋ |
| | | 博物馆数 | ＋ |
| 市场化 | 价格 | 消费价格指数—教育文化和娱乐 | ＋ |
| | 需求 | 文化消费支出:省级文化消费占总支出的比重 * 市级人均消费支出 | ＋ |
| 制度化 | 财政支持 | 教育财政支出 | ＋ |
| | 区位支持 | 是否有国家级文化产业园区 | ＋ |

3. 控制变量

本研究设定对城市产业结构发展水平提升可能产生影响的控制变量,具体包括:经济发展水平($\ln GDP$),用人均地区生产总值的对数来表示;收入水平($\ln Wage$),用城市居民平均工资水平的对数来表示;对外开放($\ln Fdi$),用外商投资企业投资总额的对数;城市化水平($\ln Urban$),用城市人口密度的对数来表示;基础设施($\ln Road$),用城市人均道路面积来表示。

4. 描述性统计

剔除数据缺失过多的城市样本后,本节最终选取 2014—2021 年 264 个地级市面板数据进行实证分析,并对部分变量进行了对数化处理、异常值识别剔除及缺值插值法填入。经处理后的描述性统计结果如表 7－3 所示。

表 7-3　变量描述性统计结果

| 分类 | 变量名称 | 符号 | 平均值 | 标准差 |
|---|---|---|---|---|
| 被解释变量 | 城市产业结构发展水平 | Inds | 1.504 2 | 1.200 1 |
| 解释变量 | 文化资本 | Capi | 5.703 0 | 10.602 7 |
| 控制变量 | 经济发展水平 | ln GDP | 10.858 2 | 0.502 0 |
| | 收入水平 | ln Wage | 10.623 4 | 1.888 1 |
| | 对外开放 | ln Fdi | 10.310 2 | 1.894 0 |
| | 城市化水平 | ln Urban | 8.011 6 | 0.661 3 |
| | 基础设施 | ln Road | 2.937 3 | 0.365 8 |

## 三、实证检验

### (一) 基准回归结果

表 7-4 报告了文化资本影响城市产业结构升级的线性估计结果,经 Hausman 检验,本节选择固定效应模型进行基准回归。回归结果显示,无论是否加入控制变量,核心解释变量文化资本发展水平(Capi)的估计系数均显著为正,且通过了 1% 的显著性水平检验,这说明文化资本的发展显著促进了城市产业结构升级。此外,在加入了控制变量的模型(2)中,各地区人均国内生产总值(ln GDP)的系数显著为正,说明经济水平的发展能够有效促进城市产业结构升级,一方面社会经济水平的发展会丰富文化产品和服务的供给,另一方面居民个人经济水平的提升会使个人消费需求从物质层面向精神文化层面转变,从而实现城市产业结构升级。城市化水平的提高也能显著提升城市产业结构升级,说明城市的发展有利于人才的集聚和知识的溢出,从而推动文化产业的发展,促进城市产业结构升级。城市的对外开放水平与城市产业结构升级之间存在显著的正相关关系,说明外商投资的增强会拉动城市产业结构的升级。收入水平和基础设施建设水平对于城市产业结构升级具有正向的拉动作用,但不显著,原因可能是在一些地区,特定的产业结构已经形成,传统行业往往受到地方资源、技术和人力等因素的制约,收入水平的提高并不能迅

速改变产业结构。同时,产业结构升级需要大量的技术和知识转移,即使居民的收入水平提高,但如果缺乏相关的技术和知识支持,新兴产业的发展将受到限制。技术和知识的转移通常需要时间和投资,而仅仅依靠收入水平的提高无法迅速填补这一差距。

表 7-4　文化资本影响城市产业结构升级的基准回归结果

| 变量 | Inds | |
|---|---|---|
| | (1) | (2) |
| Capi | 0.031 2*** | 0.0247*** |
| | (0.002 1) | (0.002 4) |
| ln GDP | | 0.884 6*** |
| | | (0.046 2) |
| ln Wage | | 0.005 2 |
| | | (0.004 9) |
| ln Fdi | | 0.017 2* |
| | | (0.009 2) |
| ln Urban | | 0.114 7*** |
| | | (0.032 9) |
| ln Road | | 0.046 1 |
| | | (0.047 6) |
| 常数项 | 1.326 3*** | −9.220 3*** |
| | (0.013 3) | (0.504 1) |
| 省份固定 | YES | YES |
| 年份固定 | YES | YES |
| 观测值 | 2 112 | 2 112 |
| 调整后的 $R^2$ | 0.398 1 | 0.599 2 |

注:***、**、*分别表示在1%、5%以及10%的水平下显著,括号内为标准误。本章下同。

## (二) 区域异质性分析

我国不同地区的资源禀赋和经济发展水平有较大差异,因此,文化资本对城市产业结构升级的影响也可能存在区域分布上的差异,需要进一步探讨。本部分将所有城市分为东部、中部、西部和东北部地区进行回归估计,表7-5中模型(1)—(4)报告了文化资本发展水平影响城市产业结构升级的分区域回归结果①。结果显示,东部、中部、西部和东北部地区这四个区域的文化资本回归系数均通过了显著性水平检验,且回归系数为正。从回归系数的数值来看,文化资本在东北部地区对城市产业结构升级的促进作用明显大于东部、中部和西部地区。东北地区具有悠久的历史文化传统,拥有丰富的文化资源和独特的民俗风情,这些历史文化底蕴为东北地区的城市提供了独特的吸引力和竞争优势,吸引了大量的游客和资源流向该地区。东北地区注重文化创意产业的培育和发展。通过文化创意园区、艺术家村落等载体的建设,吸引了大量的创意人才和相关企业的入驻,推动了文化创意产业的蓬勃发展,为城市产业结构升级注入了新动力。东北地区的各级政府对文化产业的发展给予了较多的政策支持和鼓励。通过出台相关优惠政策等方式,为文化产业的发展提供了良好的环境和条件。

表7-5　文化资本影响城市产业结构升级的异质性分析

| 被解释变量 | Inds | | | |
|---|---|---|---|---|
| 地区 | 东部地区 | 中部地区 | 西部地区 | 东北部地区 |
| 变量 | (1) | (2) | (3) | (4) |
| Capi | 0.033 4 *** (0.004 1) | 0.005 0 ** (0.002 4) | 0.102 9 *** (0.009 4) | 0.209 8 *** (0.039 2) |
| lnGDP | 1.528 5 *** (0.115 6) | 0.402 8 *** (0.064 8) | 0.524 9 ** (0.062 0) | 0.280 9 *** (0.094 6) |
| lnWage | 0.009 1 (0.007 8) | 0.352 3 ** (0.074 1) | 0.000 2 (0.004 6) | 0.109 7 (0.074 0) |

---

① 本章统计中所涉及东部、中部、西部的具体划分为:东部包括北京、天津、河北、上海、江苏、浙江、福建、山东、广东、辽宁、海南;中部包括山西、安徽、江西、河南、湖北、湖南、吉林和黑龙江;西部包括内蒙古、广西、重庆、四川、贵州、云南、西藏、陕西、甘肃、青海、宁夏和新疆。

**（续表）**

| 被解释变量 | Inds | | | |
|---|---|---|---|---|
| 地区 | 东部地区 | 中部地区 | 西部地区 | 东北部地区 |
| 变量 | （1） | （2） | （3） | （4） |
| ln Fdi | 0.031 9<br>（0.026 6） | 0.001 2<br>（0.012 9） | 0.008 1<br>（0.009 0） | 0.030 7***<br>（0.009 0） |
| ln Urban | 0.275 5***<br>（0.088 0） | 0.018 3<br>（0.036 0） | 0.026 2<br>（0.028 2） | 0.069 8<br>（0.047 9） |
| ln Road | 0.249 8**<br>（0.121 7） | 0.046 2<br>（0.055 3） | 0.086 5*<br>（0.050 3） | 0.058 2<br>（0.058 2） |
| 常数项 | −16.857 1***<br>（1.226 2） | −7.169 6***<br>（0.551 4） | −5.214 9***<br>（0.614 6） | −4.988 8***<br>（1.309 8） |
| 省份固定 | YES | YES | YES | YES |
| 年份固定 | YES | YES | YES | YES |
| 观测值 | 656 | 632 | 600 | 224 |
| 调整后的 $R^2$ | 0.713 5 | 0.520 4 | 0.716 7 | 0.625 5 |

# 第六节　本章小结

随着经济全球化的推进，各国之间的贸易和联系更加紧密，文化资本的重要性逐渐凸显。文化资本包括传统文化、艺术、创意产业等，是一个国家或地区在全球经济中竞争力的重要组成部分。文化资本的提升可以增加城市的竞争力，吸引投资和人才，推动城市产业的发展。城市化的快速发展也使得城市产业结构的重要性日益凸显。城市作为经济活动的集聚地，产业结构的优化与调整对于城市的发展和经济增长至关重要。随着文化资本的提升，城市的产业结构也开始向着文化创意、知识经济等高附加值产业方向转变。城市中的文化资本资源，如历史遗迹、艺术机构、文化创意企业等，成为城市发展的重要支撑点。本章共分为五节，从理论、实证到实践，就"文化资本与城市产业结构升级"问题进行了完整研究。第一节是城市产业结构演化,第二节是文化资本与第一产业发展,第三节是文化资本与第二产业发展,第四节是文化资本与第三产业发展,第五节是文化资本与城市产业结构升级。

第一节介绍了城市产业机构演化相关的概念,指出产业结构优化是指在经济发展的过程中,随着产业经济的发展和调整,最终实现国民经济各产业之间协调发展,人民物质生活水平大幅度提高的过程。城市产业发展一般是从手工业向工业进行升级发展,再由工业转向服务业。产业升级发展的过程是城市产业经济发展的必由之路,也是人们在产业经济发展中总结出的深刻经验,是每个城市的发展主线。

第二节围绕文化资本与第一产业发展,介绍了文化资本和第一产业融合发展的模式,主要包括文旅消费模式、文化创意模式、科技农业模式。文化资本与第一产业融合发展的实现形式,根据主要农业文化产品及服务不同的特质,可以划分为现代农业景观文化、乡土文化特产、农业文化遗产与基于中国特色的美丽乡村建设。

第三节主要描述了文化资本与第二产业的互动形式,具体来讲,文化资本对城市的第二产业的互动主要体现在四个方面。在工业发展初期,文化资本刺激制度变迁;工业发展中期,文化资本优化要素配置;工业发展后期,文化资本承接产业转移;工业发展末期,工业遗产反哺文化资本。文化资本与第二产业的互动,在我国更多以工业园区的表现形式,根据文化资本的属性,可以将工业园区分为不同类型,具体包括:基于知识密集型的工业园区模式、管理体制主导型工业园区发展模式、功能定位驱动型工业园区发展模式。最后,得出了文化资本与工业融合的经验启示,工业发展不应以丧失特色文化为代价,工业发展中文化资本与人力资本相伴而生,旧工业园区文化复兴重焕生机。

第四节以文化资本与第三产业发展为主题,指出在文化资本和城市消费空间构建的关系中,文化资本丰富城市消费空间的内涵,文化资本推动城市消费空间的品质提升,文化资本推动城市消费空间的可持续发展。文化资本与第三产业融合发展意义重大,在实现路径方面,需要多方共同努力,具体表现在四个方面：政策引导、企业创新、社会参与和人才培养。在第三产业的发展过程中，文化资本的作用不仅体现在理论层面，更是以一种重要的要素嵌入到实际的旅游活动中，由此形成了重要的旅游产业发展与文化资本的互动实践。

第五节从实证的角度，探究文化资本影响城市产业结构升级的作用机制和异质性效应，提出假设：文化资本对城市产业结构升级具有积极作用，文化资本对城市产业结构升级的影响存在区域异质性。实证结果显示，无论是否加入控制变量，核心解释变量文化资本发展水平的估计系数均显著为正，且通过了1％的显著性水平检验，这说明文化资本的发展显著促进了城市产业结构升级。同时，东部、中部、西部和东北部地区这四个区域的文化资本回归系数均通过了显著性水平检验，且回归系数为正。从回归系数的数值来看，文化资本在东北部地区对城市产业结构升级的促进作用明显大于东部、中部和西部地区。

基于以上五节的结论，本章提出五点经验启示：

一是深挖文化遗产内涵，多渠道提升文化资本保护水平。应基于文化遗产轨迹深入研究区域的地方历史文脉，探索地方文化基因，深入挖掘民俗风情、故事传说、诗词歌赋、传统技艺，通过各种艺术表现形式，讲好城市故事，弘扬城市文化。① 制定有效的法律和政策。城市应该制定并执行相关的法律和政策来保护文化遗产和促进城市文化资本的发展，这些法律和政策包括建筑保护法、文化遗产保护法、文化产业扶持政策等。通过法律和政策的支持，可以确保文化遗产得到妥善保护，并为文化产业的发展提供支持。② 加强文化遗产保护意识。城市居民和社会大众应该增强对文化遗产保护的意识，通过开展宣传教育活动、举办文化遗产展览和讲座等方式提高公众对文化遗产的认知和理解，形成广泛的文化保护共识，推动城市文化资本的发展。③ 建立文化遗产保护机构和专业团队。城市应建立专门的文化遗产保护机构，并配备专业的团队来负责文化遗产的保护和管理工作。这些机构和团队可以提供专业的技术支持，制定科学合理的保护方案，并监督实施过程。④ 促进文化企业的发展。城市可以通过扶持文化产业企业、鼓励创新和创意产业等方式来促进文化产业的发展,这不仅可以为城市带来经济效益,还可以推动文化遗产的传承和创新,促进城市文化资本的发展。⑤ 加强国际交流与合作。城市可以积极参与国际文化遗产保护组织和项目,加强与其他城市的交流与合作。通过与其他城市的经验分享和合作,可以借鉴先进的保护理念和方法,提升自身的保护水平,促进城市文化资本的发展。

二是创新文化产业生产方式,丰富文化产品价值内涵。充分运用互联网信息技术等现代化科技手段及平台,创新文化产业生产方式,提高文化产品品质,赋予文化产品更为深厚的文化内涵。首先,以云平台、云计算中心等的建立为基础,以人工智能、大数据、AR/VR 为载体与手段,通过 5G 技术打破地理区位限制与行政壁垒,实现区域文化企业高效协作,文化市场一体化运作,重点培育技术导向、创意导向、数字导向的文化产业发展模式,提高文化产品附加值,打造完整的文化产业价值链。其次,发挥文化科技产业集聚效应,提升文化产品的内涵与价值。借助高新区软件园、互联网产业园等园区内高科技企业对文化企业的技术扩散与推广,为文化产品的生产与打造提供技术支撑。同时,鼓励高科技企业与文化企业加强区域间的合作交流,提高文化企业的科技水平,实现文化产品及内容科技含量与价值内涵的提高。

三是壮大龙头文化企业,引领城市产业结构升级。做强做优做大骨干文化企业,实施大企业带动战略,推动文化资源与要素适度向优秀企业集中,加快培育一批百亿级文化企业,使其成为城市文化产业发展的中坚力量,助力城市产业结构升级。① 突出社会效益优先,加强高品质文化产品与服务内容生产。以龙头文化企业做带头,推动文化企业从比点击率、比收视率、比浏览量向比形象、比效能、比可持续发展转变。② 提升融合发展能力,培育发展骨干企业新动能。壮大一批特色鲜明的骨干文化企业,打造一批具有集聚效应、辐射效应的文化产业园区,培育一批具有地域文化特色和综合竞争力的产业集群。③ 提升资本运营能力,高效合理配置资源。加快培育更多创新能力强、发展潜力大的成长型骨干企业,充分发挥其在产业集聚、示范引领、扩大出口等方面的支撑作用。④ 打造文化品牌,擦亮城市文化标识。以文化龙头骨干企业为主体,打造文化品牌,扩大文化品牌影响力,引领文化产品与服务内容品质提升,促进城市文化产业高质量发展。

　　四是全面深化智慧旅游,借力科技助推文旅融合。尽快建立智慧旅游服务平台。搭建旅游资讯宣传、旅游信息公共服务以及信息监控等平台的建设,全面整合城乡旅游资源,打造面向全国市场的智慧旅游综合服务平台。加快各个旅游景区景点智慧旅游基础设施建设,强化旅游景区及旅游服务行业的信息化管理和大数据分析。积极引导景区开展电子票务结算、客流引导服务、资源经营管理、电子导览服务等系统的建设,做好旅游景区的智慧响应和管理,实现景区服务规范化标准化,提升景区服务能力,塑造地区旅游品牌形象。通过丰富文化旅游业态,创新旅游衍生产品开发的方式,打造具有地方特色的文化旅游品牌。加强对文物及非物质文化遗产的保护利用,深入挖掘各地旅游资源的文化内涵与价值,不断丰富文化旅游业态,推进旅游项目的开发,将文化元素充分注入吃、住、行、游、购、娱、商、养、学、闲、情、奇等旅游要素,推出更多地域文化特色鲜明的主题旅游产品和服务,打响特色文化旅游品牌。开发具有地域特色的戏剧、文学、绘画、音乐,打造传统民俗、传统商业、传统娱乐等文化主题旅游项目。提升文化会展品牌活动影响力,发挥文博旅游优势,办好精品体育赛事,丰富文化旅游的业态。支持开发运动、娱乐、体验等多样化、综合性旅游休闲产品,建设一批休闲街区、特色村镇、旅游度假区,打造便捷、舒适、健康的休闲空间,提升旅游产品开发和旅游服务设计的人性化、科学化水平,满足广大群众个性化旅游需求。发展校园观光、科技观光、科教文化体验、工业旅游等服务。扶持旅游演出,繁荣夜间旅游市场,促进文化旅游消费。

　　五是优化区域人才配置,培养文化产业专业人才。积极推进文化与科技结合学科建设工作,培育文化产业综合性人才。充分利用各地教育与人才优势,通过在高等院校、科研机构等单位将文化产业及其相关学科建设成为重点学科,开设相关专业课程,培养大量具备科研思维及文化内涵的综合性人才。建立校企共同培养模式,实现高校的理论教学与文化企业实践教学的连接,为文化产业发展输送核心人才资源。建立集高等院校、研究机构与企业的文化产业学会与联盟,搭建文化产业产学研体系,以产业实际问题引导研究学习方向,以科研成果指导产业创新升级。对文化及相关产业专业人才给予财政、住房等补贴,大力支持其进行文化与科技融合类创新创业,并给予优惠扶持政策。建设地区统一开放人力资源数据库,科学管理文化及相关产业人才。从市场需求出发,整合文化及相关产业人才资源,推动人力资源、就业岗位信息共享和服务政策有机衔接、整合发布。高效对接相关人才与文化企业及研究机构,实现人才共享。通过大数据、人工智能等算法,提高人才与项目的契合度,将文化人才输送至科研机构,将具有科技实践技术的人才引导至文化产业。探索高效的针对专业人才、领军人才、复合型人才的激励方式及利益导向机制,激励高校科研人才进入文化创意相关行业,激发人才创新积极性,营造良好的文化创新发展环境。

# 第八章　文化资本推进城市高质量
# 发展战略研究

　　文化资本是一种形式的文化,具有经济和文化的双重属性。在城市高质量发展的过程中,文化资本通过与城市各个维度深度融合,推动城市实现高质量发展。本书详细论述了文化资本对于城市规模、城市品牌、城市创意阶层和城市产业结构的推进作用,从而由局部堆积成整体,实现城市全域的高质量发展。面向中国式现代化的伟大征程,城市的高质量发展囊括的不仅是城市的现代化,更是将城市的文化底蕴、文化气息、文化品牌不断挖掘和创新,实现传统与现代、经济与文化、精神与物质的多维度融合,从而以城市发展带动中国发展。文化资本在城市的高质量发展进程中占据重要作用,为了更为充分地发挥这一作用,进一步地,对文化资本推进城市高质量的发展战略进行剖析和研究,从而将理论与实践进行结合,将文化资本的内涵意蕴融入发展实践。

　　具体而言,将从优化区域文化市场——创造公平竞争的市场环境、打造城市文化品牌——引领内容产品品质提升、多元配置文化金融——促进文化金融资产高效融通、强化地区文化贸易——推动文化产品与服务"走出去"、创新文化科技——推动文化产业数字化转型升级、提振城市文化旅游——整合资源促进文旅深度融合、刺激居民文化消费——培育资源促进文旅深度融合、刺激居民文化消费,培育新兴文化消费业态、培育文化人才——引培并举补齐文化人才短板等八个方面出发,对文化资本推进城市高质量发展的战略部署进行详细介绍。

## 第一节　优化区域文化市场：创造公平竞争的
## 城市市场环境

　　文化资本与优化区域文化市场之间存在着紧密的关系。一方面，文化资本促进了区域文化市场的发展。文化资本的投入可以提升区域内的文化产业发展水平，推动文化产业向高端、高附加值方向发展，从而增强区域文化市场的竞争力。同时，文化资本的投入还可以加强文化产业与其他产业的融合，形成新的经济增长点，进一步推动区域文化市场的发展。另一方面，优化区域文化市场可以促进文化资本的积累。通过优化区域文化市场，提供更加公平、透明、便捷的文化产品交易环境，降低文化市场的交易成本，提高文化市场的效率，从而促进文化资本的积累和流动。同时，优化区域文化市场能够加强对文化企业和文化人才的培育和支持，为文化产业的发展提供更加良好的环境和人才支持，进一步推动文化资本的积累。

　　在此基础之上，文化资本与区域文化市场的协同发展有利于创造公平竞争的市场环境，具体表现在：第一，促进文化创新，当文化资本和区域文化市场相互协调时，可以鼓励更多的文化创新，文化资本的投入为创新提供必要的资源，如资金、技术等，而区域文化市场则有助于提供创新的土壤，如市场需求、文化元素等。这样的环境能够激发更多的创意和想法，为市场带来活力。第二，提升文化产业的竞争力，通过协同发展，文化资本和区域文化市场共同推动文化产业的发展，文化资本的投入提高了文化产业的资金和技术水平，提升其竞争力，而区域文化市场的繁荣则能够吸引更多的消费者，为文化产业提供更广阔的市场。第三，实现可持续发展，文化资本和区域文化市场的协同发展有利于可持续发展的实现，通过合理配置和利用文化资源，避免资源的浪费和环境的破坏，同时，区域文化市场的繁荣能够带动相关产业的发展，提高经济效益和社会效益。第四，通过规范市场秩序、完善法律法规等手段，避免不正当竞争和垄断现象，保障参与者的合法权益。进一步地，文化市场的公平、科学、有序发展,不仅能够带动文化自身的发展,推动文化市场的繁荣发展,更能将文化内涵嵌入到整体的城市发展环境之中,在日益强调企业家精神的新发展时期,通过优化区域文化市场有效推动城市内部市场的发展和企业家精神的培育。

在具体的实现方面,可从文化要素、政府职能和文化指标体系三个方面出发,即分别从文化资本效能的基础底座、外部环境和目标搭建进行规划,进而推进城市内部包括文化市场在内的整体市场的公平发展和有序繁荣。

## 一、提升文化要素配置效率,丰富文化资本的城市发展效能

文化资本与文化产业要素市场密切关联,即文化市场中流通的要素正是文化资本的现实体现,同时其他类型要素也作用在文化市场中,并与现代文化产业有着密不可分的关系,这促使文化资本广义的概念与范围得以进一步拓展。现代文化产业要素市场体系是在要素市场化配置机制构建背景下,促进传统要素(土地、资本和劳动力)、创新要素(科技和数据)以及各类文化资本形成有效的文化市场交易,从而实现有效的交易、配置与合作,为城市的基础发展与建设形成稳定的市场结构。

对于传统要素而言,现代文化产业要素市场体系以现代产权制度为依托,积极推进土地、资本、劳动等传统文化生产要素市场建设,着力清除市场壁垒,不断提高文化生产要素市场运行的便利化、规范化、法治化程度。同时,进一步鼓励文化资本市场发展,提高资源配置效率和公平性。建立多层次的文化资本市场,打造综合性文化产品和金融服务平台。创新文化金融产品和服务,鼓励金融资本、社会资本与文化资源对接,支持符合条件的文化企业上市或挂牌交易。加快培育金融、产权、版权、技术、信息、人才等文化要素市场,充分发挥各类文化产权交易平台的作用。对于创新要素而言,科技和数据是文化产业创新的动力之源。创新要素不仅拓展了文化产业的生产方式、销售方式和产品结构,丰富了消费者的文化体验,也催生出全新的文化业态。同时,互联网技术的发展促进了数据资源的流动,丰富了文化要素市场。现代文化产业

运用数字技术,将数据作为重要的生产力驱动工具,大幅度提升传统文化产业的生产效率。互联网大数据技术的协同发展,将大数据本身作为产业突出要素置于文化产业要素配置的前端,不仅使大数据成为文化产业发展重要的要素资源,而且将其引入文化产品研发、设计、生产、运营、消费等各个领域。此外,数据作为一种特殊的要素资源,能够激发原有消费资源的潜力,优化各类要素间的资源配置,促进文化生产与文化消费之间的精准对接,促进行业生产提质增效。对于文化资本自身而言,兼具社会效益和经济效益的双重特征,通过不断发挥文化资本的带动作用,将有效提升社会的进步水平、市场的发展程度和人民的生活水准。

作为微观基础,城市发展最为根本的是要素的流动与配置。文化要素资源的优化配置和使用效率提高具有多层次的作用,首先,可以使城市更好地实现经济转型和发展,将文化资源投入具有高附加值的文化创意产业,能够提高城市的经济发展水平和国际竞争力。其次,促进城市社会进步,通过提高文化素质、增强文化氛围、促进文化交流等方式,文化资源为城市提供更广泛的社会参与和更丰富的文化体验,从而促进社会和谐稳定。再次,提升城市的形象和知名度,通过发展具有地方特色的文化产业,可以使城市的文化品牌更加鲜明,提高城市的国际知名度和影响力。最后,促进城市环境保护,通过建设文化生态保护区、加强文化遗址保护等措施,可以使城市的文化遗产得到更好的保护和传承,同时也有助于提高城市的环境质量。

## 二、发挥政府引导兜底功能,优化城市文化市场发展环境

在提升文化产品与服务内容品质过程中,国家《"十四五"文化产业发展规划》提出政府要在落实经济政策、强化法治保障、规范市场秩序、抓好组织实施等方面发力,充分发挥政府部门能动性,优化文化产业高质量发展整体环境。因此,政府既扮演着引导企业前行方向的"领路人"角色,又作为市场的"守夜人",起着协调和规范市场秩序等多方面作用。在提升文化产品与服务内容品质过程中,要充分重视政府的力量。一是要通过优惠政策、资金支持等途径引

导文化产业发展。借助文化企业税收优惠等相关产业扶持政策以及多种专项基金,各地区需培育具有本土特色、符合区域发展定位的文化企业品牌,引导各类社会资本进入文化市场,有效提升文化企业获取资源和市场资本的能力。二是要完善相关法律法规,健全文化产业法律规章制度。建立健全文化产业安全监管机制,守好意识形态、文化安全和社会稳定底线,完善和落实安全生产责任制。加强知识产权认定和保护工作,形成有利于文化产业快速发展的制度环境。加强知识产权保护执法力度,严厉打击任何侵权行为,为文化产业相关创意成果及其衍生的商标权、版权、专利权等的保护提供根本保障,为文化产品与服务创造公平参与竞争的市场环境。三是完善人才激励机制。建立健全公平合理的激励机制,完善数字人才"引才用才奖补实施办法",根据人才个体志向、需求的不同,遵循差别激励,实施多方面的激励措施,以实现资源的最优分配。支持数字文化产业领军人才申报各级劳动模范和先进工作者,树立优秀个人和团队的典型案例,在各级媒体平台加大典型案例的宣传报道力度,提升数字文化人才的成就感和荣誉感。

城市文化市场的发展环境直接影响了城市的文化产业发展水平。如果城市拥有丰富的文化产业资源,但开发效果不佳,会制约文化产业的成长,进而影响城市的整体经济发展,而在政府功能的保障下,将有效推进文化要素资源在城市发展中的作用。文化产业的发展可以创造大量的就业机会,文化产业是第三产业中的重要类型,同时对其他产业有着广泛的关联作用,对于城市经济的高质量发展有积极的影响。良好的城市文化市场发展环境可以为文化产业提供优秀的创新土壤。文化创意产业的灵魂在于创新,一个健康发展的文化产业需要不断开拓新的领域,发掘新的文化资源,并进行有效的市场转化。

### 三、构建多样化文化发展指标体系,服务于城市文化软实力提升

根据文化现状和部门职能及关注点,动态优化文化改革发展指标,进行针对性的评估。构建的指标体系可包括:一是环境优化和资源可再生相关的文

化指标,凸显文化发展的绿色优势;二是社会价值实现相关的文化指标,突出文化指标的社会效益;三是公共资金用于社区文化基础设施建设的指标,强化文化产品的公共属性;四是文化对经济发展的参与度和贡献度指标,显示文化的经济价值;五是文化活动和文化活力指标,强调文化可持续发展。文化改革发展要将文化指标和社会指标融为一体,衡量文化的多样化作用,客观评估文化政策、文化工程、文化活动等效率和效果。具体而言,增加财政类投入指标项:公共文化服务资金人均投入,用来衡量公共文化服务资金供给水平;民营文化企业年产值结构性占比,用来衡量文化经营主体多样化和市场活力;文化经费投入年增幅高于财政收入年增幅的百分点,用来衡量文化改革发展所获得的财力保障水平。增加技术类创新指标项:技术在文化产品与服务供给方面对文化和经济具有结合、转化和提升的作用,在需求上有实现产值、满足需要和拉动供给的作用。可通过新产品开发项目数、新产品销售收入、专利申请数、有效专利发明数等指标,衡量创新水平。通过科学研究、技术服务行业从业人数占创意人才队伍比重,衡量创新人才。增加文化影响力指标项:文化产品和文化服务出口,衡量文化产品与服务的国际影响力。拥有自主知识产权的文化产品与服务出口额年增幅,用来衡量反映文化产品与服务国际竞争力。

　　指标体系的构建在本质层面还助力于推动城市文化产业体系的高质量发展,在此过程中既要通过项目建设和主体培育实现供给侧优化,同时还要以品牌塑造实现消费侧引领,在新发展格局构建中,一手加强文化建设,一手带动经济社会发展。一是抓项目建设。积极主动谋划、论证、储备一批有影响力的文化标志性项目,加大招商引资力度,优化营商环境,促进各类资源要素合理流动,积极培育文化和市场主体,提升活力和竞争力。提高项目落地率、开工率,通过项目建设推进资源整合、产业融合。二是抓主体培育。大力实施文旅领域龙头企业培育计划,支持本土骨干企业做强做优做大。加大对文化知名企业、知名团队、战略投资者的引进力度,鼓励实体经济、影视制作、演艺院团等领域的龙头企业积极投资文旅产业。三是抓区域文旅品牌打造。要通过策划和挖掘，建好文化名市、名县、名镇、名村、名街，培育更多的文化企业品牌、文化项目品牌、演艺剧目品牌，形成多层次文化高质量品牌体系。四是要推进品牌营销。不仅要做好传统的媒体营销、节展营销、文化推介会、对外文化交流等推广工作，还要借鉴文化发展好的城市的经验，利用网络平台、影视节目等打造更多特色城市典型。

通过完整、科学、高质量的文化指标体系的构建与评估，有效推进城市的文化软实力提升。具体而言体现在如下方面：城市文化水平的提升可以增强市民对于城市文化的认知和尊重，市民更加了解和尊重自己的城市文化，他们将更容易接受和传承这种文化，从而为文化软实力的提升奠定基础。城市文化水平的提升可以促进文化创新和发展，在城市内部形成良好的文化氛围，将更容易产生新的创意，从而推动城市文化的创新和发展。城市文化水平的提升可以提升城市的品牌形象，当城市的文化水平得到提升时，城市的知名度和美誉度也将随之提高，从而吸引更多的人才。城市文化水平的提升可以增强社会群体产生共同的价值观念和文化认同，从而促进社会的和谐和凝聚力。城市文化水平的提升可以推动文化产业的发展得到更好的环境和资源，从而促进文化产业的发展和升级，并与文化软实力水平形成互相推动，协同发展的格局。

进一步地，文化软实力是提升城市高质量发展的关键支撑。文化是一种社会黏合剂，通过提升文化软实力，促进社会和谐，增强社会凝聚力，推动城市的社会进步。科技创新是城市发展的重要动力，通过提升文化软实力，推动创意要素不断产生，科技进一步创新，促进城市产业升级，提高城市的竞争力。城市的文化底蕴和文化素质是城市发展的重要保障，通过提升文化软实力，增强城市的文化底蕴，提高城市文化素质，推动城市文化传承与创新。

## 第二节　打造城市文化品牌：引领内容产品品质提升

打造城市文化品牌对于推动城市高质量发展具有重要意义。通过将城市的文化特色、历史传统、现代创意等元素与城市品牌相结合,可以提升城市的整体形象和吸引力,从而促进城市文化产业的繁荣发展。在策略上,具有如下路径。

挖掘和传承城市文化特色:每个城市都有其独特的历史、文化和传统,这些都是城市文化品牌的重要组成部分。通过深入挖掘和传承城市的独特文化,为城市文化品牌的打造提供有力支撑。例如,通过保护历史文化遗产、弘扬传统民俗文化等方式,将城市的特色文化发扬光大。创新创意内容产品:创新是城市文化品牌的核心,通过创新可以不断提升城市文化品牌的品质和影响力。鼓励创意产业的发展,支持艺术家和文化机构创作出更多具有创新性和影响力的作品。同时,通过举办文化活动、开展文化旅游等方式,吸引更多的受众了解和参与城市文化品牌的打造。建立高品质的内容产品标准:建立高品质的内容产品标准是提升城市文化品牌品质的重要保障。通过制定相关标准和规范,加强对文化产品质量的监管和管理,确保产品的品质和信誉。引导文化产业从业者不断提升产品质量和服务水平,树立行业良好形象。与产业融合发展:将城市文化品牌与相关产业进行融合发展,可以拓展城市文化品牌的产业链条,促进经济的增长和社会的进步。例如,通过与旅游产业、体育产业、科技产业等进行融合,打造独具特色的文化旅游线路、文化创意产业园等项目。

在具体实践上,可从落实文化品牌战略,打造强竞争力的文化品牌体系、突出文化资源优势,推动区域文化品牌差异化协同发展和壮大龙头文化企业,引领文化产业高质量发展三个方面出发,实现城市文化品牌的打造,从而引领内容产品品质提升。

## 一、落实文化品牌战略,打造具有城市梯度的文化品牌体系

贯彻落实文化品牌战略,打造城市整体品牌、城市内部品牌、文化企业品牌等分层次、差异化文化品牌体系。中国各城市地域的发展水平、资源状况、历史背景等因素各不相同,其实际情况都会影响到政策的制定和发展的方向。

在落实文化品牌战略时,应该充分考虑这些因素,以确保政策的针对性和有效性。中国部分城市的文化品牌打造工作处于前沿领域,应继续加大宣传力度,丰富品牌内涵,形成更大的影响力。这一类城市在国内处于第一梯队,不仅文化资源丰富且融合程度高,经济社会发展水平高,而且拥有雄厚的物质基础。应致力于开发更具影响力和竞争力的高端文化产品与服务,并加大特色项目开发,走精品文化产业发展路线。而对于第二梯度城市,社会经济交通等各方面发展水平略低于第一梯度的城市,但也具备各自的优势,如具有一定的历史文化遗产或相应的生态文化旅游特色,也应当积极挖掘发展潜力,实现差异化的竞争与发展。对于剩余的发展水平更逊一筹的第三梯度城市,其经济发展水平以及文化产业可能处于更落后的位置,在进行发展规划时,应该首先完善城市基础设施,将文化品牌的打造落地于城市的基础建设之中,其次,根据实际情况引导各个地区进行合理的梯次规划和明确的定位,针对发展较弱的地区给予适当的政策倾斜,带动落后地区的文化产业发展。最后,加强与周边城市的合作,通过对各地文化资源的统筹整合,充分利用跨区域分布的文化资源,根据不同城市的特点和其实际情况进行科学合理的分工,发挥各城市产业优势的同时,避免品牌形象趋同,由此不断开发能充分发挥当地优势的文化产品,形成规模效应,发挥品牌效应,促进各地文化产品与服务协同发展。

## 二、突出文化资源优势,推动区域文化品牌差异化协同发展

新常态背景下,文化产业的区域化发展,以及区域间和区域内部的联动将会成为一个重要的发展引擎,同时,"带状发展"也将成为未来时期我国文化产业区域化发展的一个主要特征。在推动文化产业过程中,应着力优化区域空间布局,突破传统区域环状分布而代之以线性带状分布相关联,将文化产业的诸多要素进行有机的市场化配置与整合,从而突破行政区划的阻隔和产业门类的分割,最终实现国际化生产、交换与消费整体共赢的文化产业发展大格局。从当前我国文化产业发展的现状和已有的空间布局来看,有潜力的文化带主要包括粤港澳大湾区、京津冀地区、大运河特色文化产业带、长三角文化

产业发展示范区、长江经济带等地区。这些文化带依托的地方经济和文化资源各有区别,存在着明显的区域差异,应因地制宜,扬长避短,充分利用地方文化资源发展文化产业,引领文化产品与服务内容品质提升,带动文化产业整体水平的提升。另外,积极建立区域协调机制与合作平台,在统筹规划的基础上,优化资源配置,推动城乡区域文化产业协调发展。充分发挥各类经济区中心城市的带动作用,打造全国文化及相关产业集聚区;深入挖掘历史文化、生态文化、江河文化等资源优势,着力培育特色文化品牌;深入实施乡村振兴战略,统筹乡村文化保护传承利用,大力发展创意农业和乡村旅游,打造一批文化产业示范村,培育一批文化产业特色小镇,做强县区文化产业,构筑城乡区域文化产业协调发展新体系。

### 三、壮大龙头文化企业,引领城市文化产业高质量发展

做强做优做大骨干文化企业,实施大企业带动战略,推动文化资源与要素适度向优秀企业集中,加快培育一批百亿级文化企业,使之成为文化产业发展的中坚力量,助力文化产业高质量发展。一是突出社会效益优先,加强高品质文化产品与服务内容生产。以龙头文化企业带头,推动文化企业从比点击率、比收视率、比浏览量向比形象、比效能、比可持续发展转变。二是提升融合发展能力,培育发展骨干企业新动能。壮大一批特色鲜明的骨干文化企业,打造一批具有集聚效应、辐射效应的文化产业园区,培育一批具有地域文化特色和综合竞争力的产业集群。三是提升资本运营能力,高效合理配置资源。加快培育更多创新能力强、发展潜力大的成长型骨干企业,充分发挥其在产业集聚、示范引领、扩大出口等方面的支撑作用。四是打造文化品牌,擦亮城市文化标识。以文化龙头骨干企业为主体,打造文化品牌,扩大文化品牌影响力,引领文化产品与服务内容品质提升,促进城市文化产业高质量发展。

总体而言,城市文化品牌是城市形象和文化的集中体现,代表了城市的精神和灵魂。它不仅是城市的历史文化底蕴,也是城市自然资源与人文资源的相辅相成,是城市发展的历史底蕴的积淀。城市文化品牌通过有形和无形的

方式,展现城市的独特性和魅力,是城市在全球化背景下,展示个性和特色的重要手段。

　　城市文化品牌可以增强城市的吸引力,提高城市的竞争力。在新的经济形势下,文化已经成为新的生产力,城市文化品牌可以推动城市经济的发展,带动相关产业的发展,如旅游、文化创意、影视等。同时,城市文化品牌也可以吸引人才、吸引外资,带动旅游业的发展以及增强公众对政府的信任感。通过打造城市文化品牌,使城市的历史文化得到更好的保护和传承,同时也推动文化的创新和发展。城市文化品牌推动城市精神文明建设,作为城市精神文明建设的重要组成部分,它能促进市民形成良好的道德风尚和文明行为习惯,营造文明、和谐的城市环境。总体而言,这些基本的属性是推动城市高质量发展的重要力量,城市文化是城市发展的灵魂,城市文化不仅代表着城市的历史、传统和特色,还是城市发展的动力和源泉,城市文化的发展有利于促进城市经济、社会和环境的协调发展,提升城市的竞争力和吸引力。

　　而在城市高质量的发展进程中,文化品牌的属性具有相应的深度和广度,能够嵌入到城市发展的各个环节与领域。首先,城市文化品牌是城市形象的重要组成部分,城市文化是城市形象的重要支撑和体现,有助于塑造独特的城市形象和品牌。城市文化可以通过文化创意产业、文化产业园区、文化活动等途径进行传播和推广。其次,城市文化是城市治理的重要手段,通过推广社会主义核心价值观、文明礼仪、公共文化服务等,促进城市的文明和进步。再次,城市文化可以带动相关产业的发展,如文化创意产业、旅游业、服务业等。这些产业的发展可以促进城市经济的繁荣和稳定,提高城市的综合竞争力。最后,城市文化是城市精神的重要体现,有助于塑造独特的人文环境和城市风貌,城市文化不仅可以培养市民的文化素养和审美情趣,还可以激发市民的创造力和创新精神。综合来看,从文化内容,到文化主体再到品牌构建,都为城市的高质量发展打下了深厚的文化基础。

## 第三节　多元配置文化金融：促进文化金融资产高效融通

### 一、规范金融生态环境，完善文化金融服务体系

　　运用金融手段支持文化产业发展，调动全社会参与文化产业发展的积极性。政府应鼓励银行业金融机构设立文化金融部门，鼓励银行机构结合国家文化产业总体布局，特别是在文化要素聚集效应明显的文化产业功能区、文化产业创新实验区、文化产业发展协作区、文化金融合作示范区等区域积极设立文化特色金融机构，促进文化产业向规模化、集聚化、专业化发展。建立可以满足不同阶段、不同规模文化企业金融需求的文化金融体系，高质量地开展普惠金融业务，促进资金盈余部门与短缺部门之间进行高效资金融通。在现有的文化金融体系中加大针对中小微文化企业的资金投入比重，改革文化企业评估机制，着重中小微文化企业的创新性、发展性与发展潜力，不断破解文化企业发展的资金瓶颈问题。根据区域内不同文化企业的实际情况，合理调节贷款期限和利率水平，向重点扶持项目、特色项目和优势项目进行适当倾斜。

### 二、加强文化金融机构合作，推动文化企业股权融资

　　在文化金融相关经营及管理上做到区域间政策统一、协同办理，打破行政区划限制，提高金融办事效率，为文化金融资源自由流动铺平道路。鼓励文化金融机构开展业务联动与产品创新的方式实现跨区域合作，并不断扩大其区域内覆盖范围。应建立完善的文化金融机构合作机制。各类金融机构，包括商业银行、证券公司、风险投资机构等，应加强沟通与协作，形成合力。可以通过建立联合融资平台、设立专项基金等方式，提供更多更灵活的融资渠道和资金支持，降低文化企业融资的难度和成本。鼓励有条件的文化企业在科创板上市，有效对接社会金融资本与健康有潜力的文化科创型企业。同时，文化金融数据共享是促进创新成果转化的重要手段。不同的文化金融机构可以通过数据共享和交流，加强对文化企业的风险评估和市场研究。同时，也可以借助

数据分析和人工智能等技术手段,对文化金融市场进行深度挖掘和预测,提升投资决策的科学性和准确性。

### 三、文化金融数据共享,促进创新成果转化

塑造文化产业金融服务平台。金融资源的高效配置有利于整体文化产业链的运行。各个商业银行和其他金融机构应与文化创意园区深度结合,促进文化创新成果转化、新兴业态孵化。完善文化创意投资的金融供给机制,提供多层次的创新风险补偿手段,加速金融资源和文化创意资源的流动,形成协同创新、互利共赢的文化金融生态环境。同时可以借助大型科技公司的数字金融平台资源,创新文化金融方式。加强文化产业企业与金融机构的数据共享,整合线上与线下渠道,用大数据、人工智能等技术构建完整和多维度的文化金融信用指标体系,打造线上线下相结合的文化金融体系。深化文化跨界融合发展,重点围绕5G、区块链、大数据、人工智能等新兴技术的应用开发,加快文化金融合作,搭建一批跨界融合产业服务平台,以平台为抓手促进融合发展。同时,建立一体化的文化金融协同监管机制,推动监管标准一体化,推动建立和完善信用区域性法规,形成统一的区域化文化产业信用体系。探索建立政府、金融机构、企业三者共担风险的风险补偿机制和文化金融风险联防联控机制,利用大数据、机器学习等技术对区域内文化金融机构及文化企业实施风险监控,对潜在风险实施提前预警。对失信行为加大打击力度,维护区域文化金融生态环境。

### 四、创新文化金融服务,提升文化科技融合的金融支持力度

文化科技的融合发展,离不开文化金融的支持。文化科技本身具有较高的金融风险,与此同时,文化科技融合所需的资本量大等特点,使得文化科技融合所需的融资成本高、融资难度大等问题突出。不断创新文化金融产品,为文化科技融合发展提供资本支持。强化人才机制,提高文化科技的创新创意能力。人才是创意之根本,是科技支撑。因此,文化科技的融合发展离不开高

科技的创意人才及金融人才的加入。在目前各大城市纷纷出台各类"抢人"的人力资本政策的背景下,需要各类文化科技类企业通过良好的福利待遇,吸引人才、留住人才,避免文化科技和文化金融人才的流失。同时,建立文化产业企业内部的人才培养专项资金机制,通过调整文化人才专项资金的适用性,形成重点突出、结构合理的资金结构,增加与经济社会发展的结合度,避免高技能人才、高技术人才、高级经营管理人才流失。

### 五、创新文旅数字金融产品,支持乡村文旅产业发展

在乡村振兴的背景下,数字金融在促进乡村文旅产业上仍存在服务纵深不够、适配度不高、信用体系建设滞后、金融风险高等问题。因此,出于解决文旅产业资金需求缺口大与乡村居民单笔金融额度小、抵质押品少的矛盾,应积极完善乡村信贷担保机制。金融机构可以与旅游平台进行合作,建立联动有效性与个体独立性兼具的组织架构,以大数据、云计算等技术交互融合乡村文旅游资源禀赋与旅游用户历史数据,对用户偏好进行精准画像,制定不同类型消费者专属的文旅金融产品,提供贯穿旅游过程始终的专业化、精准化服务。

## 第四节　强化文化贸易:推动文化产品与服务"走出去"

### 一、借力国家战略大机遇,推动对外文化贸易发展

各地区应积极响应国家战略,培育文化产业集群,力争率先形成文化产业高地。依托高等院校、科研院所、文化园区等创意设计资源高度集中优势,培育一批区域性创意设计中心。积极参与并融入区域经济合作与联动,促使科技、人才、技术、信息等文化产业要素汇集。对外文化贸易要与大数据、互联网紧密结合,发挥互联网、数字技术对文化贸易的创新性作用,开创新的贸易模式,线上、线下贸易得到进一步整合、融合,拓展对外文化贸易的实体空间和虚拟空间,减小因地理距离、文化距离、政治距离等因素造成的文化贸易损失。同时,做大以影视、动漫、艺术品、电子竞技等数字重点领域的文化贸易规模。

率先探索形成文化产业新发展格局，打造对外开放新高地，实现城市高质量发展。

## 二、扩大内容文化出口，创造具有高附加值的文化产品和服务

在境外布局一批具有较强辐射力的文化贸易平台，积极建立对外文化贸易基地（示范区），集中资源打造一批具有国际影响力和竞争力的文化出口品牌产品和服务。主动嵌入文化产业国际分工与协作关系网络之中，在全球新兴文化产业价值链体系中占据有利地位。优化对外文化贸易结构，多元发掘艺术产品的附加值，深度挖掘可贸易文化内容，从根本上解决文化贸易的粗放经营。鼓励和支持符合国外受众特点和文化消费习惯、推动具有文化品牌的文化产品和服务以商业方式进入国际市场，不断扩大贸易份额。支持文化企业参加境内外国际性文化展会，拓宽对外文化贸易渠道。鼓励有条件的企业通过兼并收购等方式开展境外文化领域投资合作，壮大境外业务。在推动文化产品和服务向国际市场上"走出去"的过程中，应着重扩大内容文化出口，并创造具有高附加值的文化产品和服务。这意味着文化企业应注重提升文化产品服务的质量和内涵，使其具备更高的市场竞争力和吸引力。政府应积极支持和鼓励文化创意产业的发展，培育和引进具有潜力和创新性的文化企业和个人，同时提供相应的政策扶持和资金支持，以促进文化产品和服务的研发、生产和推广。此外，我国应积极开拓国际市场，加强与其他国家和地区的文化交流与合作。通过参与国际文化展览、文化交流活动和合作项目，提高文化产品和服务在国际市场上的知名度和影响力，进而创造更多的出口机会。在扩大内容文化出口过程中，文化企业还应注重创新和多样化。通过引入新的科技和技术手段，结合传统文化元素和现代创意理念，打造出更具创新性、独特性和吸引力的文化产品及服务，从而不断满足国际市场的需求，提升产品附加值。

### 三、加强传统文化产品和服务内容创新，整合资源实现海外联通

为了推动传统文化产品和服务的国际化发展，应加强内容创新，并整合资源，实现与海外市场的联通和交流。一方面，应注重对传统文化的深入挖掘和研究，在传统文化基础上进行内容创新，立足中国历史文化资源的深厚根基，深究最本质的文化内涵精髓，注重文化资源的挖掘、解构、重构和组合，在传承的基础上加强创意创新，在形式和内容方面形成突破，讲好中国故事，传播好中国声音，阐释好中国特色，以特有的文化内涵赋予文化产品的不可复制性和不可替代性。同时，也要充分考虑"文化折扣"的因素，由于文化背景的差异，不同国家对中国文化产品的接受程度有所不同，因此在以文化为核心来开发产品和服务时，要加强对各国文化习惯的调研，充分考虑目标市场、目标消费者的价值观，因地制宜制定文化贸易出口策略，最大程度上减少"文化折扣"的影响。另一方面，文化贸易企业需要及时关注国际市场动向，把握海外文化市场在总体和细分行业层面的变化，以期在动态的国际市场上寻找适合自身产品需求的细分市场。我国的文化贸易主体层面尚未形成一批具有国际影响力的行业领军企业或文化贸易平台，单个企业在国际市场开拓过程中会面临来自信息、渠道、营销、资源等方面的约束。因此，需要加强资源整合，培育文化贸易行业中介组织，发挥其中介效应作用，将中小文化贸易企业聚集联合在一起，建立平台、整合资源、共享信息、展开交流、互通互联，降低企业搜寻成本和议价成本，建立互动的聚合网络关系，进一步形成整体品牌效应，以行业中介组织为节点实现文化贸易企业"抱团"走出去，形成合作共赢的格局。这包括整合相关机构和企业的资源，搭建合作平台，推动传统文化产品和服务的共同研发、制作和推广。同时，要积极寻求与海外伙伴的合作机会，开展文化交流和合作项目，促进文化产品与服务的国际化。

### 四、深化"一带一路"文化贸易合作，切实创新合作模式

各地区应当在与"一带一路"共建国家现有文化贸易合作的基础上，通过继续整合人才、智库、资金、项目等资源不断深化双方文化贸易合作，进一步扩

大合作范围。此外,各地区应利用现有合作基础,深入了解"一带一路"共建国家的竞争、需求与供给情况,厘清双方的供需特点,根据各个国家的不同情况切实创新文化贸易合作模式。例如,与其他国家合作深厚,可以通过"引进＋挖掘"模式,以"算法"与大数据挖掘技术为工具,探索拍摄网络电影、电视剧、纪录片的路径,并基于此路径引导线下的文化旅游合作。建立由商务、宣传、文化、新闻出版、广电、海关、外管等部门共同参加的推动对外文化贸易工作联系机制,研究推动对外文化贸易发展具体举措。通过数据互通互享,在海关数据和外管国际收支平衡(Balance of Payments,BOP)数据基础上,建立文化产品、文化服务出口企业信息库,建立健全文化出口统计体系。强化问题导向、目标导向、结果导向,建立健全文化贸易考核机制,分解工作指标、细化考核指标。通过全方位考核,强化各级各部门对基地建设和文化贸易的重视,变压力为动力,推动国家文化出口基地建设实现高质量发展。

## 五、拓宽数字文化海外市场，畅通文化产业外部循环

一是壮大数字文化贸易主体队伍。建立国家数字文化出口重点企业数据库,落实国家文化出口重点企业和重点项目奖励政策。发挥本土骨干企业的示范作用,着力培育一批出口规模大、有较强国际竞争力的新兴数字文化企业。鼓励实力强劲的数字文化企业积极承接国际项目,与国外有影响力的传媒公司共建云图中心和数字资源库,推动文化产品和服务出口多样化。发挥自贸试验区制度创新优势,鼓励企业开拓电子商务、众筹众包、资本输出等新型交易模式,与国际品牌企业合作,引导更多企业参与全球价值链分工。二是拓展数字文化贸易渠道。抓住自贸区、"一带一路"建设机遇,在沿海地区、沿江地区交通节点城市,规划对外数字文化贸易基地建设,创建一批跨界文创电商园区、文化贸易保税区等。借助融交会、文博会、意大利"金圆规奖"等国际赛展平台,推动优质数字文化产品和服务出口,提高国际市场占有率。探索多样化云端交流方式,推动文化产业沙龙、文化产业投融资对接会等拓展"云直播""云邀约""云交易"交流方式,为数字文化企业提供在线洽谈等系列服务,

拓展国际合作新渠道。三是完善对外贸易服务体系。建立持续性、权威性、系统性的信息整合制度,建立健全集海外推介、信息共享、项目对接、版权服务等功能为一体的数字文化贸易促进平台,集聚全球领先的数字贸易平台型企业和境内外促进机构,推进海内外数字文化项目对接。完善对外金融服务体系,依托云计算、大数据、物联网等新一代信息技术,构建文化贸易跨境电商云服务平台,为对外文化贸易提供保税加工、跨境支付、关检税汇、仓储物流、国际金融等全流程在线服务。打造互联网全球宣传矩阵,完善以社交、体验、互动为支持重点的配套政策措施,为对外文化贸易提供展示交流、营销策划等宣传服务。

### 六、发挥龙头企业带动效应,引领园区文化贸易创新发展

建立健全龙头文化企业认定、成长、淘汰机制,建立龙头文化企业项目库,发挥总部经济优势,开展精准靶向招商,吸引一批文化企业总部落户园区。发挥中介服务机构作用,组织推动行业龙头和金融机构面向产业链上中下游企业搭建集中对接服务平台,降低对外文化贸易企业原料采购、业务对接和金融服务等综合成本。大力支持龙头对外文化贸易企业设立海外创新中心,以国内外知名的大学院所和科研机构为重点,实施创新型研发机构倍增和提质计划。加大对科技型和高新技术型对外文化贸易企业的引培力度,着力构建知识密集型的对外文化贸易企业集群,建立高企培育后备库。引导中小微文化企业主动融入龙头企业供应链,形成立体化的分工协作关系。定期举办科技园企业家大会,聚集园区龙头、骨干以及中小微文化企业进行交流分享,帮助企业建立快捷有效的沟通渠道。积极构建"基金＋众创空间＋创业辅导＋金融服务"的协同发展模式,逐步形成完备的文化产业链和金融生态圈。

## 第五节　创新文化科技:推动文化产业数字化转型升级

### 一、推进文化科技纵深融合,加快文化科技成果产业化推广

加强文化科学技术研发,保障创意成果转化落地。为了提升文化产业的

创新能力,需要进一步加强科技与文化的融合。在此基础上,可借助新一代信息技术、互联网＋等先进技术,致力于文化产业的数字化、网络化和智能化转型升级。同时,建立海外创意产业基地、拓宽文化创意产品的销售渠道,促进中外企业的合作、交流与共赢。加强文化和科技融合技术研发,推动文化市场的良性发展。文化市场的良性发展是实现产业升级和高质量发展的重要保障。需建立公平竞争机制、推动产业规模化发展、加强评估和预警机制等。同时,要关注消费升级和文化需求的差异性,积极探索并解决消费者的多元化需求。将文化和科技融合技术研发纳入基础研究计划、重点研发计划等支持范围,部署一批重大文化和科技融合项目。重视文化资源与以5G为核心的科技资源的融合,将科技成果渗透到文化创作、生产、传播和消费的各个环节,推进文化科技融合研发平台、技术服务平台建设,建设专业化、高水平、具有国际影响力的产业科技孵化中心,孵化具有原创性技术成果的文化产业项目。

加大文化科技融合扶持力度,通过各类优惠政策鼓励技术创新,在各级文化产业引导基金中优先扶持科技创新类产品与服务。完善知识产权保护机制,强化优秀原创作品的登记、托管、维权流程,营造尊重创意、尊重权益的创新环境。通过搭建"产学研"合作平台,支持高新技术企业以创意结盟方式组建协同创新平台,保障文化科技融合创意成果的落地应用,持续迸发文化市场创新创意活力。借力文化与旅游发展协同,如建立文化旅游产业联盟、推动文化旅游产品创新、提升文化旅游的数字化水平,加强文化旅游资源保护与利用。加强文化资本的支持力度,对于扩大文化产业的气场和吸引力、加快创新创造力、提升经济效益和社会价值具有重要意义。政府可建立以文化资本为核心的产业引导基金、注重文化产业股权投资、搭建文化创新孵化平台、推广文化创意众筹等。同时,加强知识产权保护,加强文化资本与科技的融合,提升文化资本的影响力和价值。推动文化产业国际化发展,针对国际市场的巨大需求,文化产业应加快国际化步伐。一方面,可通过参加国际文化产业博览会、文化创意周、海外文化展览等方式,发挥其品牌效应;另一方面,形成一批具有国际影响力的文化品牌,提升文化创意产业的国际竞争力和知名度。通过加强文化科学技术研发,推动文化市场的良性发展,借力文化与旅游的协同发展,加强文化资本的支持力度,推动文化产业国际化发展,可进一步发掘文化资本的潜力,实现城市的高质量发展和文化软实力的提升。

培育数字文化产业业态,打造特色文化消费品牌。大力发展以数字音乐、动漫游戏、在线影视娱乐等为代表的数字文化产业,积极培育新业态、新模式,围绕当下的消费热点,知识经济是新时代经济发展的核心,其主要特征是以知识创新和知识产业为驱动力的经济形态。只有通过大力发展知识经济,提高市场经济的竞争力和创新力,才能实现城市经济向高质量发展的转变。打造主题鲜明、符合"Z世代"圈层社群消费特征的文化消费品牌。重视数字技术在博物馆、艺术展览、旅游景区等区域的广泛应用,提供虚拟在线服务与体验式文化消费,创新和创业是现代城市经济发展的两个关键因素。在城市经济发展中,要鼓励人们敢于创新和创业,注重基础研究和产业发展的协同,加强技术转移和产业孵化,推动新兴产业的快速发展,助力城市经济的快速崛起。加快实施数字内容创新工程,引导各地区将非物质文化遗产、艺术品、文物等各类文化资源进行数字化转化。成立省级数字文化产业基金,引导民间资本进入新兴数字文化产业领域,加强对智慧旅游、智慧城市、智慧广电等项目建设的扶持力度。创新文化服务方式,增加体验性文化产品与服务的开发与设计,丰富"网络型"文化产品与服务。高端产业是城市经济转型升级的重要领域,要加快高端产业的发展,加强对高新技术、战略性新兴产业的扶持和引导,加强关键技术的攻关和应用,培养和吸引高端人才,推动城市经济由工业向服务业、现代制造业和数字经济领域的转型。

## 二、以数字技术为支撑,创新文化产业管理体制

文化创意横向融合,科技创新纵向延伸。政府应重视文化科技、文化金融、文化消费等要素的深度融合,积极推进文化创意融合核心技术研发和数字技术服务平台建设。以数字技术为支撑,推动文化创意与其他产业的横向融合,推动创意产业的纵向产业链延伸,引导和支持各类高新技术研究机构、高

新技术企业以创意创新联盟方式组建协同创新平台。基于数字技术实施公共文化共享服务示范工程,实施数字博物馆示范工程、"教育云"创新工程、文化科技创意人才培养工程。注重文化资本在协同创新平台中的作用。政府可以加大创意创新联盟的培育与投资力度,鼓励文化资本积极参与创意产业的发展和科技创新,组建协同创新平台,打造共享、高效、优质的服务生态体系,提升文化创意在数字经济中的核心价值和竞争力。

培育多样化文化产业模式,扩大文化资本的运作空间。政府可以大力发展基于数字技术和在线服务的文化产业,推动数字文化与新媒体、智慧旅游、智慧城市、智能制造等领域的深度融合,提升文化产业在数字经济中的地位和影响力,拓展文化资本在数字文化产业中的投资领域和运作模式。加大与高新技术领域的合作,推动文化创意产业的科技创新。政府可以加强与高新技术领域的合作,共同推进文化创意产业的科技创新。例如,在数字技术和人工智能领域深入探索,引入 VR、AR 等技术,推出更加优质、创新、体验式的数字文化产品和服务,为文化创意与科技创新的融合提供更为稳定的技术支撑和创新动力。随着数字经济的迅猛发展和创新工具的不断涌现,政府应在深度融合文化科技、文化金融、文化消费等方面加大功夫,加强数字技术的应用和服务平台建设,重视文化资本在科技领域中的作用,推动文化产业与科技创新的深度融合,促进文化创意产业在数字经济中不断发展壮大。

提升文化生产服务运行效率,激发数字时代文化市场创新活力。通过"壮大民营文化科技企业,引进文化科技人才,培育龙头文化企业,创新文化科技研发模式,提高文化产品供给质量",构建富有效率的文化生产和服务的微观运行机制,激发数字时代文化市场创新活力。有序引导文化科技人才的流动,加强文化科技人才的远程"云"聘用。推动 5G 等互联网信息技术在文化企业的应用,文化消费软件产品的技术更新,实现内容、渠道和终端产品的技术整合。立足当下文化市场需求,通过科技创新手段,将传统文化资源与现代流行文化相结合,将国外优秀文化与国内特色文化相结合,在形式和内容方面形成突破创新。加强数字文化资本的投入。随着数字技术的发展,数字化文化产业逐渐崛起,对文化生产服务效率的提升和文化市场创新活力的激发都有着重要作用。政府可以加大数字文化资本的引导和投资,培育数字文化产业的专业人才和技术创新,推动数字文化与旅游的深度融合,以提升效率和市场活力。推动文化产业数字化转型。政府可以鼓励企业将现有的文化生产和服务、文化资源数字化,打造文化数字化库,以提升服务效率和产品创新力。数字化转型可以提高文化和旅游产品的生产率、减少生产成本,同时激励市场创新和产品开发能力。政府可以通过政策引导、行业标准制定和基础设施建设等多种方式,引入文化资本推动文化服务运行效率的提升。文化企业可以通过引入文化资本,提高资金实力,改善服务质量和效率,以满足不断增长的文化服务市场需求。政府可以通过简化行业准入、优化服务环节等方式,鼓励更多的文化资本投资,帮助文化企业提高生产效率和服务水平,推动文化市场创新。改善文化服务平台和市场环境。政府可以通过加强信息技术支持,优化文化服务平台、完善市场监管体系等方式,为文化服务的生产和流通提供稳定、高效的市场环境。这样的环境可以作为数字化时代文化市场创新的引擎,推动文化产业服务效率的提升和市场活力的激发。

创新宏观文化管理体制,推动文化产业管理组织结构转型。数字时代宏观文化管理机制的发展需要深化文化体制改革,坚持以改革为主题,以体制机制创新为动力,以发展为目标,逐步形成科学有效的宏观文化管理体制。完善顶层设计,带来文化产业管理体制创新。理顺政府与市场之间的关系,加快文化行政部门职能转变,强化政策调节功能,实现各部门统筹协调。推动文化产业管理组织机构多元化建设,并按照"行业自愿组建为主,政府推动为辅"的原则,大力推进文化及相关产业协会建设,推动文化产业管理组织结构转型。

统筹区域文化科技资源,推动信息及成果共享。统筹文化科技资源,打造文化科技信息资源共享平台,通过互联网、无线通信网、信息管理系统等传播载体,共享各地区的文化科技重大决策、园区招商推广、企业投融资等信息和其他相关资讯。构建文化科技政策研究库、文化科技企业名录库、重大文化科技项目资源数据库、上市文化科技企业资源数据库,打造集"产业研究、政策法规、投资合作、企业名录"为一体的文化科技综合信息服务平台,消除各地区主体间的"数字鸿沟"。整合不同区域文化元素和科技创新能力,各主体发挥自身比较优势,取长补短,强强联合,加大在新技术研发方面的合作,并建立创新成果共享机制。

## 第六节 提振城市文化旅游:控合资源促进文旅深度融合

### 一、建立良好政策环境,促进文化旅游传承和创新

推进体制机制改革,打破政策壁垒限制。文化旅游业长期活跃的基石在于市场、在于资源的产业化,一旦资源商品化受到限制,旅游要素供给无法适应游客多层次、多样化的要求,产业的进一步开拓就面临重重障碍,因此必须从旅游管理体制和产业发展机制两个方面,深入推进旅游产业的体制机制改革,提升文化旅游业服务水平。在文化旅游管理体制改革层面,要逐步完成部门内部的职能分工和整合,强化和明确相关机构各自的职能责任,同时加强量化考核,使旅游管理体制更加适应产业发展的现实需求。在产业发展机制层面,要进一步厘清管理者(政府)、经营者(景区)和消费者(游客)等各方的利益关系,审视和明确行政管理部门的职责和角色,各方主体各司其职、各管其事,做到"不越位、不错位、不缺位",通过旅游市场运行机制改革激发产业活力和生命力。完善旅游产业法律法规体系。在制定和完善旅游产业法律法规时,应注重目标导向,完善旅游市场准入和退出机制,规范旅游市场秩序。同时还应加大职业资格认证和监管力度,保障旅游从业人员的权益和旅游服务质量。推进旅游标准化建设。建立科学、规范的旅游标准体系,是推进旅游产业体制机制改革的关键。要加强与国际标准接轨,审议制定旅游产品和服务标准,研发旅游新模式和新技术,提升旅游服务品质。建立旅游信息服务平台。加强旅游信息和技术创新,建立旅游信息服务平台,通过大数据、云计算等技术手段,提升旅游从业者的管理和服务水平,打造智慧旅游城市和文化旅游目的地,践行"旅游+"战略。拓宽旅游产业融资渠道。

推动政策性金融机构与商业金融机构联动，建立旅游投融资体系。旅游产业最需要的就是资本和技术，政府和金融机构可以引导社会资本进行合理配置，支持旅游企业融资发展。促进旅游与文化创意产业的深度融合。文化创意产业和旅游产业可以相得益彰、互相促进。制定支持政策，鼓励两者融合发展，打造文旅一体化的产品和服务，提高旅游文化内涵和附加值。在对旅游产业体制机制进行改革的过程中，不断注重旅游市场的发展和管理，着力提升旅游服务质量和市场竞争力，以激发旅游产业的活力和生命力，为文化旅游业持续发展创造更多的有利条件。

集聚产业发展合力，搭建文旅融合新平台。抢抓机遇，加强资源整合力度，深化交流合作，建立共建共享长效机制，切实引领旅游目的地建设和文旅产业融合发展方向；要以项目合作和产品打造为立足点和根本途径，搭建共享投融资平台，拓展多元投融资渠道，构建文旅精品项目"孵化器"；要在立足旅游消费需求基础上，不断创造新的生产要素，形成新的要素组合，进一步推动细分领域旅游产品和服务的发展，开发更多新的旅游产品与业态、模式以及相关产业等。同时，整合现有旅游和文化资源，推进文化旅游资源数据库、旅游公共服务平台、电子商务平台等建设，搭建更多集聚和容纳各种社会力量创新、创意、创业的平台，提升文化旅游的核心竞争力。建立政府、企业和社会组织的合作机制。政府应发挥引导、协调、管理和服务的作用，企业和社会组织则可以提供资金、技术和人才支持。建立政府、企业和社会组织的合作机制，在整合资源的同时，协同推进文旅产业发展，共同推进文旅融合新平台的搭建。深化文旅产业交流合作。文旅产业是多元化、交叉性很强的产业，需要在不同领域、不同层面的企业和组织互相支持、协同合作。政府应当加强文旅产业交流合作，定期召开文旅产业交流会议，搭建互联互通的交流平台，促进文旅产业资源的交流、共享和合作创新。推进文旅产业融合发展。文旅产业和其他产业的融合发展，是文旅融合新平台的关键之一。政府应鼓励文旅产业与科技、教育、体育、医疗等领域的交叉融合，探索新的文旅发展模式和新的业态。同时，鼓励传统文化产业、文化创意产业等与旅游产业的深度融合，提高文旅产业的附加值和核心竞争力。加强文旅信息化建设。利用信息化手段，建立文旅产业信息服务平台，整合文旅产业的各项资源，为游客提供一站式服务。政府也可以利用信息化手段实现对文旅产业的监督和管理，提高文旅产业的流程效率和管理水平。引导民间资本参与文旅产业发展。只有让更多的投资者参与文旅产业的发展，才能更好地集聚产业发展合力、建立文旅融合新平台。政府应鼓励和引导民间资本进入文旅产业，为文旅项目提供资金支持、专业技术支持和管理经验支持，促进文旅产业的快速发展。

营造完善的政策环境，推进社会资源向文化创意产业人才培养方面集聚。要将文化产业类人才的专业技能与其他复合技能相结合，为市场输送多层次、高技能和复合型的人才，要依托于区域特色文化，将特色文化与人才培养相融合，提升文化类人才的综合素质，实现"文化＋"发展模式，推动文化产业向更高水平发展。创新人才供给是基础。创新是供给侧动力结构改革的关键，人才资源作为第一资源，是重要的创新供给要素。充分发挥政府部门在文化产业人才培养中的引导、整合、扶持功能，突出各大高校在文化产业人才培养方面的作用，促使各大企业与高校组成文化产业人才培养的"双主体"。政府可以通过政策和法规的制定，营造一个有利于科技创新的环境，如保护知识产权、鼓励技术转让等。另一方面要提高文化科技创新转化，充分释放以高校和院所为主体的知识创新体系所蕴藏的巨大潜力，完成从科学研究、实验开发、推广应用的三级跳，实现创新价值、创新驱动发展。同时要兼顾文化产业的特性，文化产业是典型的人才密集型产业，需要创意思维地不断碰撞和交互，要不断推动文化与科技的联动，通过举办各类科技文化节、创意活动比赛、创意人才奖项评比，不断提高文化的科技含量，打造出具有科技优势的文化品牌。同时利用数字技术、智能技术、互联网发展等创新文化业态，实现新模式、新路径的增长。如推动网络直播、在线教育、网络游戏等新兴业态的发展，将虚拟现实技术、增强现实技术等应用于博物馆、展览馆等文化场所，使得观众能够更加深入地了解和体验文化遗产，着力推动文化产业向高端化、智能化方向发展，进一步促进文化产业的繁荣发展。

## 二、加强数字技术融合，优化文旅设施配套建设和更新

全面深化智慧旅游，借力科技助推文旅融合。智慧旅游是目前旅游产业发展的大趋势，能够快速加强旅游业吸引力和竞争力。全面深化智慧旅游，借力科技助推文旅融合。政府应快速建立智慧旅游服务平台，将城乡旅游资源进行全面整合，打造面向全国市场的智慧旅游综合服务平台。通过旅游资讯宣传、旅游信息公共服务以及信息监控等平台的建设，能够增强旅游业的综合服务功能，同时将景区景点全部纳入服务平台，实现在线预订酒店、景区门票、购买特产等，全方位解决游客的需求。此平台还能对游客的行为进行监督和管理，增强对旅游业的管控，从而提升旅游业的整体管理水平。采用智慧扶梯、电子自助导游及语音提示等数字技术手段来促进旅游设施更新升级。通过使用智慧扶梯提高游客的安全感和便捷感，使用电子自助导游提供更全面和准确的旅游信息，使用语音提示增强游客参观景点的体验感，这些数字技术手段可以大大提升文旅设施的更新升级。政府应积极引导景区开展电子票务结算、客流引导服务、资源经营管理、电子导览服务等系统的建设，逐步实现景区服务规范化标准化。加快各个旅游景区景点智慧旅游基础设施建设，强化旅游景区及旅游服务行业的信息化管理和大数据分析，实现景区服务能力的提升。应积极引导旅游企业加快数字化转型步伐，推广智能导游设备等新技术，提高旅游服务的质量与效率，企业也应不断提高自身技术水平，创新发展旅游产品，将旅游与文化、历史、自然等各种资源有效地结合起来，提升旅游的整体质量和服务水平。

丰富文化旅游业态，创新旅游衍生产品开发。通过丰富文化旅游业态，创新旅游衍生产品开发的方式，打造具有地方特色的文化旅游品牌。加强对文物及非物质文化遗产的保护利用，利用在文化旅游资源方面的明显优势，深入挖掘各地的旅游资源的文化内涵与价值，不断丰富文化旅游业态，推进旅游项目的开发，将文化元素充分注入吃、住、行、游、购、娱、商、养、学、闲、情、奇等各旅游要素，推出更多文化特色鲜明的主题旅游产品和服务，打响地方特色文化旅游品牌。开发具有地域特色的戏剧、文学、绘画、音乐，打造传统民俗、传统

商业、传统娱乐等文化主题旅游项目。提升文化会展品牌活动影响力,发挥文博旅游优势,办好精品体育赛事,丰富文化旅游的业态。支持开发运动、娱乐、体验等多样化、综合性旅游休闲产品,建设一批休闲街区、特色村镇、旅游度假区,打造便捷、舒适、健康的休闲空间,提升旅游产品开发和旅游服务设计的人性化、科学化水平,满足广大群众个性化旅游需求。发展校园观光、科技观光、科教文化体验、工业旅游等服务。扶持旅游演出,繁荣夜间旅游市场,促进文化旅游消费。通过引入文化资本,鼓励创新型文化旅游业态。政府可以鼓励文化机构和企业积极创新文化旅游业态,如通过引进优质的文化演出、展览、体验等项目,丰富文化旅游的产品供给,提高旅游者的文化体验和认知度。政府还可以推动文化旅游产业与其他产业的协同创新,如文化与科技、文化与体育等,鼓励文化资本的跨界融合,促进文化旅游产业的创新和发展。通过挖掘文化元素,创新旅游衍生产品开发。文化资本可以为旅游产品开发提供更多的文化元素和创意灵感。政府和企业可以鼓励文化机构和创意团队参与旅游衍生产品的开发,如借鉴文化遗产的元素,开发文化手工艺品等产品,挖掘城市艺术、文化设计等元素,创新数字娱乐产品和应用,推出更具创意和文化特色的旅游衍生产品。通过文化资本的引导,推动旅游产业的可持续发展。文化资本对于旅游产业的可持续发展有重要作用,例如,引导旅游业的生态环保、社会责任和文化保护意识,鼓励旅游业的可持续发展。政府可以通过加强政策引导和市场规范化建设,促进文化资本的有序流通,推动旅游产业的健康可持续发展。降低文化产品和服务的价格:通过补贴等方式,降低文化产品和服务的价格,使其更加贴近大众。可以考虑与企业、社会组织合作,推出一些经济实惠的文化套票、团购票等,吸引更多的居民参与文化活动。拓展文化产品和服务的渠道:建设更多的文化设施和场馆,如文化艺术中心、图书馆、剧院等,提供更多的文化产品和服务。同时,加大对农村地区的文化建设投入,开展文化下乡活动,提高农村居民的文化消费意愿。创新文化产品的展示方式,通过合理运用数字技术和互联网平台,提供在线文化产品和服务,如可以推出在线音乐会、在线演讲、在线展览等,方便居民在家中就能够享受到丰富的文化消费体验。加强文化教育和宣传,加大对文化教育的投入,提供专业的文化培训和教育课程,提高居民的文化素养和欣赏能力。同时,加强对文化产品和服务的宣传,提高居民对文化消费的认知和兴趣。

促进文化资本的价值流通,挖掘文化内涵,提高文化旅游产品的附加值。文化资本的价值流通在文化旅游产业中的作用非常重要。一方面,它可以为文化旅游产业注入新的资本,推动企业的发展和创新;另一方面,它也可以将文化的价值变现,增加文化的传播和影响力。文化资本在文化旅游产业中的流通过程,需要政府的有力支持和引导,如加强文化旅游产业的规范管理,建立健全文化旅游产业的评估体系等,以确保文化资本的合理利用和市场化运作。通过挖掘文化内涵,提高文化旅游产品的附加值,也可以提高旅游者的满意度和忠诚度。例如,在文化旅游产品中加入专业的文化指导和讲解,使旅游者更方便地了解文化元素的深层含义和历史背景。这样的旅游体验,能让旅游者感受到更多的文化品位和文化价值,从而提高他们对文化旅游产品和目的地的认同及喜爱。文化资本的流通可以带动文化和旅游两大产业的联动发展。在文化资源储备比较丰富的城市,政府可以积极推动文化产业的转型升级,增加文化旅游产品供给,建设文化旅游产业集群,促进产业转型升级和创新发展。在文化资源比较匮乏的地区,则可以通过积极引进现代化的文化旅游产业和技术,借助文化资本的支持,发展创新型文化旅游产品,提高文化产业的核心竞争力。文化资本也可以推动文化产业的数字化升级。随着科技的不断进步和文化旅游产业的发展,数字化技术也成为文化资本的一大重要领域。政府可以加强对数字文化产业的支持和引导,鼓励企业创新文化数字化产品和技术,推进文化产业的数字化、智能化和智慧化转型,提高文化服务的质量和效益。

## 第七节　促进文化消费:推动文化产品与服务内容品质提升

文化消费是市场化文化资本的重要组成部分,居民文体娱等方面的消费支出可以充分展示城市文化产业的市场化程度，进而影响城市文化资本的存量份额及增殖速度。同时，物质化、制度化文化资本等其他类型文化资本在客观层面上刺激了文化消费，如城市内的历史文化资源、文化创意园区等丰富了人们的文化生活，促进文化产业的发展，同时也有助于提高文化消费的质量和水平。因而，文化消费与文化资本可形成互利共生的良性循环，刺激文化消费过程中应重视文化资本的力量。

## 一、优化文化消费基础环境，培育新兴文化消费业态

优化文化消费环境，创新文化消费模式，激发居民文化消费潜力。第一，优化文化消费环境。优化文化消费环境的同时也是对物质化文化资本的升级，这包括改善文化场馆和设施，支持利用全国各城市存量土地、低效用地建设文化综合体，完善文化基础设施，开展更多类型的文化活动和节目，提供更好的文化消费体验，以满足不同层次、不同兴趣的居民的需求。第二，创新文化消费模式。充分利用城市智力化人力资本，借助高素质文化领域人才激发文化消费模式的创新，包括将文化元素融入商业业态，鼓励在商业综合体和户外空间举办艺术展览和演出活动。通过将文化与商业相结合，可以为消费者提供更多样化的文化产品和服务，同时也为文化产业提供了更多的发展机会。第三，激发居民文化消费潜力。借助名胜古迹、历史典故等物质化文化资本的积累有助于激发居民的文化消费潜力，居民如果充分了解并重视自己的文化传统和价值观，更有可能积极参与文化消费活动。政府和社会组织可以通过文化教育和宣传活动，增强居民的文化认同感和文化需求，进而提高整体的文化消费水平。第四，打造文化消费夜经济。在有条件的文化场所开展夜间游览活动，增加夜间文化消费的机会。继续打造国家级和省级夜间文化消费集聚区，吸引更多的游客和居民参与夜间文化活动。不仅可以丰富文化资本的场景，更能促进文化消费的繁荣。第五，培育文化消费新业态。充分利用城市文化资本的优势，鼓励培育新的文化消费业态。加快打造具有地域文化特色的自主品牌与IP，开发常态化、特色化的文化消费项目和产品，推动传统文化

消费升级。通过引入创新的文化消费项目，可以满足不同群体的需求，提高文化消费的多样性和质量。第六，促进文化网络消费和创新。基于文化资本的积累，更好地挖掘和传播文化资源，促进文化产业的数字化和网络化发展。通过互联网科技的应用，提高文化产品和服务的传播和推广效率。应积极培育文化网络消费、定制消费、体验消费等新型热点，引导基于网络平台的新型消费模式、线上线下消费融合创新、文化旅游共享经济以及文化衍生业态的发展。

创新文化产业生产方式，丰富文化产品价值内涵。第一，创新文化产业生产方式。充分运用互联网信息技术等现代化科技手段和平台，通过数字化、虚拟现实等技术工具来改变传统的文化生产方式，实现文化资本的创新转化。以云平台、云计算中心为基础，结合人工智能、大数据、AR/VR 等技术，可以实现文化企业的高效协作和文化市场的一体化运作。通过 5G 技术的应用，打破地理区位限制和行政壁垒，促进文化产业跨地区合作，重点培育技术导向、创意导向、数字导向的文化产业发展模式，提高文化产品的生产效率和品质。第二，丰富文化产品价值内涵。通过运用现代科技手段，文化产品不仅可以更好地传达文化价值观念，还可以增加文化产品的多样性和内涵深度。在数字化时代，文化产品的设计可以依托物质化文化资本，融合更多的文化元素和历史背景，以满足不同受众的需求。这不仅有助于提高文化产品的吸引力，还可以增加文化产品的市场竞争力。第三，深化文化科技融合。借助互联网科技，文化产业可以更好地将文化元素融入科技产品和服务中，创造更具吸引力的文化体验。利用人工智能技术来推荐个性化的文化活动和内容，或者通过虚拟现实技术来提供沉浸式的文化体验，以文化科技的融合来助推文化产业创新，并实现文化与科技的互补发展。第四，发挥文化科技产业集聚效应。借助制度化文化资本充分发挥文化科技产业的集聚效应，通过高新区软件园、互联网产业园等高科技园区内的资源和技术优势，促进高科技企业与文化企业之间的技术扩散和合作。一方面，提升文化产品的内涵和技术含量，另一方面加强科技企业与文化企业进行区域间的合作交流，从而提高文化企业的科技水平,并实现文化产品及内容科技含量与价值内涵的提升。第五,延伸文化产业价值链。通过创意设计提取出文化资本的深厚内涵,融入文化产业的各个环节,从文化创意到生产制造,再到推广和销售,为文化产业的每个环节增加文化价值,提高文化产品的附加值,实现文化产业的全面升级。

拓展文化消费空间,促进文化消费回补和潜力释放。第一,提供多元化文化产品与服务。借助制度化文化资本的环境,加速推进重点文化消费项目的建设,以政府采购、消费补贴等方式,引导和支持文化企业提供多元化的文化产品和服务,如图书出版、影视、演艺、动漫等,满足居民多样化、多层次的文化消费需求。促进文化产业发展的同时,提供更多元的文化选择,推动文化消费的回补和潜力释放。第二,搭建文化消费信息共享平台。为了加强文化消费的信息传播和共享,建设广泛覆盖的文化消费信息资源共享服务平台是关键。积极利用移动新媒体向消费者及时提供最新文化消费信息,借鉴北京、上海、南京、成都等首批国家文化消费试点城市的经验,将这一模式推广至全国各地区,以促进文化信息的传播和文化消费的扩大,同时实现文化资本的迅速扩张。第三,深化互联网技术的运用。充分发挥制度化文化资本的财政支持、区位支持等功能,推动文化园区和文化企业充分利用互联网技术,实现全渠道O2O化,推进线下智能化建设,线上物联网化、大数据化和云计算化。体验经济和网上创意空间,从而提高文化消费的便捷性和吸引力。以文化IP为发力点,引导地方特色文化资源与商场、酒店、体育场所的创新融合,打造一批商业服务与特色文化相结合的综合文化消费空间。第四,组织就近文化消费活动。短期内,政府可以打造一批商业服务与特色文化相结合的综合文化消费空间,促进短期内文化消费的回补,提高市场化文化资本存量水平。


## 二、激活居民文化消费活力,促进文化消费升级

培育居民文化消费观念,营造良好文化消费氛围。第一,传统媒体与新媒体相结合。充分利用公共文化设施等物质化文化资本,采取传统媒体和新媒体相结合的手段,培育和引导居民的文化消费观念。在这一过程中,综合运用

传统与新兴媒介方式，例如，报纸、广播、电视等传统媒体，以及互联网、公众号、自媒体等新兴媒体，宣传和普及基础文化知识。加强文化消费活动的宣传力度，通过主动的介入和持续的关注，使文化消费观念融入居民的日常生活之中，提高市民的文化修养、审美情趣和消费意识，使文化消费成为一种习惯和生活方式。第二，积极发展教育与培训。通过全面开展素质教育，提早建立文化消费意识，培养文化消费习惯，帮助年轻一代更好地理解和欣赏文化，同时也提高他们对精神文化消费的重视程度。不仅帮助年轻人树立文化消费意识，包括对高雅文化、演艺文化、工艺美术、电影艺术等各类文化的消费意识，还为未来的文化消费潜力培养了有力的后备力量。同时，文化消费习惯的培养和文化素质的提升使得一部分年轻人以后可能从事相关领域学术研究或事业，一定程度上促进了智力化文化资本的积累。第三，注重培养农村居民的文化消费观念。乡土建筑、民歌、民俗等农村文化资本长期以来处于被忽视的地位，文化消费较之城市也相对低迷。应采用适合农村居民的宣传方式，如农村广播电视、乡村文化活动等，来推动文化消费观念在农村地区的深入传播。同时，积极挖掘农村地区的文化资源，推动农村地区的文化消费发展，发掘农村地区的文化消费潜力，为农村居民提供更多样化的文化选择。

完善文化消费补贴政策，建立文化消费长效机制。第一，完善文化消费补贴政策体系。除政府购买、税费补贴等手段外，完善文化消费补贴政策体系，拓展制度化文化资本的边界。一方面，应将优质文化产品和服务供给项目纳入专项资金扶持范围，以支持新兴和创新性文化创意产品项目的研发与生产。鼓励文化机构积极创作和引进更多的文化精品力作，从而提高文化产品的质量。另一方面，为文化企业提供财税、金融、用地、贸易等多方面的政策保障，特别是对于文化演艺、新闻出版、广播电影电视、互联网信息服务等重点行业，实施特殊扶持政策，以保障文化产业的发展。第二，设置专项资金奖励与扶持。充分发挥制度化文化资本的财政支持优势，利用国家级、省级和市级各类科技专项资金、文化产业引导资金、文化投资基金等资源，对优秀文化企业进行专项资金奖励，以激励和推动文化产业的发展，用于支持文化项目的研发、生产和市场推广,从而增加文化产业的附加值。第三,跨区域实现文化消费补贴政策联通。联动国家级、省级和市级政策资源,优化文化消费补贴的资源配置,实现文化消费补贴政策的跨区域实施。这意味着文化消费补贴政策可以更加高效地覆盖不同地区,推动文化产业的均衡发展,促进文化消费潜力的释放。落实与拉动区域城乡居民文化科技消费试点项目推进工作,研究文化产品消费试点扩大领域,出台北京、上海、南京、成都等地文化消费试点工作的进一步实施意见,实现文化消费补贴政策联通,推动文化消费补贴的跨区域实现。

## 第八节　培育文化人才:引培并举补齐文化人才短板

制度化文化资本包括人力资本水平和人力资本保障两方面,在客观上推动了包括文化人才在内的诸多领域专业人员培养。在培养文化产业核心人才方面,物质化、制度化文化资本等其他类型文化资本的引入可提供学术支持和实践指导,培养出更多具备科研思维和文化内涵的综合性人才。例如,文化科技园区的人才集聚可以有效促进文化和科技领域的人才交流与经验分享,助推形成高素质的复合型人才队伍,补齐文化人才目前存在的技术短板。

### 一、优化区域人才配置,培养文化产业专业人才

培养文化产业核心人才,不断输送新鲜血液。第一,积极推进文化与科技融合的学科建设。在城市智力化文化资本存量的基础上,引导文化领域学科建设,特别是文化与科技融合的相关学科,促进文化资本的有效增长。通过在高等院校和科研机构设立相关学科,开设相关专业课程,涵盖文化传媒、数字艺术、文化科技创新等领域,培养大量具备科研思维和文化内涵的综合性人才,进而为文化产业输送更多高素质的人才。第二,建立校企共同培养模式。实现高校的理论教学与文化企业实践教学的有机连接。一方面学生有机会在文化产业的实际工作环境中获得经验,另一方面可以为文化企业输送具备科研思维和文化内涵的核心人才。通过校企合作模式加强产学研之间的沟通与

合作,促进产业的创新发展和转型升级。第三,搭建文化产业学会与学术联盟。基于城市文化资本优势和特色,建立城市文化产业学会、文化金融或文化科技协会、文化旅游智库、城市群数字文化产业联盟等组织,集结高等院校、研究机构和企业的资源,形成全面的产学研体系。以产业实际问题为导向,与理论研究相结合,并以科研成果指导产业的创新与升级。借助这种合作平台模式,为培养核心人才提供更多机会,并在实际工作中不断提升个人知识素养和实践能力。第四,给予专业人才财政和住房等方面的补贴。针对文化及相关产业的专业人才,提供财政、住房等多方面的补贴,以支持他们进行文化相关的创新和创业,包括在文化科技领域的研究项目资助、创业场地提供、税收减免等政策,从而激励更多人才积极投身于文化产业。

建立文化产业人才库,打造专业人才共享。第一,在人才引培全周期过程中强调文化资本理念的应用。文化资本的概念涵盖了与文化及文化活动相关的、承载着文化价值的财富累积,不仅包括了文化产品和服务,还包括了人才等人力资源要素。应将文化资本的理念引入人才管理中,以便更好地理解和利用各类文化人才的价值,将他们视为智力化的文化资本,从而促进更高效的人才管理和协作,为文化产业注入更多创新力量。第二,建设全国统一开放人力资源数据库。为实现专业人才共享,应建立全国统一开放的人力资源数据库,其中包括各类文化及相关产业人才的信息。将不同领域的文化人才视为不同形态的文化资本,实现资源的集中管理和共享,并加强数据库的科学管理,以确保高质量的人才信息和有效的资源配置。第三,整合人才资源与市场需求。为推动人才与市场需求的有机衔接,应从市场需求出发,整合文化及相关产业人才资源,以确保人才的供需平衡。通过市场需求的反馈,更好地理解人才的价值和需求,从而更精确地匹配人才与就业岗位,推动文化产业的发展。第四,深化大数据与人工智能的应用。通过现代科技工具的应用,如大数据和人工智能算法,提高人才与项目的契合度,从而更准确地匹配人才的技能和专业知识与项目的需求,以实现更高效的人才配置。将文化人才输送至科研机构,同时引导具有科技实践技能的人才进入文化产业,促进跨界合作和创新。第五,调整激励方式和利益导向机制。为了激励高校科研人才进入文化相关行业,应持续探索高效的激励方式和利益导向机制,包括提供研究经费、技术支持、知识产权保护等政策措施,以吸引更多高校科研人才参与文化创新和产业发展。同时,将知识和创新视为一种重要的文化资源,从而为文化产业的可持续发展提供强大支持。

## 二、拓宽人才培养渠道,加速创新人才引进

促进区域间人才流动,合理分配人才资源。第一,基于文化资本的视角配置人力资源。在促进区域间人才流动和合理分配人才资源方面,将人才当作城市的智力化文化资本存量,同时可以是自由流动的文化资本,更好地理解人才的多样性和价值,以实现人力资源更有效的管理和配置,匹配各地区的文化产业领域人才与市场需求。第二,建立协同管理机制。为促进人才流动,可以建立面向专业人才的协同管理机制。实现各地区共同管理人才数据库,以便更好地了解和分享各地区的文化和科技人才资源,并帮助人才找到更适合自身专业技能和兴趣的就业机会,从而提高人力资源的效用和市场配置效率。第三,放宽文化从业限制。考虑放宽高端人才的从业限制,鼓励人才根据市场需求自由流动,促进人才的多元化发展,推进各地区充分利用人才资源,以实现文化产业专业人才在市场需求领域实现效用最大化。第四,建立人才评价标准互认制度。为打破地区间的限制,应建立人才评价标准互认制度,以实现各地区可以协商并共同认可人才的评价标准,如打破地区间户籍、身份、人事关系等限制,使人才在不同地区的认证更加便捷,吸引更多的人才跨地区流动,推动文化和科技领域的人才合理配置。第五,确立一体化人才保障服务标准。为方便人才的自由流动,应建立一体化人才保障服务标准,包括医疗、住房、子女教育等服务,以确保人才可以在不同地区顺利生活和工作。

健全人才培养机制,优化提升高层次人才一站式服务保障。第一,建立人才引进和激励机制。为了吸引国际高端人才,有关部门需加快建立相应的引进和激励机制,包括提供吸引人才的薪酬、福利和职业发展机会,以及为他们

提供良好的工作和生活环境,以解决高端人才进驻后的医疗卫生、子女教育等服务保障,使其能够更好地融入环境和文化产业建设进程中。第二,提升文化产业教育和培训水平。高端人才的培养需要健全的教育和培训体系,这与智力化文化资本积累的思路一致。高校和研究机构可以开设相关专业课程,培养具备科研思维和文化内涵的综合性人才。此外,提供针对高端人才的培训和继续教育课程,不断提升其专业水平和职业素养。第三,建立健全人才培养制度。建立健全的人才培养制度是培养高端人才的关键,包括提供有竞争力的奖学金和科研项目,为他们提供充分的科研支持和资源。同时,建立人才评价标准,保障人才的职业发展和晋升。第四,完善文化产业生态圈建设。文化产业高端人才培养应该是一个全链条的过程,包括从教育培训到职业发展的各个环节。应建设一个完整的生态圈,将高校、研究机构、企业和政府部门有机结合起来,促进文化产业高端人才的素质培养和创新发展。

创新人才引进机制,加大人才培育力度。第一,出台文化专项人才"柔性引进"和"特事特办"政策,适度放开仅凭学历学位认定人才的做法,活化文化人才的选评门槛。第二,举办全国和地区范围内的文化产业高校研究论坛,通过交换学习挖掘高层次复合型专业人才。第三,加大人才对接活动力度,开展对接活动,签订文化专项人才创新项目,实现高质量人才对接。第四,开展全球引才工作,建立海外高层次人才需求信息发布和定向联系引进机制,探索外籍高端文化人才"来华停华"、技术移民、出入境等便利政策,开辟海外引才新战场。第五,建立文化人才链培育机制,加强人才培育基地建设,制定人才培养目录、培养目标,引入社会资本,打造数字文化产业所需的复合型设计、策划、营销、管理人才培育链。第六,促进高校教育和职业教育的有机结合,开设文化产业相关专业,鼓励高职院校开展职业培训。探索产学研一体化机制,鼓励本土文化企业与高校开展"订单式"培训,集聚一批高精尖的战略数字人才。

# 第九节　本章小结

　　本章主要介绍了文化资本推进城市高质量发展的战略研究,从优化区域文化市场——创造公平竞争的市场环境、打造城市文化品牌——引领内容产品品质提升、多元配置文化金融——促进文化金融资产高效融通、强化地区文化贸易——推动文化产品与服务"走出去"、创新文化科技——推动文化产业数字化转型升级、提振城市文化旅游——整合资源促进文旅深度融合、刺激居民文化消费——培育资源促进文旅深度融合引领新兴文化消费业态、培育文化人才——引培并举补齐人才短板等八个方面出发,对文化资本推进城市高质量发展的战略部署进行详细介绍。

　　具体而言,在优化区域文化市场——创造公平竞争的市场环境方面,本章提出要:提升文化要素配置效率,丰富文化资本的城市发展效能;发挥政府引导兜底功能,优化城市文化市场发展环境;构建多样化文化发展指标体系,服务于城市文化软实力提升。在打造城市文化品牌——引领内容产品品质提升方面,本章提出要:落实文化品牌战略,打造强竞争力的文化品牌体系;突出文化资源优势,推动区域文化品牌差异化协同发展;壮大龙头文化企业,引领文化产业高质量发展。在多元配置文化金融——促进文化金融资产高效融通方面,本章提出要:规范金融生态环境,完善文化金融服务体系;加强文化金融机构合作,推动文化企业股权融资;文化金融数据共享,促进创新成果转化;创新文化金融服务,提升文化科技融合的金融支持力度;创新文旅数字金融产品,支持乡村文旅产业发展;创新金融服务方式,提升金融服务质效。在强化文化贸易——推动文化产品与服务"走出去"方面,本章提出要:借力国家战略大机遇,推动对外文化贸易发展;扩大内容文化出口,创造具有高附加值的文化产品和服务;加快文化产业标准创建,培育国际合作竞争新优势;加强传统文化产品和服务内容创新,整合资源实现海外联通;深化"一带一路"文化贸易合作,切实创新合作模式;拓宽数字文化海外市场,畅通文化产业外部循环;发挥龙头企业带动效应,引领园区文化贸易创新发展。在创新文化科技——推动文化产业数字化转型升级方面,本章提出要:推进文化科技纵深融合,加快文化科技成果产业化推广;以数字技术为支撑,创新文化产业管理体制。在提振城市文化旅游——控合资源促进文旅深度融合方面,本章提出要:建立良好政策环境,促进文化旅游传承和创新;加强数字技术融合,优化文旅设施配套建设和更新。在促进文化消费——推动文化产品与服务内容品质提升方面,本章提出要:优化文化消费基础环境,培育新兴文化消费业态;激活居民文化消费活力,促进文化消费升级。在培育文化人才——引培并举补齐文化人才短板方面,本章提出要:优化区域人才配置,培养文化产业专业人才;拓宽人才培养渠道,加速创新人才引进。